"十二五"国家重点图书出版规划项目

中国近现代原创型教育家研究丛书

总主编　宋恩荣　李剑萍

教育家陈鹤琴
研究

王伦信　著

山东人民出版社

国家一级出版社 全国百佳图书出版单位

图书在版编目（CIP）数据

教育家陈鹤琴研究/王伦信著. —济南：山东人
民出版社，2015.12（2016.10 重印）
（中国近现代原创型教育家研究丛书/宋恩荣，
李剑萍总主编）
ISBN 978 - 7 - 209 - 09356 - 9

Ⅰ．①教… Ⅱ．①王… Ⅲ．①陈鹤琴（1892 ~ 1982）
—教育思想—研究 Ⅳ．①G40 - 092.7

中国版本图书馆 CIP 数据核字（2015）第 317705 号

教育家陈鹤琴研究

王伦信 著

主管部门　山东出版传媒股份有限公司
出版发行　山东人民出版社
社　　址　济南市胜利大街 39 号
邮　　编　250001
电　　话　总编室（0531）82098914
　　　　　市场部（0531）82098027
网　　址　http：//www. sd - book. com. cn
印　　装　山东临沂新华印刷物流集团印装
经　　销　新华书店

规　　格　16 开（169mm ×239mm）
印　　张　21
字　　数　330 千字
版　　次　2015 年 12 月第 1 版
印　　次　2016 年 10 月第 2 次
ISBN 978 - 7 - 209 - 09356 - 9
定　　价　52.00 元
　　　　　如有印装质量问题，请与出版社总编室联系调换。

总　序　原创型教育家的文化自觉与中国现代教育体系之形成

李剑萍　杨　旭

一、教育家研究之研究

创新型教育、创新型人才培养呼唤创新型教育家。教育家研究是教育史研究中既经典又常研常新的课题,而"创新型教育家"研究迄未得到应有的重视。

几乎每一本通史类、综合类教育史或教育思想史著作,都列专门章节研究著名教育家的思想和实践,甚至将教育思想等同于教育家的思想。近一二十年来,近现代教育家的研究实际是沿着四个路向展开的。

一是中国近现代教育家研究走向系列化、精细化。系列化的代表性成果有宋恩荣主编的 23 卷本《中国近现代教育家系列研究》(辽宁教育出版社1993—1997 年版),被教育学界高度肯定。厦门大学潘懋元教授称该研究"规模宏大,成果丰富,意义深远";华东师范大学孙培青教授称其"在近代教育史研究中是前所未有的,确是一项新创举";北京师范大学王炳照教授誉其"是国内首次有组织有计划地对中国近代重要教育家进行深入、全面、系统地个案研究的重要成果"。① 另有,美国 General Books LLC 2010年出版的 Chinese Educators,内收蔡元培、胡适、盛宣怀、马相伯、张伯苓、于右任、马君武、蒋梦麟、陶行知、傅斯年、罗家伦、钱伟长等 79 人的传记,以及中国高等教育学会组编的《共和国老一辈教育家传略》(高等教育出版社 2008 年版)等。所谓精细化,是指除了扩大研究视野之外,还出现从校际、地域等视角研究教育家的倾向,如刘国生主编的《从清华走出的教育家》(内蒙古文化出版社 2012 年版)、俞可著的《海上教育家》(文汇出版社 2010 年版)等。

二是研究外国教育家及其对中国的影响,并与教师培训培养相结合而走向普及化。从早期的中央教育科学研究所比较教育研究室编写的《世界著名教育家》(贵州人民出版社 1989 年版),到代表性的赵祥麟主编的《外国教育家评传》(上海教育出版社 1992 年版),以及刘传德著的《外国教育家评传精选》(北京师范大学出版社 2006 年版)、霍力岩等编著的《影响新中国教育的外国教育家》(天津教育出版社 2009 年版)、汪明帅等编著的《常青藤:一本书读懂世界教育家丛书》(中国青年出版社 2011 年版)等,此外还有弗兰克·M. 弗拉纳根著、卢立涛等译的《最伟大的教育家:从苏格拉底到杜威》(华东师范大学出版社 2009 年版)等,都表明了常研常新和普及化的态势。

三是更加清晰地提出了学习教育家智慧、精神的命题,并出现了一些对教育家进行总论性、本体性研究的成果。从早期余立主编的《校长—教育家》(同济大学出版社 1988 年版)到后来殷爱荪等主编的《校长与教育家》(福建教育出版社 2004 年版),学习教育家的智慧、精神、风骨尤其突出了两个重点,一是对民国教育家寄予了某种理想化的观念,如智效民著的《民国那些教育家》(四川文艺出版社 2013 年版)等,二是开始关注当代教育家,如袁振国主编的《这就是教育家:品读洪宗礼》(教育科学出版社 2009 年版)、张彦春等主编的《16 位教育家的智慧档案》(华东师范大学出

---

① 参见潘懋元、孙培青、王炳照、张瑞璠、董宝良、杨东平等教授对《中国近现代教育家系列研究》评审鉴定意见书手稿。

版社 2006 年版）、张康桥著的《在教育家的智慧里呼吸》（华东师范大学出版社 2012 年版）等。由此，出现的总论性、本体性研究的代表性著作，有孙孔懿著的《论教育家》（人民教育出版社 2006 年版）等。

四是研究方法趋于多样，试图借鉴其他学科的方法从新的角度挖掘教育家的深层性东西。如从心理史学视角有胡志坚著的《教育家心理史学范式研究》（社会科学文献出版社 2007 年版），从生活史角度有路书红开展的"中外教育家的生活史研究"等。

以上表明，教育家研究这个经典领域保持了常研常新的态势，或者说保持了研究成果数量增加的态势，这主要是由研究者增多、出版业繁荣、成果普及化所推动：一是集众人之力把单个教育家的研究整合成系列成果；二是拓展新的研究领域，把一些未被关注、曾经湮没的教育家发掘出来；三是研究成果普及化，除了专业研究者之外，中小学教师成为重要的受众。当然，从学术史的角度考察，更有价值的还是运用新方法、新范式对于教育家的新认识、深认识，这种努力现在还处于尝试之中，系统性的创新之作还在期盼之中。这些态势，从蕴含着更大信息量的论文数据库中可以得到进一步印证。

近年来，关于"教育家"的研究论文数量呈现快速增长态势。在"中国知网"的"期刊论文"数据库中，以"教育家"在论文题目（篇名）中精确检索（截至 2015 年 6 月 25 日）发现，1990 年至 2000 年仅 589 篇，2001 年至 2010 年达 995 篇，2011 年至 2015 年 6 月已达 806 篇。同样，"硕博士论文"数据库中，以"教育家"为"题名"进行检索（截至 2015 年 6 月 25 日），检索到 41 篇，其中，2001 年至 2010 年仅有 8 篇硕士论文、1 篇博士论文；其余 32 篇都是 2011 年以后的，但其中博士论文也仅有 3 篇，这表明虽然数量增多，但原创性高水平成果仍缺乏，并且，在 41 篇硕博论文中，有 20 篇是针对被冠以"教育家"的某人的研究。

这种快速增长乃至井喷之势，表明教育家研究、至少"教育家"一词成为近时期的教育热点之一。这些研究成果，还反映出教育家研究中存在着"两大主题、两类重点、一种背反"的特点。

其一，研究的两大主题是"教育家办学"和"未来教育家培养"。它的提出既跟领导人的关注和教育实际工作的需求相关，更深层反映了当下的社会诉求和教育思潮。教育、学校愈益成为一种社会性事业,与每个家庭每个人发生着更密切更长久的联系,公众期盼愈益高涨和深切,随着教育成为社会公平公正的投射焦点,改革和发展的呼声更加强烈,进而将教育存在的问题归因为教育行政化,与之相应便呼唤教育家办学,并反思因何缺乏教育家以及如何培养教育家。可以说,这是近年来教育家研究兴起的直接背景和动因。

其二,研究的两类重点,就是关于教育家型校长和教育家型教师的培养,包括教育家型校长和教师的主要特征,教育家型校长和教师与一般校长和教师的区别,教育家型校长和教师的培养途径和方式,教育家的内在核心精神和外部成长环境等。这些研究普遍隐含的价值假设是,教育家型校长和教师是优秀的和高级的,他们具有独特的优秀品质和精神气质,这些品质和气质是可以通过培养而具备的,并且,教育家的生成和作用发挥需要一定的社会保障条件,只要经过适当培养和提供条件保障,就可以养成教育家或促成教育家的涌现。

其三,研究中的一种背反现象是,一方面感叹教育家太少,另一方面又将教育家之名泛化,所有论文中 80% 以上的被冠名“教育家某某研究”。被冠以教育家之名者,又依次集中在艺术教育(音乐、美术、戏剧等)、农业高等教育、医学高等教育、工程高等教育等 4 个领域,分别被称为音乐教育家、戏剧教育家、农业教育家、医学教育家、工程教育家等。文章、论文的作者主要是被尊为教育家的弟子或媒体人,而较少教育理论研究者。这实际反映了这些领域特别是艺术领域的师承关系和流派特点,暗示凡被称为“教育家”者自然是大家,大家的弟子自然是名门正派。由是便引发教育家的标准问题,或者说成为教育家是困难的还是容易的,叶澜等认为教育家只能是少数人的事情,王道俊等则认为大多数教师只要经过努力就可能成为教育家。

从已有研究成果来看,目前教育家研究的不足或者说今后特别值得加强之处在于以下四个方面。

一是教育家的元研究,代表着研究的自觉水平。近年来教育家研究成果的“井喷”之势,为开展元研究即研究的研究提供了基础条件。元研究一方面是对于研究成果的事实描述,包括研究对象的聚类分析(哪些人被作为教育家来研究)、研究人员的构成分析(理论研究者、媒体人、教育家的亲朋弟子等)、研究成果的类型分析(学术性、普及性、纪念性等),以及研究周期、研究成果来源、研究成果发表载体等的分析;另一方面是对于研究问题的实然分析,诸如研究成果涉及的教育家成长经历、思想基础、精神气质、教育教学理念、治校治学方法等,以及这些研究问题及其研究方法的消长变化。在此基础上,可以判断教育家研究的现有状态和发展趋向。

二是教育家的分类研究,代表着研究的细致程度。如果认为教育家是"在教育思想、理论或实践上有创见、有贡献、有影响的杰出人物"①,那么目前研究成果中被冠以教育家者,似乎大多并未达到这一标准,而更多地与研究者的情感色彩、经验因素、利益考量、比附想象相联系。有的研究者坚持教育家是极少数人的事情,成为教育家是很不容易的,无疑具有理性和规范的意义,可以防止教育家的泛化、泛滥乃至欺世盗名;有的研究者主张成为教育家并不很难,只要具有成为教育家的理想就可能达到,这在呼唤教育家的时代,可以激发教师、校长提升愿景以及形成造就教育家的氛围,而从现实来看,也确实正在涌现出一批具有教育家水平的优秀教师和校长。正因为此,教育家趋于分类分层,教育家的标准也趋于多元,分类研究不同的教育家及其标准,可能比坚持教育家的唯一标准去争论什么人是教育家或成为教育家的难易,更为迫切和更有价值。

三是教育家的"行为·目的·情境"权变关系研究,代表着研究的深入程度。目前大多成果还集中在"教育家特质"研究阶段,即试图找出教育家独特而卓越的品质素质,或者说教育家优异于一般教师和校长之处,研究往往采取描述和归纳的方法,对于教育家的特质进行罗列或者归类。这种研究成果可能存在两个问题,一是罗列的各种特质简则以偏概全,多则繁冗寡要,且难以进行实证归因;二是这些特质之间往往是相互矛盾的,包容谦和与霸气决断、理性内敛与感性外露等相矛盾的特质,可能鲜明地存在于不同教育家身上。于是,教育家研究的深化方向,便指向教育家在特定的约束条件、组织情境中,为了实现教育教学目的而采取的卓越行为,

---

① 顾明远主编:《教育大辞典》(增订合编本)上册,上海教育出版社1998年版,第755页。

以及这种行为与目的、情境之间建立起的权变关系范式。所有教育家的永恒目的或职责就是育人，但不同时期、不同组织，所要解决的重点问题不同，或是更新教育教学理念、创新体制机制、改革课程教学、促进教师专业发展，或是解决办学条件、办学体制等，这些问题又是相互交织、相互影响的，同时教育家面临的组织情境、所能运用的组织资源也不相同。正是在这些多因素变量中，教育家才凸显出高超的智慧、卓越的策略和鲜活的人格特征，这才是教育家之所以成为教育家之处，也是教育家研究值得深入之处。

四是教育家的本体研究，代表着研究的质量水平。教育家研究要从数量繁荣走向学术深入，实现的基本策略是从两方面"返本开新"。一方面是回归教育家这个本，此乃根本之根本，无论古今中外、高层草根、主流另类，必须首先是教育家，从这个意义讲，研究教育家也是"去水分"、披沙拣金的过程，也是甄选出真正教育家的过程。另一方面是回归教育家思想和实践这个本，无论采用何种新方法、新视角、新范式，既要视野宏阔，跳出教育看教育家，发现教育家与社会的广泛联系和深层关系，又要避免泛化，丧失教育的自身立场；既要深入发掘教育家，又要避免过度解释，回到教育家史料的本身，无论文献的还是田野的。

二、教育家的类型与原创型教育家

教育家的类型可以按照不同标准进行划分。从其生活年代、活动时间来看，可以分为古代教育家、近代教育家、现代教育家、当代教育家等。这种划分的意义，一是任何教育家都带有时代烙印，也是时代教育精神的凝缩和代表，认识了一个时代的教育家便可高效地认识那个教育家所处时代的教育精神，在丰富教育历史认识中提升自己的教育智慧；二是某个时代的教育家就是要解决所处时代的教育问题，这些问题往往是那个时代特有的、必须解决又为那个时代教育家所解决了的，后代教育家可以在传承中超越，在扬弃中创新。后代教育家与前代教育家的思想关系，可以是继承性的、超越性的、批判性的甚或断裂性的。断裂性关系，即一个国家在社会和教育进程中出现明显断裂，后时代与前时代是非延续、非继承乃至否定性的，譬如殖民地国家模仿宗主国建立的教育体系与本土原生教育体系之间,后代教育家与前代教育家在学缘、思想和行动上是相对独立的。而其他几种关系,无论继承性的还是超越性的、批判性的,都具有广义上的继承性。狭义的继承性关系是一种延续性、顺向性、量变为主的继承,超越性关系是一种断续性、虽顺向但以质变为主的继承,批判性关系则是一种非顺向性(逆向或歧向性的)、针对前代教育家问题的继承。正是这种广义的继承性,为教育家的时代类型划分赋予了深刻而现实的意义,从教育家的代际起承转合、消长嬗替之中,可以寻绎出不同代际教育家的创新性之所在,可以说教育家智慧的形成,苦功夫是对自己教育实践的哲学思考,捷径则是向前代教育家的学习。

从教育家的活动和影响范围来看,可以分为地方性的、全国性的和世界性的教育家。教育家的实践活动范围与其影响范围,既有一致性也有区别,前者相对清晰和稳定,后者则有模糊性和变动性。教育家在一个时段只可能在一个相对固定的范围、场域开展实践活动,实践活动范围的大小取决于:一是场域自身的大小,既指场域的地理、物理空间也指场域的文化、思想空间。由于现代场域的联结性和虚拟延伸性,一般来讲,城市的教育家比乡村的教育家实践活动和影响范围都相对更大。二是场域变换的频度。同样条件下,教育家保持适度的场域变换频度,影响范围也相对更大。三是场域的典型性和辐射力。教育家同样是在乡村,具有文化样本意义的乡村影响力就更大,同样是在城市,省会、首都、中心城市乃至世界性、全球性城市,其影响就远超一般城市。教育家的实践活动范围通常就包含了其影响范围,但教育家的影响力、影响范围还取决于一些内在与外部、必然与偶然因素。从外部条件看,是教育家的作用发挥和思想传播机制。在传统社会和传统教育中,教育家的影响力主要依靠著书立说、讲学立派、官方认可立名(包括自己和弟子入仕、学说成为官方意志、著作列为科举教材等)等学术性、教育性、政治性机制,相互为用、共同作用来实现;进入现代,这些作用机制又注入了新的形式,著书立说的学术性机制与现代媒体、课题立项、各类评审评奖和人才队伍建设相结合,授徒讲学、开宗立派的教育性机制与现代学校教育体系、研究生培养、学术团体相结合,官方认可的政治性机制在精神激励之外又增加了巨额的经济支持,也就是说教育家的作用机制在现代呈现传媒化、学科化、资本化(主要指知识资本)的特点,教育家的影响范围大大扩张。"世界性教育家"的概念确切讲是 20 世纪以来的事情,也因此为古代教育家的现代"复兴"提供了时代条件。从内在因素看,则是教育家所指向问题的重要性和普遍性。这些问题,一是人及教育的基本问题、永恒问题。只要还有人及教育存在,此类问题就会被反复探讨,它们一般是哲学层面的宇宙观、本体论、知识论、价值论、方法论、思维及其与教育的关系问题等。古代的大教育家行不过一地一国,而能具有现代性、世界性意义和影响,就在于他们关切的教育问题是基本性和永恒性的。二是转型时代的重大教育思想和制度问题。当此时代,旧有的思想体系已经难以解释教育的新命题,旧有的制度框架已经无法容纳教育的新要求,教育乃至整个社会从思想、理论到体制、制度都面临重整再构,这些问题往往需要做出社会性、政治性和制度性、政策性安排,解决此类问题的教育家也通常带有政治家色彩,如建议"罢黜百家、独尊儒术"和建立太学的董仲舒,系统论述"中体西用论"和规划现代学制的张之洞等。三是契合教育发展的趋向性问题,诸如非正规性学习、女性女权教育、环境教育、跨文化理解教育(和谐教育、国际理解教育、民族和解教育、宗教与文明理解教育)等。此类问题历史上曾隐含地存在却并不紧迫,而在当代和未来呈现高涨态势,前瞻性关注过此类问题的教育家便成为思想的源头。也就是说,越是关切和解答上述三类问题的教育家,其教育思想和实践可能愈加高明,愈益可能成为创新性和全国性乃至世界性的教育家。

从教育家的创造程度来看,可以分为继承型教育家和创新型教育家,创新型教育家又可以分为消化吸收再创造型、原创型教育家等。原创型教育家一般产生于历史大周期的巅峰时代或转型时代。历史大周期是长时段的,短则几百年长则上千年,或如中国历史上的汉、唐经过数百年涵养深蓄而达于历史周期的巅峰,此时所要回答和解决的是巍巍盛世的教育问题;或如春秋战国、魏晋南北朝、两宋、明清之际、近代以来,正处一大历史周期与另一周期的交汇转折之际,此时所要回答和解决的是叔季之世、新旧过渡、重整复兴的教育问题。也正因此,原创型教育家的产生具有历史集中性,有的时期大家辈出、群星璀璨[1],其余时期又相对平稳平淡。

---

① 参见姜国钧:《中国教育周期论》,北京大学出版社 2005 年版。

原创型教育家善于以广博而深邃的文化视野,敏锐而深刻地洞察教育问题。巅峰或转型时代所蕴含的重大教育问题,为原创型教育家的诞生准备了先天的原创性要素,正因为这些问题是划时代的、前所未有的,又必然是弥漫性的、隐而不显的,能够最先、最敏感、最清晰、最深刻地认识到这些问题,即把隐含的问题予以"问题化"并在此基础上聚焦化、系统化,不仅需要天赋和机遇,更需要广博而深邃的文化视野。原创型教育家通常还具有丰富的实践积累,他们在教育实践中感受、认识和抽绎教育问题,总结、修正和检验自己的教育思想和理论,形成和发挥自己的教育影响。原创型教育家在教育实践中面临着传承与创新的先天困境,扮演着旧教育的改造者、新教育的创造者、新旧教育的锻铸者等多重角色,一方面必不同于既往的教育主流,否则不可能成为教育创新者、原创者,另一方面代表着教育发展的主流方向,不可能专事批判、破坏而不顾建设,这就需要高度的实践智慧。从这个角度讲,原创型教育家乃侧身于新旧教育体系之间,从古代的孔子、孟子、朱熹、王守仁到近代的康有为、蔡元培、黄炎培、梁漱溟、陶行知等,大都曾身在教育旧体系之内,思想却指向之外的教育新体系。

原创型教育家是教育家的最高级类型或形式,其"原创性"主要体现在四个方面:原创性的时代,一般产生于长历史时段的巅峰时代或转型时代;原创性的问题,敏锐而深刻地发现并概念化时代的重大教育问题,这些问题是前所未有且无法回避的,对于这些问题的解答、解决就构成了教育历史发展的一个个必然环节;原创性的思想和实践成果,开创学理、学派或创立学校、学制,"立言"丰赡卓越、自成体系,"立功"构想深远、规模宏大;原创性的影响,不仅影响当代一时,并具永久性乃至世界性价值,值得反复研究和解读以汲取智慧。总之,原创型教育家就是那些生于原创性时代,提出原创性问题,创立原创性思想和实践成果,并具有原创性影响的教育家。

三、中国现代教育体系的解释框架和形成问题

对于中国现代教育的发生发展,我们提出"一体化说"作为一种新的解释框架。① 所谓"一体化",一指纵向一体化,即从 1862 年中国人自己创

---

① 参见李剑萍:《中国现代教育问题史论》(修订本),人民出版社 2011 年版。

办的第一所现代学校京师同文馆诞生,1904年中国第一个现代学制"壬寅·癸卯学制"颁行以迄于今,中国现代教育是一个持续的整体过程,作为现代教育的根本形态和趋向并未终结,并将在今后较长时期继续发展。二指横向一体化,即中国幅员辽阔、人口和民族众多、经济社会发展极不平衡,各地各民族现代教育发生发展的起点、进程、速度、路径也有差异,但总体趋向相同。此点意义极为重大,就是说中国现代教育的形成与发展过程,也是中国作为现代国家重整与复兴的过程。三指外向一体化,即中国现代教育是学习、引进、吸收先发国家教育思想、制度、理论和方法等的过程,就是增进教育国际交流与合作的过程,就是挽世界现代教育于中国、推中国教育于现代世界、中国教育与世界教育一体化、中国教育复兴并为世界教育做出崭新贡献的过程。四指内向一体化,即以现代学校制度为代表的现代教育制度逐步系统化和普遍化,以书院、私塾为代表的传统教育体系逐步学校化和消融化,以教会学校为代表的外国教育体系逐步中国化和世俗化,共同建构中国现代教育体系的过程。

中国现代教育的发生发展作为一个持续的整体过程,大致可以分为两大时期、四个阶段,即以1949年新中国成立界分为两大时期,此前是中国现代教育体系的形成时期,此后是中国现代教育的探索和发展时期,每一时期又各分为两个阶段,共计四个阶段。从1862年京师同文馆设立至1927年南京国民政府成立前是早期现代化阶段;从1927年南京国民政府成立至1949年新中国成立前是多元互动阶段,包括以党国化、制度化为特征的国民政府的教育建设与教育统治,以革命化、大众化为特征的中国共产党领导的革命根据地教育,以教育救国、杜威教育思想中国化为特征的民主主义教育家们的教育改革与教育试验,还包括教会学校的中国化和世俗化,私塾教育的学校化和消融化。从1949年新中国成立到1984年是转折与探索阶段,在新的社会制度基础上和毛泽东思想指引下,曲折地探索了什么是社会主义教育以及如何建设社会主义教育两大问题;1985年印发《中共中央关于教育体制改革的决定》和1986年颁布实施《中华人民共和国义务教育法》以来是新型现代化阶段,开始在改革开放和全球化的环境中,建设和发展中国特色的现代化教育体系。

中国现代教育是在三个层面依次启动,多层互动,整体联动的。一是学校层面,包括现代学校的产生,学校类型的丰富,以及学校课程、教学和师生观念、角色、活动的现代趋向等;二是教育制度层面,包括现代学制的建立,现代教育行政体制和教育管理制度的形成与调适等;三是教育思想层面,包括先觉者和领导者的教育思想、教育家的教育思想与理论、社会公众的教育观念、官方教育思想即教育方针及其政策化等。从世界范围来看,各国现代教育的发生发展大致可以分为五种模式,第一种是以西欧国家为代表的先发内生型教育现代化模式,第二种是以美国、日本为代表的学习先发国家而自我创新的教育现代化模式,第三种是以印度等亚非拉殖民地国家为代表的主要移植原宗主国体制的教育现代化模式,第四种是以部分中东国家为代表的在政教合一体制基础上发展起来的教育现代化模式,第五种就是以中国为代表的在本土基础上学习外国而走自己特色道路的教育现代化模式。可见,不同国家的教育现代化不能简单分为先发内生型、后发外源型两类,而是有着不同模式,每一大模式又可细分为不同的小模式,它们在全球化浪潮中相互联系更加密切,相互影响更加广泛,使得世界教育一体化不是单一化而是多元化、丰富化。也正是从这个意义上讲,一方面,中国现代教育是中国教育与世界教育一体化的过程;另一方面,中国现代教育又是世界教育一体化中独具代表性的一极,具有独特价值,中国现代教育应彰显光大此种价值,这是中国现代教育的全球价值和使命。

以上的"一体化说"解释框架,可以概括为"一体多向、二期四段、三层第五模式"。在中国现代教育发生发展的第一时期即体系形成时期,中国现代教育面临的重大问题或称中国现代教育的形成问题主要是:

其一,培养什么样的人即教育目的、教育方针问题。这是中国现代教育形成的核心性问题,其他问题是由此衍生和为此服务的。它在起初,既不像欧洲那样经历过一个宗教改革和文艺复兴的人本主义启蒙过程,也不是中国传统社会和传统教育自我发展、自我生发的结果,而是由于传统教育所培养的传统型人才无法应对严峻的外患内忧的紧迫需求而倒逼产生的,是外铄性和社会性的。也因此,这个问题经历了由培育精英化"人才"向养成现代性"国民"再到培养合格的"人"的转变,经历了由偏重政治化的"社会人"到全面发展的"知识人"再到综合中国人、现代人、世界人的"文化人"的认识发展。

其二，建立和发展学校教育即教育制度、教育体制问题。这是中国现代教育形成的结构性问题，是实现教育目的、教育方针的制度设计和制度选择。它在经历了起初的创设新式学校、建立现代学制和现代教育行政体制两步之后，便遇到三个更深层次问题：一是现代学校的内涵性建设。只有具备了现代课程教学和师生行为观念才是真正的现代学校，因此在中小学校要进行现代性的课程改革和教学实验，在大学要引入大学精神和科学研究。二是教育普及，确切地说是普及学校教育。学校教育的制度化优势也兼具高成本压力，在人多地广、一穷二白的当时中国如何普及教育，始终是必须直面的两难问题，面临采取单一的制度化教育还是融通制度化与非制度化教育的选择。三是对于旧教育、传统教育的认识和态度。传统教育既是现代教育的对立面，又是现代教育的参照系，甚至在现代教育中传统教育不会根除，只会通过传统教育的现代化转换成为现代教育的必然构成。

其三，教育与社会的关系即教育与社会改造、社会建设问题。这是中国现代教育形成的功能性问题。中国现代教育是在社会转型之际应需而生、应运而生的。正因为传统社会及其教育已经不能应对早期现代化的需要，所以必须在其之外引进和建设一套现代教育体系，而现代教育的发生发展又是以传统社会的改造、现代社会的建设作为基础和目的之一的。这就决定了中国现代教育形成时期在与社会的关系上呈现三个特征：一是偏重社会本位的教育，即在人与社会的关系方面更加关注后者，通过人的社会化来造就"新民"以改造旧的社会、缔造新的社会，注重人的社会工具价值，相对忽视人的自身意义和人的个性化；二是教育社会化，教育改造旧的社会、缔造新的社会的前提和途径，就是教育必须与社会实际、社会实践相联系，这一时期出现了形形色色的"教育救国论"者和教育试验运动，甚至在教育社会化中出现了轰轰烈烈的教育运动化、教育政治化，教育成为社会运动和政治活动的工具；三是社会教育化，社会改造论、社会建设论的教育家们提出的社会方案，几乎无一不是教育化的，即在教育社会化的同时社会教育化，按照教育的模式、体系去组织和构建新的社会体制，把教育社会化与社会教育化作为理想的教育和社会状态。

其四，教育与文化的关系特别是教育与中西古今文化的关系问题。这是中国现代教育形成的深层性问题。教育与文化密不可分,是文化的一部分,教育传承创新文化并受到文化的规定制约。中西古今文化的关系及其与教育之间的关系,可以归结为外来文化本土化、传统文化现代化、中华文化世界化三大命题。虽有所谓传统文化本位主义者和全盘西化论者,实际上都是基于自己的立场,对中西古今文化的关系命题进行着自己的思考和解答。对于外来文化和外国教育理论,通常采取实用主义态度加以选取、改造和利用,即所谓"洋为中用";对于中国传统文化和传统教育理念,也往往站在现实主义立场予以延续、变换和使用,即所谓"古为今用",两者共同构成了教育与文化关系的民族化、现代化趋向,此点从 20 世纪 30 年代以后表现得尤为明显。

其五,教育哲学特别是知识价值论、认识论与教育的关系问题。这是中国现代教育形成的基点性问题。什么知识是有价值的或是最有价值的,如何认识有价值的知识或如何认识这些知识是最有效率的,便构成教育中教什么、学什么和怎样教、怎样学的问题,亦即课程和教学问题。在中国哲学传统中,本体论多与修养论相合一,即本体论道德化,宇宙观多倾向朴素唯物主义或带有人格化特点的唯心主义。而且,在实用理性的传统惯性和社会问题导向的现实需求作用下,现代教育家们的哲学思考是较少以本体论和宇宙观作为出发点的,而多是直接从知识价值论、认识论层面切入,并在课程教学哲学上呈现两个鲜明的倾向:一是在课程上,重视社会性、实用性、生活化、大众化的知识,二是在教学上,强调理论联系实际,与社会实践相结合,为生产生活服务。这一方面改变了中国传统教育教学与现代社会、现代生活相脱离的问题,另一方面也使得社会本位和工具主义进一步强化,这也是杜威实用主义教育理论之所以能在中国流行的深层原因。

四、原创型教育家的代际分期与中国现代教育体系的形成问题

在中国现代教育体系的形成时期,堪称原创型教育家者主要有张之洞、康有为、蔡元培、黄炎培、晏阳初、梁漱溟、陶行知、陈鹤琴等。就其原创性教育贡献和教育影响来看,张之洞、康有为属于以维新运动和新政改革为背景的晚清一代,蔡元培、黄炎培属于以辛亥革命和新文化运动为背景的民初一代,其余四人属于以国内革命和全面抗战为背景的民国中后期一

代。以上八人历时半个多世纪,大约算是三代教育家。

由于中国的早期现代化是一种急剧突变式的"压缩"了的现代化,八位教育家也可以算是两代半人。蔡元培、黄炎培作为第二代,其创新性教育影响发轫于清末,从辛亥革命后到20世纪20年代后期持续约20年;第三代则在20年代前期崭露头角,20年代后期开始形成较大影响,三四十年代成为主角。第二代的两人,与第三代的主要重叠期在20年代中后期,进入30年代他们虽然依然活跃并发挥重要影响,但已经主要是社会政治活动家的身份了。第三代的四人,生年奇迹般地顺差一岁,除了陶行知突发脑出血中年而逝,其余三人又都出奇地长寿,他们作为原创型教育家的光耀之时是在20世纪三四十年代,后来的人生道路、境遇虽然不同,但在当时都是民主主义教育家的杰出代表。从文化的代际传承来看,第一代的张之洞、康有为与第二代的蔡元培、黄炎培之间的关联性更多,即使康有为几近周游世界,蔡元培多年游学欧洲,也都属于传统文化的最后一代人,传统文化是他们青年所习、终生浸润、晚年所归,是他们教育改革的对象,也是他们的思想资源和文化比较的坐标系。第三代虽在童年时期受过一些传统文化的教育,但少年以后的思想和价值观形成时期,主要接受的是现代学校教育,除梁漱溟是自学成才之外,其他三人都在美国取得硕士、博士学位,受到过规范的现代思维训练和西方思想影响。由此,三代教育家的问题指向虽然都是中国的,但第一代、第二代教育家除了蔡元培,多带有中体西用、以中释西的立场,第三代教育家除了梁漱溟,多是西方教育理论,确切地说是杜威现代教育理论中国化的产物。

第一代教育家张之洞(1837—1909)和康有为(1858—1927)是亦旧亦新、从传统走向现代的一代,他们共同的历史使命是建立现代学校系统,终结传统教育制度,以及从制度安排上回应中西文化的关系和传统儒学的命运。

张之洞是洋务教育的殿军后劲、清末教育改革的总设计师、中体西用论的集大成者,三重角色既是他教育思想和实践的分期,也反映了19世纪末到20世纪前10年中国教育由传统走向现代中的巨变。他在前期,主要延续或者说复兴了早期洋务派曾国藩、左宗棠、李鸿章、沈葆桢等人的教育事业,在甲午战争失败后更加深重的民族危机中,以更大的毅力和担当兴办洋务学堂、改革旧式书院、设立新式书院,特别是在国际国内的新形势和早期改良派的新思想影响下,开始由侧重军事应对转向全面改革,洋务学堂的办学重点也由军事技术领域拓展至社会政治学科,与之相应,培养目标由"新技术人才"拓展至"新国民",办学视野由专业教育拓展至普通教育、由精英教育拓展至普及教育。这是清末全面教育改革的基础和前奏。进入20世纪,经历了八国联军战争和庚子赔款的剧痛,中国不得不在全面危机中开始史称"清末新政"的全面改革,包括其中的教育也在此前学校数量增加、类型增多的基础上,进行整体谋划、顶层设计,北方的袁世凯和南方的张之洞历史性地充当起设计师的角色。由于袁世凯更加侧重军政方面,张之洞调任中央后主抓教育,成为全面教育改革的总设计师,从"立新"和"破旧"两方面构建起中国现代教育的四大制度基础——颁行第一个现代学制"壬寅·癸卯学制",建立与之相应的以学部为代表的现代教育行政体制,颁布"中体西用"思想指导的新旧参互的教育宗旨,停废科举考试直至最终废除科举制度。同时,张之洞作为政治化的儒家学者和道统承继者,一方面采取通经致用、经世致用的务实主义态度,另一方面坚守道统红线和文化底线。他1898年撰写的《劝学篇》,奠定了其作为"中体西用"论集大成者的地位。所谓"西用"即利用、吸收西方先进的科学技术乃至管理体制,所谓"中体"即保持、维护中国的君主体制和儒家道统。他晚年认为即使君主立宪亦未尝不可,但儒家道统不能失守,既反对康有为托古改制式的今文经学曲解,更感叹进入20世纪在立宪与革命思潮的博弈中民主共和观念的大行其道,进而横扫孔孟之道及其精神象征孔子。其实,中国人对于孔孟儒学多采取功利主义态度,学校已兴,科举既废,制度化儒学和道统的解构已经不可避免,所以作为兴学校、废科举设计者的张之洞在晚年陷入吊诡、反思和哀叹,认为自己实际成为传统文化掘墓人,有"我虽未杀伯仁,伯仁因我而死"的自责和懊悔,正因此才有倡办存古学堂的最后一搏。当然随着他的去世、清朝的终结,存古学堂很快也就烟消云散了。但他所留下的文化命题并没有结束,他解决问题的方式是传统的,但所要解决问题的意义是现代的。如果说张之洞作为教育家完成了建立现代学校系统、终结传统教育制度的使命,而从制度安排上如何安置传统儒学呢? 他只是认识到这个命题,没有也不可能解答这个命题。

　　康有为是维新运动的领袖、著名的改革家和思想家,虽比张之洞晚生、晚逝约20年,但其教育思想和实践的辉煌期都集中在19世纪末20世纪初,与张之洞具有交集和重叠,从这个意义上讲两人属于思想上的同代人、同一代教育家。康有为与张之洞在19世纪最后几年的教育变革大潮当中,总体目标是一致的,就是都想兴学校、变科举,大办各级各类学校并使之体系化制度化,变八股取士为策论取士直至逐步停废科举制度,并且这些改革都必须在中央的强力领导下进行,无非康有为依赖光绪帝,张之洞乃实际掌权者慈禧太后的"手擢之人"。二人的区别就在于,张之洞是体制内的政治型教育家,康有为是体制外的思想型教育家。康有为虽以"帝王师"自命,拼命想挤进体制内却不得,即使"百日维新"期间曾短暂地进入过也未能成为核心和主流。体制外的改革家注定只是改革启蒙家和改革思想家,这也正是其意义所在。康有为的人格特点和知识结构,决定了其思想更具突破性、新锐性和挑战性、解构性,他希望构建一套新的思想和制度体系去取代原有体系,而张之洞偏重于从原有体制体系去补苴、生发出一套新的东西。这是两种不同的原创类型,或可分别名之"替代型创新"和"生发型创新"。当然,它们的共同指向是创新、是质变,前者是骤变,后者是渐变,二者即使在同一教育家身上,在一定条件下也可以转换,生发积累到一定程度就是替代。比较而言,康有为的思想更具有爆发力、震撼力,也易走向旁门左道,不见容于当道;张之洞的思想更具建设性,也更中庸、更易被接受、更具可操作性,当然思想的启蒙意义便相对逊色。"百日维新"期间,康有为虽可提出"废八股、变科举"的建议,但具体实施方案必须赖于张之洞,张之洞作为体制内、政治型、生发型创新的教育家,有学有术,有思想有担当,最善于四两拨千斤,用技术性设计解决体制性问题而不囿于技术官僚。康有为的教育原创性在于维新、孔教、大同三个方面或者说层面。维新教育是康有为作为清末改革家和维新运动"头儿"的贡献,其核心在于兴学校、废八股、变科举。但康有为与同侪的不同之处,是把维新教育作为维新变法的重要内容和途径,是想通过教育变革、维新教育来培养一批维新变法即搞资本主义一套的政治精英,这是他跟张之洞等洋务教育家的根本区别,也是他作为原创型教育家对同时代其他要求变科举、兴学校的教育家的超越。孔教教育是康有为作为文化学人的原创性建构。在19世纪中叶以降的中西古今文化之争中,无论何种解答方案,要想有效就必须指向中国文化问题的解决,又必须把中国文化置于世界文化的总格局中进行思考,这就容易在中西文化比较中走向中国文化本位、西方文化形式,与其说是"中体西用"毋宁说是"中本西形"。康有为正是从宗教政治学层面来思考和设计中国传统文化的时代命运、中国文化的时代使命,他把"保教"与"保国""保种"相联系,即由政府组织建立孔教并确立孔教为国教,从教义到仪式仪轨予以体系化、制度化、普及化。康有为从早年编撰《孔子改制考》直到晚年组织孔教会、创办《不忍》杂志,一以贯之,终身不懈。大同教育是康有为作为思想家的原创性贡献,对康氏的大同理想冠以"大同空想社会主义"可能更是政治家者流的现实解读和比附衍义。康有为的大同观实际是他所诠释的中国古代大同观与其流亡国外反思西方工业资本主义之弊,以及与其"天游"思想(以佛学思想为主融合了庄子一派道家思想)杂糅的产物。解读康有为的大同观,必须将《大同书》与其晚年最后一部主要著作《诸天讲》结合起来理解。他晚年所创造的《诸天讲》、天游园、天游老人等"天游"系列,实为其少年以来究研佛学思想的特质化个性化发展。至于为人所乐道的大同社会教育模式,不仅是看似严密的空想,也实非康有为措意之所在。他所关注者更在于宇宙之人(人居无限广漠之宇宙,人至为渺小,人生至为短暂)的形而上问题,这实开启蔡元培、梁漱溟同类思考的先声。

蔡元培(1868—1940)和黄炎培(1878—1965)属于第二代、民国初年一代的教育家,教育贡献集中于民国元年(1912年)到20世纪20年代中期之前。蔡元培比黄炎培年长10岁,在南洋公学经济特科班与黄炎培还有师生之谊,在世时的政治地位、社会声望也远高于黄炎培,但两人的早期经历颇为相似。蔡元培是清朝翰林,黄炎培是举人,都在青壮年时期主动脱离清朝的政治体制和学术体系,游历游学国外,蔡元培甚至以访问学者身份在德国大学学习研究多年。可两人囿于自身的知识结构,对于外国思想理论文化的汲取和介绍充其量是"高级常识"级的,专深程度无法与后来的胡适等人相比。两人都极其聪明敏锐,默察世界大势,善假于势,知清廷无可救药,在清末的上海以办学为反清之掩护和张本,投身辛亥革命,分别是当时最有影响的教育派别——浙江籍教育派和江苏籍教育会派的代表,并以教育社团兼行社会政治活动,实开后来晏阳初、梁漱溟等人以教育改造社会之先河。1927 年以后,蔡元培对蒋介石经历了由支持"清党"走向反对独裁的转变,黄炎培也一度被国民党通缉,后由中华职教社而组党,成为第三方势力中的重要一派。两人都成为民主斗士、社会政治活动家,黄炎培在新中国成立后曾任政务院副总理。比较而言,蔡元培的教育贡献更大,影响和意义也更深远。

蔡元培对于中国现代教育的贡献主要有三:一是 1912 年他作为民国首任教育总长,提出"五育并举"的教育方针,在发展了清末"中体西用"教育宗旨合理成分的基础上,更增加了美感教育和世界观教育,并以世界观教育为实体的、根本的、本质性之教育目的,"以美育代宗教",美感教育是联系隶属于政治的德智体育和超轶乎政治的世界观教育之津梁。这不仅直指中国人、中国教育过分注重实用理性之病,更是迄今对于中国现代教育培养什么样人的最深刻思考。二是 1917 年就任北京大学校长后,他提出大学以"研究高深学问"为宗旨,学、术应当分途而治,第一次明确了中国现代大学的科学研究职能,而且大学所研究之科学具有高深、纯粹的特点,这便为中国的大学注入了灵魂,通俗地讲就是"大学像大学"了。由是,大学必须采取"思想自由,兼容并包"的办学方针,相应进行内部管理体制改革,学科专业结构调整,师资队伍优化,学校文化建设。北京大学为之焕然一新,成为中国大学、学术和思想界之"灯塔",进而由此成为新文化运动的发源地和"五四"运动的策源地,极大地改变了中国的思想文化面貌、社会政治生态以及历史走向。溯源推始,固是由于北大所处地位及当时国内外社会环境、思想潮流所致,亦不可忽视蔡元培顺势而发之伟力。三是他秉持"教育独立"思想,并在 1927 年前后进行了大学院制和大学区制试验,这些试验虽因制度缺陷、人事纷争、利益博弈等仅一年多便被废止了,但教育应独立于教会、政治之外,并从经费、政策上予以保证的思想成为一大潮流。归根结底,这是要求尊重教育规律、保持教育静气,是对教育过度社会化、政治化和运动化的反动。蔡元培的超凡之处在于,一方面他作为国民党元老是广泛而深入的社会政治参与者,尤以北京大学为基地从思想文化层面推动了中国的深层变革,另一方面他又始终有意无意地采取了既非入场又非离场的"即场"态度,研究人、教育、大学的本质,可谓"教育家之教育家"、原创型教育家之首。

黄炎培对于中国现代教育的贡献主要在两个方面：一是在清末发起成立江苏教育会，并使其成为全国最有影响的教育社团，兼具政治团体性质和政党雏形，不仅在江苏的辛亥革命中发挥了很大作用，而且在 20 世纪 20 年代前期的文教界和东南政坛影响巨大。正如他自称："这是教育性的江苏中心组织，经过几年，成为政治性的江苏中心组织……在辛亥革命洪潮中，成为江苏有力的发动机构。"[①]二是组织成立中华职教社。他由民国初年倡导职业教育的前身——"实用教育"开始，到 1917 年组织成立中华职教社，其后创办职业学校、编印报刊、举办年会等，影响不断扩大，1926年又在江苏昆山徐公桥设立乡村改进试验区。中华职教社成为被共产党争取的党派团体。黄炎培的两大教育事业——江苏教育会和中华职教社，都由教育团体走向政治团体，他自己也从教育家成为社会政治活动家，从清末在上海川沙办学，创办浦东中学，到新中国成立后任政务院副总理。他一生的教育路向，主要是指向社会改造的，通过教育来改造社会进而造福人，而教育改造社会的路径就是社团化、试验区化和社会化、政治化，即教育家们要组织起来、行动起来。在这一点上黄炎培不同于蔡元培，而更接近于晏阳初、梁漱溟，黄、晏、梁三人应该说是"教育救国"论的代表和实践家。

晏阳初（1890—1990）、梁漱溟（1893—1988）、陶行知（1891—1946）、陈鹤琴（1892—1982）属于第三代、民国中期一代的教育家。他们比蔡元培小 20 多岁、比黄炎培小 10 多岁，作为原创型教育家的集中作为在 20 世纪 30 年代及其前后。

晏阳初、梁漱溟可称乡村建设运动的双子星。晏阳初从事平民教育运动持续时间之长、影响之大，实无出其右者，包括梁漱溟。他在美国留学期间，于第一次世界大战中被教会派到法国从事华工识字教育，从此开始平民教育生涯；1920 年回国后，由平民识字运动而平民教育运动、乡村改造运动；1949 年后又在国外从事世界平民教育活动，具有世界性影响。梁漱溟所主持的乡村建设运动，则集中在 20 世纪 20 年代后期 30 年代前半期。

---

① 黄炎培：《八十年来——黄炎培自述》，文汇出版社 2000 年版，第 75 页。

所谓乡村改造、乡村建设运动,实质都是"五四"运动前后开始的平民教育运动由城市向农村的延展,由教育运动向社会运动的拓展。随着北伐战争前后社会动员向着农村的深入,以及随后开展的"中国社会性质问题论战",特别是到20世纪30年代中前期,论战重点转向中国农村社会性质,农村、农民、农业问题的严重性和迫切性引起广泛关切,国共两党以及民主主义者们对于"三农"问题探索了不同的利用和解决方案。"据统计,当时600多个教育和学术团体及大中专院校在全国建立了1000多个乡村建设试验区。"①更深层原因,也是对于当时城市化浪潮中城市大量虹吸农村资源的反思与反动。民主主义教育家晏阳初、梁漱溟分别以河北定县、山东邹平为基地开展县域试验,影响一时,是以教育运动救治"三农"问题、"教育救国"思想实践于农村或称"教育救农"运动的杰出代表,是当时的新农村建设运动中最重要一派。二人思想的共同之处在于:一是都以中国社会的重整和复兴为目的、为己任,认为近代以来在西方列强的军事打击和经济冲击下,加之中国传统社会的自然老化,传统的中国社会走向破碎和衰败,只有进行社会重整和复兴中国才有希望。二是都认为中国社会重整和复兴的难点、重点和希望在农村。农村面积和人口占中国的大多数,中国的经济社会发展水平还是农业国,在工业化、城市化浪潮中,本来就困顿的农村更陷于破产的境地,这不仅在于经济的凋敝,更在于基层组织的衰落、伦理文化的解体、人心的陷溺。中国的重整复兴包括并且必须依靠中国文化的更新复兴,而中国文化之根在农村,中国未来的新文化不可能由某种外来新文化替代,中国问题的解决要走"农村包围城市"的道路。这也是当时国共两党和民主主义派别的共同认识,只是具体路径、实施方案和效力效果有所区别。三是中国"三农"问题需要综合性的总解决方案,即所谓的乡村改造、乡村建设。中国"三农"问题是愚、弱、贫、私等并存,既有自然经济破产、民间借贷重压、疾病肆虐、游民流民问题,又有宗族社会解体、伦理道德沦丧、文化教育水平低下等问题。四是这些问题总解决的切入点、突破点就是文化教育,包括识字和扫盲教育、卫生知识普及和卫生清

---

① 郑大华:《民国乡村建设运动之"公共卫生"研究》,载《天津社会科学》2007年第3期。并参见郑大华:《民国乡村建设运动》,社会科学文献出版社2000年版。

扫运动、科普和农业技术推广、经济互助组织,以及基层选举和政权建设、移风易俗运动、乡规民约订定、道德重整运动等,一般不出这些方面,亦即梁漱溟等人所谓的"教养卫"一体化。当时各派对于"三农"问题的解决方案基本都是综合性的,只是切入点、重点、路径和立场、目的有所区别。从切入点来看,有政治的、经济的、文化教育的之分,分别对应的是革命救国、实业救国和教育救国。晏阳初、梁漱溟等教育家,不同于卢作孚等实业家和国共两党,他们所能做的、所擅长做的就是教育。五是乡村改造建设的根本力量和关键问题在于农民的自觉自动,缺乏农民自觉自动的改造建设,就只剩一批"看热闹者"和"包办者"。平教会、乡建派等干部只是组织者、辅导者、帮助者,尽职而不越位,指导而不包揽,由此,乡村改造建设的关键在于发动农民,发动农民的利器在于教育农民。以上,就是当时晏阳初、梁漱溟的思维逻辑。在这种逻辑下,他们及其所领导的乡村改造、乡村建设必然走向社会化、运动化乃至政治化、政党化,既与当时国民党推行的新县治运动相因应,也如 1940 年 10 月 30 日中共中央宣传部所发的《中央宣传部关于向全国教育界各小派别小团体推广统一战线工作的指示》中所说:"教育界各小派别中,以陶行知所领导的生活教育社,黄炎培、江问渔所领导的中华职业教育社,晏阳初、陈筑山所领导的平民教育促进会,梁漱溟所领导的乡村建设派等最有历史和地位。"①可见,他们的出发点和目的,都是社会的而不仅仅是教育的。

　　值得注意的是,晏阳初、梁漱溟对于自己的事业和理念都有着宗教家般的执着。作为基督徒的晏阳初是入世式的,他读的是教会学校,去欧洲从事华工教育是受教会派遣,回国后从事平民识字教育也是从基督教青年会起步的;作为新儒家的梁漱溟深研佛学而自称不是佛教徒,内热外冷,满腔热忱中装着坚毅的冷静。或许由于这种宗教性背景,二人都从文化层面去发现、发掘、解答、解决乡村改造和建设问题,他们既是行动的又是思考的,既是社会的又是文化的,相对于同侪更加坚定和深刻深沉。他们身上有一种信仰的力量,这种信仰来自于他们对于中国社会的文化认识、文化解读和文化图景建构。也正因为这种带有先验性、想象性的文化范式,使

---

① 　中央档案馆编:《中共中央文件选集》第十二册,中共中央党校出版社 1991 年版,第 536 页。

得他们的乡村改造和建设理路带有主观性,成败毁誉参半。

晏阳初认为乡村建设的根本在于开发"脑矿",发挥"民力",发扬"国族精神",以实现"民族再造"——"它的发生完全由于民族自觉及文化自觉的心理所推迫而出"①。"它对于民族的衰老,要培养它的新生命;对于民族的堕落,要振拔它的新人格;对于民族的涣散,要促成它的新团结新组织。"②"当今日全世界新旧文化过渡的时期,我中华四万万众多的人民,承五千余年文化丰富的历史,正当努力发挥新光彩,以贡献于全世界。"③由此,我们将其平民教育原则概括为"三四四四",即采取学校式、社会式、家庭式三种教育方式,实施"四大教育"以治"四病",以文艺教育治愚,以生计教育治穷,以卫生教育治弱,以公民教育治私,培养兼具知识力、生产力、健康力、团结力"四力"的"新民"。梁漱溟作为文化学者、文化大家,对于中华文化的思索更为深邃,也更带有先验性。他认为中国社会的特征是"伦理本位,职业分立,没有阶级分化","士人即代表理性以维持社会者"④,中国乡村衰败的原因在于组织涣散,而乡村组织"必须以中国的老道理为根本精神","发挥伦理关系,发挥义务观念"⑤,即西方社会是以法律精神或曰契约关系、选举程序组织起来的,而中国社会是基于伦理的,变契约关系为伦理关系,变权利观念为义务观念。"乡村建设,就是要先从乡村组织做起,从乡村开端倪,渐渐地扩大开展成功为一个大的新的社会制度,这便叫做'乡村建设'。"⑥而乡村组织要从两方面入手,一是"乡约"的补充改造,二是成立乡农学校。乡约类似于乡村自治宪法,乡农学校是

---

① 《十年来的中国乡村建设》(1937年),见宋恩荣总主编:《晏阳初全集》第2卷,天津教育出版社2013年版,第79页。

② 《农村运动的使命》(1934年10月),见宋恩荣总主编:《晏阳初全集》第1卷,天津教育出版社2013年版,第255页。

③ 《平民教育的宗旨目的和最后的使命》(1927年),见宋恩荣总主编:《晏阳初全集》第1卷,天津教育出版社2013年版,第105页。

④ 《乡村建设理论》,见中国文化书院学术委员会编:《梁漱溟全集》第二卷,山东人民出版社2005年版,第167、170、185页。

⑤ 《乡村建设大意》,见中国文化书院学术委员会编:《梁漱溟全集》第一卷,山东人民出版社2005年版,第665页。

⑥ 《乡村建设大意》,见中国文化书院学术委员会编:《梁漱溟全集》第一卷,山东人民出版社2005年版,第720页。

乡约的整体表现,是"推动设计机关",并将此新的机关"嵌入"现行的基层体制当中。① 乡约以"向上学好"为目标,教养卫一体化,以教育为龙头。乡农学校由学众、学长、学董、教员等组成,主要负责两项工作,一是"酌设成人部、妇女部、儿童部等,施以其生活必须之教育",二是"相机倡导本村所需要之各项社会改良运动(如反缠足、早婚等),兴办本村所需要之各项社会建设事业(如合作社等)"。② 从这些意义来讲,无论喝过洋墨水、与美国联系密切的基督徒晏阳初,还是自学成才的本土学者梁漱溟,都是在世界一体化大潮中、在中西文化范式比较中的中华文化本位论者、中华文化复兴论者。这是信仰的作用和力量。至于中西文化的原貌是否果真如此,则见仁见智。社会基层的契约关系果真不蕴含伦理关系吗? 伦理关系不也是一种契约吗?

陶行知、陈鹤琴与晏阳初、梁漱溟同属第三代教育家,却类型不同。

陶行知是当时民盟的中央常委,是当时民族民主运动和社会政治活动的积极投身者,但比较而言他更偏为职业型的教育家。这主要体现在两个"一以贯之"的方面。第一个"一以贯之",是他从事平民教育、乡村教育、普及教育、国难教育、全面教育到民主教育,与时俱进,不断从社会大变局、大格局来思考教育问题、提出教育的"新名词",也曾希冀教育救国、通过教育改造社会,但他在教育与社会之间楔入了一个变量——"新人",即通过培养千千万万新人来缔造一个新社会。晏阳初、梁漱溟在教育与社会之间也有一个变量——"新民"。"新人"与"新民",一字之差,立意迥异。而且陶行知关注的重点在于中间变量的"人",晏阳初、梁漱溟关注的重点在于教育所缔造的新乡村和新社会,所谓新民只是新社会的组成分子,培育新民只是构建新社会的一个过程、步骤乃或工具而已。无论"平民"教育还是乡村改造、乡村建设,都只是一套基层社会组织建构理论,是社会学的、政治学的,是着眼社会重构再造、社会本位的,他们都没有提出一套相对完整的创新性的育人理论体系。这不仅是社会活动型教育家晏、梁的不

---

① 参见《乡村建设理论》,见中国文化书院学术委员会编:《梁漱溟全集》第二卷,山东人民出版社2005年版,第320—366页。

② 《乡村建设大意》,见中国文化书院学术委员会编:《梁漱溟全集》第一卷,山东人民出版社2005年版,第672页。

足,更是中国教育早期现代化时期乃至整个中国现代教育时期教育家的群体性缺陷。在近代原创型教育家中,真正自觉而一贯地思考育人问题者,前有蔡元培,后有陶行知和陈鹤琴。这本身就是一个值得思考的命题——教育本是育人的事业,教育家本是育人的大师,而原创型教育家们因何较少立足于研究育人呢?第二个"一以贯之"就是他的生活教育论。陶行知曾说:"我们是发动了四个教育运动:即乡村教育、普及教育、国难教育、战时教育。这四个运动只是一个运动的四个阶段,这一个运动便是生活教育运动……"①所谓"生活教育是生活所原有,生活所自营,生活所必需的教育。教育的根本意义是生活之变化。生活无时不变,即生活无时不含有教育的意义。因此,我们可以说:'生活即教育。'到处是生活,即到处是教育;整个的社会是生活的场所,亦即教育之场所。因此,我们又可以说:'社会即学校'"②。他又说,"教学做合一","教和学都以做为中心","做是在劳力上劳心",生活教育必以生活工具为出发点。生活教育特质是生活的、行动的、大众的、前进的、世界的、有历史联系的;培养的人的特征是康健的体魄、农人的身手、科学的头脑、艺术的兴趣、改造社会的精神。③ 陶行知是他的老师、美国著名教育家杜威的现代教育理论在中国的重要引进者、传播者和修正者、发展者,一方面他批评杜威所倡导的"教育即生活""学校即社会"只是在学校里模仿社会生活、是虚拟的生活,并未真正将教育与生活融为一体,把杜威的名言"翻半个筋斗",另一方面他的生活教育论又是杜威现代教育理论中国化修正的产物,它既是指向中国教育问题的、总结和应用于中国教育实践的、中国化形式的,又与当时世界上方兴未艾的杜威现代教育理论相接轨。那些只看到陶行知对杜威理论的批评、强调生活教育论与杜威教育理论的区别者,我宁愿相信他们是出于非学术的深意,而没有领会杜威及其实用主义教学在中国广泛传播的内因正在于其与中华文化、中国知识分

---

① 《告生活教育社同志书》(1939年3月25日),见董宝良主编:《陶行知教育论著选》,人民教育出版社1991年版,第520页。

② 《生活教育》(1934年2月16日),见董宝良主编:《陶行知教育论著选》,人民教育出版社1991年版,第390页。

③ 参见《生活教育之特质》(1936年3月16日),见董宝良主编:《陶行知教育论著选》,人民教育出版社1991年版,第462—464页。

子精神、中国教育传统、中国现代教育问题的内在契合。① 陶行知的生活教育论是理论的又是行动的、是中国化的又是世界性的、是通俗的又是现代的,标志着中国现代教育理论的形成。此前的教育家可以称为教育实践家或教育思想家,但无一堪称教育理论家者。

　　陈鹤琴是中国近代教育家中的最后大师,也是最为专业化的教育家。长寿的他虽亦参与政治,但与实际参与最重要的第三党——民盟创建工作、曾任民盟秘书长和机关报《光明报》创办人的梁漱溟不同,也与曾任民盟中央常委、积极投身民族民主运动的陶行知不同,他曾任民盟中央常委,主要是荣誉性的,其实际最高官方职务就是新中国成立后长期担任南京师范学院院长,无论 1949 年前后,包括 20 世纪 50 年代批判陶行知进而批判他的"活教育"的时候,他都是被当作教育家,尤其是幼儿教育家看待的。陈鹤琴作为教育家的主要贡献,在于幼儿教育、家庭教育以及幼儿心理发展和测量研究三个方面。幼儿教育是最主要、最基本也是原创性的,家庭教育是幼儿教育在家园联系方面的必然延伸,幼儿心理发展和心理测量是幼儿教育的科学基础,是当时科学教育运动的成果之一。发轫于新文化运动时期的科学教育运动包括科学的教育化和教育的科学化两方面,前一方面主要是由任鸿隽等科学家和中国科学社等科学团体来倡导和实施的,后一方面则主要由教育家来承担。教育的科学化又包括教育教学试验运动、学业成绩和智力测量运动、儿童心理发展和测量研究等三方面,儿童心理发展和测量研究又是前两方面乃至整个教育科学化运动的基础,中国的儿童发展心理学进而教育心理学乃至心理学研究主要是沿着这条路径发展起来的。只是由于现代学科的分化,中国近代最有成就的心理学家艾伟等人,主要精力还是集中于心理学领域的研究,教育实验或教育试验不过是其心理学理论的实证来源和验证场,他们并没有把儿童发展和教育改造作为自己的主要目的。而陈鹤琴心理学功力深厚,既是心理学家又是教育学家并以幼稚园的教育实践统合二者,终成为以幼儿教育家知名的原创型教育家,构建起中国特色的幼儿教育理论体系。他相对于大多的心理学家是积极致力于教育行动的,相对于前辈教育家又是经过了科学思维训练和具

---

① 　参见李剑萍、杨旭:《中国现代教育史》,人民教育出版社 2011 年版,第 208—213 页。

有深厚心理学功力的,更重要的是,相对于通常的科学型的心理学家或教育试验者,他又有着自己所秉持的哲学和价值观,即杜威现代教育理论中国化及其在中国幼儿教育实践化的产物——"活教育"。"活教育"是相对"死教育"而言的,它的"(1)一切设施、一切活动以儿童做中心的主体,学校里一切活动差不多都是儿童的活动。(2)教育的目的在培养做人的态度,养成优良的习惯,发现内在的兴趣,获得求知的方法,训练人生的基本技能。(3)一切教学,集中在'做',做中学,做中教,做中求进步。(4)分组学习,共同研讨。(5)以爱以德来感化儿童。(6)儿童自订法则来管理自己。(7)课程是根据儿童的心理和社会的需要来编订的,教材也是根据儿童的心理和社会的需要来选定的,所以课程是有伸缩性,教材是有活动性而可随时更改的。(8)儿童天真烂漫,活泼可爱,工作时很静很忙,游戏时很起劲很高兴。(9)师生共同生活,教学相长。(10)学校是社会的中心,师生集中力量,改造环境,服务社会"①。陈鹤琴自称:"我们要利用大自然、大社会做我们的活教材。我们要在做中教,做中学,做中求进步,我们要有活教师、活儿童,以集中力量改进环境,创造活社会,建设新国家。"②他后来把活教育的目的总结为"做人、做中国人、做世界人"。具体来讲就是,"第一是健全的身体;第二是要有创造的能力;第三是服务的精神;第四是要有合作的态度;第五是要有世界的眼光"③。可见,陈鹤琴教育哲学的主旨是指向幼儿个体发展的,即教育的最基础和最深层,这一点与陶行知相同且有过之,超越了晏阳初、梁漱溟二人而上承蔡元培。如果说,蔡元培的人学及其教育目的观是以康德哲学为底色的,那么陶行知和陈鹤琴则是以杜威现代教育理论及其中国化为基础的,陈鹤琴在此之外又增加了一个科学主义的心理学的支撑。而且,陈鹤琴选择幼儿这一社会化程度最低且与社会改造最为间接的教育领域,专以深耕幼儿教育领域为鹜,以此卓

---

① 《活教育与死教育》(1941 年),见陈秀云、陈一飞编:《陈鹤琴全集》第五卷,江苏教育出版社 2008 年版,第 21—22 页。

② 《〈活教育〉发刊词》(1941 年 1 月),见陈秀云、陈一飞编:《陈鹤琴全集》第五卷,江苏教育出版社 2008 年版,第 1 页。

③ 《活教育目的论》(1948 年),见陈秀云、陈一飞编:《陈鹤琴全集》第五卷,江苏教育出版社 2008 年版,第 64 页。

然成家,究竟是专业使然、兴趣所在抑或智慧的选择? 从这个意义上来讲,陈鹤琴无疑是中国近现代原创型教育家中最为纯粹、最为专业者。

由上可见,如果说张之洞、康有为是政治家办教育,蔡元培、黄炎培是教育家办政治,晏阳初、梁漱溟则是社会活动家办教育,通过办教育改造社会,那么,陶行知、陈鹤琴则是教育家办教育,二人都以教育家为职志,是职业型的教育家。当然,比较而言,陈鹤琴更纯粹一些,陶行知介于陈鹤琴与晏阳初、梁漱溟之间。由此亦可知,中国教育早期现代化的主要命题以及所赋予教育家的主要使命,在于制度建设方面,如兴学校、立学制、废科举等,这便为张之洞、康有为等政治型教育家提供了空间,也只有这种类型的教育家才能开辟新教育之路。也就是说,中国现代教育的生成路径不是依赖职业型的教育家及其事业的积累,只有政治型的教育家构建了现代教育的基本制度架构之后,才为相对专门的、职业型的教育家的孕育和发展提供了平台。晏阳初、梁漱溟在社会政治层级上,难望张之洞和康有为、蔡元培和黄炎培之项背,也始终没有进入政治主流,他们顺应时代潮流,眼睛向下、向乡下、向下层平民,探索教育与政治、社会、救国相结合的新领域、新突破、新路向——平民教育和乡村建设,开辟了现代教育的新空间,找到了自己的新定位,成为当时的政治型教育家和理论型教育家之外的社会活动型教育家。但二人都没有受过教育学、心理学的专业训练,其教育理论主要是社会层面或文化层面的,或曰社会学、文化学在教育领域的延伸和应用,基本未能进入教学层面,甚至严格来讲,二人是教育家、教育思想家但非教育学家、教育理论家,这无疑限制了其作为教育家的专深、纯粹、专业化程度。中国近现代原创型教育家中真正能够进入教育理论思维层面者,前有蔡元培开启端绪,及至陶行知、陈鹤琴乃臻形成。

总而论之,中国近现代原创型教育家的根本使命在于构建中国特色现代教育体系。这个体系不是中国传统教育体系自我现代化的产物,在较长时期是由于外部刺激、学习西方而建立起来的,甚至起初相当时期还将中国传统教育体系当作一无是处的批判、改造和取代对象。但实际上,在中国这样一个地广人多、历史悠久、文化积淀深厚的国家,现代教育的发生发展必然包含着现代教育中国化与传统教育现代化两个方面,两个方面既不可或缺,又是相互扭结交织在一起的,一显一隐,前者显而得到重视,后者隐而易被忽视。无论现代教育的中国化,还是传统教育的现代化,其变革的广度、深度和复杂度,从历史和世界范围来看都是前所未有的,都是原创性的。由此,更加凸显原创型教育家的重要和艰辛。

三代教育家的贡献因时代而有侧重。张之洞、康有为作为第一代的主要使命是发展现代学校、构建现代教育制度。第二代、第三代出现分化。黄炎培、晏阳初、梁漱溟是一系,主要贡献在于推动学校教育走向平民、走向乡村、走向社会。这有助于救治现代教育体系的过分制度化之弊,为封闭的、体制化的现代教育制度打开了一个新的领域,开辟了更广阔的天地,不仅把现代教育制度与当时的工农运动、社会运动相结合,而且与中国的教育传统和理念相吻合,可谓中国传统教育与现代教育在思想与实践上的化合,探索了传统教育现代化和现代教育中国化相融合的命题,只是囿于自身的经历、知识结构和学养,提出相应思想却理论基础薄弱,有思想体系而无理论体系。蔡元培、陶行知、陈鹤琴又是一系,他们无不参与当时几乎所有的教育运动,更重要的是他们开始构建起富有中国特色的教育理论体系。从这个意义来讲,他们三人是近现代原创型教育家中的三座高峰,是最伟大的教育家,是中国特色又具世界水平。

五、教育家的文化自觉与教育家成长

其一,教育家尤其是原创型教育家的高明之处或者说本质特征就在于其文化自觉,这是他们区别于一般教育家、优秀教育工作者的"金标准"。

所谓文化,虽然言人人殊、人云亦云,却也有不言而喻的共同指向,即指像空气那样无处无时不包裹着我们的一种须臾难离而不自知的氛围,或者说是"场",就是每个人在"场"中的生活状态以及与"场"的互动、交融、同构。这其中最深层的是精神生活,精神生活中最核心的又是价值观和思维方式。文化自觉是文化自信、文化自强的理性基础和指南。缺乏文化自觉的文化自信可能陷于文化自恋、文化自闭、自我文化膨胀;缺乏文化自觉的文化自强可能走向文化输出、文化侵略、文化沙文主义、文化殖民主义。所谓文化自觉,费孝通曾简捷了当地说就是要有自知之明和知人之明,最终达到"各美其美、美人之美、美美与共、天下大同"之境。当然,他更多地是从民族学、社会学的中华民族多元一体观出发的。而从教育和教育家的角度来看，教、学、觉是同源字①，皆从"爻"得音得字。"爻"是教、学的音源，也是它们的义源，就是使人明白、觉悟之意。如果说"教"是使人明白、觉人觉他，"学"就是自己明白、自觉觉己，自觉与觉人是一体交融的，是一而二、二而一的。自觉是觉人的前提，否则就是以其昏昏，使人昭昭；觉人是自觉的施用延伸，并在看到他人的觉悟中体验成功、感受愉悦，进而体悟和深化自觉，在觉人中提升自觉。当然，被觉者的真觉、正觉，终究还是其自觉，觉人若不是为了使人自觉，则不是真正的觉人，被觉者也不可能真觉，那只能是一种不自觉的思想暗示、思想占领和思想剥夺。

相当多的教师一生都处于工作和人生的"滑行"状态，一生都处于集体无意识状态，一生都被外在所控制而不自知、不觉悟，有人偶有所觉悟却深陷其中、难以自拔、颇感痛苦。为什么相当多的教师没有自觉觉悟过呢？除了教师自身的天赋、水平因素之外，就是因为教师乃主流阶层、主流价值观的代言人，他们的第一职责是传授、传递、传播而不是转变、改变、创造、创新，某种意义上甚至不希望、不需要、不应该自觉。只有社会转型和教育转折时代，原有的"教育范式"已经难以包含、解释、规范先前和当下的教育，于是必须发生一场"教育范式的革命"，才可能有不世出的大教育家、原创型教育家自觉觉人而领袖群伦。这或许正是所谓承平时代、太平盛世反而原创型教育家少见的原因。教师就是自觉觉人者，教育家就是最能自觉觉人者，通俗地讲就是"最明白的人"，就是文化的智者达人。中国教师的理想境界是教育者与思想者的统一，觉人与自觉的统一，个人与家国的统一，一生自觉、一生觉人。正如孔子所谓"学而不厌，诲人不倦"②，"吾十有五而志于学，三十而立，四十而不惑，五十而知天命，六十而耳顺，七十而从心所欲，不逾矩"③。教育家的理想人格状态是，既能"举世誉之而不加劝，举世非之而不加沮，定乎内外之分，辩乎荣辱之境"④，用时又有"虽千万人吾往矣"的肝胆和执着。

---

① 参见李剑萍：《汉语"教""育"源义考略》，未刊稿；王力：《同源字典》，中华书局2014年版。
② 《论语·述而》。
③ 《论语·为政》。
④ 《庄子·逍遥游》。

其二,教育家文化自觉的核心或者说重点是价值观自觉、人性和国民性自觉以及思维方式自觉。

所谓价值观自觉,就是对一系列价值命题和价值关系的理性认知和情感秉持,从逻辑上可分为认知、判断、选择和秉持等环节或层面,在实际中却是高度混合的。真正的价值观自觉是建立在认知、判断等理性基础上的情感秉持,价值选择则介于知与情之间,两者兼而有之,或者说是由知向情的过渡,既以认知为前提又是情感的发动。价值观自觉的理想模式,应是理性认知基础上的情感秉持,两者不可偏颇偏废。一般教师与优秀教师、教育家的高下立见之处在于,前者仅仅是基于情感的选择和秉持,缺乏价值观的认知、判断等理性活动,就直接在人云亦云、集体无意识中选择、秉持了某种价值观,缺乏理性的反思、澄清,这充其量是囿于情感意志的价值观盲从;后者具有在理性认知基础上的价值观秉持并能与时俱进,这才是终究的价值观自觉。这种终究秉持的价值观就是理念乃至理想信念,缺乏情感和意志难以形成理想信念。"师者,所以传道受业解惑也。""传道"是第一位的,教师既要善于"受(通'授')业""解惑",更须以"传道"为责任和使命。所谓"道",主要不是指道德而是指"道统"。要真正理解韩愈的《师说》,必须与他的《原道》并读。《原道》是《师说》的原旨,《师说》是《原道》的推衍。韩愈作为宋明理学的先声,是"道统说"的主要发明者和首倡者。他编导了一个由尧、舜、禹、汤传至周文王、周武王再传至孔孟的统绪,孟子死后道统不传。孟子不能救之于未亡之前,他欲全之于已坏之后,就是要实现道统的复兴,以道统的继承者和挽救者自命,这里面包含了一种强烈的文化价值观秉持,并由此成为中国教育、中国教师的一个重要传统和理想。今天来看,所谓"道统"其实就是一种文化传统、文化使命。原创型教育家异于常人之处,在于无不以民族文化生命之继起复兴、发扬光大为使命,人生为一大事来、为一大事去。

所谓人性和国民性自觉,就是对于人类天性和国民文化共性的深刻自省。虽然理解两者都不可能脱离时空场域,但相对而言,理解后者时历史的理性更为突出,或者可以说,人性是国民性的基础和底色,国民性是人性在一定社会条件中的表现和具体化。理想的人性和国民性自觉状态,是在跨文化比较中对自我文化的自信性自省,以及对于异质文化的尊重性理解。人性论是教育哲学的基本问题之一,是教育活动展开的先验假设,也是中国传统教育和教育传统中最为古老恒久的话题,从孔墨孟荀等先秦诸子,以迄历代名儒大家多有论述,并以"人之初,性本善""墨悲丝染""近朱者赤,近墨者黑"等格言警句的形式普及化,成为中国教师和大众普遍尊奉的信条。一般来讲,先验道德本善论通常是与弘扬个性的个体本位教育观相联系的,先验道德本恶论或者无善无恶论、有善有恶论常是与强调教育的个体改造作用等社会本位教育观相联系的。由于中国的教育传统以及近世以降的社会现实,中国教育的主流文化是社会本位的,在人性论上也暗含着对本性之恶的改造。这种人性改造理论必然跟国民性的改造和建构具有天然联系。中国古代只讲人性而无国民性的概念,国民性是用"人心""民风"等相近词语来表示的。直到19世纪晚期,随着现代国家观念、现代民族国家概念的兴起,倡言保国保族保种保教,才开始从国民性方面反思中国落后的原因以及国民劣根性。教育的重要目的就是改造国民性、培养新国民,国民性问题取代人性问题成为中国教育的先验基础,或者说话语系统从讨论人性论问题转向了国民性问题。对于国民性最为自觉者当推鲁迅先生,其冷峻的认识、深入的剖析和犀利的表达,使人心惊、汗颜乃至不忍卒读,仿佛就在说我们每一个人,就在说我们自己。中国近现代原创型教育家无一不从人性和国民性的角度深刻认识中国人和中国教育的问题,无非有的立足于国民性以改造旧国民、造就新国民,进而造就一个新社会新国家,有的则从积极的人性论角度出发,尊重人的个性,培养健全人格,促进人的自由和谐发展,进而缔造民主自由的新中国。

　　所谓思维方式自觉,就是对于思考、认知、表达之方法类型的觉醒,可称"思维的思维""元思维",包括对于人类思维方式共性、民族思维方式特性、个体思维方式个性的自觉,这里主要指对于民族思维方式特性的自觉。民族思维方式是一个民族的历史传统和社会环境所造就的文化中极深层、稳定、复杂的部分,价值观和人性、国民性影响着思维方式,思维方式又表达和体现着价值观和人性、国民性。钱学森作为战略科学家也是创建思维科学部类的首倡者,不少人都熟悉他多次说过的话:"中国还没有一所大学能够按照培养科学技术发明创造人才的模式去办学,都是些人云亦云、一般化的,没有自己独特的创新东西,受封建思想的影响,一直是这个样子。"①这就是通常所称的"钱学森之问",我们更愿意称其为"钱学森之答"。钱学森以其智慧不可能不知道答案,其实他也给出了答案——这就是"受封建思想影响"。这种精辟的归因,便由制度性的显性因素深入到思想思维性的隐性因素,由制度环境的外部因素深入到文化基因的内部因素,由专制政治的单因素说拓展到多因素相互作用的系统论。所谓"封建思想"即指中国传统的专制主义思想,不仅指专制主义的社会政治观和历史观,也指专制主义的知识价值论和思维方式。知识价值论与思维方式是紧密联系的,认为什么样的知识最有价值,决定了用什么样的方式去认识和表达知识。中国传统的实用理性的知识价值论,也决定了以"语录思维"为特性的思维方式。"语录思维"崇尚思维霸权,定于一尊,不必质疑;本体论不发达,经验主义盛行,急用现学、立竿见影;形式逻辑不发达,重视结论,忽视论证;尊奉实用理性,重视结果,轻视过程,是社会政治中"成者王侯败者寇"在思维领域的表现。中国传统思维方式重经验、重直觉、重顿悟、重整体、重实用的特征,不仅与基于实证、分析、演绎的现代科学思维方式不同,更在专制主义和实用理性的作用下,未能彰显其利于创新思维的一面。钱学森认为创新型人才有两大思维特征,一是高度逻辑性,一是大跨度联想,而最好的训练学科分别是数学和艺术。就个体而言,思维发展和思维方式的形成具有关键期,一旦错过关键期,用功多而见效少,事倍功半。原创型教育家对于民族整体的思维方式和特性有所自觉,高明的教师对于自己和学生的思维方式有所自觉,促其优长,补其短板,整体提升,和谐发展。

其三,原创型教育家多生于文化灿烂时代,具有广阔文化视野。

原创型教育家多产生于文化灿烂的时代,尤其是文化的碰撞、融合、转型时代,诸如先秦、宋明以及19世纪末叶以来。最富强、鼎盛、承平的时代,可能是教育事业高度发达之时,却未必是教育家特别是原创型教育家群体涌现之际,因为此时,文化转型的使命已经完成,新教育开始定型,教育事业进入一种"滑行"和量增状态。原创型教育家必具广阔的文化视

---

① 涂元季等整理:《钱学森的最后一次系统谈话——谈科技创新人才的培养问题》,载《人民日报》2009年11月5日第11版。

野,并沿着三个向度展开:一是纵向的即历史的文化视野,从历史演进中体察"数千年未有之变局";二是横向的即空间的文化视野,从异质、异域文化的比较中生成文化自觉;三是综合的即"教育·社会·人"的系统视野,对于教育与社会进步、国家前途、人类命运以及与"新人"的关系进行综合性文化思考。19 世纪末叶以后的教育家们正值这样的时代。从纵向来看,不仅文化积淀的丰厚度超过任何前代,先秦、汉唐、宋明都无法比拟,更为关键的是文化传承不再是沿袭延续的,而是呈现前所未有的历史大断裂乃至自我质疑、自我否定,所带来的文化焦虑感、迷茫感、痛苦感也是前所未有的。也就是说,文化自信所遭受的冲击前所未有,文化自强所面临的使命前所未有,文化自觉所面临的压迫也前所未有。从横向来看,文化碰撞交流的广度、深度和复杂性、剧烈性是空前的。它是在地理大发现、全球一体化的大背景大格局中展开的,第一次把中国置于世界体系、全球视野来思考,第一次把中国置于衰落者、落后者、蒙昧者、学习者,而西方国家乃至近邻日本才是强大者、先进者、文明者、被学习者的境地。夷夏大防的文化中心体系与万国来朝的朝贡体系一同崩溃,文化交流融合实际是在列强的武力、经济和文化侵略与中国的民族主义抗拒中进行的,这必然要求文化自觉者要有大视野、大胸襟、大智慧。从综合性来看,教育与政治、经济、军事等各个社会领域发生着前所未有的紧密联系、交互影响,教育系统自身的复杂性、精密性前所未有,教育对于人的影响的广泛性、深刻性前所未有。这是一个以新文化运动为中心的新的文化"轴心时代",胡适等人将之称为"中国的文艺复兴运动"是有道理的,如果以更大时段视野来看,其对于中国乃至世界历史的影响,意义可能不逊于欧洲的文艺复兴运动。社会文化的巨变,必然催生新形态的教育予以回应,这里便成为中国现代教育、现代文化、现代历史的起点,也是中国近现代原创型教育家涌起的原点。

与以上相联系,中国的现代教育体系是在文化碰撞中学习西方而建立起来的,必然面临两大问题,一是此种体系在中国的适切性问题,二是中国原有的传统教育体系的转换问题。前者可称为现代教育的中国化,后者可称为传统教育的现代化,两者相辅相成,也是每位原创教育家无法回避的命题,或者说,只有思考、回答出这两大问题的解决之道者,才是真正的原创型教育家。他们相对于传统的教育家,必须置身世界一体化背景来思考中国问题,无论他们对于世界的认识还多么有限。其中,蔡元培、陶行知、晏阳初、陈鹤琴多年游学留学国外,康有为、黄炎培多年多次游历海外,张之洞、梁漱溟虽然没有出过国,但他们都从中西古今、传统与现代、中国与世界的关系角度来思考中国文化。张之洞提出著名的"中体西用论",梁漱溟从诸种文明比较中阐释中华文化的特点和前途。蔡元培更说:"教育家最重要的责任,就在创造文化,而创造新文化,往往发端于几种文化接触的时代。"①"东西文明要媒合","媒合的方法,必先要领得西洋科学的精神,然后用他来整理中国的旧学说,才能发生一种新义"②;"一战"前"以西方文化输入东方"为特征,"一战"后"以东方文化传布西方"为趋势。③

其四,原创型教育家思考的核心问题是培养什么样的人,培养文化自觉的现代中国人是教育家的最大文化自觉。

培养什么样的人是教育的根本性、原点性问题,教育的其他问题都是由此衍生并为此服务的。教育的本质是育人,育人的专门性是教育赖以存在的基础,如果失去了育人功能,专门的教育、学校就没有了存在的价值,当然,也就不会再有专门的教师和教育家。而且,现代教育从诞生起就不是一般意义上的育人,而是与人本主义启蒙运动相结合的,现代教育的育人就是启蒙人、解放人,就是培养文化自觉的人;同时,现代教育又是工业化的产物,是为了适应现代大机器生产的需要,像批量化生产产品那样生产学生,学校制度、班级授课制、集体教学等又从一个方面禁锢着、剥夺着人的文化自觉。由此,现代教育的育人功能,天然上存在着启蒙主义传统与其工具理性、功利主义传统之间的矛盾。如果说传统教育的育人功能天然上存在着自然主义传统与政治、思想、宗教控制传统之间的矛盾,那么现代教育诞生以来,这种矛盾发生了转向。在中国,这种情况与西方不尽相同且更为复杂。中国现代教育的发生,既不像欧洲那样经历过一个宗教改

---

① 《在檀香山华侨招待太平洋教育会议各国代表宴会上演说词》(1921年8月18日),见高平叔编:《蔡元培教育论著选》,人民教育出版社1991年版,第350页。
② 《杜威六十岁生日晚餐会演说词》(1919年10月20日),见高平叔编:《蔡元培教育论著选》,人民教育出版社1991年版,第240页。
③ 参见《东西文化结合》(1921年6月14日),见高平叔编:《蔡元培教育论著选》,人民教育出版社1991年版,第335页。

革和文艺复兴的人本主义启蒙过程,也不是中国传统社会和传统教育自我发展、自我生成的结果,而是由于传统教育所培养的传统型人才无法应对外患内忧的严峻紧迫形势而倒逼产生。一方面,传统教育中的自然主义追求与政治、思想控制之间的矛盾依然存在,甚至在新的背景下政治、思想控制更趋严密,另一方面,现代教育中的启蒙主义发育不完全、大工业需求也不充分,主要是在反帝反侵略的军事现代化需求中成长起来的,并且与战时集权主义相伴的政治集权主义始终存在,可谓传统与现代相交织,脚步和大腿已经跨入现代,而上肢尤其大脑还常常停留在传统。

这个总背景必然影响着中国现代教育培养什么样人的问题,使得培养文化自觉的人更为重要,更为复杂,也更为幽隐难识,非大教育家、原创型教育家难以探赜索隐、学究天人、卓力以成。19 世纪末叶以降,对于这个问题的认识逐渐深化,经历了由培育精英化"人才"向养成现代性"国民"再到培养合格的"人"的转变,经历了由偏重政治化的"社会人"到全面发展的"知识人"再到综合中国人、现代人、世界人的"文化"的认识发展。由此,更凸显了蔡元培、陶行知等人本主义教育家的洞识和远见。中国现代教育在培养什么样人的问题上,一直或显或隐地存在着两个普遍性问题,一是严重的社会本位倾向导致的教育"目中无人",只记得教育如何适应和服务于社会政治经济的需要,反而忘记了教育如何满足和促进人的发展,忘记了教育是做什么的,忘记了教育在根本上是育人的活动;二是"泛道德主义"倾向导致的教育"以德杀人",把主流价值观作为道德的唯一标准,把主流道德作为衡量一切的绝对尺度,仿佛占据了这个道德制高点就可睥睨六合、雄视一切,一方面,只要符合了这种道德规范其余都是细枝末节,另一方面,又容易把所有问题归因为道德问题。

其五,原创型教育家是立足于解决中国教育问题并用中国形式、中国话语系统来表达的。

中国教育现代化问题必然和必须是立足中国的,原创型教育家就是为了解决中国教育现代化问题应运而生,或者说,正因为他们立足于并分别从不同方面解决了中国教育现代化的一系列重大问题才成为原创型教育家。他们不单纯是传统教育的延续者、西方教育的速递员,他们不是"吃教育者",而是把解决中国教育现代化问题作为自己的使命。中国教育现代化问题,包括现代教育(西方教育)中国化和传统教育现代化两方面。严格来讲这种二分法是不准确的,源于西方的现代教育和带着强大历史惯性的传统教育,在现代中国的时空中化合、彼中有我、我中有彼、难分彼我、化成新我,在此意义上讲,现代中国化与中国现代化是交织在一起的。原创型教育家深刻认识和正视中国教育问题,既认识到中国传统教育已经不适应、不适合于现代世界,又认识到传统教育以其强大的教育DNA作用于每个中国人,源于西方的现代教育无法在中国照搬照套,必须建立中国特色的现代教育体系;原创型教育家也深刻认识和正视中国现代教育体系是中国的、也是世界的,是世界教育体系的重要组成和独具特色的一支,并应为人类教育做出特别且更大的贡献,必须具有现代意识和世界眼光,必须推旧中国于新世界、揽新世界于旧中国。原创型教育家立足解决的中国现代教育问题具有重大和深邃的特点,一是教育自身的重大体系性问题,二是教育与社会、政治、经济发展的重大互动性问题,三是培养什么样的人和怎样培养人的重大根本性问题。

原创型教育家是用中国形式来表达中国教育问题的。使用中国形式和中国话语系统来表达中国教育问题,是中国现代教育、现代教育家走向成熟的重要标志,也是原创型教育家与一般教育家、教师相区别的重要思维标志和文化标志。一个教育家只有真正形成具有自己特色的、中国式的表达方式和话语系统,才达到了文化自觉、成为原创型教育家。张之洞、康有为、蔡元培、黄炎培、梁漱溟这些从传统文化中走来者自不用说,就是晏阳初、陶行知、陈鹤琴这些留学美国多年、受过美国式现代学术训练者,其教育话语系统也无不是中国式的,用惯常的话来讲就是"民族的""大众的"。原创型教育家都有丰厚的文化思想积淀,其原创性不是割断历史、割裂世界联系而独生的,他们善于从广阔的文化视野、中西古今比较中汲取文化资源,对于传统资源的继承发扬是创造性的,而非墨守成说、食古不化,对于外国资源的汲取吸收是中国化的,而非照搬移植、食洋不化,在与传统文化、异质文化的多重互动中,重构、创造了一种明显高于原来的思想文化。正如朱熹所构建的哲理化儒学及其教育思想体系,就超越了孔孟为代表的先秦古典儒学、董仲舒为代表的天人感应式儒学,在对佛学的批判中隐借了禅宗思想及其言说方式,把儒学推入一个全新阶段;近现代的康有为利用今文经学来表达维新教育思想,附会议会、选举、宪政等时代命题;陶行知则把美国杜威的教育信条以所谓"翻半个筋斗"的方式中国化、大众化乃至乡村化。

其六,原创型教育家具有共同的文化成长规律。

原创型教育家都是学思互进、知行合一的典范,终其一生都行走在学习、思考、行动、著述的路上,只有进行时,没有完成时。他们具有共同的文化成长规律。

一是学有本源,取法乎上。张之洞、康有为、蔡元培都是清朝进士出身,黄炎培明于世道、用意事功,也是举人出身,梁漱溟自学成才而成为新儒家的代表、不世出的思想家,晏阳初、陶行知、陈鹤琴在少年及文化养成的"关键期"深受传统教育和传统文化的熏陶,后留学美国多年并获得名校硕士或博士学位。他们不仅天资超伦、终身学而不厌,更因为有条件或自己抓住机遇、创造条件,经历了中国传统学术或西方现代学术的规范训练、系统涵养,避免了仅凭天资、自矜小智走向急用先学、学必由径、局促一隅的野狐禅之路,而能植养深厚、洞窥门径、登堂入室,也就是说,他们稔熟传统或现代学术的来龙去脉和体系结构,知道什么是高水准的,遵循规范并能推陈出新。仅以张、康而论,糅合汉宋之学的张之洞与作为今文经学最后大师的康有为,虽然学派不同,各有秉持,但学问格调之高都非同凡响,这从张之洞所著《书目答问》《劝学篇》和康有为所著《新学伪经考》《孔子改制考》等书中可见一斑,它们不仅在晚清时期是高水准的,就是置于"近三百年学术史"中乃至放大至宋元以降的学术史中也必有一席之地,是思想的高水准,也是学术文化的高水准。他们之所以能够达到这种高水准,是因为他们知道什么是高水准,并系统掌握了学术文化的高水准,进而努力看齐高水准,努力创造一种新的高水准。

二是神接中西,思究天人。这些原创型教育家都从中西关系、天人关系的时空坐标中,来思考中国现代教育的构建问题、现代中国人的培养问题。他们都具有当时所能达到的世界眼光,穿梭于中西文化两大体系之间。多年游学、留学欧美的蔡元培、晏阳初、陶行知、陈鹤琴自不必说,康有为流亡海外十余年,几乎周游世界,黄炎培多次到美日和东南亚考察。张之洞虽然没有出过国,但他在国门打开不久,凭借自己的悟性、地位和信息渠道,尽可能多地了解外国尤其是日本,原创性地提出了"中体西用论"。梁漱溟虽然没有出过国,却终生从世界不同文明的比较中来思考中华文化的前途和人类的命运问题。同时,他们将人置于宇宙中来思考人之为人等本体问题。康有为从《大同书》到《诸天讲》构建起一个"天民"系列,蔡元培以美育代宗教,把美育作为人由现象世界通向实体世界(本体世界)的津梁,晏阳初以宗教家的精神做教育事业,梁漱溟出入新儒家与佛家之间,以出世之精神做入世之事业,以入世之事业求出世之境界。

三是力行一生,思想一生,学习一生,著述一生,总结一生,进步一生。原创型教育家都是伟大的力行者、实践家,他们都有清晰的问题指向、强烈的行动意识和以天下教育为己任的担当情怀,从来没想做空头的教育著述家、理论家、思想家,教育行动和实践是教育思想的动力源、应用场和检验所。原创型教育家又都是伟大的思想者、思想家,他们不是人云亦云的,而是在中西比较融汇之中、在智慧力行的教育实践之中、在苦思开悟的融会贯通之中,提出原创性教育设想或思想。思想是行动的先导和指南,思想走多远行动就走多远,思想是教育家想过的路,实践是思想家走过的路。原创型教育家无不兼具实践家和思想家之质,无论实践还是思想都有"聪明人下苦功夫、硬功夫乃至死功夫、笨功夫"的特点,既智慧圆融,又艰苦力行。想得开、做得成是评价原创型教育家的金标准,正如张之洞在废除科举制中的策略谋略,他们做的是前无古人、终结古人的开辟性事业,是要从旧体制中打出一番新天地,任何自我的惰怠、思想的羁绊、环境的阻力都可能功亏一篑,非大勇气、大担当不敢为;同时为了避免赤膊上阵而惨遭排箭,又非大智慧、大谋略不足为。原创型教育家都是学习型、博通型教育家,活到老、学到老,改造到老、进步到老,学思结合、知行合一,学思和真知的成果一是力行的事业事功,一是勤于笔耕的等身著述,立功与立言同是思想表达和传播的载体,也是自我总结和进步的标志。

其七,一个时代是否涌现出原创型教育家群体,一方面与如何产生教育家有关,即与教育家的成长机制和作用发挥机制,尤指教育家脱颖而出的时代环境和土壤有关;另一方面与如何成为教育家有关,尤指教师、一般教育家成为原创型教育家的个人条件和际遇。

原创型教育家集中出现于什么时代?有无一般规律性可寻?从中国

的大历史时段来看,原创型教育家是为了解答原创型教育问题而生,一般产生于社会转型时期。最多、最集中的出现期有两次,一次是出现了先秦的诸子百家,延续至西汉的董仲舒;另一次是出现了宋代的理学、心学教育家张载、周敦颐、程颐、程颢、朱熹和陆九渊等。这两个时代,都是中国历史的最大转型期,先秦是由上古进入中古的前夕,宋代是由中古进入近古之门槛。当然,每一大的历史时段之内还有小的分期,也会出现一些转折时期。明代就是由近古进入近世的前夜,出现了以王阳明为代表的一批心学教育家,一方面发展了宋代以来的哲理化儒学,一方面又揭橥人的主体性和能动性,反映了专制重压下市民社会的兴起和重商言利的社会风气。明季清初、汉满鼎革又是一次社会转折,涌现出顾炎武、黄宗羲、王夫之等一批大思想家、教育家。他们都是百科全书式的大学者,对于中国传统思想、学术具有总结性质,同时又半只脚开始跨出传统、跨入近代。相对于王阳明的揭橥主体性之外,他们还祭起质疑君权专制的启蒙主义大旗,开启实学思潮的近代理性主义之路,奠定乾嘉学派的现代学术范式。可见,原创型教育家群体的涌现与所谓"盛世"并不一定吻合。从大的历史时段来看,巍巍汉唐并没有集中出现震古烁今的原创型教育家,从小的历史阶段来看,"文景之治""贞观之治""开元盛世""仁宣之治""康乾盛世"等时期也都没有出现多少原创型教育家,相反,他们大都产生于所谓治世、盛世的前夕,即历史的转型时期。由此,进一步考察可知:进入治世、盛世之后,教育事业虽然相对高度发达,但由于新的教育体制已经确立、成型,教育发展所需解决的"范式转换"问题已经解决,原创型教育家无论思想还是实践的启蒙任务已经完成,其作用和地位就不再凸显了;而且,在中国的威权体制下,教育事业的发展往往更多依靠领导人的意志意愿、社会动员、政策倾斜、资源支撑等,教育家个体的智慧型力量便显得微不足道了。而所谓治世、盛世也正是君权高涨的时代,良好的历史机遇、外部环境、资源禀赋加上幸运地遇到了"明君",这位明君雄才大略、开明而乾纲独断,此时又怎么可能需要和诞生原创型教育家呢?而从大的历史时段来看,近代以降是中国历史上的第三次大转型时期,从小的历史时段来看,19世纪末20世纪前期又是这次大转型的开始期,是新的治世、盛世的前夕,于此时期集中涌现出一批原创型教育家恰合规律。

教育家不同于教育名家，更不是教育名人或教育闻人。教育家的创造性与其影响力不一定总是成正比的，一个末流教育家可能煊赫一时，甚至非教育家可能被冠以教育家的称号，相反，一位具有非凡教育思想创造力、创新性的教育家，可能相当时期隐而不显或者只在一定区域、特定圈子有所影响。王夫之作为中国古代总结性、综合型、百科全书式的大学者、大思想家和教育家，生前学术思想影响力只限于同侪师友、船山学派内部和湖湘一隅，著述均未刊行，直至近 200 年后世道丕变，湘人曾国藩等挖掘显扬，王夫之的影响才横空而出。就近现代原创型教育家群体而论，张之洞、康有为是以政治家而兼教育家，以政治家为主业而兼办教育；蔡元培和黄炎培是以教育家为体、以政治家为用，以教育事业作为社会政治活动之张本；晏阳初、梁漱溟是教育家而兼社会活动家，或者说是以社会活动家的方式来办教育事业，把教育事业、教育活动作为社会活动；陶行知、陈鹤琴则主要是教育家，虽间有社会活动，而以教育家作为自己的专业和职业。这三代四类教育家，论社会历史名气、论生前身后之名是依次递减的，论教育家的专门程度却是依次递增的，这实反映了中国现代教育的形成过程，由外部关系走向内部关系，教育逐步走向专门化，教育家也逐步走向专业化。《孙子兵法》云："古之所谓善战者，胜于易胜者也。故善战者之胜也，无智名，无勇功。"育人是沉潜的、个性化的事业，成名成家是轰轰烈烈的名头，在当下尤需运作炒作，从这个角度讲，教育名家越多，可能越是教育家的异化。

（李剑萍系天津市教育科学研究院副院长、教授、博士生导师，杨旭系天津市教育科学研究院副研究员）

目　录

第一章 变革时代 求学求真

第一节 童年与少年时代

一、艰难困苦、动心忍性的童年

位于杭州湾南部的宁绍平原,水网密布,土壤肥沃,素称"鱼米之乡",历史上一直是我国经济发达的区域之一。经济的发达引导了文化的繁荣,虞山越水,孕育了一代又一代精英。

上虞,浙东名镇,吴越腹地,曹娥江畔,东南倚四明山之雄,西南接会稽山之秀,山水清丽,人杰地灵。相传父系氏族社会后期,尧帝的女婿舜,避丹朱之乱,建国于虞,披星戴月,躬耕畎田,史称虞舜;夏帝时归古越国版图,战国时期楚灭越国后属楚。自公元前 222 年设上虞县,属会稽郡,历经朝代更迭、帝王兴衰,从南宋时改越州为绍兴府,至元、明、清三朝,上虞皆为绍兴属县。

百官系上虞的一个小镇,但地理位置十分优越,往西直通杭州,往东可达宁波,离名闻天下的酒城绍兴不过百里之遥,东邻"文献之邦"余姚,交通便利。终年川流不息的曹娥江水从镇西流过,自南向北,注入杭州湾。东西方向有联结杭州、绍兴、余姚的运河与曹娥江交汇,百官镇就坐落在这样一个交汇点上。史载东汉时期,十四岁的少女曹娥,因父亲溺死江中,沿江啼哭不止,长达十七昼夜,后为寻找父亲遗体,赴水而死。① 曹娥江即因此得名。与百官镇隔江相望的便是曹娥镇,后人为纪念这位孝女而建的曹娥庙就坐落在曹娥镇内。明清之际,常有名人学士来此凭吊,称颂少女曹娥的情怀。在庙中的碑廊内,至今还保存着他们留下的数量可观的墨迹。城南的梁湖镇传说是梁祝故事中祝英台的故乡,梁祝爱情,化蝶双飞,千古绝唱。小城的西南有山名曰东山,相传谢安41岁辞官隐居于此,晋穆帝升平四年(360年)重又出山做官,终成一代名相,故有"东山再起"的典故。

清光绪十八年二月初七(1892年3月5日),陈鹤琴就出生于浙江上虞县百官镇茅家弄一个衰落的小商人家庭。父亲陈松年,经营祖传的一爿京广杂货店。母亲张氏,是一位持家克俭,能够吃苦耐劳的家庭妇女。陈鹤琴出生时,他的母亲已是三十五六岁的年纪了。他是家中排行最小的第六个孩子,上有四兄一姊。按照前面子女名字排序,陈松年给这个男孩取名为绥福,书名鹤琴。

陈鹤琴生来身体强健,很结实,几乎没有生过病,童年时连伤风发热也是很少有的。年幼时夏天总是赤身露体在南瓜棚架下玩,满身烂泥,活像个小泥人。年长一点后,翻筋斗、打虎跳、竖蜻蜓、燕子飞、游泳等活动都是他的好把戏。

陈氏祖居上虞县沥海所,以种田为业。乾隆末年,陈鹤琴先人陈正表离开沥海前往附近的百官小镇,靠开一爿小小的山货店谋生,而后便成家立业,定居百官。

迁往百官的陈氏,虽历经波折,但经过几代人的苦心经营,到陈鹤琴祖父陈光浩的晚年,已将一爿小小的山货店扩充为一家颇有门面的京广杂货店,外加积年置下的田产,也堪称是一个殷实的小康之家了。陈鹤琴的祖

① 《后汉书》卷八十四《列女传》。

父是一个"为人非常正直,一无嗜好,嫖赌固然不来,烟酒也不沾染","只晓得勤俭、耐劳、刻苦、奋斗、行善"的"典型中国老百姓"。[①] 陈鹤琴的祖母也非常能干,治家井井有条。夫妻和济、主仆同心,使陈氏在百官镇的事业达到了顶峰。

陈鹤琴父亲陈松年是个独生子,因腿部有残疾,不便亲自主持店务,且有抽鸦片的习惯。在祖父母相继去世之后,店务虽勉强维持,但已渐渐地显出不景气来,家道由此中落。至陈鹤琴四五岁时,家境已相当困难了。

陈鹤琴六岁时,父亲不幸去世,留下六个孩子,除大哥外,其余尚未成人。陈鹤琴的大哥为人本来忠厚,作为长子,家庭一直指望他能继承家业,在父亲活着的时候,即送往外地学生意。父亲去世时,他年龄尚轻,回家主持店务。一方面由于不善经营,另一方面由于少了严父的约束,经不住一帮损友的引诱,慢慢地迷恋起赌博来。五六年之后,不仅杂货店倒闭,卖光累代积置的田产,甚至连祖宗的坟头地基也被抵押得一干二净。

在极度困难的情况下,陈母具有很强的自尊心和忍耐力,把希望寄托在子女的成长上,常常喃喃地自我安慰:"我还有四个儿子,总有几个有出息的。"从那以后,经常用"吃得苦中苦,方为人上人"来教育几个孩子。她告诫孩子们要兄弟和睦:三四兄弟一条心,遍地灰尘变黄金;三四兄弟各条心,家有黄金化灰尘。她还教育孩子与别人打交道须牢记:"吃亏便是便宜","讨人便宜,人便不高兴","在家靠父母,在外靠朋友"。这些话都深深地印在鹤琴幼小的心灵里。面对人生逆境,陈母表现出了中国妇女特有的顽强、耐心和坚定信念,她对孩子关于孝顺、友爱、忠信和勤奋的教诲,对陈鹤琴的人生观产生了很大的影响。

陈母带领全家过着节衣缩食的生活。据陈鹤琴在《我的半生》中回忆,一只蒸蛋,或两根在豆腐汁中浸过的油条,常常就是举家充着过饭的菜肴。有时连这也吃不上,便以麻油调盐作为下饭的菜肴。贫寒生活的体验,也磨炼了鹤琴吃苦耐劳的品格,更增强了他对劳苦大众的感情。

为了维持生计,陈母只得代人浆洗衣服以添补家用。鹤琴虽然年幼,但已能体会到母亲的辛苦,在七八岁时,就常随母亲左右,帮母亲做些力所

---

① 《我的半生》,见陈秀云、陈一飞编:《陈鹤琴全集》第六卷,江苏教育出版社 2008 年版,第 486 页。

能及的事。母亲在家里将衣服打上皂荚，一件一件地搓过，鹤琴便把它挑到离家约二百米远的楼下池，一件一件地铺放在池旁的石板上，用脚踏过，再由母亲放到池水里清洗，这样踏过又清，清了又踏，直到洗净拧干后，鹤琴再将它挑回。汗水滴落在那条通往池塘的泥石小路上，鹤琴的身体也因此锻炼得越发结实了。

生活在贫穷中的孩子更渴望童心的满足和亲情的温暖，但鹤琴似乎没有充分得到这些。在鹤琴的记忆中，父亲是严厉的，对子女的教育深信"棒头底下出孝子"的古训，动辄棍棒相加。家庭生活中也严守着父子名分、传统礼教。父亲起居的书房，孩子们进出总是远远地绕开，更不敢出声惊扰。父亲去世时鹤琴才六岁，在与父亲生活的六年中，陈鹤琴竟不曾记得与他一起吃过一餐饭，孩子们是不敢与父亲亲近的。兄弟们在厨房吃饭时也一点不敢出声，若是兄弟间有些冲突，只要母亲说："我要喊了！"大家立刻鸦雀无声了。所以鹤琴兄弟们很少有口角的，打架是从来没有的。童年生活的感受，使陈鹤琴更深切地认识到家庭教育中的"爱"和朋友般亲子关系的重要。正像他后来所说的："我因为小时候受了这种严厉的教训，起了反应，所以我用慈爱的方法来教你们了。"①

父亲的早逝、生活的困厄，使鹤琴早熟的心理更易察觉到人情的冷暖。唯一的姐姐远嫁杭州，母亲多了一个临时去处。大哥结婚后，长嫂对于家庭也是尽责的，但对于鹤琴，由于少了一份天然的血缘亲情，也似乎就少了亲姊和慈母的那般怜爱。陈鹤琴记述了一次他在蒙受委屈时强烈的心理感受："一阵心酸，像水一般地周流到全身。我忍着满眶的眼泪，把饭碗里的饭吃掉，走到楼上，倒在床上，号啕地大哭一场……这一次的刺激是我童年中最猛烈的刺激，使我深深地感到'靠人养活没出息，也被人看不起'，'人生非奋斗，没有出路'。"②小小的鹤琴立下了终生志向，他要通过自己的努力和奋斗，实现自食其力，确立人生的价值。

在兄弟行中，给鹤琴留下深刻印象和人生启迪的是他的二哥，但二哥不幸在十九岁就病故了。二哥小名阿垚，学名鹤闻，长鹤琴八岁。他不仅

① 《我的半生》，见陈秀云、陈一飞编：《陈鹤琴全集》第六卷，江苏教育出版社2008年版，第487页。
② 《我的半生》，见陈秀云、陈一飞编：《陈鹤琴全集》第六卷，江苏教育出版社2008年版，第499页。

伶俐可爱、聪明好学,且是唯一没有被严父的管教夺去童心和个性的孩子,为此他忍受了比他人更多的棒责。

二哥的过错不仅在于他敢于动用专属父亲的茶食与水果,更在于他敢在正书之外,偷看那些仅供成人消遣的"闲书"。在父亲的书房里,收藏着足足四大箱的木版旧小说,什么《三国演义》《水浒传》《红楼梦》《西厢记》《前后唐》《东西晋》《老残游记》《儒林外史》《西游记》《封神榜》《七侠五义》,几乎是应有尽有。二哥终于禁不住少年的求知欲望和那些奇异而生动的故事吸引,便去偷来看。他对于这些闲书已到了出神、入迷的程度。"吃饭的时候,看闲书;大便的时候,看闲书;走路的时候,看闲书;上学的时候,也看闲书。"①父亲一次次地骂和打,他依然是一次次地偷和看。

每到夏日的夜晚,无论大人和儿童,总有成群的人围坐在二哥的周围,听他讲唐僧取经、讲火烧连营。他讲的是那样的有声有色,娓娓动听,连幼小的鹤琴也被深深地吸引了,静静地侧耳倾听。

二哥不仅爱看书、讲故事,而且喜欢写字,并写得一手好字。他将一块一尺见方的砖头磨平打光,用毛笔蘸了清水,就在上面自如地练起字来。清水印成的字迹只能在砖面上保持短暂的时间,很快就淡去,砖面又恢复了它原来的清白。有时候,二哥也在丢弃的废纸上练字,但有一次他不知怎的就这样糊涂起来,竟将字练到父亲的闲书上去。眼看挨打是逃脱不了的,便冒着生命危险躲到屋外一个盛满清水的水缸里,仅露出供呼吸的鼻孔,躲过了父亲的视线和盛怒。因为字写得好,乡邻们便常常请他写喜联、挽联和春联,于是小小的阿尧在乡亲们的眼里就成了名副其实的"尧先生"。

"尧先生"不仅会讲故事,字写得好,正书也读得不错,这令他的老师、一位享誉百官镇的廪生王星泉也颇引为自豪。1897年初,年仅十四岁的二哥鹤闻终于被带往离家约四十里外的上虞县城,他是去赴县考的。没想到被人当成看戏小孩的他竟顺利地通过了县试,被录为童生。

童生照例应在同年秋天参加府试,府试合格即可录为秀才,这样就完成了科举三级考试中的第一级。可是,父亲就在这一年的四月去世了,按

---

① 《我的半生》,见陈秀云、陈一飞编:《陈鹤琴全集》第六卷,江苏教育出版社2008年版,第490页。

清代科举考试律例,士子在三年丁忧期间是不准参加考试的。事实上,这一规定对于那些求功名心切的士子并没有多少约束力。首先是政府,特别是在科举的初级阶段,并不认真实行,对违反规定者也不严格访察。其次,一些碰上丁忧的人家还可以将应考的子弟承继到叔伯名下,避开丁忧关系。这本身也暴露了科举制度的虚伪性。

陈氏在百官镇几代一脉单传,没有叔伯可供援手。由于秀才考试中各县都有规定的录取名额,于是百官镇中有户儿子也参加当年府试的糜姓绅士便多出一分嫉妒之心,托人传过话来:陈氏是外乡人,且正在丁忧之中,如果鹤闻应考,本地绅士是要动禀告发的。于是陈母便打消了让儿子应考的念头。

1897 年是一个变革的年代,改革派人士正酝酿着将维新运动推向高潮,科举改革的呼声日益高涨,科举制度实已成为强弩之末。在以杭州为中心的环杭州湾地带,被称为新学的洋务学堂和教会学校也日益受到人们的欢迎。鹤琴的二哥对此并不孤陋寡闻,他虽然痛恨于绅士的专横忌才,承受着强烈的心理冲击,但他并不执着于科举。在失意之余,二哥便立志到杭州去求新学,并恳请母亲设法为他筹划学费。

在当时,从百官镇有运河直通钱塘江口,过江便是领浙江风气之先的省城杭州了。由于求学的费用对于业已中落的陈家着实是一笔不小的负担,况且渡过潮水汹涌的钱塘江也被认为是危险和必须慎重考虑的事,一般都要事先祀天祭祖、托付神明,因此陈母便不放心让年仅十四岁的孩子远出"重洋"。

父亲新故,求学的壮志既成泡影,鹤琴的二哥一改先前顽皮活泼的天性,坐必正,立必直,规规矩矩,寡言少语,像一个小而微的成人。大哥赌博,他加以劝阻,弟弟读书,他加以引导,俨然一家之长。

二哥一心想做一番轰轰烈烈的大事业,但因家境所迫,终于在十六岁那年(1899 年)秋天,因了老师和母亲的怂恿,在家中的客厅中设馆教书了。时间匆匆地过去了一年半,教书所得对一家生活也不无小补。转眼到了光绪二十七年(1901 年)的春节。新正晚上,终于在邻居"源班长"三番五次地相邀下,二哥坚辞不过,参加了生平第一次也是最后一次赌博,竟将近半年的授馆所得付诸东流。一贯对烟酒嫖赌深恶痛绝,并能律己律人的二哥痛恨自己品行不坚,陷于强烈的悔疚自责之中,从此郁郁不乐,由忧郁转至肺结核。到第二年八月,年仅十九岁的二哥就诀别了人间。

二哥人生坎坷,短短几年里连续遭受了五次沉重的打击:一是应考秀才遭劣绅妒才阻拦,丧失科举功名之路;二是世态炎凉,另谋发展受阻;三是母亲溺爱,离家求新学的愿望终成泡影;四是误吃食物横生大病一场;五是受人怂恿赌博而忧郁生疾而终。

二哥的病故在鹤琴幼小的心灵里引起了强烈的震撼。自幼失怙的鹤琴一贯对二哥的聪明好学、见多识广、道德人品极为敬佩。曾经一度是他老师的二哥不仅对他童年的生活产生了深刻的影响,陈鹤琴之所走的求新学、为成就一番事业而奋斗不止的人生道路未尝不是他二哥未曾实现的宏愿。

"一失足成千古恨,再回头已百年身。"鹤琴感叹二哥的人生,也从家世和二哥的人生中汲取了深刻的教训,父亲和大哥因大烟、赌博而使家业凋零,二哥竟因"一失足"断送了性命,鹤琴因此"从那时候起也常以此警惕,作为一生当头棒喝"。同时鹤琴更痛恨当时那种恶劣的社会环境,他写道:"二哥是一个非常规矩的人。烟酒嫖赌,素来都极端反对、痛恨的。何时到后来竟死于赌呢? 这个责任不应他负的,要社会负的。人非圣人,谁无欲望,奈何社会如此沉闷,正当娱乐,一无所有。既没有游戏、运动以活泼其筋骨,又没有音乐、歌唱以舒畅其情绪,所有者烟酒嫖赌,种种恶习,都不是二哥所屑为所愿为。况且新年新岁,赌博是公开的,是皇帝特准的,玩玩本亦无妨。乃二哥自许甚大,自视甚高,今一不慎,坠入陷阱,使洁白之圭得沾污点,谁之辜耶,社会亦应负其责矣。"[①]

鹤琴立志不仅要以自己的优良品行自拔于这种恶劣的社会环境,而且要为改造这一社会环境尽到自己的努力和职责。

二、私塾生活

私塾生活是陈鹤琴童年生活的另一个方面。

光绪二十五年(1899 年)元宵节刚过,鹤琴终于上学了。按照传统礼

① 《我的半生》,见陈秀云、陈一飞编:《陈鹤琴全集》第六卷,江苏教育出版社 2008 年版,第 495 页。

俗,鹤琴的家人先在家里祭过那保护读书人的文昌帝君。在当时,那些寄希望子弟在科举中求得功名的人家,总要祭文魁星或武魁星,鹤琴的家人对于鹤琴似乎没有过高的期望。

上学的第一天是由二哥领去的,先生并不陌生,就是二哥的老师王星泉。星泉先生的书馆就坐落在对角的横街上,离鹤琴家并不远。鹤琴家按常例备果盒糕一份、棒香三根,红蜡烛一对。

在初次入学必须进行的一系列礼仪活动中,首先是拜至圣先师孔子的神位。二哥把果盒摆在孔子的神座前,再燃烛、点香,请先生坐在神座的左手。鹤琴先直立双手合拢举起,朝孔子神像一拜,再跪在蒲团上一拜,立起来再一拜,跪下去又一拜,如是者四次,这就叫做"四跪四拜"。这一切鹤琴在家已反复演习过,所以做得恭敬而规则。接着转面朝先生,跪着连拜四次,这就是拜先生。之后便是拜同学,即转身向同学们作一个揖,算是和同学们正式相见,也含有今后同学们应互相帮助之意。然后,鹤琴便在二哥的引导下到后房拜见师母,不过是叫声"师母"后作个揖而已,算是认识了。

待这些仪式完毕之后,先生便将蜡烛吹熄,象征性地留下一些糕点,然后便将它分散给每位同学。每年正月十六开学的这一日,私塾生活中总是充满着严肃而又欢乐的气氛。

从八岁到十四岁,陈鹤琴度过了整整六年的私塾生活,这六年私塾生活的亲身体验,为他后来反省中国传统儿童教育提供了切实的经验基础。

鹤琴在星泉先生的书馆里读了半年书之后,二哥也在家中的客厅里设馆授徒了,于是鹤琴便转到家塾中。在之后二哥生病的一段时间里,家塾曾由二哥的同学王立贤代教。二哥去世后,家塾也就停办了,鹤琴从此便转入陈家私塾读书。细细算来,在六年私塾生活中,陈鹤琴先后换过三家私塾,四位老师。特别在陈家私塾的三年中,由于先生的不负责任和缺乏生气,鹤琴的学业很少长进。

私塾每天的生活差不多都是这样度过的:

学生在上午 8 时左右来到书馆,先是向孔子神位一拜,这是每日上学和放学时必行的礼节。然后便坐到自己的座位上。书桌和坐凳一般是学生家里自备的,高矮样式不一。由于没有科学的设计,极不符合儿童的生理发展特点,因此很多儿童在读过几年私塾之后,背脊就弯曲变驼了,后来陈鹤琴对此深有感触,他曾为设计合理的儿童课桌椅花费过不少心血。

学生落座之后,不管先生有没有走入教室,便开始朗读头天所学的课文。待先生出来后,学生便一个个自觉地走到先生的面前,将昨天所学的课文背给先生听,已学的内容背完后,先生便给上新课,进度的快慢和所上新书内容的多少根据学生学习的能力定,旧课不能背诵者不给上新课。上新课的方法一般是讲解生字,带读,每上完一段新课文,便在这段的结尾圈上圆点,作为记号。新课讲完后,学生便回到自己的座位上读新课文,生字若有忘记的,可直接问同学,同学不知道再去问先生。

下午的功课一般是习字。最初是由先生把腕,几天之后,把腕的工作便由大同学代替,这样等到学生掌握了正确的握笔姿势后,把腕的阶段也就宣告结束。而后过渡到描红、印格,最后才是临帖。字写好之后,学生通常是朗诵上午新上的课文,先生的工作是改字。除改正错字外,先生通常根据字的好坏程度在旁边加上不同的标志。特好的加双圈,好的加单圈,学生称之为“红蛋”,双圈便是“双红蛋”;特坏的加“×”,坏的加一直,学生称之为“甘蔗”,“×”就是“双甘蔗”。每晚放学前,先生总是要将改好的习字纸发还给学生,陈鹤琴清楚地记得他当年每次拿到习字纸时的心情。经验告诉他儿童总是能在肯定和表扬中得到更多的激励。

作文的练习是从对对子开始的,这项工作一般放在下午写字之后,陈鹤琴记得更多是放在夏日炎热而冗长的下午,这也许是当时的私塾先生考虑到对对子是一项容易激发兴趣而又须用心力的活动,更适合于在学生感到疲劳和烦闷的时候进行吧。先生每天给出一个对子让学生对,从一个字开始,逐渐延长到六七个字。对对子是作诗的基础,经过这样的对对子训练,陈鹤琴的国文底子从小就打得很好。

私塾中当然少不了诸如打手心、站壁角、放晚学、考试等督促和检查学生学习的手段,也毋庸一一赘述了。

总结六年的私塾生活,陈鹤琴从中得到几点深切的感受:

(一)不可压抑的童心

私塾里,学生说说笑笑是不允许的,私塾的先生也必定要装出一副不苟言笑的模样,板出一副十分严肃的面孔来,俨然一副"圣人"的架势。嬉笑既为不准,游戏更在必禁之列。但是童心毕竟难以压抑,他们无不想方设法避过先生的耳目去满足自己活泼好动的天性。对对子的时间是一个好机会,先生的对题既可以搪塞,也不费工夫,先生也每于这时闭目养神,往往便不自觉地进入梦乡。可恶的是,先生不回寝室而偏偏要留在书房里,有声和动的游戏是玩不得的,于是就只能玩无声和静的游戏。

陈鹤琴还清楚地记得当时他们常玩的两种游戏,一种名曰"木偶戏",一种名曰"斗船"。"木偶戏"一个人就可以完成,在两只手的拇指上画上戏剧中人物的脸谱,并给他戴上象征其身份的帽子,通常双手中的人物各代表开战的双方,如一只手是孙悟空,另一只手便是二郎神,配合着一些其他自做的道具和食指的活动,一场激烈的打斗就开始了,嘴里还不停地发出刀枪的撞击声。儿童便在这种貌似枯燥的自导自演的游戏中驰骋着自己的想象,这时先生的响声从他的方桌的方向传过来,教室里又马上沸腾起"子曰!子曰!……""赵钱孙李,周吴郑王……"的读书声。有一次,一个小孩大概是过于忘情了,先生已走到他的背后,他依然两只手在空中乱舞,口里"咚咚""当当"念念有词,待到先生的戒尺落到头顶上,他才措手不及地放下手来,立即改口道:"学而时习之,不亦乐乎?……"身子也开始有节律地晃动起来。此时,先生也禁不住扭过脸去,哑然失笑了。

有时候,相邻的两个同学各自拿出早已备好的,一种用纸折成的双底小船,头对头地摆好,双方都将脸侧过去,在"一、二、三"或者一个暗示"开始"的手势下,各自从自己的船尾轻轻地吹过去,谁的船被"斗"翻了,也就被对方所没收。

陈鹤琴深切地感到,对于儿童好动、好奇的心理,应有正当的游戏和娱乐来给予满足,使它朝着有利于儿童身心健康的方向发展,一味地抑制和禁止是不可取的。

(二)因材施教与活书死教

私塾里只有一位先生,学生的人数由三五人到四五十人,年龄、在学时间、学业程度都参差不齐,先生只能一个一个分别地教。在这种个别教学形式中,"因材施教"的精神最能得到充分的体现:"聪明的学生,给他多学一点;愚笨的学生,给他少学一点。不举行划一的共同考试,引起无谓的竞争。倒用个别的指导,个别的考查,以资鼓励而促上进。对于学问的获得是如此,对于品格的训练也是如此。"①

私塾教育在中国已有上千年的发展史,历代塾师在教学过程中积累了许多行之有效的经验,这是应该研究继承的。私塾的最大特点是能够因材施教,这是现代教育所标榜的精神,陈鹤琴认为特别应在新的形式下加以发扬光大。然而私塾教育的组织形式和内容毕竟都已远远地落后于时代,陈鹤琴对此有更多的感触。

陈鹤琴在私塾中所读的书差不多在十种上下,它们依次是《百家姓》《三字经》《神童诗》《千家诗》《唐诗三百首》《大学》《中庸》《论语》《孟子》《幼学琼林》等②,这些课本的选择及次序安排展示了我国明清时期比较典型的蒙学教材序列,它基本上反映了我国封建社会在儿童教材编写中所积累的经验和取得的成果。在内容上,它照顾到了儿童在识字、基本礼仪与道德习惯训练、日常生活和基本历史常识的获得、情感陶冶等多方面的要求。在形式上,以采用适合儿童诵记、格律比较强的韵文为主,也还符合儿童的心理特点。

因此,陈鹤琴认为他所读的这些书,除存在像《百家姓》那样将单字进行无意义排列、只能死记硬背等缺陷之外,整体上"原是活的,有价值的。……其中很有许多优点"③。但是这些活的书却被私塾先生教死了。有些私塾先生只求学生背诵,不求学生理解,"书是绝对不讲的",更不用说引导儿童将自己的生活经验与书本知识相联系了。

经过六年私塾生活,陈鹤琴"大概认识了四千多块头字,书中的意思可说茫然不知,块头字的意义也多半不了解。……一封信,一张字条也写得不通"。回首失去的光阴,他"唯有惋惜、感慨、痛恨而已"。④ 变"死"教育为"活"教育的理想,就这样无声孕育在他早年的经验之中。

---

① 《我的半生》,见陈秀云、陈一飞编:《陈鹤琴全集》第六卷,江苏教育出版社 2008 年版,第 499 页。
② 《我的半生》,见陈秀云、陈一飞编:《陈鹤琴全集》第六卷,江苏教育出版社 2008 年版,第 505—506 页。
③ 《我的半生》,见陈秀云、陈一飞编:《陈鹤琴全集》第六卷,江苏教育出版社 2008 年版,第 505 页。
④ 《我的半生》,见陈秀云、陈一飞编:《陈鹤琴全集》第六卷,江苏教育出版社 2008 年版,第 506 页。

（三）融入童心的传统道德

在即将告别童年之际,中国传统道德中孝悌忠信、热情友爱、勤奋俭约、修身慎行等伦理观念已初步融进了鹤琴的心灵,艰苦生活也磨炼了他吃苦耐劳的品质。母亲的教诲、对生活的体察与感悟、二哥人生的启迪对陈鹤琴童年时期的品格形成产生了直接的影响,他同时也从中国传统伦理文化中摄取了丰富的营养。

中国传统教育历来重视道德培养,孔子所谓"行有余力,则以学文",这在私塾教育中也不例外。在私塾教育中,伦理观念一般是以温柔敦厚的诗歌、简短易记的格言或生动形象的故事等形式注入儿童的心田的。几十年之后,陈鹤琴还清晰地记得当年书本中引起过他强烈情感共鸣的那些内容:

> 慈母手中线,游子身上衣;临行密密缝,意恐迟迟归,谁言寸草心,报得三春晖。
>
> 三四兄弟一条心,遍地灰尘变黄金;三四兄弟各条心,家有黄金变灰尘。
>
> 己所不欲,勿施于人。
>
> 一粥一饭,当思来处不易;半丝半缕,恒念物力维艰。
>
> 铁杵磨绣针,只要工夫深。
>
> ……

中华民族的传统美德通过这些脍炙人口的语言深深地铭刻在幼年陈鹤琴天真纯洁的心灵里。

三、蕙兰中学的勤奋少年

1906 年春天,少年陈鹤琴来到杭州拱宸桥姊夫家里,他是应姊夫陆锦川的建议,来杭州学生意的。但在杭州等了半年,并没找到合适的机会,于是姊夫便决定送他到学堂读书,这也正是鹤琴的意愿。

这年秋天,陈鹤琴由姊夫的友人杨信一先生介绍进入杭州慧兰中学。

蕙兰中学是美国浸礼会教士甘蕙德（W. S. Sweet）1899年创办的一所五年制中学，位于淳佑桥东。课程除宗教科外，主要设有英语、国文、数学、史地、科学、体操等。数学包括代数、三角和几何，史地分中国历史、外国历史、中国地理、外国地理等，科学有动物学、植物学、生理学、物理、化学等。以宗教课程为主的修身科和体操科受到重视。

　　1906年前后在中国教育史上正是一个除旧布新的年代。1901年，清政府面对严重的政治社会危机，宣布实行"新政"。在"新政"引导下，文化教育方面进行了一系列改革。1902年公布的《钦定学堂章程》（壬寅学制）在遭到来自朝廷内部的非难而被搁置之后，清政府又很快委任张之洞、张百熙、荣庆等重新拟定，并于1904年1月颁布了《奏定学堂章程》（癸卯学制），这是中国近代第一次参照西方三级学校制度的模式制定，并以政府法令形式公布在全国实行的学制体系。与颁定学制同样具有重大历史意义的是，清廷于光绪三十一年（1905年）八月，诏"谕立停科举以广学校"，并"著自丙午（1906年）科为始，所有乡会试一律停止，各省岁科考试亦即停止"，宣告了自隋朝开始，实行达一千三百多年的科举考试制度的寿终正寝。

　　学制的颁定为新式学堂的发展提供了制度上的保证，科举制度的废除泯灭了士人的侥幸得第之心。这些改革措施确实为新学的勃兴创造了良好的条件。但是不管是壬寅学制，还是癸卯学制，都体现了"中体西用"的教育宗旨。在学制中，以儒家经典为主体的"中学"仍然处于"本""基"的地位，"西学"处于"器""用"的地位。这种由学制规定的课程结构，对于因科技落后而沦为半封建半殖民地社会的近代中国，在文化教育上急需以吸收西方科学技术为主旋律的客观要求来说，依然是不适应的。在传播"西学"方面，具有"西学"教学传统，向来以"西学"的占有者和代表自居的教会学校，则显出一定的优势。这时的教会学校也更进一步提高西学和外语教学的比重，以满足中国社会的要求，扩大教会学校对中国社会和文化教育的影响，因此，教会学校在这一时期获得迅速的发展。陈鹤琴的姊夫陆锦川将他送入重视"西学"教学的蕙兰中学，多少也反映了变革时代人们对新学的心态。

　　鹤琴进蕙兰中学的第一学期，学费和膳宿费共为32元，小哥正在杭州报关行学生意,学徒期尚未结束,家里是拿不出这笔钱的。姊夫家庭也不富裕,为筹划陈鹤琴入学的经费,他将自己的一件皮衣服和姐姐的首饰典当了。从拱宸桥出发,乘船沿运河到杭州城区的淳佑桥,约要半天多的时间,上岸即到达蕙兰中学。上学那天,姊夫前来送别,一再嘱咐鹤琴学习要勤奋刻苦,并告诉他:"读得好,可以读上去;读得不好,就去学生意。"经历了童年的磨难和深受二哥影响的鹤琴已认识到读书对于人生的重要意义,同时当年二哥求学失望的情景也浮现在眼前。如今,鹤琴得到了这样一个向往已久的求学机会,"便牢牢地抓住这个机会,死也不肯放松了"。

当时的蕙兰中学是一所春季始业的学校,陈鹤琴只能直接进入一年级的第二学期学习。这给他的学业带来了两个现实的难题,一方面他要补上一年级上学期的课程,另一方面他要解决在私塾中形成的知识结构与注重西学的中学课程并不衔接的矛盾。在这些方面,陈鹤琴碰到的最大困难是英文和数学。英文他得从 26 个字母学起,数学因为私塾里没有学过,他也只能从小学的算术开始。由于当时正处在变革时期,各类传授新学的中学在课程安排上都还能照顾到从旧式私塾中过来的学生,加上陈鹤琴的勤奋刻苦,他在蕙兰中学的第一个学期总算比较顺利地过去了,成绩竟然列入了全校十名以内。在英语学习中,鹤琴得到了一位叫章庆祺的同学的帮助,这位同学将韦伯斯特音标①系统地教给了鹤琴,使他可以借助字典来对付生字,犹如掌握了一把英语学习的钥匙。

陈鹤琴在蕙兰中学的学习生活是极其勤奋刻苦的。谈起这段不平常的经历,陈鹤琴很难忘记他在那时养成的坚持早起的习惯。每日凌晨,晨光乍露,当同学们还沉浸在甜美的梦乡中,陈鹤琴便悄悄地起床,然后是漱洗,读书。鹤琴的早起在全校最有名,当时蕙兰中学一百四五十位同学之中,每天起得最早的就是鹤琴。日日如此,月月如此,年复一年,一直坚持到圣约翰,坚持到清华园,在 8 年的时间里,他几乎没有一天松懈过。

早起为陈鹤琴争取到了许多宝贵的读书时间,在《我的半生》中,他回忆说:"我因为要争取时间,把每天最甜蜜的辰光从好梦中抢过来作为读

---

① 诺亚·韦伯斯特(Noah Webster,1758—1843),被誉为"美国学术和教育之父"的辞典编纂者、拼写改革倡导者。《韦氏词典》所使用的音标系统通常被称为"韦氏音标",是最标准的美式发音。

书的机会,所以对于光阴是非常宝贵、爱惜的。一天到晚,我绝对不肯虚度一刻光阴。每天从上午五点或五点半起一直要读到晚上九点钟睡觉为止。有时候,头脑胀了,眼睛酸了,就停下来到操场上走一走,散一散心,这样我每天总有十二三个钟点读书。"①

早起也磨炼了陈鹤琴顽强的意志力,增强了他的自信心。特别在滴水成冰的严冬,要做到毫不迟疑地离开温暖的被窝,穿上冰冷的衣服,没有顽强的意志是很难做到的。陈鹤琴甚至还有意识地锻炼自己的意志品质,即使在严寒的冬天,他也坚持用冷水洗脸,一方面可以帮助他从睡意中清醒过来,另一方面他要用这种方法磨砺自己,越王勾践卧薪尝胆的故事和孟子的"苦其心志,劳其筋骨,饿其体肤"的箴言始终铭记在少年鹤琴的心底。三十多年后,陈鹤琴还深有感触地说:"凡是人总是贪安逸、图舒服的。身体上的欲望常常克服内心的意志与自信。我能吃苦,不贪安逸,不怕艰难,以坚强的意志,深厚的自信,战胜一切身体的欲望。这种意志力,这种自信心,对于我的一生做人是有很大帮助的。"②

蕙兰中学作为一所有影响的教会学校,在教学上实行严格的管理制度。考试是频繁的,每星期六上午不上新课,考查一星期五天内所学的课程,称为小考;每月底考查四星期来所学的功课,称月考;学期结束时的期末考试称大考;学年结束时的总考查称年考。年考成绩的优劣决定班级的升降。

蕙兰中学还有一种与宗教活动结合起来的劝学措施。每天上午 11 点半开始是做礼拜时间,学生都集中到礼堂里进行。礼堂的座位是依照每学期大考的成绩编排的,每半年变更一次。成绩最差的同学坐在最前面,后面的座位依次排列,全校成绩第一名坐在第一排的末座,第二名坐在第二排的末座,以此类推。"末座"被称为"荣誉座",每天做礼拜的时候,教师坐在讲台上,学生坐在规定的座位上,在活动开始前,由"荣誉座"的同学分别向教务主任报告本排缺席同学的姓名,这样在一两分钟内就解决了全校一百四五十个同学的点名问题。陈鹤琴从第二学期开始就坐上"荣誉

---

① 《我的半生》,见陈秀云、陈一飞编:《陈鹤琴全集》第六卷,江苏教育出版社 2008 年版,第 512 页。
② 《我的半生》,见陈秀云、陈一飞编:《陈鹤琴全集》第六卷,江苏教育出版社 2008 年版,第 512 页。

座"了,有一学期他居然坐上了第一排的"荣誉座",他的勤奋刻苦使他获得了丰硕的成果。

陈鹤琴认为读书最怕没有恒心,有的学生开始是很勤勉的,到后来就不能刻苦用功了。在蕙兰中学时期,陈鹤琴常摘录古人的嘉言警句作为自己的座右铭,他常将好的格言一句句地记录在纸条上,再把纸条一条条地挂在墙壁上,让自己能随时看到并铭记。他不仅用这种方法来维持自己苦学的恒心,激发自己向上的精神,同时也用这种方法来发展自己的人格。他中学时代最乐于奉行的格言有:

> 卧薪尝胆。
> 己所不欲,勿施于人。
> 四海之内,皆兄弟也。
> 百折不挠。
> 有志者事竟成。
> 非以役人,乃役于人。
> 鞠躬尽瘁,死而后已。
> 人一能之,己十之;人十能之,己百之。
> 爱人人爱,敬人人敬。
> 寸阴是惜。
> 十目所视,十手所指。
> 岁寒然后知松柏之后凋也。
> 不耻下问。
> 富贵不能淫,贫贱不能移,威武不能屈。
> 近朱者赤,近墨者黑。
> 满招损,谦受益。①

教会学校内浓厚的宗教氛围并没有妨碍他从中国传统文化中汲取巨大的精神力量和丰富的人格涵养。

---

① 《我的半生》,见陈秀云、陈一飞编:《陈鹤琴全集》第六卷,江苏教育出版社 2008 年版,第514—515 页。

不过,陈鹤琴少年时代的人生观毕竟已深刻地受到基督教义的影响。在进入蕙兰中学的第三个年头,陈鹤琴接受了宗教的洗礼,成了一名基督教徒。对宗教幻想的虔诚表现为对理想人格的信仰,他抛弃了童年时期那种显亲扬名、谋个人福利的人生观,立志做一番济世救人的事业,他决心化"小我"为"无我",甚至以"无我"作为自己的隐名,"奉献、牺牲、为人、无我"作为他追求的理想人格。也就是在这一时期,他立下终生不嫖、不赌、不吸烟、不喝酒的誓言,将这四条誓愿称为"四不"。对这一人生戒条陈鹤琴一直严格地遵守着,只是到了中年之后才对"不喝酒"一条稍有变通。

1910年末,陈鹤琴以优异成绩从蕙兰中学毕业了。

第二节　大学时代

一、在圣约翰的半年

中学毕业了,陈鹤琴的母亲、姊夫和小哥都很高兴。但问题马上来了,毕业后干什么呢?

在当时,作为教会中学的毕业生,去投考一个邮局、海关或者洋行的职员,应是绰绰有余的。但陈鹤琴的志向不在赚钱谋生,他立志要做济世救人的事业。究竟如何去济世救人,他心里并没有具体计划,"只晓得要济世,要救人,非有学问不可;要有学问,非读书不可"①。于是他决定继续深造。陈鹤琴把自己的志向告诉了小哥,当时小哥从报关行学徒期满后,生意已略有起色,不仅欣然同意了鹤琴的计划,并承担了鹤琴求学的一切费用。

按常规,陈鹤琴毕业于浸礼会创办的蕙兰中学,是可以由学校推荐直接进入同属浸礼会的上海沪江大学的,这在各方面都比较方便,但鹤琴的姊夫因慕圣约翰之名,便竭力鼓励他去这所著名的教会大学读书。

---

① 《我的半生》,见陈秀云、陈一飞编:《陈鹤琴全集》第六卷,江苏教育出版社2008年版,第516页。

圣约翰大学的前身是美国基督教圣公会于 1865 年在上海设立的培雅书院和 1866 年设立的度恩书院。1879 年,美国圣公会施约瑟主教将两校合并为圣约翰书院。1890 年在原设中等班的基础上设立大学部,1894 年改为圣约翰大学,1906 年征得美国董事会同意,在美国哥伦比亚州立案,并享有与美国大学平等的学位授予权。1892 年圣约翰开始教授大学本科课程,至 1896 年已经形成文理科、医科、神学科和预科的教学格局,是当时上海唯一的高等学府,在中国教育史上产生了深刻影响。1906 年学校在美国注册后正式称圣约翰大学。1913 年设大学院,招收硕士研究生,形成预科、本科、大学院梯级结构,成为远东最有影响的高等学府之一。来自美国的校长卜舫济执掌学校长达 52 年,一直从事教会教育事业。圣约翰的校训是与信仰和追求有关的"光与真理"与中国孔子的至理名言:"学而不思则罔,思而不学则殆。"在中国近现代教育史上,圣约翰大学具有重要地位。

圣约翰大学因位于上海梵王渡附近(现上海万航渡路,新中国成立后在其原址设立华东政法学院),又被称为梵王渡大学。在辛亥革命前夕因国内高等学校寥若晨星,圣约翰大学作为境内最著名的大学之一而声誉斐然,尤因它在英语教学上的成就更显得一枝独秀。早在 1896 年基督教教会学校的联合组织"中国教育会"召开的第二届年会上,圣约翰大学校长卜舫济就针对山东登州文会全馆(齐鲁大学前身)主持人狄考文一贯认为教会学校不必开设英语的主张,提出教会学校的一切课程(国文除外)都应使用外语教材,用外语进行教学,成为力主在教会学校开设外语课的一派传教士的代表。而后,卜舫济在圣约翰大学全面实施他这一主张,使该校因其学生突出的英语水平而独具特色。

1911 年 2 月,陈鹤琴如愿考入了圣约翰,开始了新的学业。在这里他碰到了与初入蕙兰中学时相类似的问题。首先是所有课程除国文外都实行英语教学,对这一点陈鹤琴虽然有点吃力,但以他在蕙兰四年半苦读的英语功底,还是能应付的。另外最关键的是圣约翰大学是在秋季始业,他又必须补大学一年级第一学期的课了。为此,校长卜舫济专门找陈鹤琴谈话,让他试读两个星期,读不好就退到中等科去,等下一年度再升入大学部。

　　陈鹤琴回忆:"全校五六百个学生中每天起得最早的总是算我了。功课虽考不着第一,起早的头名没有人敢来抢的。"①两星期之后,陈鹤琴以他的勤奋刻苦及学业成绩赢得了校长的认可,终于获准留在大学部。一学期结束了,陈鹤琴用半年的时间学完了一年的课程,除拉丁文 59 分须待下学期补考外,其他功课都通过了。

　　圣约翰的半年给陈鹤琴留下了多方面的感受。本着一个基督教徒的善良愿望,他对卜舫济校长几十年如一日,苦心经营、艰苦办学的精神表示了真挚的敬仰之情。他写道:"卜校长惨淡经营,苦心孤诣数十年如一日,把梵王渡一个小学校变为一个国内著名的大学,五十余年来,桃李满中国。现今在外交界、政界、商界、学界服务的不知有多少。他对我国教育事业贡献宏大。卜校长不仅介绍西洋文化,而且特别注重人格教育,宣扬圣道。他总是苦口婆心,劝人从善,仁爱精神,以身作则。一个外国人能够如此,我们岂不应该更加如此吗? 这是我当初对于卜校长的景仰,并从景仰中所产生的一种感想。"②同时,这座笼罩着上帝光环的高等学府也并非圣洁之地。学校教师被明显地分成三个等级,"外国教员的待遇比教西文的中国教员好,教西文的中国教员的待遇比教国文的中国教员来得好。所住的房子,所领的薪金,都有这三种等级。国文教员住的房子是又旧又小的中国房子,外国教员住的是又新又大的洋楼"③。国家的贫弱,民族的不平等,祖国文化的遭歧视,都在这方园地中鲜明反映出来。

　　当时,学生的学费已占了圣约翰大学经费来源的三分之二以上,学生大多来自于富裕人家,其中一批洋行买办家庭的子弟,进圣约翰大学是冲着其出色的英语教育而来,根本不把国文教师放在眼里。上国文课时,他们不是在底下读洋文功课,就是看小说。而台上的国文教师像是低人一等,靠着桌,低着头,盯着书,讲课时连头也不敢抬一下。在课堂上,设计各种恶作剧捉弄和侮辱国文教员的事也时有发生。一次上国文课时,几个调皮的学生在讲桌的三只脚下都垫了砖头,而让另一只桌腿悬空。国文教师

---

① 《我的半生》,见陈秀云、陈一飞编:《陈鹤琴全集》第六卷,江苏教育出版社 2008 年版,第 517 页。
② 《我的半生》,见陈秀云、陈一飞编:《陈鹤琴全集》第六卷,江苏教育出版社 2008 年版,第 518 页。
③ 《我的半生》,见陈秀云、陈一飞编:《陈鹤琴全集》第六卷,江苏教育出版社 2008 年版,第 518 页。

因为习惯两只手臂靠在桌子上讲课,身体稍微前倾桌子就从台上倒下来。学生笑得前仰后合,而被捉弄的国文教师只能赤红着脸敢怒不敢言。有的时候,卜舫济校长走进教室查看,那些不听课的学生才会收敛一会儿,装模作样地把国文书摊开。他们对中外教员截然不同的态度折射出了半殖民地半封建社会下一部分缺乏民族尊严感的人们的媚外和奴性心理。陈鹤琴写道:"这种怕外国人而欺侮中国教师的奴隶心理,我今日思之犹愤愤不平呢!"①中国人欺负中国人,学生捉弄先生,这些都在陈鹤琴的心底留下了深深的厌恶和不平,同时也激发了他的爱国主义情感。

二、来到清华园

1911 年的暑期,刚刚成立不久的留美预备学校——清华学堂在各大报纸上登出了招生广告。因是留美预备学校,颇受世人瞩目。在小哥和几位蕙兰中学同学的鼓动下,陈鹤琴便去报考。

清华学堂的兴办记录了近代中华民族一段屈辱辛酸的历史。1900 年6 月,美国参加了八国联军对中国发动的侵略战争,镇压了中国人民的反帝爱国运动——义和团运动。1901 年,清政府在帝国主义列强的胁迫下签订了丧权辱国的《辛丑条约》,同意向各参战国赔偿白银四亿五千万两,分 39 年还清(到 1940 年),本息共达九亿八千万两。因事出中国的庚子年(1900 年),故被称为"庚子赔款"。

1904 年 12 月上旬,中国驻美公使梁诚就中国的赔款是用黄金还是用白银一事,与美国国务卿海约翰据理力争。谈话间海约翰透露出一句:"庚子赔案实属过多。"这一信息立刻被梁诚捕捉。1905 年 1 月梁诚与美国政府交涉,提出核减赔款。1907 年梁诚再次向美国总统提出减收庚款事宜。而美国方面,自赔款数额确定后,美国自认索取的赔款"实属过多",打算将美国所得赔款中的"额外"部分"退还"中国,作为中国派遣留美学生的经费。1906 年,美国伊里诺伊大学校长詹姆士给美国总统西奥多·罗斯福递交了一份《备忘录》,在《备忘录》中,他提出政府应当采用一种通过"精心安排,得心应手的方式,控制中国的发展",这种方式就是"从

---

① 《我的半生》,见陈秀云、陈一飞编:《陈鹤琴全集》第六卷,江苏教育出版社 2008 年版,第 518 页。

知识上与精神上支配中国的领袖的方式"。他说："只要花极小的努力，就可以极大地而且是极为满意地赢得中国人的善意。我们可以不接受中国的劳工，但我们可以宽待中国的学生，把我们的教育设施提供给他们。""把中国学生的留学潮流引向美国，并不断扩大这股潮流。"他还做出结论说："商业追随精神上的支配，是比追随军旗更为可靠的。"①詹姆士的《备忘录》道出了美国朝野主张退还部分庚款的真正动机。

美国总统西奥多·罗斯福于 1907 年 12 月 3 日在国会发表演讲，提出"以援助中国厉行教育，使此繁众之国能渐渐融洽于近世之文化"，要求国会授权向中国退还部分庚款用于中国政府派遣学生来美留学。1908 年 5 月，美国国会正式通过了退还"美国应得赔款之余额"给中国的议案，授权美国总统退还庚子赔款中超出美国实际损失的部分，用此笔钱办学，并资助中国学生赴美留学。虽然中美政府并未正式签订所退款项专门用作派遣留美学生费用的限制性文件，但双方已在公开和不公开的谈判中就此事达成了默契。作为牵制的手段，美国政府在实施退款计划时，采取了"先赔后退"的方法，清政府仍根据《辛丑条约》每月无条件按原数向上海花旗银行缴付赔款，再由美总领事根据前期退款的使用情况向中国外务部签付本月应退的款项。这种方法保证了中国政府"万不能浪用一个月以上的款项"，使得"如果美国总统查出中国政府用款不当，可以随时有权制止公使转拨款项"。所谓"用款不当"即是指不能按照美国的意图用作派遣留美学生。

1909 年，美国退款计划实施后，清政府立即着手筹办遣派留学生事宜，专门拟定了《遣派留美学生办法大纲》，决定在华盛顿设立"游美学生监督处"，作为管理中国留美学生的机构，并在北京设立"游美学务处"，负责留美学生的选拔和其他有关事宜。②

"游美学务处"成立后，先后于 1909 年、1910 年、1911 年夏秋之交通过面向全国范围的"品学甄别考试"分别选取了 47 名、70 名、63 名，三批共 180 人分赴美国留学。原计划每年选拔 100 名，因清末新式学堂设立未

① 陈学恂主编：《中国近代教育史教学参考资料》（下册），人民教育出版社 1987 年版，第 252 页。
② 徐仲迸等译：《美国退还庚子赔款余额经过情形》，商务印书馆 1925 年版。

久,应考生员的"西学"和外语很难达到考试所要求的标准,在录取的名额中,也大多为教会学校所夺取。

游美学务处在直接考选遣派留美学生的同时,又筹设游美肄业馆作为学生遣美前的短期培训。肄业馆的馆址就选择在清朝皇室端王载漪的私人花园内,原名即称清华园。端王在 1900 年因支持义和团运动被判"斩监候"而发配新疆。肄业馆尚在筹备期间,游美学务处便改变计划提出了创设正规的留美预备学校的方案。这样,在 1911 年 2 月,游美肄业馆正式更名为清华学堂。

宣统三年四月初一(1911 年 4 月 29 日),清华学堂在清华园迎来了它的第一批学子,从此揭开了清华历史的第一页。在首批清华学子中,有由各省保送的学生 184 名,1910 年 7 月备取的留美生 143 名,还有在北京招考的学生 141 名,这 468 名学生都通过了这年三月清华学堂举行的入学复试。①

1911 年秋季,陈鹤琴来到清华学堂——这座明显带有帝国主义殖民标记的学校,他应是清华的第二批学生了。陈鹤琴记述了他考取清华学堂的经过。

清华学堂继春季开学之后,为进一步扩充生员,暑期继续招生。陈鹤琴是作为浙江省保送生被送往北京参加考试的。保送生的人选也是通过考试确定的,报名参加浙江省保送生选拔考试的一共有 23 名。考试非常慎重,监考者为浙江巡抚增蕴,主考者为提学使袁某。这足以表明清华学堂在时人心目中的地位。考试科目有国文、英文、算学三门,结果选取了10 名,陈鹤琴位居第 9 名,幸运地通过了初试。

陈鹤琴领了政府发给保送生的 20 元旅费来到北京参加复试,经人介绍住在仁和会馆里。清华学堂的复试分为两场,头场有国文、英文、算学,二场有史地、科学。若头场不合格,第二场就不必参加。参加这次考试的有各省保送生和在京直接报名生共 1000 多人。

考试是紧张而严格的,两场考试一共进行了共一个星期的时间,每日天不亮便起身赴考,考场设在北京宣武门内学部考棚。"考试官周自齐戴

---

① 清华大学校史编写组编著:《清华大学校史稿》,中华书局 1981 年版。

了大红顶子,穿了缎子马褂,端端正正坐在上面,一本投报的名册摆在桌子旁边。唱名的把名字一个一个地唱出来,他老人家用大红银珠笔在名册上一个一个地点着。"①第一场考试共取 160 名,陈鹤琴列第 82 位;第二场共取 100 名,陈鹤琴列第 42 位。当时,进入清华学堂还必须有同乡在京的官员担保,陈鹤琴请的担保人是范烟泰。科举考试的习气和封建教育的管理方式也无例外地影响着这所特殊的学校。

清华学堂(民国后改为清华学校)在向完全大学过渡之前,学制的基本形态是分为中等、高等两科,每科四年,一共在校学习八年。这八年的学业跨度可被认为相当于从中学一年级到大学二年级。所以清华学生毕业到美国后,一般都插入美国大学三年级学习。

中等科一年级招收 13 岁左右的聪颖儿童,也相当于中学入学的年龄。清华创立初期(1911 年秋季到 1913 年 7 月)也曾实行过中等科五年,高等科三年的学制,陈鹤琴就是在 1911 年入高等科一年级学习的,三年后他即毕业赴美留学。

陈鹤琴来清华读书不到两个月,武昌起义爆发了,黎元洪被推选为大都督,革命军挥师北上,清朝廷摇摇欲坠,北京人心浮动,形势告急,清华学生纷纷离校。同时,清政府又挪用这一年退还的庚款充着军费,清华学堂的经费来源断绝,只得宣布于 11 月 9 日起停课,并发给每名同学遣散费 20 元。陈鹤琴起初还独自在房间读书,不愿离开,后来在同来清华就读的蕙兰同学杨炳勋的催促下起身南返。他们乘车到天津,然后乘船南下。由于各船期的大小客舱全部爆满,他们只得挤在货舱的一口棺材旁边南下回到杭州。在家期间,他请母亲将二十年来一直与他朝夕相伴的辫子剪掉,以示与自己旧的人生告别而走进新的天地。之后,他又回到圣约翰大学读了几个月的书。

1912 年,中华民国成立。5 月 1 日,停顿了半年之久的清华学堂重新开学了,不久便按照教育部关于《普通教育暂行办法通令》改称"清华学校"。在经过一场革命的风暴之后,清华学员锐减,返校的学生只有 360 人,陈鹤琴又回到了他几个月前曾依依不舍、不肯离去的清华园。

---

① 清华大学校史编写组编著:《清华大学校史稿》,中华书局 1981 年版。

清华学校作为一所留美预备学校,旨在使学生一旦到美国后,能够适应美国的学习与生活,学生在校期间,不仅要做好功课上的准备,还要熟习美国的语言文字、生活方式、风俗习惯和社会政治的情形,做好多方面的准备。初期的清华学校,教师只有30多人,其中一半以上是美国教师,学生总在500人上下。围绕着留美预备的宗旨,清华学校的一切尽量美国化,在教学方面,如学制、课程、教材、教学法、体育、兵操、课外活动等,几乎全部搬用美国学校的一套,英语成为校内通用的主要语言,除少数几门国学课程是用汉语讲授外,其余课程全用英语讲授。校长训话、学校布告、各种类型的刊物,来校的中外名人演讲,以及学生自己组织的演讲会、辩论会、戏剧歌舞演出,也基本上用英语。

清华学生的学习生活是紧张而刻苦的,学校除严格把住入学关之外,在管理上还采用高淘汰率的方法。从1911年到1921年这10年间,毕业的学生只有636人,而其间被开除和退学的学生竟分别为301人和135人,可见其管理之严格了。①

陈鹤琴在清华读的是高等科的理科,教师基本上是美籍的。在十余位美籍教师中,给陈鹤琴留下良好印象的有:

物理教师沃尔德(Wald),他教学认真负责,讲课清晰细致,实验也生动有趣。教师认真,学生也就不敢有丝毫马虎。

英文教师塔尔梅奇(Talmage),她热心、严谨、不苟言笑,对学生要求严格,是一位十分诚恳、负责的良师。

美术教师斯塔尔(Starr)女士,是位老姑娘,四十多岁仍然孑然一身。她是位基督徒,对宗教很热心,在教绘画的同时也教学生做人。

名为西利(Seelye)的女音乐教师,举止稳重,谈吐风雅,待年轻学生如弟弟,上她的课,不仅学到音乐,也学到做人。

休梅克先生是体育教师,每天都带领学生做集体操,有时陈鹤琴还被叫出来领操。

马隆(Malone)先生教陈鹤琴西洋史。他是一个很漂亮的美少年。他教历史时,总是叫学生死记历史事实与重要日期。他有空的时候,常常到圆明

---

① 清华大学校史编写组编著:《清华大学校史稿》,中华书局1981年版,第34页。

园去研究残碑断柱,回国后以圆明园为研究对象再到大学读博士学位。

皮克特(Pickett)两姊妹,姐姐教美国史,妹妹教德文。她们都是二十来岁的年青姑娘,比陈鹤琴大一点,但比起年龄较大的学生来,那只可以称小妹妹。她们既然做老师,有时就不得不勉强装出一副老师的脸孔来。

史密斯(Smith)先生是一位四十多岁还未娶亲的男先生,教西方文学。

数学教师海因斯(Heines)先生,人非常和气,满脸堆着笑,说话声音很轻,是一位温文尔雅学问渊博的好好先生。

这些来自大洋彼岸的教师,都很善良,也很热心,十分注重教学生如何做人,并且身体力行。

当时,清华学校的领导层人物更迭频繁,其中陈鹤琴印象最深刻的有教务长张伯苓、校长周诒春。张伯苓先生说起话来,声音像洪钟,非常响亮。他的人格也像他高大魁梧的体格一样,令人肃然起敬。周诒春是1913 年 10 月在唐国安因病去职后继任校长的。周校长办事认真,不敷衍。在执行校规校纪上是有章必循,他常对学生说:"我不要你们怕我,我要你们怕法律。你们读书,总要研究得透彻,不要马马虎虎,一知半解。你们做事,总要实事求是,脚踏实地,要从小做到大,从低做到高。若是脚没有着实而攀得高高的,那一跌下来,就要跌死的。"①作为校长,周诒春能以身作则,说话诚诚恳恳、切切实实,真正是教育家的风范,深受同学们的爱戴。清华学校实行美国的"自由教育"精神,校长不主张读死书,鼓励学生的课外活动和社会服务活动。各种课外活动开展得蓬蓬勃勃,辩论会、演讲比赛、足球篮球比赛、化妆表演、音乐会等活动如雨后春笋般涌现。毕业的时候,陈鹤琴还参与排练表演了话剧《威尼斯商人》。

三、课外办学与人生理想

1912 年,陈鹤琴和几位同学一道创办了清华基督教青年会,王正序任会长,陈鹤琴任干事,参加该会的会员有二百余人,约占当时清华学生人数的一半。青年会的活动宗旨,一方面在传播基督教义,另一方面在开展社会服务活动,提倡教育,以证明耶稣之博爱精神。在清华诸多的社团中,基

---

① 《我的半生》,见陈秀云、陈一飞编:《陈鹤琴全集》第六卷,江苏教育出版社 2008 年版,第 521—522 页。

督教青年会和于1916年10月成立的清华孔教会发展成为清华最具影响的两个社会团体,这大概可视为社会变革时期中国传统和西方不同的文化观念影响于青年学生的一个缩影吧。

此间,陈鹤琴还组织了一个名为"仁友"的同志会,并办了一份油印的会报。这个同志会发起人还有陆梅僧、姚永励、李权时、张道宏、李达、汪心渠等人。会名取"以文会友,以友辅仁"之意,宗旨不外乎"切磋学问、砥砺品行、联络感情、互相协助"等。①

据陈鹤琴回忆,1914年临近毕业前夕,学校要创办一种刊物②,邀他担任经理,负责出版发行工作,由于他的认真负责,学校最后赠他一块金质五角宝星奖章作为鼓励。

在清华学习期间,陈鹤琴抱着"人生以服务为目的"的宗旨,积极参加各种社会服务活动,其中有两件最使他难以忘怀并对他立志终生从事教育事业产生了重大影响。

一件是在校内办了一个校役补习夜校。清华初创时,除教职员外,各类工人达一百多人。清华的工人在校内处于最微贱最受歧视的地位,他们常被称为"下人""听差"和"校役"。校工必须穿带有编号的"号衣"以便与教职员、学生相区别,甚至厕所也要与以上人员分开。为了帮这些贫苦的校工认字学知识,陈鹤琴为他们开办了校役补习夜校。夜校深受工人的欢迎,前来学习的人常在三四十名。

在有共和之名而无共和之实的民国初年,封建等级观念在人们头脑中是根深蒂固的,清华一贯被认为是一所"贵族学校",校工视学生为"少爷"。对于陈鹤琴热心服务的精神和平易近人的态度,工人们回报了他一份真挚的情感。

陈鹤琴即将离校赴美之际,一个参加夜校学习的理发工非常动情地对他说:"陈先生,你要离开我们了,我们觉得很难过,你待我们实在好,我们不能忘记你。你可否赐给我们一张照片,我可以把它挂在墙壁上做纪念,以后别的先生看见了这张相,我可以告诉他们说:'这就是当初教我们书

---

① 《我的半生》,见陈秀云、陈一飞编:《陈鹤琴全集》第六卷,江苏教育出版社2008年版,第523页。

② 应该是《清华周报》,它创刊于1914年3月中旬,此时离陈鹤琴毕业不远。

的陈先生。'"陈鹤琴满足了这位理发工的要求,这位理发工将一把旧式剃刀送给他,并叮嘱说:"这把刀剃起胡子来比外国刀来得快,每次你用它的时候,也可以想到我们呢!"①

以后,这位理发工人一直将陈鹤琴的照片挂在理发室的墙壁上,直到他离开清华。以至陈鹤琴数年后回到母校,清华的同学一眼便能认出他。据潘光旦先生在《清华初期的学生生活》一文中说:"记得在高等科的理发室里,好几年挂着今天全国政协委员陈鹤琴先生的一张相片,而陈先生便是这方面最出力的同学之一,因此,尽管离校已经多年,还有人惦记着他。"②而陈鹤琴也将那把剃刀当成"比一个奖章还要来得宝贵"的纪念品小心地珍藏着③,这未尝不是陈鹤琴献身中国人民教育事业的历程中的一份精神动力吧。

另一件就是在清华西南约二里许的城(成)府村办了一所义务小学,教授几十个儿童。陈鹤琴不仅教儿童认字、学科学,还鼓励他们做热心宣传科学的小先生。我国现代学者邱椿回忆他在清华时的一件生活经历时说:"仿佛是在民国三年春季的一个星期日,笔者同几位朋友到清华园南约二里路的成府村溜达,猛然看见街头许多村民,男女老幼,挤成一团,其中有个口齿清楚的小孩子,讲什么'雷声的起源',博得如雷的掌声。仔细打听,才知道讲演者是成府小学的学生,而这个小学是陈鹤琴先生创办的。"④可见后来被陶行知先生在大众教育中总结发明并广泛推广的"小先生制",已初见于陈鹤琴早年的教育实践中。

这所义务小学,在陈鹤琴离校后,经清华同学的努力,发展成为有数百名学生,并有良好校舍的小学。直至1937年日本侵华前,清华教职员还义务地为它提供经费。

陈鹤琴亲自创办了这两所学校,并担任两校的校长。有时他一个人教

① 《我的半生》,见陈秀云、陈一飞编:《陈鹤琴全集》第六卷,江苏教育出版社 2008 年版,第 522—523 页。

② 钟叔河、朱纯编:《过去的学校》,湖南教育出版社 1982 年版,第 93 页。

③ 北京市陈鹤琴教育思想研究会编:《为中华儿童尽瘁的教育家——陈鹤琴》,浙江教育出版社 1992 年版,第 10 页。

④ 邱椿:《我的半生·序》,载《我的半生》,桂林华华书店 1946 年版,第 37 页。

书忙不过来,就请同学们帮忙。其实,陈鹤琴的课外义务办学活动并不止于此。"当时清华园附近一带村庄,南起大钟寺,西至海淀,早就踏遍了这个青年天使的足迹,每到圆明园的废墟映着夕阳残照的时候,他才和一班野老村童分别回校。有时还去上夜课,那便须携着灯笼,从这些稀疏村落,又沿着曲径驰道,迤逦而归了。"①

陈鹤琴在清华的课外办学,不仅是他最初的教育活动,而且是他献身中国教育事业的历程的起点。具有历史意义的是,它也是近代中国国立学校的学生以义务办学形式服务社会的开端。清华的"校役补习夜校恐怕是中国学校内第一个校役补习学校。城府的义务小学,恐怕也是中国国立学校学生所创办的第一个义务学校"②。

以后,从新文化运动到"五四"运动,从"教育救国"到平民教育运动,一浪高过一浪,形成了波澜壮阔的时代潮流。清华学生到附近的村庄办"平民学校""农民学校",在校内成立夜校,在校外成立露天识字班和图书室。当年以陈鹤琴为代表的早期清华学生的义务办学活动像一线溪流而汇入时代的大江大河了。

陈鹤琴是一个在各方面都对自己提出严格要求的学生。他想,要成就一番事业,非有强壮的体格不可,因此注重体育锻炼。由于身材偏矮(1.62米),在各类田径和球类比赛中比不上人家,但他决不甘示弱。他扬长避短,特别加强自己的体力训练,天天练习,从不松懈。当时,清华学校每年举行一次全校性的体力测验,用仪器测量每位同学的体力,其中包括握力、腿力、背力、举力、攀力等七八项内容。在清华三年中,陈鹤琴有两年分别获得了全校总分第二和第一的好名次,令同学们无不刮目相看。

在清华,陈鹤琴很注重品德修养,当时的清华同学有口皆碑。陈鹤琴的同学吴宓在1914年3月29日的日记中写道:陈君鹤琴以道德之修养、品行之砥砺,为同学中最要之事,而能确实励行者甚寡,爰发起"日日警钟",共约四人,两人任中文,两人任英文,各择古人格言名训,可资警戒服

---

① 郑宗海:《我的半生·序》,见陈秀云、陈一飞编:《陈鹤琴全集》第六卷,江苏教育出版社2008年版,第466页。
② 《我的半生》,见陈秀云、陈一飞编:《陈鹤琴全集》第六卷,江苏教育出版社2008年版,第522页。

膺而尤足砭同学之时病者,日书一纸(中英文各一则)。于每晨悬青年会
通告牌中,以期同学见之触目惊心,不无小补。余甚赞成,议以余及吴君希
之担任中文,陈君自担任英文。陈君宗教心极热,于青年会事颇尽力,常言
人当用心理学的工夫。今为此议,余虽以此事自命道德、出示训人,他日见
知于众,将难自为地,然善陈君之心,亦竟允之。①

　　陈鹤琴给人的印象是身体强健、精神饱满,致力于乡村服务,萦心于同
学之福利与修养。他脸色红润、仪表齐整、态度谦逊,脸上永远都是和蔼、
亲切的微笑,讲话时和颜悦色,声音轻快而平静。他的身体姿势,不论上
课、站立还是行走,都保持正直,从背后看不到弧形的曲线。②

　　清华生活也重塑了陈鹤琴的人生观。清华,这个由封建主义和殖民主
义文化教育孕育的"混血儿";北京,这座中国政治和文化名城,还有时代
更迭带来的保守与革新的强烈抗争,在陈鹤琴的眼前展现出了一幅五光十
色的现实和理想世界。清华读书期间有三本书曾令陈鹤琴感动不已:

　　一本是约翰·班扬(John Bunyan)的《天路历程》(*Pilgrim's Progress*)。
这本书写了一个基督徒如何上天,一路上遇到许多意料之外的困难、试探
和诱惑,不为所动终于达到目标的故事。作者因为主张新教自由等宗教民
主思想,与当时英国旧教的专制与腐化产生激烈冲突,所以旧教的权威把
他下狱达 12 年之久。

　　第二本书是斯托(Harriet Beecher Stowe)的《汤姆叔叔的小屋》(*Uncle
Tom's Cabin*)。这本书描写美国当年黑奴的悲惨处境和痛苦生活,激起了
陈鹤琴对被压迫者的同情和强烈的民族意识。

　　第三本书是《富兰克林自传》(*Benjamin Frankin：Autobiography*)。这
本书记述了富兰克林从印刷工到政治家的经历。富兰克林的自我奋斗和
为国效忠的精神都对陈鹤琴的思想产生了深刻的影响,他感到一个人要有
成就非努力非奋斗不可,非为人服务、为国效劳不可。

　　但是青年陈鹤琴更多的是在对现实的思考中突出地发展了他的救国

---

① 吴学昭整理注释:《吴宓日记》(第一册),生活·读书·新知三联书店 1998 年版,第 323 页。
② 俞子夷:《我的半生·序二》,见陈秀云、陈一飞编:《陈鹤琴全集》第六卷,江苏教育出版社 2008 年
版,第 468—469 页。

爱民的思想。清华创办的历史时刻提醒着他国家贫弱的事实,"庚款兴学"本不是列强的恩赐,而用的是民脂民膏。"政府既然以人民的脂膏来栽培我,我如何不感激呢?我如何不思报答呢?"①他早年在基督教影响下发展起来的济世爱众思想现在已更真实地落在救国爱民上,意识到通向理想天国的历程必须从国家的富强和民族的自立开始。这种救国的观念是在清华读书时养成的,他在自己的日记中写道:"在童年时代,我的人生观无非是显亲扬名。在中学时代,我的人生观在济世爱众。在大学时代,我的人生观除济世爱众外还能注意到救国呢。"②

决心已定,志向已坚,对人生的理想和希冀使陈鹤琴的心中充满了一片明媚的阳光。他满怀激情地描述他在清华的生活:"我的清华时代,好像万象更新的新年,好像朝气蓬勃的春天。我的希望,非常远大;我的前途,非常光明;我的精神,非常饱满;我的勇气,非常旺盛;我的自信,非常坚强;我的自期,非常宏远。那时做人真觉得有无穷的愉快。"③

第三节　留美生涯

一、"我还是学教育"

1914 年 7 月,陈鹤琴结束了他在清华的学业,准备赴美留学了。

当时,到美国的航班一般从上海始发,行前的准备工作也是在上海进行的,他们除接受出国前规定的体格检查和卫生防疫外,各人都忙于置办行装。准备工作的一项重要内容就是练习在美国有关做客、赴宴、吃饭、待人接物的风俗和礼节。周诒春校长亲自为他们讲解与示范,这项工作足足进行了一个月。周校长的"吃饭课"也讲了一个月,这些留学生戏称自己

---

① 《我的半生》,见陈秀云、陈一飞编:《陈鹤琴全集》第六卷,江苏教育出版社 2008 年版,第 525 页。
② 《我的半生》,见陈秀云、陈一飞编:《陈鹤琴全集》第六卷,江苏教育出版社 2008 年版,第 525 页。
③ 《我的半生》,见陈秀云、陈一飞编:《陈鹤琴全集》第六卷,江苏教育出版社 2008 年版,第 519 页。

为"吃饭学生",称周校长为"吃饭先生"。这位"吃饭先生"教的吃饭课,包括坐席时坐的姿势、喝汤、吃面包、用刀叉、席间交谈的注意事项。当时看来琐碎,但当陈鹤琴后来在美国受邀到一位市长家中吃饭,将周校长传授的礼仪搬出来并受到市长夫妇"中国不愧是礼仪之邦"的赞赏时,他方才领会到周诒春的良苦用心。

欢送会隆重而又热烈,1874年作为留美幼童赴美学习、曾任民国初年内阁总理的唐绍仪亲自与会致欢送词,勉励他们为国勤奋学习。8月15日,陈鹤琴一行乘坐中国招商局的"中国号"(S. S. China)邮船出发了。

同船赴美留学的共有百余人,其中包括1911年挑选,这次赴美读中学的清华优秀幼年生10名;于当年考取,也是清华学校首次派遣的女生10名;清华1913年、1914年两班毕业生70余人;另外还有来自全国各地的自费生数人。后来成为现代著名教育家,在工作中与陈鹤琴结下深厚情谊的陶行知先生正是这次作为自费生同船赴美的。

送别的场面是激动人心的,在轮船即将离开码头之际,人们纷纷从船上船下向亲人抛去卷成圈形的彩色纸带,将另一头紧紧握在自己的手里。这一根根纸带便是一份份依恋和不舍,一份份牵挂和希冀。汽笛长鸣,轮船慢慢地起航了,彩色的纸带愈放愈长,愈收愈紧,直到长不可再长,紧不可再紧,在它被拉断的一瞬,人们也禁不住热泪盈眶了。这毕竟是一次长久的离别啊!

前来给陈鹤琴送行的有他的未婚妻俞雅琴、岳父、小哥、姊夫和十几位亲友。他带着亲人的嘱托和思念,开始了横渡太平洋,万里求学的旅程。

陈鹤琴原计划到俄亥俄州的一所浸礼会大学读教育学去的,预备在那里学完基本学科,获得学士学位后,再进哥伦比亚师范学院专攻教育,进一步获得硕士和博士学位。在经历离别时的激动和海上旅游生活的最初兴奋之后,船上的气氛开始变得宁静起来。陈鹤琴认真地思考起自己的前途,他扪心自问,在当时人们竞相争权逐利,教育备受冷落的社会,我"读了教育,还不是'坐冷板凳',看别人的脸孔去讨生活吗"?对于个人物质生活的满足,"教育不是一种很空泛的东西吗"①?他认为只有医学才能使

---

① 《我的半生》,见陈秀云、陈一飞编:《陈鹤琴全集》第六卷,江苏教育出版社2008年版,第531页。

自己自食其力,不求于别人。

他把这种想法告诉了同行的周诒春校长,周校长尊重他的选择,并给在华盛顿的留美监督发去电报,请他帮陈鹤琴联系美国医科最著名的大学——马里兰州的约翰斯·霍普金斯大学。

过了几天,陈鹤琴又重新检讨起自己的兴趣志愿来,教育虽然不能使自己独立,但医学就是自己所愿学的东西吗? 他一再追问自己:"究竟我的志向是什么? 我的志向是为个人的生活吗? 决不! 是为一家人的生活吗? 也决不! 我的志向是要为人类服务,为国家尽瘁。"

"医生不是可以为人类服务,为国家尽瘁吗?""是的,但是医生是医病的,我是要医人的。……我是喜欢儿童,儿童也是喜欢我的。"①

为人类服务,为国家尽瘁的远大志向和对儿童的挚爱使陈鹤琴最终下定了学教育的决心。但是周诒春校长告诉他电报已经发出,好在霍普金斯大学文理科也是非常著名的,让他还是到那里学完普通科后再专攻教育。事情就这样决定了。

船经檀香山,他们在当地华侨代表的邀请下,参观了世界上最著名的水族馆。9 月 7 日,经过 20 多天的航程,抵达美国西部名城旧金山,在那里他们受到各方面的欢迎,并参观了斯坦福大学。第二天,全体师生又乘圣菲线(Santa Fe Line)列车经盐湖城前往芝加哥。

9 月 13 日到芝加哥后,同学们便开始分散前往各自的目的地。大部分同学继续往东,只有陈鹤琴等少数同学折向东南。每走一段,都有同学下车前往自己约定的学校去,到匹斯堡(现译为"匹兹堡")(Pittsburgh)只剩下陈鹤琴一人了。在夜深人稀、人地生疏的匹兹堡车站,陈鹤琴只觉得形单影只,一股思乡之情袭上心头。

1914 年 9 月 15 日凌晨,陈鹤琴终于到了霍普金斯大学的所在地巴尔的摩(Baltimore)城。前来车站接陈鹤琴的是 1911 年直接通过庚款留美考试来美国读书的胡宣明,他在霍普金斯大学读医科。

美国大学的秋季入学时间一般是 10 月 5 日,这意味着早到的陈鹤琴还要等待一段时日。当时,美国基督教青年会在各地都设有分会,陈鹤琴

---

① 《我的半生》,见陈秀云、陈一飞编:《陈鹤琴全集》第六卷,江苏教育出版社 2008 年版,第 531 页。

最初被安排住在青年会的会所里。在当时拥有 60 万人口,号称全美第六大城市的巴尔的摩城,他看不见一个认识的人,陈鹤琴感到无比孤独。幸有胡宣明常来看他,并偶尔带他到美国朋友家去玩。

二、"凡百事物都要知道一些,有一些事物都要彻底知道"

漫长而孤寂的等待终于结束了,陈鹤琴真正开始了他在美国长达五年的求学生涯。这五年的求学生涯可分为前后两个时期:前一个时期是在霍普金斯大学研究普通学科,后一个时期是在哥伦比亚师范学院专攻教育学和心理学。当时,陈鹤琴对于求学有一个原则:"凡百事物都要知道一些,有一些事物,都要彻底知道(Try to know something of everything and every-thing of something)。"他把原则的前后两段分别运用到前后两个不同的学习时期。

约翰斯·霍普金斯大学是成立于 1876 年的老牌贵族大学,虽然一直以医科驰名于世,但它是一所多科发展的综合性大学,其他如文、理各科也非常出色。在美国各大学中,霍普金斯大学最早开设研究生课程,招生上取消对女子的歧视,教学上采用实验室方法。它的建立标志着美国高等教育的新纪元。美国实用主义哲学家、教育家约翰·杜威(John Dewey)即于1882—1884 年在霍普金斯大学攻读哲学,并以题为《康德的理学》的论文获得博士学位。[1]

霍普金斯大学教务处审查过陈鹤琴在清华学校修读的课程和成绩之后,让他插入大学二年级学习。按当时情况,清华学生赴美后一般都插入大学三年级,并能自如地应付学业。陈鹤琴是霍普金斯大学接收的第一个清华学生,之前他们甚至不知道清华学校。两年后清华学生朱君毅来该校时便直接插入大学三年级了。

1917 年 6 月,陈鹤琴获得了霍普金斯大学的文学学士学位。当时学校为他开具的成绩表中,他所完成的课程有:生物、英文写作、英国文学、历史、地质学、哲学、政治学、教育学、德语、政治经济学、法语、统计学、辩论

---

① 赵祥麟主编:《外国现代教育史》,华东师范大学出版社 1987 年版,第 148 页。

学、体锻等课程。① 其实陈鹤琴这一时期本着"凡百事物都要知道一些"的学习原则,所学课程远不止这些,他在正式课程之外,还学习过市政学、心理学,又利用暑假期间到康奈尔大学读过"牛奶""鸟学""普通心理",到阿默斯特学院修过"园艺""养蜂学""汽车学"等课程。这些动植物知识对于他后来在幼儿教育中有关场景布置、形成亲近自然风格的儿童教育思想是具有重要的启发意义的。

霍普金斯大学不仅为他提供了宽阔的学科视野和丰富多彩的知识,更重要的是培养了他科学研究的方法和追求真理的精神。霍普金斯的课程改变了陈鹤琴求知便是读书的观念。知识不仅从书本中得来,更重要的是要从真实的世界中得来。在地质学课上,教师和学生不是死读书的"蛀书虫",而是啃石头的"石头虫"。在地质学教师斯沃茨(Swartz)的实验室里收藏了无数大大小小的石块,他还经常带领学生采集各种化石。无数的石块编写成了一部地球形成和演进的历史书,一颗颗石子,甚至一粒粒沙子都成了解释这部历史的文字。它同时还是一部生命进化的历史。

在植物学课上,教授并不讲课本内容,而是摆出来很多标本给学生演示。校园里有一个专供教学用的小植物园,园内有花房,里面种了各种花草,学生们一边听讲一边做实验,10人左右的小班教学大大增加了教授和学生的互动和交流。在老师的带领下,陈鹤琴和同学研究了各种植物的根、茎和花朵。普通的根生长在水或泥中,而西班牙藓苔的根却生长在空中,热带兰花的根也是挂在空中生长的。

动物学教授安德鲁(Andrew)的课则教给了学生科学研究的方法。他很少讲演,总是让学生天天在实验室里工作。简短的讲演放在学生实验之后进行,作为对实验结果的归纳。几乎所有的知识都是通过观察和实验获得的。他们每人拥有一架显微镜,随时都可以使用。通过这架显微镜,陈鹤琴观察到一条蚯蚓身上雌雄两种不同的生殖器,观察到小鸡在孵化过程中一天不同于一天的胚胎变化过程。为了研究果蝇的繁殖,他们把果蝇配对放在配有食料的玻璃器皿里,精心饲养,连日观察,得到果蝇的生长繁殖

---

① 北京市陈鹤琴教育思想研究会编:《为中华儿童尽瘁的教育家——陈鹤琴》,浙江教育出版社1992年版,第13页。

过程和繁殖速率。

这所学校还有一种令人钦佩的追求真理的精神,霍普金斯的校训就是
"真理使你自由"。一个人要想获得自由,首先就必须明白真理,真理面前
人人平等。这种追求真理的精神体现在研究精神上。"教授、学生一天到
晚都浸润在研究精神之中做研究工作,而没有一点傲慢的神气、自满的心
理,总是虚怀若谷,诚恳万分。"几十年之后,陈鹤琴还感叹说:"我回国做
点研究工作,未始不是受霍普金斯之所赐呢!"①在霍普金斯大学3年的学
习,陈鹤琴打下了坚实的知识基础。同时,他还发起了巴尔的摩中国学生
会,宗旨为相互切磋,增进同美国人民友谊。出任霍普金斯大学基督教青
年会外国学生部主席。1915年袁世凯接受丧权辱国条约,消息传到美国,
陈鹤琴与留学生们非常愤慨,并于周五绝食一餐以示卧薪尝胆之志,达半
年之久。

霍普金斯3年生活之后,陈鹤琴开始重新认识留学的意义。他认为:
"到国外去游学,最重要的不是许许多多死知识,乃是研究的方法和研究
的精神","若得到研究的方法和研究的精神,你就可以任意去开知识的宝
藏了"②。

三、在哥伦比亚师范学院

1917年下半年,陈鹤琴进入哥伦比亚师范学院专攻教育与心理,学习
研究生课程。

哥伦比亚师范学院建立于1887年,1897年并入哥伦比亚大学。之后
学院迅速发展,吸引着来自世界各地的学生。在从1897年到陈鹤琴进入
该院的这20年里,在院学生的注册人数从450人增至2500人。③陈鹤琴
在校时,哥伦比亚师范学院已经发展成为世界最著名的研究教育的场所。
不仅教育学科丰富,而且学生人数之众多,是世界上任何大学所不可比拟
的,更重要的是它拥有一批近现代世界教育史上地位显赫的专家教授。

① 《我的半生》,见陈秀云、陈一飞编:《陈鹤琴全集》第六卷,江苏教育出版社2008年版,第537页。
② 《我的半生》,见陈秀云、陈一飞编:《陈鹤琴全集》第六卷,江苏教育出版社2008年版,第537页。
③ 王天一、单中惠编:《外国教育家评传》第二卷,上海教育出版社1992年版,第506页。

1904 年,杜威离开芝加哥大学转入哥伦比亚大学哲学研究院,在以后很长一段时间里,他与哥伦比亚师范学院保持密切的联系,每年都去学院上一两门课程。他的实用主义哲学与教育思想对学院的影响日益增长,以致后来在专业教育研究者的心目中,杜威的名字总是和哥伦比亚师范学院的名字不可分割地联系在一起。当时,美国教育史家孟禄(Paul Monroe),实验教育心理学的先驱桑代克(Edward Lee Thorndike),以及曾经是杜威的学生、并把杜威的教育哲学传授给新一代的克伯屈(W. H. Kilpatrick)[①],都是学院内有名望的教授,陈鹤琴得以倾听他们的课程,甚至有机会和他们直接交往。

哥伦比亚师范学院实际上是一所研究院。它的学生大半是有经验的,很多人有中小学教师、校长,督学等工作经历。女性比例高于男性,青年人虽有,但大半是中年人,白发苍苍的老人也为数不少。

陈鹤琴在哥伦比亚师范学院第一年所修的课程有教育哲学、教育史、教育心理学、中等教育组织机构、学校体制比较学、思维心理学、特殊儿童心理与治疗等。[②]

在所学课程中,克伯屈教育哲学课上那卓越而富启发性的教学方法给陈鹤琴留下了非常深刻的印象并使他深受教益。克伯屈是杜威的门徒,他说 1907 年他到哥伦比亚师范学院学习时,"当时,杜威教授在哥伦比亚大学教哲学,在以后的三年里,我选听了他所有的课程,同时决定把教育哲学作为自己的主要专业"[③]。克伯屈继承了杜威的教育哲学体系的基本方面,但他是主张言论和思想自由的。"他不肯抹杀别人的思想,也不肯放弃自己的思想。他要集中各种见解、各种思想来解决疑问,来解释难题。所以他所用的教法是独出心裁而能刺激思想的方法。他不用注入式的讲演法,他用启发式的问答法。"[④]

克伯屈让教育哲学班上的学生自由地分成几十个小组,小组在一个学期内基本保持稳定。课程是从讨论问题开始的,在未讨论问题之前,他先

---

① 在陈鹤琴有关著作中,一般译为"克尔帕屈克"。
② 北京市教育科学研究所编:《怀念老教育家陈鹤琴》,四川教育出版社 1986 年版,第 320 页。
③ 〔美〕简·杜威等:《杜威传》,单中惠编译,安徽教育出版社 1987 年版,第 180 页。
④ 《我的半生》,见陈秀云、陈一飞编:《陈鹤琴全集》第六卷,江苏教育出版社 2008 年版,第 538 页。

给学生发一份问题清单和参考书单,一般列有十几个问题和十几种参考书。每小组选定好自己的问题之后,组员在课后就到图书馆去看参考书,然后在小组会议上交流、切磋。上课时克伯屈就这些问题引导各组提出意见,在全班内进行讨论。他鼓励学生发表自己的观点和见解,并努力找出证据为自己的观点和见解辩护,班上任何人都可以起来表达观点,批评别人的观点,指出别人的错误。学生争论得越激烈,他越高兴。作为课堂的组织指导者,他随时运用自己丰富的知识、深邃的思想和灵活的方法,帮助学生得出结论。在各方面充分发表意见之后,他用十分简洁、明晰的语言对各种意见进行分析总结,他自己的思想也就包含在其中了。这种教学是兴奋剂,学生很享受课堂学习的过程,每个学生都愿意绞尽脑汁去思考问题、提出问题和辩论问题。在克伯屈的课堂里,"二百多个学生没有一个会打盹,没有一个会偷看小说,没有一个不竖起耳朵、提起精神去参加辩论、贡献意见!克氏的教室,犹如议会,克氏班的上课,就是开辩论会,无怪克氏之魔力若是其大呢"!陈鹤琴声情并茂的文字道出了教育大家的风范和魅力,以及对他的强烈震撼和深刻影响。

克伯屈的课总是吸引来自全世界不同种族、各种肤色的学生,注册听课的经常达到几百人,师范学院里几乎没有一间教室可以容纳这么多人,所以他的课常常要在学院的礼堂里举行。陈鹤琴记得在教育哲学班上与他同学的中国学生有张伯苓,张是在创办南开中学,做过清华教务长之后再来哥伦比亚读书的。还有一位李建勋博士,他在来此之前已经做过河北省督学。克伯屈是一个具有国际性影响的教育家,他的教育思想和独具特色的教学方法影响了陈鹤琴,影响了此前此后来这里学习的中国留学生,也影响了中国 20 世纪 20 年代初期兴起的教育改革运动。克伯屈的《设计教学法》就发表于陈鹤琴留学该校期间的 1918 年。

如果说克伯屈的教育哲学课将陈鹤琴引入了一种新的境界,孟禄的教育史课则用生动的事实向他证明了教育可以改变一个国家、一个民族和人生。他不仅认识了教育在美国这个新兴国家走向繁荣富强过程中所发挥的作用,尤其是孟禄组织的黑人教育考察团更使他深切地感受到教育对于争取民族进步和实现人生理想所具有的巨大力量。

作为教育史课的一项活动,孟禄于 1917 年冬组织了一个有三十余人参加的考察团到南方去考察黑人教育,当时和陈鹤琴一道参加这个考察团的中国学生还有郑晓沧,他回国后成为陈鹤琴在南京高等师范学校的同事。当时,美国黑人虽然卸下了奴隶制的枷锁,获得了法律上的自由,但由于文化水平低,所从事的大多为家庭厨师和仆役之类的工作,不仅社会地位低下,生活也十分艰苦。这是陈鹤琴在考察黑人教育前在北方对黑人所形成的印象,但当他参观了弗吉尼亚州的汉普顿学院(Hampton Institute)和阿拉巴马州的塔斯基吉学院(Tuskegee Institute)之后,对黑人的印象为之一新。

汉普顿学院和塔斯基吉学院都是专门招收黑人的学校,前者为阿姆斯特朗(S. C. Armstrong)将军创办,后者的创办人则是汉普顿学院的学生、一位有影响的黑人教育家布克·梯·华盛顿(Booker T. Washington)。布克·梯·华盛顿在他19岁那年用去他几年的积蓄还不能买一张到汉普顿的火车票的情况下,为了实现求学的愿望,靠边打工边步行走完剩下的路程,来到汉普顿学院。四年后在那里他以半工半读的方式完成了学业,决心像阿姆斯特朗将军一样也办一所培养黑人的学院,完全由黑人授课。以后他走了很多地方进行演讲,靠募捐终于办了一所黑人学校,这就是塔斯基吉学院。布克·梯·华盛顿曾写过一本自传《黑奴成功传》(*Up from Slavery*),讲述自己克服重重困难办学的经历和成功。

这两所学校的共同特点是学生能够半工半读,用做工的方式换取学费和膳费。其中塔斯基吉学院更是所有的校舍都由学生亲手建造,"学生会用脑也会用手"①。

这两所学校的学生毕业后一般都到乡村去办乡村小学,以黑人为主要招生对象。这些男女青年有的是结对来到乡下,在办学中结为夫妻,所以这些乡村小学可以说是"夫妇学校"。乡村小学又是乡村社会的中心,每到星期日,学校成为教堂,教员变成牧师。平时,乡村中的各种游艺会、交谊会都在学校中举行,学校与社会发生直接关系,成为当地社会活动的场所。这种夫妇学校非常普遍,对南方的黑人教育有着非常广泛的影响。小学的教师一般都继承了他们母校创始人的艰苦办学精神,是一批肯埋头苦

---

① 《我的半生》,见陈秀云、陈一飞编:《陈鹤琴全集》第六卷,江苏教育出版社2008年版,第540页。

干的男女青年。

陈鹤琴从美国南方黑人的办学经历中汲取了开拓、创新和为改变民族命运而不屈不挠、顽强抗争的精神,这在他以后的教育实践,特别是1940年创办"江西省立实验幼稚师范学校"时表现得尤为突出。正如他在去江西前夕所写的:"一个到19岁开始读书的黑奴,能够努力奋斗,教导群众,为社会谋幸福,为民族增光荣! 我们自命为优秀分子,曾受过高等教育,应如何奋发惕励,为国努力呢!"①

有一个可以不纳入本书讨论范围,但又值得一提的问题:美国南部黑人的这种办学形式和精神对陶行知的教育活动似乎有更明显的影响痕迹。陶行知1914年与陈鹤琴一道赴美,因为他毕业的金陵大学是一所在美国立案的教会大学,所以出国前就已获得了美国大学认可的学士学位。他到美国后一年即在伊利诺伊大学获得政治学硕士,随即于1915年秋转入哥伦比亚大学研究教育。

在哥伦比亚师范学院的两年里,没有资料可以确切说明陶行知是否参加过孟禄组织的如黑人教育考察之类的活动,但他和孟禄之间建立和保持了良好的关系则是事实。孟禄不仅为以自费身份出国的陶行知在申请有关奖学金方面尽了力,在陶行知1917年为应南京高师郭秉文之约急于回国工作而又不愿失去做博士论文的机会时,孟禄又同大学当局斡旋,希望能考虑到陶行知的特殊情况,允许他在提交论文之前举行口头答辩,等回国后收集材料、完成论文后再提交审议。这是一个打破常规程序的做法。② 1921年,孟禄来华访问,一直由陶行知陪同他参观了各地的学校,并整理发表了他在华期间对于中国教育的有关评论。③

从陶行知在哥伦比亚师范学院两年四学期的课程申请单和成绩单看,他第一、第二学期申请了孟禄的"教育史"课并获得了学分。第三、第四学期申请了孟禄的"美国教育史实习"课但未获学分④,所以很难判断他是否参加了这一课程的所有活动。孟禄的"美国教育史实习"课是非常注意美国教

① 《我的半生》,见陈秀云、陈一飞编:《陈鹤琴全集》第六卷,江苏教育出版社2008年版,第541页。
② 〔加〕许美德等:《中外比较教育史》,朱维铮等译,上海人民出版社1990年版,第191页。
③ 华中师范学院教育科学研究室主编:《陶行知全集》第一卷,湖南教育出版社1985年版。
④ 周洪宇编:《陶行知研究在海外》,人民教育出版社1991年版,第153—155页。

育发展的成果及现状的,其中即包含如陈鹤琴所参加的那类考察内容。从陶行知与孟禄的密切关系和所修的课程看,他对包括南部黑人乡村教育在内的美国教育情况应是非常熟悉的。

我们不难发现,陶行知的某些教育实践,如晓庄师范的创办,与美国南方乡村黑人教育虽然处于不同时代和社会背景,但在精神、思想,甚至办学方式上都表现出一定的相通之处。晓庄师范学校是陶行知本着普及和改造乡村教育的理想,为培养合格的乡村教师而创立的。他希望通过教育引导农民过上"自立、自治、自卫"的幸福生活,充分发挥乡村教育在乡村生活改造中的重要作用,让教育与生活,学校与社会打成一片,使乡村学校做改造乡村生活的中心,乡村教师做改造乡村生活的灵魂。晓庄师范也体现了自力更生、手脑并用、劳动自养等艰苦办学的精神,学生不仅自己动手建造了设施基本齐全的校舍,还承担了学校大部分的管理与劳务。在办学方式上,陶行知也提倡青年男女共到一乡一村去办"夫妻学校",他甚至为此作《村魂歌》一首:"男学生,女学生,结了婚,做先生。那儿做先生? 东村或西村,同去改旧村,同去造新村。旧村魂,新村魂,一对夫妻一个魂。"①后被谱曲吟唱,在晓庄师范颇为流行。

以上是从陈鹤琴关于美国南方黑人教育的记述中引出的一段话题。

1918 年夏季,陈鹤琴获得了教育硕士学位。他想攻读桑代克的教育心理学博士,并于这年冬天参加了博士学位的初级考试,然而这一次申请并不顺利,桑代克说他的心理学知识不够,还是读教育学为好,因此没有批准他的申请。对于桑代克的评价陈鹤琴很不服气,于是他转而找到心理系主任伍德沃斯(Robets Woodworth)教授,要求转入心理系。经查成绩,他的要求获得同意,伍德沃斯成为了他的导师。在对有关心理学课程进行了一个学期的准备之后,陈鹤琴开始着手撰写导师为他拟定的题为《各民族智力之比较》的博士论文。当他设计好智力测验的材料准备于 1919 年下学期赴檀香山去调查研究居住在那里的七八个民族的智力情况时,因为规定五年的留学期限已到,而申请延期的通知迟迟不来,再加上南京高师郭秉文校长正来美国物色教师,邀请陈鹤琴回国教书,并答应三年后设法再送

---

① 《行知诗歌集》,大孚出版公司 1947 年版,第 39—40 页。

他回来攻读博士,于是陈鹤琴决定回国了。

陈鹤琴虽然没有取得博士学位,但他在论文准备过程中丰富起来的心理学和有关智力测验、教育测量方面的知识,为他回国后从事儿童心理研究,将教育测验引入国内,推动我国20世纪20年代初年的科学教育运动发挥了作用。

四、"做中国的'人民大使',去宣传中国优良文化"

陈鹤琴在美国留学五年,有一件事情常挂心中:做中国的人民大使,宣扬中国文化。

由于美国政府19世纪末20世纪初实行的排斥华工政策,还有对义和团运动的不适当宣传,在报纸和电影中,中国人也多被赋于强盗、土匪的角色,以致扭曲了中国人在一般美国人民心目中的形象。当时,普通美国家庭常常分出一两间房间租给学生住,有时还可供膳。在美国的外国留学生多选择这种"家庭寄居"的方式解决住宿问题。比陈鹤琴早3年先期到达巴尔的摩的胡宣明就曾因为美国人已形成的观念在寻找寄宿时遇到很多困难,他们一个个都说:"我们不招待中国人。"在吃了一个又一个闭门羹之后,终于有一个老太太抱着试试看的态度接纳了他。胡宣明通过自己的努力树立了一个中国读书人的良好形象,到陈鹤琴来到巴尔的摩时,通过胡宣明的介绍,找住宿已不再是件困难的事了。

在近代,日本是先于中国开放并与欧美社会有广泛交往的亚洲国家,陈鹤琴在美国留学时,美国人总把那些穿着漂亮西服的黄种学生一概当成日本人,有时连在美生活已久的华工也抱着同样的观念。清华的留美学生都把消除这种不良的影响和误会作为自己留美期间的重大使命之一。在学业上,刻苦攻读、研讨学术,树立起中国人自强不息的形象;平时以身作则,注意和美国各阶层人士友好交往,并努力做好宣传工作,以改变一般美国人民的观念。

陈鹤琴记得周诒春校长在他们出国前的嘱托:到美国除读书之外,还要考察美国的社会与政治,探讨美国立国之精神。同时还要做中国的"人民大使",去宣传中国的优良文化,增进中美两国人民的友谊和了解。周诒春说:"在美国,现今在各大学读书的中国学生,每年平均总有三千之多,假使这三千'人民大使'都能切切实实去执行他们所担负的重大使命,那中美两国文化的沟通、感情的融洽和邦交的增进,当一日千里了!"[1]

陈鹤琴确实是按照周校长的嘱托切实地去做的。他刚到巴尔的摩城,霍普金斯大学还没有开学时,就有一位女子美术学校的教师请他去作关于孔子学说的报告。这次由于他缺乏经验,效果并不理想。以后在吸取这次经验教训的基础上,他逐渐提高了自己的演讲能力,常于星期日或其他空余时间到各处讲演,宣传中国的优秀文化,受到美国人民的欢迎。

以后,随着中国留学生的增多,他们组织了一个巴尔的摩中国留美学生会,一方面增进留学生之间的友谊与交流,另一方面在加强与美国人士的联系中宣传中国的传统文明。他们的努力取得了成效,维护了中国学生良好的群体形象,和美国朋友建立了深厚的友谊。在他们离开巴城时,这些美国朋友都流露出了依依惜别之情,甚至流下了难舍的眼泪。

陈鹤琴在美国有许多难以忘怀的朋友,其中有他的老师、同学、会友以及他们的亲人。在巴尔的摩的几年里,陈鹤琴几乎所有的节日都是在这些朋友家度过的。最令他难忘的是多伊尔(Doyle)夫妇,他们有三个女儿,大女儿在北京协和医院当医生,嫁给了一位中国的同行,二女儿嫁给了一位美国商人,只有小女儿留在父母身边。这户人家一直把陈鹤琴当成自己的家庭成员看待,陈鹤琴也一直叫他们"爸爸""妈妈"和"姊姊"。

假日生活也是非常丰富的,每年暑假,美国有各种学校组织的夏令营,吸引着数十个国家、不同民族的学生。夏令营有丰富的活动,陈鹤琴几乎在这种轻松愉快的集体生活中度过了所有的暑假。有时候还可以通过为营里做工而免去膳旅费。到哥伦比亚大学后,陈鹤琴还担任了由纽约华人子女组成的两队中国童子军的队长。童子军分成"老鹰"和"老虎"两队,每周六晚上都要聚在一起开会讨论,举行讲演比赛,假期里还举办野餐、露营活动。这些活动都增进了陈鹤琴对儿童的了解和热爱。在中国留学生中,陈鹤琴的热情、活跃渐渐使他小有名气,不仅同学们喜欢他,就连同学的家长和当地多少有些守旧的华侨也被他所感染。他常常带着童子军成员去参加中国学生的集会,有时还会邀请许多朋友来到唐人街观摩他所率

---

[1] 《我的半生》,见陈秀云、陈一飞编:《陈鹤琴全集》第六卷,江苏教育出版社 2008 年版,第 543 页。

领的童子军的操演。当时,他还主持一家专门为中国学生服务的俱乐部,可以住宿,也可以娱乐。

1890 年至 1920 年这三十年,是中国历史上少有的剧烈变革时期。甲午风云,戊戌变法,清末新政,辛亥革命,"五四"运动;废科举,兴学校,倡留学,展个性。异常迅猛的发展形势导致在极短的年代里,叠现了社会变革和思想发展的丰富层次。在这一时代成长起来的人们,付出了思考、选择、更新的痛苦和努力,但也得到了充实和机遇的补偿。因此不同领域、不同道路中的精英人物更为集中地在这一年龄层次中涌现出来。陈鹤琴便是在这样一个年代里完成了对人生具有重要意义的求学阶段。

第二章　教育科学研究方法的
引进与影响

留学美国的五年岁月,带给陈鹤琴的不仅仅有广博深厚的知识,更重要的是科学的研究方法。

第一节　教育的变革与研究方法的更新

19世纪末欧美国家工业和经济迅速发展,新的科学技术广泛使用,促使整个社会生活发生重大变化。人们以乐观主义态度寄希望于教育,试图通过教育的改进来解决各种社会矛盾,实现社会重建。随着初等义务教育的普及,人们日益关注教育质量的提高,因此尤重视对儿童的研究。① 这就促成了19世纪末和20世纪前期欧洲的"新教育"运动和美国的"进步主义教育"运动。尤其是作为美国进步教育思想"一位主要发

① 吴式颖主编:《外国教育史教程》,人民教育出版社1999年版,第446页。

言人"①的杜威所提出的"教育即生活""学校即社会""在做中学"等观点对以赫尔巴特为代表的传统教育学理论产生了极大的冲击。与此同时,实验科学尤其是实验心理学的诞生和发展为教育革新提供了科学依据和方法论的基础,导致了"实验教育学"思潮的产生。实验教育学派通过观察、调查、测量、统计、实验等科学的方法进行教育学的研究,从方法论层面对赫尔巴特式的逻辑思辨的教育学进行了批判。至此,教育研究方法理论完成了进步派与传统派、实证派与思辨派、实用派与理论派的分道扬镳,实现了分析为主的方法论时期到形成独立的学科时期的转变,形成了实用主义研究方法为主的潮流。②

陈鹤琴留美期间正值各种新教育思潮风行之时。1914 年 10 月,陈鹤琴进入约翰·霍普金斯大学学习。霍普金斯大学是美国依据德国大学模式创建的一所真正意义上的现代大学,其重要特点就是注重科学研究和采用实验教学。

霍普金斯大学毕业后,陈鹤琴进入哥伦比亚大学师范学院,研究他所喜爱的教育学、心理学。彼时的哥伦比亚大学师范学院是世界上研究教育最著名的地方,可谓名家荟萃,研究风气极盛。杜威于 1904 年转入哥伦比亚大学哲学系,此前,他在芝加哥大学开办实验学校,到 1916 年其最重要的名著《民主主义与教育》已出版。那时,进步教育运动正是兴起之时,实用主义的研究方法也逐步兴盛。在哥伦比亚大学,陈鹤琴聆听了杜威的学生克伯屈的哲学课,他富启发性的教学方法给陈鹤琴留下了非常深刻的印象。而随孟禄参观美国的黑人学校汉普顿学院和塔斯基吉学院则让陈鹤琴体会到了教育对于社会幸福、民族光荣、国家富强的巨大力量。实验教育学代表人物桑代克也在哥伦比亚大学,陈鹤琴还想攻读其教育心理学博士学位,未果。但转而攻读著名心理学家伍德沃思的心理学博士,则让陈鹤琴了解了智力测验、教育测量等科学方法。

1919 年 8 月 15 日,陈鹤琴怀着五年求学所获的丰富学识和报效祖国的雄心壮志重新踏上了离别了整整五年的国土。首先,他经杭州回上虞探

① 滕大春主编:《外国教育通史》第五卷,山东教育出版社 2005 年版,第 277 页。
② 裴娣娜编著:《教育研究方法导论》,安徽教育出版社 1995 年版,第 23—29 页。

望了久别的亲人。此时,中国科学社 1919 年年会正在杭州召开,他应浙江第一师范学校校长经亨颐之请,与会并发表了演讲。9 月,他便去南京高等师范学校赴聘,担任教育科儿童教育学、心理学教授。

西方教育传入中国的历史,发端于明清之际来华的耶稣会士。而作为近代学科分支的教育学则"降临"于 20 世纪初,以《教育世界》第 9、第 10、第 11 号(1901 年)连载的、日本文学士立花铣三郎讲述、王国维翻译的《教育学》为起点。[①] 初建阶段的中国教育学主要以日本为媒介,通过译介"教育学"书籍,间接引进西方的教育理论,尤其是时兴的赫尔巴特的学说。但是,这种译介秉承功利的"拿来主义",缺乏理性思考。梁启超就曾批判其"无组织,无选择,本末不具,派别不明,惟以多为贵,而社会亦欢迎之。盖如久处灾区之民,草根木皮,冻雀腐鼠,罔不甘之,朵颐大嚼,其能消化与否不问,能无召病与否更不问也"。而梁氏同时感慨"亦实无卫生良品足以为代"。[②]

这种境况在 1919 年得到了改善。19 世纪末和 20 世纪前期欧美产生的一系列反传统的教育思潮的影响都是世界性的。尤其是美国的进步教育运动可以说直接影响了中国 20 世纪 20 年代的教育改革。中华教育共进社(又称新教育共进社)和之后在此基础上成立的中华教育改进社,就是试图沿着美国进步主义教育路线改革中国教育的主要力量。1918 年江苏教育会、北京大学、南京高师联合组成中华教育共进社,拟通过出版《新教育》月刊、《新教育丛书》,"欲直接输入西洋学术,使我国固有文化受新思潮之刺激,而加速其进化率"。1919 年 2 月,《新教育》杂志在上海创刊,蒋梦麟、陶行知先后担任主编,成为推动中国新教育改革运动的最重要的理论阵地。同年 4 月底,杜威受邀来华讲学,在中国逗留长达两年,掀起了进步主义教育理论在中国传播的高潮。中国的教育学界由向日本学习转向向欧美学习。同时,另一个思潮也不可忽视,即科学教育运动。科学教育运动与中国科学社的创立及《科学》杂志的创刊有着密切联系。1914 年 6 月 10 日,美国康奈尔大学的一批留学生发起组织了"中国科学社"。翌

---

① 瞿葆奎主编:《教育学文集·教育与教育学》,人民教育出版社 1993 年版,第 381—397 页。
② 梁启超:《清代学术概论》,中华书局 1954 年版,第 71 页。

年1月中国留美生胡明复、赵元任、任鸿隽、杨铨等,为向祖国介绍科学,发起刊行《科学》杂志。[①] 科学教育思潮尤其重视科学方法、态度和精神的提倡,运用科学方法解决教育问题。科学教育运动在"五四"运动时作为两大口号之一的"赛先生"的推动下空前高涨,冲击了国内的赫尔巴特主义,可谓在中国发挥了"实验教育学"在欧美的作用。

国内如火如荼的"新教育"改革形势,使得本就学识丰富、壮志满怀的陈鹤琴迅速融入了教育改革的时代潮流,并成为其中的一个"弄潮儿"。正如舒新城所言:"此时我们所当急于预备者,不在专读外国书籍,多取外国材料,而在用科学的方法,切实研究中国的情形。"[②]陈鹤琴参与教育改革的一个重要的方式就是对于西方科学研究方法的创造性的引进,使其本土化。这一点贯穿了他一生的教育实践。1920年12月26日,其长子陈一鸣出生,陈鹤琴运用个案观察法等诸多方法对其进行追踪研究,探索中国儿童心理发展和教育规律。"首创了中国儿童心理的个案研究、追踪研究和长期观察研究。"[③]1921年2—3月,《东方杂志》连载了陈鹤琴的调查报告《学生婚姻问题之研究》,这是他运用问卷调查法的范例,为李大钊等人称赞。1921年7月,陈鹤琴介绍心理测验法,与廖世承合著的《智力测验法》出版,成为我国最早的智力测验专著。[④] 在《教育杂志》第十三卷第十一号上发表《心理测验》《智力测验的用处》等文,推动我国测验运动的开展。1922年,陈鹤琴与廖世承合作编译了《比奈—西蒙智力测验法》《比奈—西蒙智力测验法说明书》,这是我国最早介绍"比奈—西蒙智力测验法"的著作。1928年6月,商务印书馆出版了《语体文应用字汇》——我国现代第一本汉字查频表。这是陈鹤琴1920年开始的运用教育统计法对汉字使用频率的调查成果,其方法之系统、字量之多、表达之明确占领先地位。1923年秋,创建南京鼓楼幼稚园,开始了中国化和科学化的幼稚园教育实验。1927年6月,任南京特别市教育局教育课课长,积极开展教育实验区,着力整顿中小学等等。

[①] 董宝良、周洪宇主编:《中国近现代教育思潮与流派》,人民教育出版社1997年版,第402页。
[②] 叶澜:《中国教育学发展世纪问题的审视》,载《教育研究》2004年第7期。
[③] 车文博:《陈鹤琴儿童心理学思想探新》,载《学前教育研究》2006年第3期。
[④] 王剑、周谷平:《陈鹤琴教育实验思想与实践》,载《教育史研究》1998年第2期。

第二节 《学生婚姻问题之研究》与问卷调查法

问卷法(questionaire method)亦称"填表法",是利用印好的问题表或卷子调查所要测定的问题的方法。卷子由被试填写。英国人类学家及心理学家高尔顿(Francis Galton)为广泛搜集资料而最先使用。G. S. 霍尔(Granville Stanley Hall)于19世纪末20世纪初首次用问卷法对儿童行为、态度、兴趣等作了广泛而系统的调查研究,掀起了"儿童研究运动"[1]。到1915年,霍尔和他的学生已经发展和使用过194种包括多种课题的问卷,由于他对于问卷法的广泛运用和改进,美国一度把这个方法同霍尔的名字联系起来[2],可见其在美国社会的影响之大。陈鹤琴留学美国期间也正值"实验教育学"盛行之时,霍尔和桑代克正是美国实验教育学的代表人物。因此,陈鹤琴在中国引入问卷调查必然或直接或间接地受这一背景影响。[3] 同时,陈鹤琴引进这一方法也和中国当时的社会密切相关。

中国封建社会的婚姻制度是以男尊女卑为基础的,在婚姻生活中女性处在从属的地位。辛亥革命后,民主共和政体代替了君主专制政体,在人们对人性解放的呼唤声中,男女平等的观念得到确认。这就动摇了传统封建婚姻制度的伦理基础,构成了对封建婚姻制度的冲击,也引发了人们对新婚姻生活的向往与追求。正如陈鹤琴所言:"迩来欧风美雨渐渐东来,新思潮的升涨,一天高似一天,什么'自由结婚',什么'自由恋爱',什么'社交公开',什么'男女同学',什么'小家庭制'。种种新名词常常接触吾人的眼帘,震荡吾人的耳鼓,使旧式的婚制大有破产之趋势。"[4]陈鹤琴

---

① 顾明远主编:《教育大辞典》增订合编本,上海教育出版社1998年版,第1634页。

② 吴式颖主编:《外国教育史教程》,人民教育出版社1999年版,第470页。

③ 陈鹤琴最早见诸书刊的一篇文章是他于1919年底发表于《新教育》的《学生自治之结果种种》。这篇文章第一句就写到:"克拉科大学校长霍尔先生(Mr. G. Stanley Hall),当世之教育家也。"见陈秀云、陈一飞编:《陈鹤琴全集》第六卷,江苏教育出版社2008年版,第1页。

④ 《学生婚姻问题之研究》,见陈秀云、陈一飞编:《陈鹤琴全集》第六卷,江苏教育出版社2008年版,第7页。

的《学生婚姻问题之研究》就产生于这样一个背景,它于 1921 年 2—3 月连载于《东方杂志》第十八卷四、五、六号。① 实际上这是一篇长达三万多字的调查报告,而这个报告收集材料的方法就是问卷调查法。

从问卷的结构来看,这份《婚姻调查》问卷似乎缺少一个前言。前言在任何问卷调查中都是重要的部分,它是向个体介绍问卷,并激励他们作答的工具。而且,前言中不要有任何能引起个体对调查目的和调查内容有所怀疑的内容。② 这一点陈鹤琴已注意到,他在《学生婚姻问题之研究》报告中写到:"这种表格中的问句完全是关于个人的私事,要叫学生据情填写出来,不甚容易办到。所以每次未叫学生填写之前,我必定声明这种研究的目的和性质,并特别叫学生不填写姓名。"③但是,如果有一个前言申明这些要点,问卷将会更加科学、合理。另外,问卷的最开始部分对调查对象的个人基本信息进行调查非常有必要。基本信息会成为下面调查内容分析的维度。陈鹤琴的调查情况也是如此,学生的年龄和籍贯都为调查结果的分析整理发挥了作用。调查问卷的主体是针对三类知识青年的婚姻问题,虽然问题总数较多,但是三类问题是并行不悖的,调查对象选择其中一部分即可。这样看来问卷的题目数量是合理的。

从题目的设置来看,《婚姻调查》中的题目符合问卷题目设置的普遍原则,即与研究主题相关、清楚简洁、防止具有导向性等等。但是问卷中的部分题目触犯了一条"法则",即一个题目只能包含一个问题。问卷中出现了一个题目中含有两个问题或两个问题以上的情况。如"你对于你的婚事满意吗? 满意的地方在哪里? 不满意的地方在哪里?""你结婚后,想和你父母等同住呢,还是另组家庭? 如其要另组,为什么缘故?"等等。其实这样的问题用分解的方式可以更清楚地提出。

陈鹤琴向江、浙六所中、高等学校的男生发出了调查问卷 1500 余份,实际收回 631 份。在这 631 个被调查者中,已婚者 184 人,占 29.16% ;已定婚者 181 人,占 28.68% ;未定婚的 266 人,占 42.16% 。这里又面临了问

---

① 《我的半生》,见陈秀云、陈一飞编:《陈鹤琴全集》第六卷,江苏教育出版社 2008 年版,第 7—47 页。
② 〔美〕W. 维尔斯曼:《教育研究方法导论》第六版,袁振国主译,教育科学出版社 1997 年版,第 218 页。
③ 《学生婚姻问题之研究》,见陈秀云、陈一飞编:《陈鹤琴全集》第六卷,江苏教育出版社 2008 年版,第 7—8 页。

卷调查法自被运用到教育研究以来就颇有争议的问题——答案代表性问题。霍尔曾用之以研究儿童心理，引起桑代克深刻批评，博比特（F. Bobbitt）曾用此法研究教学目标，引起博德（B. Bode）严肃的批评。问卷发出常常不能全部收回，回答问卷的人只占咨询者的一部分，因此答案的代表性颇有问题。陈鹤琴在研究中已注意到这个问题，他在报告里写道："可惜我所研究的，仅限于 631 个男学生。若要得真确的结果，非进行普遍的研究不可。"①普遍的研究所需的人力、物力、财力是巨大的。如今，可以考虑通过抽样解决这一问题。但是在当时数据信息匮乏的年代，很难实现。无论如何，从结果来看，这为数不多的样本不能不说具有一定的代表性，或对于某一地方具有一定的代表性。

陈鹤琴问卷调查的报告也非常的科学。其中针对已婚的、已定婚的和未定婚的三部分中的每个问题的答案分别作了统计分析。而且针对部分问题的各项答案计算百分比，并以表格的形式呈现。虽然统计的方式不复杂，但更好地呈现了问题的情况，而且绘制表格也使得调查的结果更加直观、形象。比如问题"你是要自己定还是让你的父母（或伯叔兄姐）代定"，分别有 171 人选择自己定，55 人选择双方同意，21 人选择父母代定，8 人选择两可，4 人选择无定。

当然，除了量化的统计，还有定性的分析，也就是对调查结果的描述分析。陈鹤琴尽量将结果描述清晰，并作适当的评论。比如对于爱情，他将其分为四种，包括爱情浓厚、爱情平常、爱情淡薄和爱情毫无。为了说明四种婚姻情感状况哪个具体代表什么情况，陈鹤琴专门做了举例说明。如"爱情很好，没有不和睦的事""爱情怎样，难以语言形容，结婚前后，从未有不和睦的事"代表爱情浓厚等等。比如对于婚姻的决定权问题，虽然有 66.02% 的被调查者选择"自己定"，只有 21.23% 选择"双方同意"，这展现了在西潮的冲击下，旧式婚姻观念的变化。但是陈鹤琴却主张双方同意制，认为双方制从现在的中国来看要比自由制稳当得多。他看到了自由恋爱的弊病，因而思考比一般的青年更有深度。

---

① 《学生婚姻问题之研究》，见陈秀云、陈一飞编：《陈鹤琴全集》第六卷，江苏教育出版社 2008 年版，第 7 页。

当然,以上对陈鹤琴问卷调查的审视,是站在现代的立场,以今天科学研究的视角进行的。但作为问卷调查法的应用,陈鹤琴已经走在了时代的前列。目前,还未见更早的在国内如此系统地应用问卷调查法的先例。我们应该站在历史的视角看待陈鹤琴的这项研究,不能苛求。

陈鹤琴《学生婚姻问题之研究》的历史意义不仅仅表现在研究方法方面,更体现在其研究结论上。通过对这些调查问卷中学生婚姻状况及态度的分析,陈鹤琴得到一个最基本的结论:发展女子教育是妇女获得解放,争取独立人格,摆脱在婚姻生活中的附庸地位,进而改良中国婚制,增进人类幸福,巩固国家基础的重要前提。

20 世纪 20 年代初期,由于新文化运动和"五四"运动的推动,男女享有平等的教育权利基本上得到制度上的保障,在实践中也突破了封建教育对女性的限制。但是,实践高于认识,行动难于思想,中国近代本来就缺乏基础的女子教育实践远远跟不上迅猛发展的形势所导致的思想演变。这便成为一般社会学者所关注的问题。

1916 年 1 月 15 日,陈独秀在《新青年》一卷五号首篇发表的《一九一六年》中指出,夫为妻纲,则妻于夫为附属品而无独立自主之人格矣,号召妇女不要甘心委身于人,维护自己的独立人格。之后,《新青年》陆续发表了有关妇女问题的文章。其中陈独秀在《孔子之道与现代生活》(1916 年 12 月)中极力倡导妇女参政、寡妇再嫁、社交公开、经济独立和小家庭制度。陶孟和的《女子问题》(1918 年 1 月)以社会学的眼光分析了欧美社会中的妇女问题,将人们对妇女问题由局限于女权的认识引导到世界性的发展潮流上。紧接着就有周作人翻译的日本人与谢野晶子的《贞操论》(1918 年 5 月),指出贞操观对男女两性的不平等。"在男子一方面既没有贞操道德自发的要求,也没有社会的强制。若在女子一方面,既然做了人妻,即使夫妇间毫无交感的爱情,只要跟着这个丈夫,便是贞妇。"与谢野晶子在文章中更将贞操问题排斥于伦理道德之外,仅作为如洁癖之类的兴趣爱好或信仰问题,是否保持和维护纯属个人自由。这在当时的青年中乃是一种石破天惊的新观念。继此之后,胡适、唐俟先后发表了《贞操问题》(1918 年 7 月)、《我之节烈观》(1918 年 8 月),直抒对这一敏感问题的见解,这较之周作人通过翻译转述他人的观点则是承担了在人格上遭受更多指责的风险。

"五四"前夕,妇女婚姻家庭问题已成为《新青年》的热点,刘半农也以与他夫人闲谈的口吻在《新青年》上发表《南归杂感》(1918 年 8 月)一文,历数中国各阶层女子生活的艰辛和待遇的不平等,并提出设立公共教养所、幼稚园、公共食堂等设施以把妇女从苦役中解放出来的设想。胡适更在《美国的妇人》(1918 年 9 月)一文中借讨论一位美国妇人为由头,提出了一种"超于良妻贤母的人生观",将妇女问题,从一般人格独立提升到对事业、理想的追求的更高精神境界,在一般知识女性中引起了广泛影响。

借助"五四"运动的广泛宣传作用,妇女婚姻家庭问题由《新青年》的热点而成为社会的热点。与新文化运动初期着重于女权的倡导不同,"五四"运动前后出现了不少有关妇女婚姻问题的调查报告和研究文章。其中陈鹤琴的《学生婚姻问题之研究》具有明显的特点。它主要运用了问卷调查的方法,兼用了抽样、统计分析的方法,与当时有关研究中偏于采用描述的手段相比,更利于从社会学意义上对妇女婚姻家庭问题做细致入微的刻画,也具有更强的说服力。以在校青年学生为调查对象,其研究结果对学校教育管理和青年的婚姻观具有直接的启发引导作用。陈鹤琴从对事实的分析中,将更新婚姻观念、解决婚姻问题的关键归结到普及教育,尤其是发展女子教育上,也反映了一个教育家对教育在解决社会问题中地位的重视。另外,陈鹤琴还明确指出"无知识的大概也比有知识的子女生得多"①。从一个当时人还不太注意的方面说明了教育所具有的深广的社会意义。

正是由于陈鹤琴的文章将运动思潮与科学研究结合的独到研究,引起了社会的广泛注意,也受到了李大钊等"少年中国学会"成员的称赞。恽震在其《北游初恋》中有这样一段文字:"谈到半酣,守常出点心饷众人。既而复谈及社会上一般青年之婚姻问题,都以《东方杂志》陈鹤琴之《学生婚姻问题之研究》一文为有价值,其所用之调查方法,吾学会人不妨采取

---

① 《学生婚姻问题之研究》,见陈秀云、陈一飞编:《陈鹤琴全集》第六卷,江苏教育出版社 2008 年版,第 39 页。

变通,以之调查上海北京及其他各处。"①"少年中国学会"是一个重视社会调查的团体,且会刊《少年中国》便设有"学校调查"专栏,刊登了不少调查报告,他们的称誉足以说明陈鹤琴这篇文章的启发作用。目前,还未见更早的在国内如此系统地应用问卷调查法的先例。

第三节　中国测验运动与心理测验法

中国 20 世纪 20 年代初期兴起的测验运动是当时科学教育运动的一个重要组成部分,它也是世界性的教育思潮波及影响于中国教育的一个方面。在世界范围内,以上两个运动的形成与发展应主要归之于 19 世纪末 20 世纪初在欧洲和美国出现的实验教育学派的倡导与活动。

实验教育学派的代表人物有美国的霍尔、德国的莫伊曼与拉伊、法国的比奈以及美国的桑代克等一批心理学和教育学家。他们的生平经历大都落在 19 世纪后半叶和 20 世纪前半叶的一个世纪内。② 基于实证科学的迅速发展,20 世纪初实证主义在哲学界的流行,以及以思辨为基础的传统教育理论在实践中所遇到的种种问题,实验教育学派希望用科学的方法对许多教育问题进行分析和实验,以促进教育成为一门可以进行量化研究的科学。

实验教育学在理论上表现出这样一些特点。在方法论上反对传统教育把逻辑推理和抽象思辨作为建立教育理论的主要依据的做法。认为教育科学是一门经验科学,是一门实验科学,教育理论的建立及其结果的验证都必须依据教育实践与实验的结果。在此认识前提下,他们对儿童进行深入研究,并特别注意采用实验,力求从实验结果中寻找教育的途径、方法。他们注意以当时已经取得的重大自然科学成就,特别是生物学、生理学、心理学等学科为教育实验和儿童实验的主要根据。他们认为教育有如

---

① 恽震:《北游初恋》,载《少年中国》第三卷 5、6、9 期(1921 年 12 月号,1922 年 1 月、4 月号)。

② 赵祥麟主编:《外国现代教育史》,华东师范大学出版社 1987 年版,第 98—127 页。

其他事物一样,是以某种量的形式存在着,是可以度量的。要使教育成为一种真正的科学,就必须寻找到一种能够精确地测出教育所促成的一切变化的程度和种类的方法,只有清晰地看到教育导致的结果,才能改进和完善教育的方法。因此他们不仅在理论上高度评价心理和教育测量的重要性,而且积极设计了许多测量测验项目。例如在 1905 年,比奈(A. Binet)与其助手西蒙(T. Simon)发表了《诊断异常儿童智力的新方法》一文,文中介绍的就是世界上第一个智力测验——比奈—西蒙量表。目前智力测验数量不少,但其基本原理和主要方法都源于比奈。[1] 以后学者又不断对它进行修正,从而引导了智力测验于 20 世纪初在世界范围内的广泛流行。桑代克在测验的编制方面更是费尽心力。在成绩测验方面,他编制了书法量表和阅读能力测验量表;在能力倾向测验方面,他编制了各种职业倾向测验量表;在人格测量方面,他编制了兴趣测验量表。这些使他成为当时美国测验运动的领袖。罗廷光在美国斯坦福大学和哥伦比亚大学研究教育时所作的《教育科学研究大纲》中就有言道:桑代克是大家认为标准测验的鼻祖……在他之先固然已有高尔顿、卡特尔、赖斯等人做过不少的先导工作,但标准测验的成熟,却因桑代克的努力而始告竣。桑氏的贡献比任何人都大。[2]

的确,19 世纪 80 年代,在心理测验史上特别有影响的是英国生物学家和心理学家高尔顿,他开辟了研究个体心理学和心理测验的途径,开创了有关心理测验的整个观念。另一个对心理测验做出巨大贡献的是美国心理学家卡特尔,他于 1890 年首创"心理测验"(mental test)一词,包括对人的智力和其他能力的测验。其实,心理测验大约分两种:"曰智力测验,所以测验特殊能力先天智慧者也;曰教育测验,所以测验学生成绩教育效果者也。"[3]陈鹤琴在 1925 年和廖世承合著《测验概要》,其中有"测验的分类"一章专门介绍测验的两种分类,并追述其历史源流。在介绍智力测验时,著者历数了冯特(Wilhelm Wundt)、卡特尔、霍尔、高尔顿、皮尔逊(Karl

① 郑日昌主编:《心理测验与评估》,高等教育出版社 2007 年版,第 42 页。
② 罗廷光:《教育科学研究大纲》,中华书局 1932 年版,第 33 页。
③ 郭秉文:《智力测验法·序言》,见陈秀云、陈一飞编:《陈鹤琴全集》第五卷,江苏教育出版社 2008 年版,第 278 页。

Pearson)、比奈、西蒙、戈达德(Henry Herbert Goddard)、特曼(Terman Lewis Madison)、斯特恩(Stern Louis William)等一大批心理学家在智力测验中的贡献。在为《教育大辞书》(下册)写词条"教育测验"时,陈鹤琴也全面介绍了费希尔(G. Fisher)、赖斯、桑代克,以及考特斯(S. A. Courtis)、帕金汉(B. R. Buckingham)、阿吉斯(L. P. Agers)、弗里曼(F. W. Freeman)在教育测验方面的成果。从这些文献中,我们可以看出陈鹤琴对于西方测验运动情况的全面深刻的掌握。另外,在 1921 年出版的陈鹤琴和廖世承合著的《智力测验法》中,著者写道:"在这部书中的测验共有 35 种……这 35 种测验中有 23 种是采取人家的(有的是直译,有的是意译;有的完全没有更动;有的略有更动;书内都载明白),12 种是自己造的。"①可见,陈鹤琴不仅全面地掌握了西方"心理测验"的流变,而且还有所取舍,为我所用。这些当然和陈鹤琴留美的经历密切相关。

在哥伦比亚师范学院留学期间,陈鹤琴就对教育、心理的测验与测量有十分浓厚的兴趣,并一度追随过桑代克。他在应考攻读桑代克的博士未能如愿后,攻读心理系主任伍德沃思的博士,所定的论文题目就是《各民族智力之比较》。在归国之前,陈鹤琴已经设计好智力测验的材料并准备去檀香山进行调查研究。这段未竟的博士学习却使他获得了非常丰富的智力测验知识。

辛亥革命之后,西方科学的心理测验理论与方法就开始传入中国。最早是 1915 年克雷顿(Creighton)在广州用包括机械记忆、条理记忆、交替、比喻等几项内容的心理测验的中译本,对 500 名小学生进行了测试,用以比较中美儿童的智力差异。1918 年瓦尔科特(Walcott)又在清华学校用推孟修正量表测验该校学生,这是西方学者应用西方成熟规范的量表在中国进行测试的最早尝试。②首先将教育测验应用到我国教育实践中的国内学者应当是俞子夷。俞子夷 1913 年曾受江苏都督府教育司之遣前往美国考察教育,他主要时间是在美国哥伦比亚师范学院附小参观。1918 年,他

---

① 陈鹤琴、廖世承:《智力测验法》,见陈秀云、陈一飞编:《陈鹤琴全集》第五卷,江苏教育出版社 2008 年版,第 280 页。

② 张厚粲、余嘉元:《中国的心理测量发展史》,载《心理科学》2012 年第 3 期。

根据桑代克制定书法量表时关于书法之构造原则,于 1918 年编制小学国文毛笔书法量表四种,行书正书各占一半。这是我国第一份自编的教育测验量表,在当时中小学教师中产生了很大的影响,遂树立了国人关于教育成果可用客观标准予以考查的观点。①

真正推动我国测验运动开展的是陈鹤琴、廖世承等人。廖世承于 1915 年赴美留学,获博士学位后,于 1919 年与陈鹤琴同期回国,受聘南京高师,担任教育科教授,主讲"教育心理"和"中学教育"等课程。1920 年,我国最早的心理实验室分别在南京高师和北京高师创建,其中南京高师心理实验室的创建有廖世承的一份功劳。

陈鹤琴、廖世承受聘南京高师后,即倡导智力测验与教育测验。他们二人合译了《比奈—西蒙智力测验法说明书》和《比奈—西蒙智力测验法》②,开设测验课程,编造各种测验量表,著文演讲,到各地学校实施测试,产生了很大的影响。

1921 年,陈鹤琴与廖世承合著的《智力测验法》作为高等师范学校丛书由商务印书馆出版。这本书是他们归国后积一年半教学与试行智力测验的成果,于 1920 年底完成。全书 14 章,分 3 个部分。从第一章到第七章,主要是介绍关于智力测验的一般知识,如关于智力测验的性质、功用、发展历史、标准、一般编制与使用方法及基本类型。从第八章到第十一章,是该书的主体部分,它分门别类介绍各种测验,前面附有各种测验的性质和测验的指导语。一共介绍了 35 种测验表、其中大部分为转译,或对欧美的智力测验表进行适当的改造,使之适应中国的文化背景。有 12 种是由他们自己组织编制的,这 12 种测验都经过实际测试,在试图建立常模的基础上定出了初步标准。第十二章介绍智力测验的核算方法,指导运用简单的统计学方法对测验的结果进行处理分析。其中介绍了求中数、众数、平均数、25% 位数、75% 位数的方法,以分析团体测验的集中和离散趋势,还有求不同测验相关度的计算方法等。第十三章提供了前面 35 种测验表的

---

① 唐钺、朱经农、高觉敷编:《教育大辞书》(下册),商务印书馆 1930 年版。
② 陈鹤琴、廖世承:《智力测验法》,见陈秀云、陈一飞编:《陈鹤琴全集》第五卷,江苏教育出版社 2008 年版,第 291 页。

标准答案和计分标准,第十四章是关于自编各种测验施用情况的说明。

《智力测验法》是我国系统介绍智力测验知识的第一部书籍,是我国教育测验运动开端的标志。它不仅使一般教育工作者了解了智力测验是怎么一回事,而且了解了一般智力测验从设计量表到分析结果的基本过程。它介绍的关于测验的知识是浅显的,在提供的 35 套智力测验表中,大多为直接翻译,有些虽经过改造,但也没有足够中国化。自编的测验因测试对象太少,其样本量远未达到建立常模的程度。还有在对测试结果的分析上,因限于当时社会的统计学基础,缺乏足够的理论介绍,使人知其然而不知其所以然,只知操作而不知其学理根据。而且统计学方法的介绍相对较少,仅仅局限在描述统计的部分量数的计算上。但是,它毕竟为教育测验运动的开展做了知识上的铺垫,奠定了较广泛的群众基础。

1922 年,中华教育改进社在社内设立"施行教育心理测验讲习会",并邀请美国测验学专家麦柯尔(W. A. Mccall)来华,会同我国大学教授编制各种应用测验,指导测验运动的开展,而测验方法皆采用麦柯尔创造的"T. B. C. F. 制",遂将我国"五四"前后兴起的测验运动推向高潮。当时将教育心理的测验运用于教学和学校管理的各个环节成为一种时尚,而且出版了大量智力测验与教育测验的书籍。1924 年 7 月,中华教育改进社与东南大学等单位联合举办全国教育展览会,在送展的教育书籍中,由商务印书馆出版的测验类书籍就达 17 种。① 随着麦柯尔的来华,国内各种测验的编制掀起高潮,专门成立了编制测量委员会,由当时担任中华教育改进社总干事、东南大学教育科主任的陶行知负责。在该委员会的组织推动和东南大学、北京各大学的协作下,一年之中即编制了智力测量与教育测量表约 30 种,并在全国各地进行试测。中华教育改进社还设立了"施行教育心理测验讲习会"以推进测验的实施,并推选东南大学教育科教授陆志韦根据中国的文化背景订正比奈—西蒙智力量表,1924 年出版了包括 65 个测验的说明书。

中华教育改进社和东南大学教育科是 20 世纪 20 年代从事科学研究

---

① 田正平:《留学生派遣与中国教育近代化》,见丁钢:《文化的传递与嬗变》,上海教育出版社 1990 年版,第 216 页。

和推进教育改革的重要组织,作为这两个组织的成员,陈鹤琴、廖世承的《智力测验法》对引导 20 年代的教育测验运动富有重要影响,具有开端作用。测验运动很快进入高潮,陈鹤琴开始关注这一运动的健康发展问题。在争相编制的诸多量表中,其科学性和可靠程度到底如何?各量表测试结果的相关程度如何?陈鹤琴在 1924 年召开的中华教育改进社第三周年会上提出了这一问题。为了使这一运动不步入歧途,他建议由中华教育改进社组织,对国内自编的各种测验量表以及经修订业已出版的比奈—西蒙智力测验部分量表进行大样本测试,从而根据中国的情况定出常模。陈鹤琴的这一建议获得通过,指引了测验运动的科学化与中国化方向。

在测验运动高潮期间,从 1922 年到 1924 年陈鹤琴编写并由商务印书馆出版了有关测验的小册子十余种,其中包括《中学默读测验两类》《小学默读测验五类》《初小默读测验两类》《小学默字测验两类》《小学文法测验一类》《小学常识测验两类》《小学图形智力测验说明书》《图形智力测验》等。在当时编制出的语文学科测验中,以陈鹤琴编制的测验最多,贡献最大。① 陈鹤琴从 1920 年开始的关于语体文应用字汇的研究为有关测验的选字方面提供了根据。

为了适应测验运动迅速发展的形势,陈鹤琴、廖世承结合开设的测验课程和编造的各种测验,在 1921 年出版的《智力测验法》的基础上,又合作编写了《测验概要》一书,1925 年由商务印书馆作为师范丛书的一种出版。

在《自序》中,作者声称该书"对于测验的性质、效用、种类,智力测验与教育测验的材料,实施的手续,统计的手法,图表的样式,编造测验的原理与经验,均详述无遗"②。《测验概要》全书分绪论和智力测验、教育测验、测验实施方法、普通统计及列表法、编造测验方法 5 编,共 21 章,是一部教育测量学的入门书籍。与《智力测验法》相比,其内容的广度与深度都有所拓展。在广度上从专门的智力测验拓宽到一般的心理与教育测验。充实加深了有关测验的编造与实施方法、测验结果的统计与处理部分的内

① 宋岭梅主编:《教育测量学》,华中师范大学出版社 1991 年版,第 18 页。
② 《测验概要》,见陈秀云、陈一飞编:《陈鹤琴全集》第五卷,江苏教育出版社 2008 年版,第 479 页。

容,这也是测验运动广泛开展后教育界基本统计学水平普遍提高的反映。

《测验概要》中关于统计学的内容增加了众数、差异量数、平均差、均方差等量数的求法。这些仍属于描述性统计的范畴,没有跨越到由样本推断总体的层面,这也是和西方统计学的发展历史密切相关的。西方统计学经历过由"描述"向"推断"的发展过程,并产生了"新"数理统计学派。而 1925年出版的费希尔(Ronald Aylmer Fisher)所著的《研究人员用统计方法》一书,是数理统计学由描述向推断发展的划时代的著作。① 直到 30 年代中期40 年代末,国内教育统计学才增加了推断统计的内容,即以假设检验的方法作判断,主要的检验方法有 t 检验、F 检验等。②《测验概要》中的统计学章节反映了当时统计学的理论、方法及应用水平。另外,正如前文所提到的,本书的著者在第三章系统地追述了心理测验在西方自诞生以来的流变,较全面地介绍了对心理测验做出贡献的人物。另外,陈、廖二人撰写《测验概要》时,正值我国的测验运动昌盛之际,著者又借鉴了国内教育测验方面的成果,而且将中文参考书报附于每章之末,以备学者阅读研究。

值得注意的是,书中所举的测验材料,大多是结合中国儿童的实际情况,根据中国的文化背景设计的。陈鹤琴力求将他的测验编制建立在科学调查的基础上,如他在编制默字测验时说:"默字测验中第一个问题是什么字是要测验学生的? 我们不能随便用什么字去编入测验里边的,所用的字必须是普通应用的。所以未做默字测验以前,我们必先求出哪些字是普通应用的字。"③从这一点来说,陈鹤琴于 1920 年开始的关于语体文应用字汇的研究,以及所提供的我国第一本汉字查频资料,为以后的有关中小学文字测验奠定了基础。从《智力测验法》到《测验概要》,反映了"五四"运动时期由留美学生主导的,对西方教育理论与学说由理论上的宣传倡导到与教育改革实践相结合的过程。在这一过程中,陈鹤琴等人起到了重要的推动作用。《智力测验法》出版时,教育测验对于中国教育界来说还是一种新事物,作者的希望是"唯因此而使读者注意这个问题,共同研究,那

① 高庆丰:《欧美统计学史》,中国统计出版社 1987 年版,第 164—166 页。
② 沈有乾:《教育统计学》,福建教育出版社 2007 年版,第 2 页。
③ 《测验概要》,见陈秀云、陈一飞编:《陈鹤琴全集》第五卷,江苏教育出版社 2008 年版,第 550—551 页。

吾们的目的亦已达到了"①,所介绍的也大多是西方的原样材料。《测验概要》则包含了更多实施教育测验的丰富成果。

测验运动是"五四"时期西学输入高潮的一个侧面,它直接地和科学教育运动的兴起密切相关。教育心理测验被介绍到中国后,很快就成为"五四"时期教育改革的理论武器。不仅在理论上展开研究和作了大力宣传,还结合中国的实际编制了数量可观的量表,有些学校直接将教育心理测验应用于教育改革实验中,运用测验来辨别智愚、编排班次或录取新生等,特别是为正在开展的教学法改革实验提供了帮助。陈鹤琴积极投身中国的测验运动,可谓不遗余力。但是中国20世纪20年代的测验运动也有着一定程度的偏差,究其原因可归纳为两个主要方面。首先,作为对教育心理测验推崇最力的实验教育学派其理论的出发点存在一种偏向,他们过多地考虑了教育科学的自然科学化,忽视了社会科学与自然科学之间的差别。儿童和教育的社会性特征,决定了不可能像自然科学那样进行精确的测量。针对传统教育科学的纯思辨性倾向,确实应该注意加强其实证性,但是实证的方法只能作为教育科学研究的一种方法,甚至不能作为一种主要的方法,更不可能是唯一的方法。在20年代测验运动高涨的时候,存在有过分迷信测验的倾向。因此到了1929—1930年时,因为"测验的滥用和若干所谓学者的夸大",使不少人对测验产生反感,社会上对测验也有"淡然弃置之势"。② 另外,教育心理测验的兴起是近代实证科学及与其密切相关的统计学科迅速发展的产物。在"五四"时期,科学与民主作为新文化运动的口号刚刚提出不久,近代实证科学的精神并未植根于中国的土壤。"五四"时期的科学教育运动包括两个方面,一方面是科学的教育化,另一方面是教育的科学化。如果说测验运动是教育科学化的表现之一,那么它应以广泛的科学教育化为基础(在欧美确是如此)。而在中国这两个方面是前后相连几乎是同步进行的,以至于在中国教育史论著中可以笼统地用"科学教育运动"来概称这两个方面。因为缺乏群众性的科学基础,

---

① 陈鹤琴、廖世承:《智力测验法》,见陈秀云、陈一飞编:《陈鹤琴全集》第五卷,江苏教育出版社2008年版,第280页。
② 樊正:《民国时期的中国测验学会》,载《民国档案》1994年第1期。

赖科学而生的教育心理测验不可能以其应有的理论深度和原有的精神被广泛接受。

第四节 《语体文应用字汇》与教育统计法

统计法是指对于调查、实验和测验等的研究工作所搜集的数字资料，加以整理、计算、检验的一种方法。也就是大量的杂乱无章的资料，经过处理，使之条理化，便于分析和应用，并可以进行推论的一种方法。教育统计法是把统计法的理论和方法，应用在教育科学研究问题上的一种方法。也可以说，教育统计法是教育研究上处理数据资料的一种方法，凡是用数字计算的资料，都可以用教育统计的方法来整理。[①] 统计学的方法历史悠久，高庆丰在其所著的《欧美统计学史》中将西方统计学的发展分为古典统计学、近代统计学和现代统计学。到现代统计学阶段，统计学成为一种多门类、多层次的科学。数理统计学迅速发展，取代日渐衰微的社会统计学，占据了优势地位。[②]

最初将统计学应用到心理与教育领域的同样是英国的科学家高尔顿。高尔顿正是旧数理统计学派的奠基人，是对 19 世纪统计学理论的新发展作出了巨大贡献的统计学家。他在应用统计方法研究生物学的基础上创造了相关分析法、回归分析法及其相关系数的计算；此外，中数、四分位数、百分位数、百分位差等也是由他发明的。20 世纪初，统计学传入美国，桑代克为了达到"极力以心理学与统计学为工具而研究教育学，使教育科学化"的目的，于 1904 年撰写了社会统计学应用手册《心理与社会测量导论》，这是世界上第一本有关教育与心理统计学的专著。[③]

较早通过大规模的材料统计，确定词汇在文献中的使用频率以选择常

---

① 刘问岫：《教育科学研究方法与应用》，北京大学出版社 1993 年版，第 129 页。
② 高庆丰：《欧美统计学史》，中国统计出版社 1987 年版，第 218 页。
③ 杨威、林文卿编：《教育统计学及其 Excel 方法》（上），哈尔滨工程大学出版社 2010 年版，第 3 页。

用词的人物就是桑代克。桑代克堪称是 20 世纪前期美国最著名的教育心理学家，在获得博士学位后就一直任教于哥伦比亚大学师范学院。陈鹤琴留学美国期间曾申请攻读桑代克的博士学位，并为通过博士学位的初级考试而接触过其著作，因此得以了解桑代克的学术思想。桑代克在课程论上主张学校应尽量开设接近生活实际的学科，认为学习愈接近生活实际，良好的反应便愈容易迁移到实际生活中去。因此他反对学校课程脱离实际生活。桑代克于 1920 年前后对约四百万字不同类型的 41 种文献进行统计，根据每一个词在这些文献中出现频率，选择出英语常用词 10000 个，于 1921 年刊行问世。陈鹤琴在《语体文应用字汇》的绪论中追述了"字汇研究之历史"，特举几种重要的研究，其中就有桑代克的字频研究。[1] 可见，陈鹤琴关于汉字使用频率的研究是直接受其影响的。

就汉字而言，我国传统字书和有关蒙学教材的编写中也已有注意到切合民生日用的特点，但是为教学需要有意识地编写汉字常用字表则是从进入中国的传教士开始的。他们为了传教的方便，曾试图对笔画繁重，不便于学习的汉字进行处理。如从对文字注音发展到用拉丁字母拼写汉语，编写字典与汉字常用字汇等。

20 世纪 20 年代初期，教育革新的浪潮引发了人们对汉字常用字量及使用频率的注意，开始就此展开研究。其中陈鹤琴的研究，因其方法之系统、统计字量之多、成果表达之具体明确，而占据领先地位，最后导致了我国第一本汉字查频资料——《语体文应用字汇》的诞生，可谓"开创了汉字字量的科学研究"[2]。

陈鹤琴的这项研究开始于 1920 年，他是受南京高等师范学校教育科和中华教育改进社的邀请而主持这项调查研究工作的，应被看成是当时掀起的科学教育运动的一个组成部分。陈鹤琴和他的 8 名助手一起，先后花了两年多的时间，逐字对 90 余万字的语体文材料进行统计。

---

[1] 陈秀云、陈一飞编：《陈鹤琴全集》第六卷，江苏教育出版社 2008 年版，第 58 页。另外，陈鹤琴与廖世承在《测验概要》第八章"国文测验之二　默字测验"中亦列出了"桑代克之研究"。见陈秀云、陈一飞编：《陈鹤琴全集》第五卷，江苏教育出版社 2008 年版，第 551 页。

[2] 陈秀云：《陈鹤琴的教育思想和实践——纪念著名教育家陈鹤琴诞辰一百周年》，载《人民教育》1992 年第 3 期。

　　统计是采用按起笔笔画(笔画取"永"字八法)分部排列,以"册"字计数法进行的,分别以单字与联词(如"今天""早晨""学校""上课")为元素进行调查统计。整个统计分前后两次进行。第一次统计了共计达554478字的语体材料,统计范围包括儿童用书、小学生课外读物、各类报章杂志、古今小说和其他有关政治、宗教等社会生活内容的文章书籍。

　　第一次统计之后,因担心抽样量过小,材料内容所涉及的范围不广,统计结果不足以反映当时语体文字汇的使用情况,于是进一步增加材料,增添348180个字,使统计字数达90余万字。遗憾的是,因1923年冬东南大学口字房遭受火灾,陈鹤琴等存放在此的研究字汇的材料与统计结果,除第一次针对554478个字的统计中关于单字的统计结果因助手陈绍陶带回寝室而幸免外,其余第二次增添字数的统计和所有关于联词的统计资料大部分化为灰烬。第一次关于单字的初步统计结果已在1922年《新教育》第五卷第五期上发表。之后陈鹤琴等又进一步进行整理,编成《语体文应用字汇》,于1928年6月由上海商务印书馆作为中华教育改进社丛刊出版发行。① 这就是我国现代第一本汉字查频表。

　　《语体文应用字汇》除介绍字汇研究的意义和统计材料的来源之外,其正文包括三个方面,分别以表格形式反映。第一个方面是《用字次数表》②和《字数次数对照表》③,按单字在所调查材料中出现的次数,由少到多列出出现次数相同的单字个数。如在902658字的材料中出现次数为1的单字为604个,出现次数在10001次以上的单字只有9个。它反映了汉字由不常用到常用的数量变化趋势。结果表明使用颇率越高的汉字数量越少。

　　第二方面为按部首排列的《单音字汇表》,前面备有《单音字汇部首目录》。《单音字汇部首目录》与《单音字汇表》相当于使用部首查字法的通用字典的《部首目录》和《检字表》部分,只不过在每个单字后面注明的不是页码,而是该字在554478字的统计材料中所出现的次数。这样使用者

---

① 收于陈秀云、陈一飞编:《陈鹤琴全集》第六卷,江苏教育出版社2008年版,第55—114页。
② 根据第一次554478字的统计材料。
③ 根据第一和第二次共902658字的统计材料。

通过部首查字法就可以很方便地查到一般汉字,便能根据后面出现的次数折算出它的使用频率。

第三个方面是按在554478字的统计材料中出现次数排列的《单音字汇表》,将出现次数相同的单音字汇放在一起,依出现次数从少到多排列所有在统计中出现的汉字。越往表后,使用频率越高,其中排在最后的"的"字,在554478字材料中共出现了29592次,使用频率达到每百字5.3次。

三类表配合使用可以基本上了解汉字整体和单个使用的各方面情况。

陈鹤琴等人对语体文应用字汇的研究是和当时文化教育改革的实践和思想背景紧密相连的。首先作为这一研究的基本动因应归于白话文运动的开展。

白话文运动是新文化运动的一个重要组成部分。以白话代替文言,不仅仅是语言形式的变更,是口头语言和书面语言的统一问题,它实际上远远超出了语言学的领域,具有影响思想、文化教育、政治变革的广泛社会意义。首先,它与辛亥革命后民主、平等观念的发展相联系。文言是中国封建社会中知识阶层的交际语言,由于文化与政治的高度结合,自然地也成为中国封建社会官僚阶层的交际语言,因此在一定程度上文言成为士大夫阶层文化与政治优势地位的重要表征。白话取代文言,是对封建等级观念的强有力的冲击。其次,白话文运动又是当时思想解放运动的一个重要方面。从形式上说,文言文与民众的日常用语严重脱节,不能准确、有效、完美地表达日益丰富的革新思想和新生活的内容;从内容上说,因为包括伦理道德内容在内的封建思想是以文言的形式储存在文化典籍之中,废除文言作为日常生活中交际工具的作用,对封建复古主义者无疑是一次沉重的打击。另外,它也反映文化教育普及化、大众化的要求。在清末"新政"时期,为了使那些文化层次较低、识字不多的平民也能看书读报、接受知识,已经出现了一些以平民为阅读对象的白话报纸和书刊。辛亥革命后,中国社会向平民社会过渡,要求文化教育面向平民、面向大众的呼声更为强烈,自话文也越来越受到更多的重视,从而促进了白话文运动的开展。

在白话文运动中,出现了大量的白话文学作品,为编写国语教材和课外读物提供了材料。但在教育中白话取代文言则经历了一个过程。由于中国地域辽阔,方言庞杂,这个过程是伴随着被称为"统一国语运动"的开展而逐步推进的。统一国语工作是由统一发音、统一词汇、统一文法三个部分组成的。1913 年在教育部召开的读音统一会上,议定了《注音字母表》,1918 年在全国公布。1919 年又出版发行了统一的注音字典。与此同时,为了统一各地不同方言中词汇的差别,出现了在搜集各地不同用词的前提下,经过斟酌取舍编定的国语辞典。

随着白话文运动和统一国语运动的渐趋深入,语体文(白话文)逐渐取代了文言文在教育中的地位。1917 年以前,小学教科书基本上都采用文言编写,之后出现了一些自编的白话文教科书,在一些正式出版的教科书中,也开始有加入一两课白话课文的。[①] "五四"运动之后,文学革命和国语运动进一步掀起高潮,北洋政府教育部也竭力提倡国语,并于 1920 年通令把小学一、二年级的国文改为语体文,并规定于 1922 年废止旧时的小学文言教科书。

北洋政府教育部的通令无疑直接推进了文言教科书向语体文教科书的过渡,在 1920 年到 1921 年前后,集中出版了有标准注音的小学课本和标准会话书。此后大、中、小学各科逐渐采用白话文教材,在教学中普遍以白话代替文言。这是中国近代学校教育中一项富有重大历史意义和深远影响的改革。

汇集了众多归国留学生和教育科学人才的南京高师,在"五四"前后一直走在教育改革的前列,1918 年 7 月,在教育部公布《注音字母表》和《国语统一筹备会规程》之前,就开设了国语讲习科,利用暑假培训苏、皖、浙三省师范学校国文教员和推广国语普通话的指导人员。1920 年教育部通令后,掀起了编写出版小学语体文教科书的高潮,而识字教学又是小学语文教学的重点,南京高师教育科和中华教育改进社及时注意到了教材编写中选字的科学性和实用性问题。为了为教材编写工作提供科学的指导,委托陈鹤琴主持对语体文字汇的应用情况进行调查研究。正像陈鹤琴在评述语体文应用字汇研究的意义时所说:"近来各地小学校逐渐采用语体文了,但采用语体文的第一问题,就是规定语体文应用字汇,因为选择语体

---

① 吴研因:《清末以来我国小学教科书概观》,载《中华教育界》第 23 卷,1935 年 5 月第 11 期。

文教材,应当先知道哪一种字是最通用的,最通用的字共有几多;又必须知道哪一种字是儿童应该先学的,哪一种字应该后学的。这种问题非常要紧。解决这些问题最简单而且最有效的方法,即在借重语体文应用字汇。"①

如果说白话文运动及其对教育的影响为 20 世纪 20 年代初字频研究提供了现实条件和最直接的动因,那么在一种广泛和综合意义上,20 年代初的字频研究则是适应了当时教育变革的整体趋势,融汇在 20 年代初教育改革的洪流中。

新文化运动的取向是民主与科学。从辛亥革命、新文化运动,到"五四"运动,随着民主思潮的演进与发展,要求实现"平民教育"的呼声愈来愈强烈,到"五四"运动前后,基本上成为各方面知识分子的一致要求。杜威来华及其《平民主义与教育》的讲演,"五四"运动,早期的马克思主义者的平民教育实践及中国共产党早期开展的工农教育运动,还有改良路线的教育改革运动,都在不同的目标指向上推动了当时的平民教育思潮与实践,在 20 年代初形成了具有一定规模和影响的平民教育运动。

1923 年前后,随着晏阳初、陶行知、朱其慧等人发起组织的"中华平民教育促进会"的成立,平民教育运动达到高潮。陈鹤琴关于语体文应用字汇的研究直接推动了这场平民教育运动的开展。作为平民教育运动的中心人物之一的陶行知,他将平民教育看做是平民读书运动,认为平民教育的目的是用最短的时间、最少的金钱,教一般人读好书、做好人。因此平教会特地为平民教育专门编写了《平民千字课》作为教材。

在短短 9 个月的时间里,全国各省区读《平民千字课》的人数达 50 多万。② 陈鹤琴认为,这种以成人为主要对象的平民教育,"求学的时间很短,而且所学必须简易切于实用。费时要少、收获要大的法子虽然不少,采用语体文的教授却是捷径之一。用此方法,语体文字汇就又占着重要的地位了"③。陈鹤琴的研究成果在未付印以前就已经"做了《平民千字课》用

① 《语体文应用字汇研究》,见陈秀云、陈一飞编:《陈鹤琴全集》第六卷,江苏教育出版社 2008 年版,第 57 页。
② 陶行知:《平民教育概论》,见舒新城编:《中国新教育概况》,中华书局 1929 年版,第 173 页。
③ 《语体文应用字汇》,见陈秀云、陈一飞编:《陈鹤琴全集》第六卷,江苏教育出版社 2008 年版,第 57 页。

字的根据"①,可见它又是为了适应当时教育革新的迫切需要而产生的。

语体文应用字汇的研究还和当时掀起的科学教育运动,特别是其中的教育测验运动密切相关。正如上文所提到的,语体文应用字汇的研究为陈鹤琴有关语文学科测验的选字提供了根据,这也应了陈鹤琴对于语体文应用字汇研究意义有关的设想。

《语体文应用字汇》的诞生也可以作为我国近现代留学生引入西方教育统计方法及教育理论以推进我国近现代教育改革的一个实例来分析考察。以与生活相联系的态度对学生所学的字汇进行审查,可以说是实用主义教育思想在课程论上的反映。陶行知在为《语体文应用字汇》所作的序言中说:"近代教育家要想把所学的和所用的联串起来,所以他们对于一切教材教法都要审查一番。他们对于一门一门的功课,甚至于一篇文章,一个算题,一项运动,都要依据目标去问他们的效用。他们的主张是要所学的,即是所用的。有用处的事物才给学生学;用处最大最多最急的事物在课程中占有优先权。……到了后来,他们要连学生所学的字也要审查起来了。学生现在所学的字,个个字都是有用的吗? 自从这个问题发生,就有好几位学者开始研究应用字汇。我国方面也有几位学者开始研究这个问题,其中以陈鹤琴先生的研究为最有系统。"②

第五节　个案研究法的创造性引进

个案研究法(case study method)是指认定研究对象中的某一特定对象,加以调查分析,弄清其特点及其形成过程的一种研究方法。个案研究有三种基本类型:(1)个人调查,即对教育过程中的某个人进行调查研究;(2)团体调查,即对某个教育组织或团体进行调查研究;(3)问题调查,即

① 参见陶行知:《语体文应用字汇·序》,见陈秀云、陈一飞编:《陈鹤琴全集》第六卷,江苏教育出版社 2008 年版,第 56 页。
② 参见陶行知:《语体文应用字汇·序》,见陈秀云、陈一飞编:《陈鹤琴全集》第六卷,江苏教育出版社 2008 年版,第 56 页。

对某个教育现象或问题进行调查研究。①

个案研究法这一术语源于医学中的病例研究和法学中的案例研究。从 19 世纪中叶(学术界)开始系统使用个案法,到 20 世纪 20 年代,个案研究法在研究社会现象问题方面得到了广泛的承认和运用。随着科学研究的发展和需要,个案研究法运用的范围越来越广。②

儿童发展心理学的研究,最初常常通过对一个或少数几个被试进行详细的研究来揭示儿童心理的发生发展。先驱性个案研究有:德国提德曼(Tiedemann)的《儿童心理发展的观察》(1787 年)、根兹麦(Genzmer)的《新生儿感官知觉的研究》(1873 年)、法国罗许(Lobisch)的《儿童心理发展史》(1851 年)、席格门(Sigismund)的《儿童与世界》(1856 年)、太因(Taine)的《儿童与民族语言的研究》(1876 年)、英国达尔文的《一个婴儿的传略》(1876 年)等。德国生理学家和实验心理学家普莱尔(William T. Preyer,1842—1897)对其孩子从出生起到 3 岁,不仅每天早上、中午、晚上三回作系统的观察,写出全部日记,而且还使用反应时间、心理程序和证明感知觉之间关系的内省等方法进行心理实验。普莱尔根据所有的观察、实验记录整理并撰写出名著《儿童心理》(1882 年),被认为是第一部科学的、系统的儿童心理学著作。由此普莱尔成为儿童心理学真正的创始人。③

普莱尔的《儿童心理》(1882 年)和英国心理学家萨利发表的关于《儿童想象力和儿童语言》(1880 年和 1884 年)的论文,美国心理学家和教育家霍尔发表《儿童心理的内容》(1883 年),拉开了"儿童研究运动"的序幕。自此,儿童研究运动风行欧美,经历了三十多年的发展,直到第一次世界大战时才结束。在美国的儿童研究运动过程中涌现出了许多著名的教育学家、心理学家。教育家有芝加哥大学的杜威和斯坦福大学的巴恩斯(Earl Barnes),心理学家有克拉克大学的霍尔和威廉·伯纳姆(William H. Burnham)、霍普金斯大学的华生(John B. Watson)、尼布拉斯加大学的

---

① 顾明远主编:《教育大辞典》增订合编本,上海教育出版社 1998 年版,第 430 页。
② 刘电芝:《教育与心理研究方法》,西南师范大学出版社 1997 年版,第 302 页。
③ 车文博:《陈鹤琴儿童心理学思想探新》,载《学前教育研究》2006 年第 3 期。

沃尔夫(Harry Kirke Wolfe)等。[1] 这些人物的研究又影响了美国各个领域,包括教育、心理、社会学等等。

陈鹤琴本来就对儿童有兴趣,留学美国期间正赶上美国"儿童研究运动"[2]的尾声,因此,他非常关注儿童学研究,广泛阅读了夸美纽斯的《儿童图画世界》、卢梭的《爱弥儿》、席格门的《儿童与世界》、克伯屈的《儿童研究之原理》以及桑代克的《个别差异》等世界儿童学的经典著作。1922年,陈鹤琴在《心理》的第一卷第三号的"儿童心理"一栏中发表摘译文章《研究儿童的历史》,这是中国学者第一篇全面介绍19世纪末到20世纪初期发生在欧美的儿童研究运动的文章。[3] 这篇文章后来收录在其代表作《儿童心理之研究》中,文中系统介绍了各国儿童研究运动中的人物及其思想,包括典型的个案研究。因此,陈鹤琴的儿童学研究必然受到他们的影响,而其个案研究法的引进也和他们关系密切。

学者唐淑曾指出,陈鹤琴是我国第一位运用近代科学方法研究儿童心理、进行教育实验的教育家。[4] 这很重要的一方面就表现在他以中国儿童为对象首创长期观察和追踪记录的个案研究。1920年12月26日,长子陈一鸣出生,陈鹤琴以一鸣为实验和研究儿童心理的对象,从出生的第二秒开始,对其身心发展进行了长达808天的连续观察和文字、摄影记录,观察记录的内容包括幼儿动作、能力、情绪、言语、知识、绘画、思想等方面的发展情况。1924年,陈鹤琴根据对一鸣成长的观察与研究,编成《儿童研究纲要》,作为儿童心理课程的讲稿。作为以上研究的整体性成果,陈鹤琴的《儿童心理之研究》于1925年由商务印书馆出版,被列为大学教育丛书之一。这是我国学者试图通过对西方儿童心理科学广泛深入的研究,并依靠自己的实验观察,建立我国儿童心理学学科体系的最早尝试。

陈鹤琴曾说:"我觉得可靠的途径之一,便是要了解儿童,儿童的喜怒

---

① 郭法奇等:《欧美儿童研究运动:历史、比较及影响》,北京师范大学出版社2012年版,第16—53页。
② 陈鹤琴于1914年到1919年留学美国,而美国儿童研究运动以1917年特拉华州建立儿童福利研究站为结束标志。
③ 郭法奇等:《欧美儿童研究运动:历史、比较及影响》,北京师范大学出版社2012年版,第162页。
④ 唐淑:《童心拓荒——现代儿童教育家陈鹤琴》,南京大学出版社2001年版,第203页。

哀乐,儿童的生长和成熟,儿童的学习与思想,儿童的环境,以及从儿童新生到成长的整个过程当中所产生的一切变化与现象,我们都应当有相当的研究与认识。只有在了解儿童之后,我们对儿童的教育,才能确实有效。"①正是秉着这样的儿童观,陈鹤琴开始了对陈一鸣的个案研究。因此,陈鹤琴对陈一鸣的观察研究,可以说是我国心理学史上最全面的个案研究。他对一鸣的身体、动作、模仿、暗示感受性、游戏、好奇心、惧怕、哭与动作的抑制、知识、言语、美感、道德、思想等多方面的发展,进行了全面而系统的研究。这些成果均反映在《儿童心理之研究》第三、四章"一个儿童发展的程序"之中。应当说,其个案研究的内容之全、剖析之深,不仅在当时的中国是空前的,而且同国外类似的研究也可以相媲美。②

陈鹤琴的个案研究从身体发展到心理发展,从动作练习到语言生成,从好奇、模仿、惧怕、游戏到感知、记忆、想象、思维等。他的研究不仅从纵向上全面地分析了儿童发展的特点,而且在横向上也展现了比较研究的意识。前文提到陈鹤琴对欧美儿童研究运动的历史文章做过摘译工作,对儿童研究的历史有过系统的考察。因此,陈鹤琴的个案研究首先就是对西方儿童学研究的综合展示。

另外,陈鹤琴还深入研究了具有代表性的儿童研究的成果,比如提德曼的《儿童心理发展的观察》、鲍德温(James Mark Baldwin)的《儿童身体之发展——自生后至成年》、达尔文的《一个儿童的传略》、普莱尔的《儿童心理》等等。他进一步将自己的研究和这些研究的相关内容进行比较,以期更加丰富同一研究领域的科学知识。如陈鹤琴对幼儿听觉之发展的过程做的研究。幼儿听觉发展要经过发生听觉、能感觉到各种平常的声音、能寻找声音、能识别发声者、能辨别声音高低等不同性质的几个阶段。陈鹤琴做了研究,总结出来幼儿听觉发生的五个过程发生的时间,并且做成表格,和普莱尔、提德曼、达尔文等的研究分别做了对比。

早期的个案研究大多采用观察法,而普莱尔则将观察和实验相结合,相比之下是一大进步。在我国儿童心理学史上,科学地、客观地应用观察

① 北京市教育科学研究所编:《陈鹤琴教育文集》(上卷),北京出版社1983年版,第423页。
② 车文博:《陈鹤琴儿童心理学思想探新》,载《学前教育研究》2006年第3期。

法和实验法对儿童心理发展作系统的、全面的研究的,当首推陈鹤琴,他是我国最早的儿童个案研究者。[①] 不仅如此,他在九十多年以前,还利用摄影法研究儿童心理的发展。在《儿童心理之研究》的第一章"照相中看一个儿童的发展",采取了摄影记录的方法。从一岁半的"渺茫无知"到两岁七个月的"喜登高",共有80张照片。这在当时可以算是一种先进的研究技术,从而使他的研究成果更富科学性、生动性和说服力。这种研究手段和技术的先进性,几乎同美国儿童心理学家格塞尔(Arnoud Lucius Gesell)当时采用电影摄影法进行纵向追踪研究不谋而合。[②] 还有其结合了绘画研究。陈鹤琴对儿童绘画的研究和心理分析,也是别具一格的。他对儿子陈一鸣从一岁一个月会握笔的乱涂乱画到十岁八个月所画的431张图画作了搜集整理,然后进行分析并发表研究成果《从一个儿童的图画发展过程看儿童心理之发展》,文中分析有根有据,翔实而生动,开拓了我国儿童绘画研究的先河,并且这一绘画心理的个案分析丰富了他儿童心理研究的内容。陈鹤琴描述道:一鸣开始作画的时候,陈鹤琴总是尽可能地坐在他的旁边,注意他画并加以鼓励,他画好之后,总是问他画的是什么,把他当时绘画的情况加以注明,注好后就把他的图画放在抽屉里保存起来,并且告诉他,把他的画收起来了,这样他绘画的积极性更高了。[③] 可见,陈鹤琴的个案研究绝非一种方法的应用,而是对多种方法的交叉结合、综合运用。

陈鹤琴的这项个案研究在国内的儿童学研究中有首创之功,对国内的儿童心理学研究产生了巨大影响。继陈鹤琴之后,很多国内的学者开展了同类研究,如葛承训的《一个女孩子的心理》(1933年),费景瑚的《均一六个月心理的发展》等。

通过全面、深刻而又独特的个案研究,陈鹤琴揭示了儿童心理发展的一些基本规律。这些规律大都记录在其关于儿童研究的姊妹篇《儿童心理之研究》和《家庭教育》两本书中。这些分析在当时是具有重要理论价值的,其中有的思想至今仍有着理论指导意义。关于研究的内容,下一章

---

① 安徽省陈鹤琴教育思想研究会编:《爱国老教育家陈鹤琴——陈鹤琴教育思想与实践》,安徽文艺出版社2002年版,第18页。

② 车文博:《陈鹤琴儿童心理学思想探新》,载《学前教育研究》2006年第3期。

③ 路雪:《陈鹤琴幼儿教育研究方法探析》,湖南师范大学2009年硕士论文,第27页。

将做详细论述。

这是陈鹤琴在孩子出生第一天时的记录：

> 生后 2 秒钟就大哭，一直哭到 2 点 19 分，共连续哭了 10 分钟，以后就是间断地哭了。用手扇他的脸，他的皱眉肌就皱缩起来，用指触他的上唇，上唇就动。
>
> 眼睛闭着的时候，用灯光照他，他的眼皮就能皱缩。
>
> 这一天除哭之外，完全是睡眠的。

从这些趣味横生、细致入微的描写、记录中，不仅使我们看到了陈鹤琴在儿童个案研究方法上严肃认真的科学态度，更让我们感受到了一个教育家对儿童的无限热爱之情。这也是我们在研究其科学方法时应该看到的。

第六节　教育实验的开展与实验法

实验法（experimental method）作为一种科学研究方法是指在控制情境下，操纵一种变量，观察另一种变量，从而发现其间因果关系以验证预定假设的研究方法。帕斯卡尔早在 1648 年就使用了这一术语。根据场所的不同可分为实验室实验法和现场实验法。使用时，实验者实际操纵自变量或实验条件，控制易混淆的变量，观察自变量的变化对被试行为的影响。它能识别出较为确切的因果关系。① 实验法是教育科学研究的一个重要方法。为了实现教育理论的科学化，必须开展各种教育实验。通过教育实验，又可以促进教育理论的科学化。

科学实验萌芽于人类早期的生产活动中，后来逐渐分化出来，从 16 世纪开始成为独立的社会实践形式。伽利略（Galileo Galilei）第一个将实验作为研究自然科学的一种必要方法，弗郎西斯·培根（Francis Bacon）因制

---

① 顾明远主编：《教育大辞典》增订合编本，上海教育出版社 1998 年版，第 1415 页。

定了实验方法论原则而被誉为"实验科学始祖"。他们创立的实验方法论对近代科学的兴起和发展起了关键的作用,其原理所包含的基本思想在现代的科学实验观念中大致都保留下来。总体上分析,教育实验是从以下两条线索发展起来的,一条线索是受自然科学实验方法的影响,另一条线索是从一般教育活动本身分化发展而来,发展并形成当今教育实验的两种基本范型。[1]

　　文艺复兴时期以后,受自然科学实验思想的影响,在人文主义思想指导下,瑞士教育家裴斯泰洛齐(Pestalozzi, J. H.)于 1774 年、1789 年两次创办孤儿学校,并进行教学制度、初等教育新方法的研究与实验;1840 年德国教育家福禄培尔(Friedrich Wilhelm August Froebel)创办幼稚园,还有罗素(Bertrand Russell)的皮肯希尔学校,蒙台梭利(Maria Montessori)的幼儿之家,尼尔(Alexander Sutherland Neil)的萨沫希尔学校等等。教育家们按照自己的设想和理论,长期从事教育实验活动。[2] 而杜威与 1896—1904 年创办的"芝加哥大学实验学校"则可以称为当时自然教育实验的典范。基于对旧教育、旧学校的批判,杜威着手对课程、教材和教法进行改革,并将学校作为社会生活的形式。其实验对当时乃至后来的教育理论以及教育实验发展产生了深远的影响。从 1914 年到 1919 年,也就是陈鹤琴在美国留学期间,进步教育运动正在兴起,"进步教育发展协会"就成立于 1919年。进步教育运动所倡导的进步教育很多都是通过实验的形式传播开来的。作为"进步教育运动的理论家",杜威在 1904 到 1930 年还在哥伦比亚大学担任哲学教授[3],因此,陈鹤琴和同时期其他在哥伦比亚大学留学的学子一样深受其影响。

　　陈鹤琴的教育实验显然应该归为自然实验这一支,但是其教育实验又不可否认地深受实验室实验的影响。从整个历史发展来看,教育实验经历了一个逐步从自然状态走向实验室状态的过程,也就是逐渐科学化的过程。杨汉麟将教育实验按照时间分为经验探索型的教育实验(约17 世纪

---

① 裴娣娜编著:《教育研究方法导论》,安徽教育出版社 2000 年版,第 237 页。
② 裴娣娜编著:《教育研究方法导论》,安徽教育出版社 2000 年版,第 240 页。
③ 〔美〕简·杜威等:《杜威传》,单中惠编译,安徽教育出版社 2009 年版,第 437 页。

中叶到 19 世纪下半期)、实证—经验探索型的教育实验(约 19 世纪到 20
世纪上半期)、实证—科学型的教育实验(约 20 世纪 50 年代至今)。① 陈
鹤琴活跃的 20 世纪初正值对教育问题的实验研究开始发展,并逐渐形成
潮流的时期。在美国影响较大的是行为主义心理学派的研究。美国心理
学家桑代克通过对动物的实验研究建立了尝试错误的学习理论,以后又将
这一理论推及到人的学习心理领域。1903 年,桑代克出版了具有世界影
响的《教育心理学》,书中汇集了他多年实验研究的成果。② 桑代克的科学
研究必然对欲拜其为师而不得的陈鹤琴产生了巨大影响。

陈鹤琴归国后开展的教育实验有很多。1923 年秋,创办鼓楼幼稚园,
开始中国化幼稚园实验;1927 年在南京建立小学实验区,设立实验学校;
1928 年在上海创办中小学、夜校,开展各种教育实验;1940 年在江西创立
省立幼稚实验师范学校,开展"活教育"实验等等。其中鼓楼幼稚园的实
验最为全面、系统,可谓陈鹤琴开展教育实验的经典代表。

鼓楼幼稚园的实验是全方位的,但其中的主导是课程实验。因为课程
是幼稚园活动的中心,其他各方面的实验都可以包容在课程实验之中。课
程实验分课程组织实验和学科实验两个大的方面,开始于 1925 年秋末,至
1928 年 5 月结束。课程组织实验过程实际可分为散漫期、论理组织期和
设计组织期等三个不同的时期。每一时期都有各自的动机和特点,而且后
期的实验也总是在总结前期的经验上进行。③ 关于鼓楼幼稚园实验的详
细过程,我们将在后面的章节中介绍。

鼓楼幼稚园的课程实验并不仅仅局限在课程的设计。由陈鹤琴和张
宗麟合写、发表于《新教育评论》1926 年第三十四期上的《一年来南京鼓楼
幼稚园试验概况》④一文,就明确指出鼓楼幼稚园的实验包括课程与教材
(即课程组织实验)、幼稚园的教学法(即学科实验)、儿童的习惯设备和玩
具等方面。在"今后的计划"中除继续进行前面的实验外,还列入了儿童

---

① 杨汉麟主编:《外国教育实验史》,人民教育出版社 2005 年版,第 8—18 页。
② 叶澜:《教育研究及其方法》,中国科学技术出版社 1990 年版,第 138 页。
③ 陈鹤琴、张宗麟:《幼稚园的课程》,见陈秀云、陈一飞编:《陈鹤琴全集》第二卷,江苏教育出版社
  2008 年版,第 105 页。
④ 收于陈秀云、陈一飞编:《陈鹤琴全集》第二卷,江苏教育出版社 2008 年版,第 4—11 页。

研究、小学与幼稚园的衔接问题、幼稚师范、幼稚园的平民化等研究和实验项目。

陈鹤琴的幼儿教育实验不仅成功地实施了，而且也成功地推广了。1927 年第三期实验的"中心制课程"就在南京全城 14 个幼稚园试行，下半年也开始在晓庄、燕子矶等乡村幼稚园里试行，均取得了较满意的效果。1928 年 5 月，全国教育会议召开，决定由大学院组织中小学课程标准起草委员会，编订中小学课程标准。陈鹤琴被聘为起草委员会委员。在陈鹤琴主持下，由鼓楼幼稚园实验的参与人员和原东南大学教育科的有关专业人员郑晓沧、张宗麟、葛鲤庭、甘梦丹、杨保康等人拟订了《幼稚园课程暂行标准》。1929 年 8 月该《标准》经教育部[①]中小学课程标准起草委员会审查通过并颁发全国。《幼稚园课程暂行标准》(1929 年 8 月)[②]主要是根据南京鼓楼幼稚园的课程实验成果拟定的。

1927 年 3 月，陈鹤琴在由他主编的《幼稚教育》创刊号上发表《我们的主张》[③]一文，包括 15 条主张，对鼓楼幼稚园实验成果做了较为全面的总结。"这 15 条主张系统阐明了我国学前教育的方向和任务、课程的中心与组织、教学的方式与方法、师生关系、家园关系以及环境设备等"[④]，对我国后来的幼稚教育产生了巨大影响。

在近代西学东渐的大潮中，陈鹤琴正是一位引领潮流的大教育家。他办校兴学、著书立说，被称为"中国的福禄培尔""中国幼儿教育之父""中国现代儿童教育之父"。但"工欲善其事，必先利其器"，陈鹤琴的这些成就取决于他对西方先进教育研究方法的引进与创新。总结起来，其对教育研究方法的引进有如下特点：

首先，注重本土化。陈鹤琴教育实验思想深受西方教育思想的影响，但他并未囿于西方的窠臼，而是在自身的实践中创造性地与中国国情相结合，不断本土化。陈鹤琴在《我们的主张》一文中，开宗明义地指出："幼稚园是要适应国情的。"针对当时中国教育一味崇尚美国的做法，他深刻地

---

① 1928 年 10 月大学院改组为教育部。
② 陈秀云、陈一飞编：《陈鹤琴全集》第二卷，江苏教育出版社 2008 年版，第 155 页。
③ 收于陈秀云、陈一飞编：《陈鹤琴全集》第二卷，江苏教育出版社 2008 年版，第 75—84 页。
④ 唐淑：《陈鹤琴与中国幼儿教育》，载《南京师范大学学报》(社会科学版)1992 年第 3 期。

指出:"要晓得我们的小孩子不是美国的小孩子,我们的历史、我们的环境,均与美国不同,我们的国情与美国的国情又不是一律;所以他们视为好的东西,在我们用起来未必都是优良的。"①从教育测验和儿童心理的个案研究,到鼓楼幼稚园和幼稚师范专科学校的创办,他所进行的一系列实验以及新课程、新教材、新方法的产生和运用,无不体现了立足自身、比较借鉴、融贯中西、努力中国化的基本精神,并取得了丰硕的成果。②

其次,体现科学化。正如前文所说,陈鹤琴受西方"实验教育学派"的影响,注重儿童发展与教育之间的关系,注重教育实验,力图通过观察、调查、测量和统计等方法进行研究,努力将教育学建立在科学的基础之上。陈鹤琴在对待教育课题时,无不注意研究教育方法的科学性。比如大规模开展教育实验,而且针对幼稚园课程课题反复实验。教育实验的开展本身就是为了实现教育理论的科学化。通过教育实验可以探索教育规律,验证和检验基本原理和研究假设。另外,其应用教育统计法、开展个案研究和推广心理测验等等也都体现了追求科学化的精神。

再次,综合运用多种方法。陈鹤琴在研究中所采用的研究方法主要有:观察法、实验法、个案法、比较法、调查法、测验法和教育行动研究法等。在对待各种不同的研究方法问题上,陈鹤琴采取的不是非此即彼地将各种研究方法简单地相互对立的态度,而是将各种方法兼收并蓄,采各家之长,补一家之短,以发挥最大的功效。③ 这一点在陈鹤琴进行个案研究时最为明显。陈鹤琴在对其子陈一鸣进行个案观察研究时,并不仅仅使用了观察法,后来还使用了统计法、测验法等等。而在开展幼稚园、小学教育实验时,需要提前进行实地调查,实验结果的考核又需要测验,这自然也要综合运用调查法、测验法等方法。

---

① 吕静、周谷平编:《陈鹤琴教育论著选》,人民教育出版社 1994 年版,第 114 页。
② 王剑、周谷平:《陈鹤琴教育实验思想与实践》,载中国地方教育史志研究会、《教育史研究》编辑部编:《纪念〈教育史研究〉创刊二十周年论文集(2)——中国教育思想史与人物研究》,2009 年。
③ 路雪:《陈鹤琴幼儿教育研究方法的分析及启示》,载《科教文汇》(中旬刊)2012 年第 12 期。

第三章　中国儿童学的开拓与推进

19 世纪中期,世界儿童学研究掀起热潮,产生了众多学派。与此同时,随着中国封闭的大门被迫打开,西学东渐,有关儿童学的知识也被介绍进来。"五四"运动时期,中国真正开始对西方儿童学成果进行系统介绍并着手中国的儿童学研究,在此后的儿童学研究中,陈鹤琴做出了开拓性贡献。

第一节　西方儿童学的引入

儿童是教育的重要对象之一,因此关于儿童的研究是教育科学的主题之一。在世界儿童学发展史上,一些具有重大历史影响的教育家,如夸美纽斯、卢梭、裴斯泰洛齐、太恩、达尔文、福禄培尔、霍尔等,他们为寻求教育的合理依据,都从不同方面对儿童进行过研究。法国卢梭的著作《爱弥儿》,注重儿童身心的发展和特征,反对蔑视儿童天性的教育,形成了自然主义教育思潮;捷克教育学家夸美纽斯极力斥责 17 世纪毒害儿童成长的学校;法国的太恩和英国的达尔文也都以传记的方式记录儿童成长的历程,达尔文于 1877 年发表《一个幼儿的传记》(*A Biographical Sketch of An Infant*);福禄培尔在家乡搜集儿童游戏和歌谣,从事研究,1837 年创办了幼儿园,在其带动之下,柏林教师联合会于 1872 年成立,研究幼儿对周围事物的认识,并对男、女孩和城乡儿童进行对比。[1]

真正以近代科学的精神来指导儿童研究应开始于 19 世纪中期。1851 年,儿科医生出身的洛比斯契出版了《儿童心灵的发展》一书,对儿童学的研究有很大影响。1856 年,席格门出版了名为《儿童与世界》的长篇儿童研究报告,他以自己的小孩为对象,通过跟踪记录的方式,考察了儿童出生后各种行为能力,包括哭、笑、行动、言语等发展变化的过程。这种通过观察来系统研究儿童的方法实是前所未有的。从此以后,研究儿童学的学者日益增多,关于儿童生理、心理和各种相关研究的报告与成果不断问世。这一开始于 19 世纪中期的儿童学研究热潮延续到 20 世纪 20 年代,与欧美正在兴起的进步主义教育运动紧密结合,更呈强劲发展之势。

在众多研究儿童的学者中,实验教育学派是一支重要的力量。他们教育理论的重要特点之一就是主张要深入地研究儿童,认为研究教育的关键是研究儿童。实验教育学派的很多代表人物,如霍尔、梅伊曼、比奈、桑代克等都是儿童学的专家。他们对儿童的兴趣、爱好、情感、记忆、身体发展、智力和智慧类型、性别差异等都进行了广泛的研究。其中霍尔对推动美国的儿童学研究具有开创性贡献,从幼儿心理和生理两条平行的渠道进行研究。他主张以儿童研究作为建立新教育学的核心,并从 19 世纪 80 年代初开始进行了一系列关于儿童的研究,在美国儿童研究运动中,无论是早期还是后期,霍尔都发挥了重要作用,成为美国儿童学研究的主要领导者和推动者。1880 年霍尔在波士顿调查当地入学儿童,他根据此次调查结果写成《儿童心理的内容》一书,1883 年公开发表。从 1891 年开始,霍尔的研究领域不断扩大,主要涉及三个方面:一是儿童的生理,二是儿童的心理和认知,三是与儿童相关的教育。他认为儿童研究主要有三个任务:一是

---

[1] 腾大春:《美国教育史》,人民教育出版 1994 年版,第 487—488 页。

考察儿童的身体,二是研究儿童的心理,三是帮助教师增进对儿童的全面了解。霍尔关于儿童研究的思想构成了其教育观的基本内容。霍尔认为,现代教育的首要内容是根据儿童发展的各个阶段的不同需要,为他们提供有利的环境并给予适当的帮助。因此根据儿童的发展把教育分成四个阶段。总之,霍尔通过大量的儿童研究,探索儿童身心发展规律,并且把儿童研究与教育改革结合起来,提出了许多有价值的观点,这些观点不仅推动了儿童研究运动的发展,也对美国学校教育实践产生了积极的影响。[1] 他的儿童研究和教育改革都以复演说为理论基础,并以人类的身心平行进化为基础,创立了人类文化复演说,并以此来阐述儿童心理的发展,结论是儿童的心理发育是重复人类的心理发展历程的。霍尔在儿童研究方法上也有其识见,其研究态度客观而精密,观察和实验的方法灵活多样,更曾是问卷调查法的创始人。他于 1880 年首先将该方法使用于克拉克大学,以后逐渐推广于多项学术领域的调查研究工作。[2] 1888 年,他担任克拉克大学第一任校长后,该校成为当时美国教育学和教育心理学的中心。特别是1890 年,在克拉克大学设立教育系后,以此为基地促使儿童研究成为波及全美国的一场运动。[3] 它深刻地影响着 20 世纪初留美高潮中来此求学的中国留学生。

　　杜威作为美国进步教育运动的精神领袖,在美国儿童学研究中同样扮演着重要的角色。1897 年,杜威参加伊利诺伊儿童研究协会第四次会议,积极参与伊利诺伊儿童研究协会的活动,也常与霍尔进行交流与切磋。杜威反对站在教师和家长的立场来对待和看待儿童,强调"儿童活动"和"学校作为儿童生活的社会机关"的重要性。杜威对儿童研究的关注,在一定程度上得益于他对儿童问题的思考和实验。1896 年杜威创建芝加哥实验学校,并对欧洲儿童研究问题进行关注,反映出了其研究视野的开阔和研究思想的深刻。杜威参与美国儿童研究运动的经历使他能够站在较高的层次上理性地看待儿童研究运动,不仅为儿童研究运动提供了宝贵的经

① 郭法奇等:《欧美儿童研究运动:历史、比较及影响》,北京师范大学出版社 2012 年版,第 32—36 页。
② 腾大春:《美国教育史》,人民教育出版社 1994 年版,第 498 页。
③ 王天一、单中惠编:《外国教育家评传》第二卷,上海教育出版社 1992 年版,第 650、655 页。

验,也促使美国教育学家深入思考儿童发展与教育的关系。杜威参与美国
儿童研究的经历也反映了现代教育发展和改革的一个重要特点,即现代教
育的开端是以儿童研究为基础,以促进社会发展为指向的。①

在中国封建社会,由于受封建宗法文化的影响,家长习惯把儿童看
作自己的私有财产,强调儿童的服从并且对儿童进行绝对的支配,根本
不顾及儿童自己的想法,动辄打骂,严重伤害了儿童的心理。在中国传
统文化中也有许多关于儿童的经验性认识。如春秋时期的孔子就提出
儿童心理发展的年龄特征和个别差异,主张因材施教;明代王守仁在批
判当时儿童教育的弊端的同时也提出了幼儿期儿童心理的特点。但由
于中国科学水平的限制,其中的一些论述和研究多半是推测性和经验性
的。鸦片战争之后,在中国教育近代化的过程中,随着西方教育理论、教
育学说的传播,有关儿童学的知识也零星地被介绍进来。较早的有维新
变法人士如梁启超对西方关于儿童身心发展状况等儿童学研究成果的
介绍。在清末兴学高潮中,出现了少量由中国人创办的幼儿教育机关,
在培训幼儿教育工作人员时,有关儿童学的知识也被引入教学培训之
中。如 1907 年从日本保姆养成所学习归来的朱哲,于上海公立幼稚舍
中创设保姆传习所,学习科目中有保育法、儿童心理学、教育学等。后
来,保育法与儿童心理学由张景良、吴家振编辑成《保姆传习所讲义初
集——保育法、儿童心理学》一书,于宣统元年(1909 年)由中国图书公
司发行。其中《儿童心理学》共分六章,主要是介绍各种心理类型的儿童
特点,六章分别为引言、原气质之分类、快豁儿之特色、刚愎儿之特色、忧
郁儿之特色、沉钝儿之特色。②

儿童研究运动影响中国的途径主要是留学归国人员的宣传和介绍,这
些人员又分为赴欧美留学归国人员和赴日本留学归国人员。赴欧美留学
人员中陈鹤琴是重要代表。1922 年《心理》的第一卷第三号的"儿童心
理"栏目中,陈鹤琴的《研究儿童的历史》一文,就是摘译自马斯特(Mas-

---

① 郭法奇等:《欧美儿童研究运动:历史、比较及影响》,北京师范大学出版社 2012 年版,第 40—46 页。
② 中国学前教育史编写组:《中国学前教育史资料选》,人民教育出版社 1989 年版,第 114—116 页。

ter)的《儿童的行为》(*Children Behavior*)的第一章,这是中国学者第一次全面介绍 19 世纪末 20 世纪初发生在欧美的儿童研究运动。[①] 这一时期,中国学者也比较关注欧美儿童研究运动中所使用的研究方法,《心理》第一卷第一号中除了陈鹤琴介绍欧美儿童研究发展的文章,还有《研究儿童的知识之方法》,其中谈及霍尔对儿童研究方法上的贡献。陈鹤琴后来还译有霍尔曼著的 1940 年版的《小学各科心理学》。另一种途径是欧美专家来华讲学,其代表人物有杜威和孟禄。这些教育家虽然没有直接带来欧美的研究成果,但是他们更关注用现代的科学观念、教学方法和先进的测量手段来改造中国教育,有的放矢地进行实验。

在欧美儿童研究运动的影响下,出现了一些专门研究教育和心理的杂志及儿童研究专栏,也有研究儿童心理及相关问题的著作和论文,还成立了与此相关的协会。1909 年创办的《教育杂志》是新中国成立前发行时间较长、影响较大的教育刊物之一。其从第十八卷开始专辟有儿童心理和儿童研究的专栏,尤其第十八卷第七、八号杂志(1926 年)为《儿童心理专号》,刊有陈鹤琴的《未达学龄的儿童之研究》,陈鹤琴、张宗麟的《关于感动的学习之两个试验》,以及陈鹤琴的《一个儿童的人形画之研究》等。《心理》杂志 1922 年创刊,该杂志当年在儿童心理研究专栏中刊登关于儿童心理的文章共 8 篇,其中陈鹤琴的有 5 篇。除了上面提到的 1922 年一卷一号的《研究儿童的知识之方法》和 1922 年一卷三号《研究儿童的历史》,还有 1922 年一卷二号《研究儿童的颜色美感之方法》,1922 年一卷二号《理解性学习法》,1922 年二卷三号《儿童的暗示性》等论文。

“五四”新文化运动时期中国真正开始对西方儿童学成果进行系统介绍并着手中国的儿童学研究。留美归国学生的努力和推动起到了重要作用,陈鹤琴是其中的佼佼者,特别是在中国儿童学研究方面,他做出了开拓性贡献。

陈鹤琴回国后,即在南京高等师范学校教育科担任儿童教育学、儿童心理学等课目的教授。由于所授课程的关系,陈鹤琴对儿童心理学表现出

---

① 郭法奇等:《欧美儿童研究运动:历史、比较及影响》,北京师范大学出版社 2012 年版,第 162 页。

了浓厚的兴趣,他开始系统介绍西方关于儿童心理学的研究成果。最早发表的儿童学文章是刊载于《新教育》杂志 1921 年第三卷第二期上的《儿童心理及教育儿童之方法》。其观点虽然建立在西方长期儿童学研究成果的基础之上,但不同于简单的转译,实是广泛综合了西方儿童学的理论研究和自己的观察所得。这篇六千余字的文章主要包含了下面几个方面的内容。

他针对当时人们仍普遍认为"儿童是与成人一样"的观念,指出儿童并非小成人。在当时一般人看来,"儿童的各种本性本来同成人一色的,所不同的,就是儿童的身体比成人小些罢了",于是便要求儿童穿与成人一样的长衫马褂,不准儿童游戏,并迫使儿童一举一动都应学成人的样子。陈鹤琴认为这根本上就违背了儿童的本性,儿童本来就不是小大人。

陈鹤琴将儿童的心理特征归纳为四个主要方面,即所谓"四心"——好动心、模仿心、好奇心、游戏心。分而言之,好动心不仅表现为行为上的举止不定,喜动厌静,还表现为情绪上喜乐无常,这主要是因为儿童还没有养成自制力,缺乏意志对行为的控制能力,感觉直接表现为行为,行动完全为冲动与感觉所支配;模仿心存在于人生的全过程之中,但是儿童表现得尤为充分,模仿活动占据着儿童生活的主要方面;好奇心是对于新事物关注并希望了解和接近的心理,能激起儿童好奇心是事物本身的新异以及事物与事物之间所发生的关系的新异;游戏心是儿童的天性,儿童喜爱游戏的天性在中国传统教育中尤其被扼杀,普通人常以为游戏为顽皮,特别是许多父母"反对儿童在校游戏,以为他们送子弟是为读书不是学顽皮的"。

在对儿童"四心"的分析中,陈鹤琴提示人们运用发展的观点。如关于儿童的好奇心,"不是永久不变的,乃是随年岁而发展的"。随着年岁的增长,儿童所感兴趣的内容和表达方式都有所不同。学龄前儿童的好奇心所在范围从他们的有关问句中可以表现出来,由"是什么"逐渐过渡到"为什么"。七八岁的儿童对于物体颜色的兴趣甚于物体的形状,关注动物与小孩甚于关注成人。到十二三岁,儿童的兴趣转移到理解社会人事方面,因此对事物之谜和历史、道德方面的问题开始寻根刨底、进行推想。又如关于儿童的游戏心,也是随着年岁的增长,所喜爱的游戏的种类和性质也有所不同。幼稚期(0—3 岁)的幼儿,所喜爱的游戏是属于感觉与动作方面,如玩弄一些小的物体、推拿大的物体,不仅爱触觉的游戏,而且亦喜欢听觉的游戏,敲这样、击那样,有时候竟有意将桌上的杯碗等抹下来,以便听它们破碎时的声响。到儿童初期(4—7 岁),已由幼稚期的喜欢单独游戏过渡到喜欢群体游戏,由感觉与动作游戏过渡到模仿游戏、化装游戏等。

"四心"为儿童的发展提供了基础。儿童生来是无知无识的,正是由于他的"好动心",才创造了使他接触世界万事万物的机会。"他摸着铁,就觉得铁的坚性;他吃了冰,就知道冰的冷性;他玩这样弄那样,就渐渐儿从无知无能的地步,到有知有能的地步。"如果说"好动心"是与儿童的感觉与冲动相联系,对于接触事物具有更多的随意性而少选择性,那么"好奇心"则是一种更高层次的心理意向力,它主要表现为对新事物与新经历的探求,这使儿童接触新的境地愈来愈多,知识也愈来愈丰富。

"四心"还是优化改造儿童教育环境的根据。儿童通过模仿,学习言语、技能和良好的行为习惯,但也可能朝相反的方向发展。所以这就要求教师与家长一方面要以身作则,另一方面要创造良好的教育环境,如养成良好的校风,使得学生在不知不觉中受到感染。同时还要发展学生鉴别是非善恶的能力。陈鹤琴引用脑斯华社(Norsworthy)的话说:"教育家对于模仿心的责任,就是对于儿童选择模范与法则,发展他们的判断力与分析力,要求他们所模仿的结果与模范相比较,并设置各种模范,使儿童得发展自立心、创造力和发明心。"陈鹤琴特别指出:"游戏是儿童的生命。"儿童不仅在游戏中发展了各种感知觉能力,也在游戏中锻炼了自己的体质,学习了社会风俗和养成了好的习惯,因此教育者应该根据儿童不同的身心发展阶段提供相适应的游戏环境。

陈鹤琴提出儿童四个基本心理特征后并不仅仅停留在儿童心理学的研究上,其目的在于将对儿童的研究和儿童的教育结合起来,揭示教育与儿童身心发展之间的关系。以教育为主题去研究儿童是陈鹤琴儿童学研究的特征之一。陈鹤琴认为,教育不仅仅是要尊重儿童身心发展的规律,更重要的在于,"四心"是儿童获取知识、发展技能技巧、培养创造力、适应社会的前提和基础。不尊重儿童的心理特征,等于是剥夺了儿童发展的机会。按陈鹤琴的思路,教育从不顾儿童的"四心",到顺应"四心",到强化、优化儿童的"四心",是教育从盲目走向科学的过程。

除了"四心"以外,陈鹤琴还提出了儿童心理的其他四个特征:喜欢成功。儿童喜欢有成就的活动,因为事情成功,不仅有趣而且可以得到老师和家长的赞许,成人可以利用这种心理鼓励他们做各种事情;喜欢合群。成人应该利用他们的这种心理,让他们寻找好的伙伴;喜欢野外生活。应该让儿童尽量到野外活动,不仅有利于他们的身体而且有利于知识和行为的发展;喜欢称赞。陈鹤琴发现2至3岁的幼儿喜欢"听好话",喜欢别人称赞他,到了四五岁就更明显,成人应当用言语、表情、动作鼓励儿童但同时又不能滥用。

为了配合儿童教育的需要,陈鹤琴还创办儿童玩具和教具厂,制作了形式多样的玩具和教具,还编辑出版了不少儿童课外读物,如《中国历史故事丛书》,语言活泼,图文并茂。还为幼教界和小学教育界主编了多种辅导性刊物,如《幼儿教育》《儿童教育》等。①

陈鹤琴20世纪20年代初期的一系列理论研究和学术活动是与当时的教育改革紧密结合的,他的许多研究成果直接服务于当时的教育改革。陈鹤琴的儿童学研究不仅为当时教育改革的科学化方向提供基础理论,还和教育改革的具体方面结合起来,富于现实感和针对性,也为建立中国化的儿童教育理论起了引导作用。如陈鹤琴将儿童心理的研究与编印儿童用书联系起来就是一例。1920年,教育部通令小学教科书由文言统一改为白话后,各地掀起了编译出版教科书和儿童用书的高潮,陈鹤琴及时提醒人们在儿童用书编译印刷中要注意儿童心理因素。他通过演讲向人们宣传这方面的知识,并在1921年《教育汇刊》第一集上发表了《编译儿童用书与儿童心理》②一文。陈鹤琴指出当时中国的儿童教育遇到的第一个困难就是缺乏儿童用书,而出版的各种儿童用书中,"求其适合儿童需要者寥寥无几"。认为"编译儿童用书,并不是随随便便所能成功的,必根据

---

① 郭法奇等:《欧美儿童研究运动:历史、比较及影响》,北京师范大学出版社2012年版,第190页。
② 《孩子玩什么》,见陈秀云、陈一飞编:《陈鹤琴全集》第四卷,江苏教育出版社2008年版,第1页。

儿童的心理而后可"。

文章从儿童想象、记忆、注意、知觉、言语、字汇等六个方面的儿童发展情况出发,分析了它们与儿童用书在选字、用词、句式、取材等内容上的关系,以及与排版印刷形式如说明的详略、墨迹的浓淡、行列的长短、边页的宽窄等方面的关系。如就儿童的注意方面,从以下三个方面进行分析:(1)儿童的注意广度不大,课文取材时情节不能过于繁复,应该线条明晰,主次清楚,最好能"一物一时"。(2)儿童注意集中的时间较短,课文、段落、表达意群的句子都不宜太长。(3)从儿童注意的形式上看,多用感觉而少用思想,形象思维多于抽象思维。而在影响到儿童用书的选字、用词方面,儿童经常使用而易于被接受的词汇依次是名词、动词、形容词、副词、联词等,所以儿童用书的选字不仅要考虑汉字使用频率这一应用性因素,还要考虑儿童的心理因素。在用词上也不能纯用大人的习惯,多用"雪白""血红"这样的词汇,少用"很白""很红"这样的词汇。

这些紧扣教育改革现实所进行的介绍和研究,深入涉及当时人们还不太注意的细微而具体的方面,有利于人们认识儿童学的理论价值,促进了儿童学知识的传播和普及,也激发了中国学者开展中国儿童学研究的兴趣。

西方儿童学理论是伴随着"五四"新文化运动中西学输入高潮而被介绍进来的,在众多的儿童学理论的介绍者中,陈鹤琴的介绍富有明显的特点。他结合自己对儿童的观察,在博览众家的基础上概括介绍西方儿童学研究的成果,如他在《儿童心理及教育儿童之方法》中将儿童心理特征概括为"四心",与当时众多的关于儿童心理的零散介绍相比较,显示出更强的理论系统性和整体性。同时他在促进西方儿童学理论与中国教育改革相结合方面也略胜一筹。

另外,陈鹤琴归国初期在儿童学研究中形成的一些观点深刻影响着他以后的教育思想和实践。其中他关于儿童心理特征的认识虽然有所发展,但一直以他早期概括的"四心"说为核心,并成为他儿童教育思想特别是学前儿童教育思想和实践的理论基础。

第二节　儿童学研究的姊妹篇

在系统介绍西方儿童学研究成果的过程中,陈鹤琴开始了以中国儿童为对象的儿童学研究,并开始了对民族化的儿童教育理论的基本探索。他1925年出版的《儿童心理之研究》和《家庭教育》两书便是这一过程的反映。

一、《儿童心理之研究》

(一)儿童心理之系统个案研究

"五四"运动前后,已有西方的儿童心理学著作被翻译过来,如艾华编译的《儿童心理学纲要》,德国高伍柏(R. Gaupp)著(陈大齐译)的《儿童心理学》等。与此同时,儿童心理学也被列入师范学校和高等师范学校的课程之中。陈鹤琴1919年回国后即担任南京高师的儿童心理学课程教授,他认真研究借鉴了西方学者关于儿童心理研究的理论成果,1921年,先后在《新教育》杂志、南京高等师范学校《教育汇刊》发表了《儿童心理及教育儿童之方法》《儿童之好问心与教育》《儿童用书与儿童心理》等文章。其间,1920年12月26日,其长子陈一鸣出生。陈鹤琴以一鸣为实验和研究儿童心理的对象,从出生的第二秒开始,对其身心发展进行了长达808天的连续观察和文字、摄影记录,观察记录的内容包括幼儿动作、能力、情绪、言语、知识、绘画、思想等方面的发展情况。这是近代中国学者参照西方儿童学研究的手段,采用长期观察、追踪记录的方法,以中国儿童为对象对儿童心理发展规律进行系统个案研究的开端。

由于陈鹤琴在儿童心理学研究上的成就,也是为了兑现早年答应送陈鹤琴回美国完成博士论文的承诺,1922年4月,东南大学校长郭秉文呈文教育部并函请浙江省教育厅派陈鹤琴赴美研究儿童心理。陈鹤琴在《志愿书》中称:"初等教育为教育之基础也。故欲改革中国前途教育,非从初等教育入手不可,尤非从儿童心理与幼稚教育入手不可。所谓植树培本,筑室固基之谋也。"表达了陈鹤琴对儿童教育科学的热情和志向。

因为浙江省教育厅将名额另行安排,陈鹤琴赴美未果,他又陆续发表了《我对于儿童的惧怕心理之研究》《研究儿童知识之方法》《理解性之学习法》等儿童学研究与介绍的文章。1924 年,他根据对一鸣成长的观察与研究,编成《儿童研究纲要》,作为儿童心理课程的讲稿。[①]

作为以上研究的整体性成果,陈鹤琴的《儿童心理之研究》于 1925 年由商务印书馆出版,被列为"大学教育"丛书之一。可以说《儿童心理之研究》是我国学者试图通过对西方儿童心理科学广泛深入的研究,并依靠自己的实验观察,建立我国儿童心理学学科体系的最早尝试。同时《儿童心理之研究》首先是对世界性儿童心理科学研究成果的综合展示,它是我国当时介绍国外儿童心理学研究成果在系统性、全面性方面走在最前列的一部著作。

全书共 24 章 30 余万字。内容涉及儿童身心发展的各个领域:儿童身体、动作的发展;儿童的基本心理特征,如模仿、暗示感受、好奇、惧怕等;儿童的生活,如游戏、玩具、哭与动作的抑制;儿童各方面能力的发展,包括一般知识、言语、美感、绘画、思想、道德等,展示了儿童在感知、记忆、想象、思维、情感、意志等方面能力的发展情况,以及儿童学习的一般特征。另外,陈鹤琴还特别介绍和研究了男女儿童在心理发展的各方面的差异;特殊儿童,如聋哑与口吃儿童的心理特征、言语、记忆等方面的发展情况以及与正常儿童的区别。

在这部书里,陈鹤琴回顾了从夸美纽斯的《儿童图画世界》、卢梭的《爱弥儿》,到席格门的《儿童与世界》、克伯屈的《儿童研究之原理》、桑代克的《个别差异》等世界儿童心理学发展的历史过程,不仅在学科发展的世界背景上向人们展示了儿童心理学研究的对象和基本范围,同时也将该学科发展中有重大影响的成果介绍进来。与这些成果一道被介绍的还有国外关于儿童心理学直至整个儿童学的研究方法。

---

① 《陈鹤琴生平年表》,见陈秀云、陈一飞编:《陈鹤琴全集》第六卷,江苏教育出版社 2008 年版,第 576 页。

人们早期对儿童的研究是建立在经验和哲学思辨的基础上。1774年,瑞士教育家裴斯泰洛齐曾用日记的方法记载他3岁孩子的教育过程,其中涉及儿童心理方面。1856年,席格门(B. Sigismund)在《儿童与世界》中记述,他对自己的小孩从出生后即逐步考察其各种能力的发展,包括哭、笑、行动、言语等。陈鹤琴称"这样研究的方法,实从前所未有"。事实上,席格门确实也开创了一个以写传记,即实录儿童发展过程为儿童学研究的主要方法的时期,一直到19世纪80年代之后被逐步兴盛起来的调查问卷法所取代。

使调查问卷法成为一种比较成熟的研究儿童的方法,并使之流行开来的是被称为"儿童研究之父"的美国心理学家霍尔。问卷法不是霍尔的首创,霍尔的贡献在于,使问卷内容涉及的项目更广泛,并对问卷方法进行改进。首先,他合理地选择题目,经常将各种题目归类,形成一定的系统。其次,注意对主试人的选择和能力的训练,使他们具有熟练的阅卷技术和在调查过程中及时发现问题并对题目进行修正的能力。最后,采用统计方法对资料进行数量分析,使结论比较清晰可靠。问卷法相对于以前的传记法显示出两方面的优点:第一,问卷法是为一个特定的目的设计的,这样,它所获得的信息可以比较集中于某一个明确的领域。第二,传记法适合于个案研究,问卷法适合于团体研究,可以在较短的时间里获得大量有代表性的样本。[①] 问卷法的广泛使用,使之成为儿童学研究中最主要的方法。出于问卷客观性的要求及其对结果进行量化分析的需要,又有力地促进了统计学在教育研究中的运用,带动了教育测量学、教育统计学作为独立学科的产生和发展。

在儿童心理学的研究方法上,陈鹤琴以传记法为主,交叉运用了各种方法。其中通过实录儿童发展的方法对长子陈一鸣的追踪研究,使他成为运用这一方法,以中国儿童为对象进行有目的有系统的观察,并取得丰硕成果的第一位中国学者。这不仅奠定了他在中国儿童心理学研究方面第一代开拓者的地位,也是他以后深入研究儿童教育理论和进行教育实践的主要思想源泉。

---

① 王天一、单中惠编:《外国教育家评传》第二卷,上海教育出版社1992年版,第655—658页。

《儿童心理之研究》系统表现了他的这一研究成果,正如他在《自序》中所说:"此书内容多半取材于这个个别研究的。"在全书24章中,陈鹤琴用4章(分别为第一、第三、第四、第六章)集中刊载了一鸣身心发展的过程。其中第一章《照相中看一个儿童的发展》,通过80幅照片形象再现了一鸣从一个半月的"渺茫无知"状态直到两岁七个月时能单足独立,在滑梯上爬上滑下的发展过程。第三、第四章《一个儿童发展的程序》综合记载了一鸣从出生后2秒到第808天中在儿童发展中具有重要意义的354项事件,反映了从动作、感知觉到言语、思维发展的全部过程。如一鸣出生第一天陈鹤琴这样记录道:

> 生后2秒钟就大哭,一直哭到2点19分,共连续哭了10分钟,以后就是间断地哭了。用手扇他的脸,他的皱眉肌就皱缩起来,用指触他的上唇,上唇就动。
>
> 眼睛闭着的时候,用灯光照他,他的眼皮就能皱缩。
>
> 这一天除哭之外,完全是睡眠的。

而到808天时,一鸣已经是一个这样的孩子了:

> 记忆力:13天以前,他祖母、父亲、三个堂兄,同他坐马车到下关去看龙灯会,今天他们谈起龙灯的事,他说:"母亲同妹妹不去。"而且能说出去看的人来。
>
> 记忆6个月前的事情:去年9月,他在东南大学农场看见一只猴子,现在他看见一张猴子的图画,他能告诉你,他曾经在农场里看见过一只猴子。从那时到现在差不多有6个月了,但也还能记得当初的经验。
>
> 他的演绎的思想:他看见一张几个裸体野人的图画,就说"m-mětsě"(没有了),意思就是他们的衣服没有了。他不知道野人是不穿衣服的,他以为人人都要穿衣服的,现在看见这几个人没穿衣服,所以他说没有了,这就可以看出他的演绎的思想。
>
> 他知道螺旋瓶的盖可以旋开:今天他拿了一个盛粉的螺旋瓶,把

盖旋开,这也是一种小肌肉能力的发展。

表示大小的观念:……他现在看见小的东西,就用小指头伸出给人看,并且说"一滴滴"。看见大的东西他伸出拇指并说"大"。

时间的观念:他饿了要吃的时候,他父亲对他说:"给你拿牛奶去了,你等一会。"这里他知道等的意思,有将来的观念了。后来他吃面的时候看见一个梨子,他就要。他父亲对他说:"面吃过再吃。"他就不要了。

陈鹤琴记下了儿童生活的这些细微方面,并从中探析儿童身心变化的轨迹。

在第六章《一个儿童动作的发展》中,陈鹤琴分类记录了一鸣口、头、手、臂、足、腿等身体部位的动作和坐、立、爬、走、跳等不同形态的动作发展情况。

除在以上4章中集中介绍了这一个案研究的成果外,陈鹤琴还常在全书各章中引证他这一研究的材料。如儿童各种感觉能力的发展,儿童的模仿、游戏、玩具、好问心、惧怕心、哭与动作的抑制、言语的发展、儿童图画的发展等各个方面。

《儿童心理之研究》是我国学者最早一部集西方研究成果和自己研究成果于一体进行介绍的儿童心理学著作。书中陈鹤琴不限于采用传记法以一鸣为对象的个案研究,也包括了以调查、实验、问卷等方法进行的个人和团体研究。如为了研究儿童的好奇心,陈鹤琴对他的两个侄子(分别为10岁8个月和9岁1个月)在自然状况下进行了连续27天的观察,记下了他们的357个问句,然后对他们问句的次数、问句的形式(什么? 为何? 怎样?)和内容(人事、人物、动物、天然、机械、时间、宗教等)进行分类,了解这一年龄阶段的儿童的思维、知识发展水平与好奇心的关系。① 另外如他还做过了解学生感动性学习的"镜画实验"和"理解性学习法"的实验②;儿

---

① 《儿童心理之研究》,见陈秀云、陈一飞编:《陈鹤琴全集》第一卷,江苏教育出版社2008年版,第187—194页。
② 《儿童心理之研究》,见陈秀云、陈一飞编:《陈鹤琴全集》第一卷,江苏教育出版社2008年版,第249—260页。

童对各种颜色的喜爱程度的实验;[1]以及如前述的儿童绘画的群体研究。这些实验与研究成果成为陈鹤琴儿童教育实践的理论指导。

正是在亲自调查、实验、研究的基础上,陈鹤琴发现了中国儿童区别于其他民族儿童的一些特点,也取得了对国外某些儿童心理学研究成果进行批评的依据。如关于儿童好问心的研究,美国的史密斯和霍尔以美国儿童为对象进行调查,结果显示,在 10 岁以内的儿童问句中,有关自然事物和生命来源的内容占了半数以上,对于宗教的兴趣浓厚,如常要问"上帝是谁""谁是上帝的父亲和母亲"等。而陈鹤琴以中国儿童为对象的调查,儿童问句则集中在人事、人物方面,两项共达到 45% 以上,而关于生命之来源与宗教方面不到 2%。[2] 显然,这和两国不同的社会文化背景密切相关,中国文化传统中宗教观念淡薄、忌谈牵涉到性与生命的诞生等问题,还有自然科学常识的普及远不如美国,这些都是影响到儿童问句内容的直接因素。这些研究,在一定程度上避免了西学输入高潮中简单接受国外研究成果、不考虑本国国情和儿童特点的现象,对引导儿童心理科学研究的民族化方向有一定影响。

陈鹤琴还根据自己的研究对国外的某些研究提出了质疑。如美国儿童学家克伯屈在《儿童学原理》一书中,认为儿童"什么"的问句比"怎样"和"为何"的问句发生得早,还有儿童到三岁后,"为何"的问句格外多。陈鹤琴认为这些结论与他的研究结果不相符合。他的研究结果是:儿童年龄与问句形式(什么、为何、怎样)之间存在着联系,但只存在不同形式问句比例多少的关系,而不存在发生先后的关系。随着儿童年龄的增长,"为何""怎样"的问句逐渐增多,但"什么"的问句始终在儿童问句中占较大的比例,直到十岁左右的儿童仍占其全部问句的一半以上。[3] 我们无意去评价克伯屈和陈鹤琴对于这一具体问题的研究结论,但它说明陈鹤琴在借鉴

① 《儿童心理之研究》,见陈秀云、陈一飞编:《陈鹤琴全集》第一卷,江苏教育出版社 2008 年版,第 309 页。

② 《儿童心理之研究》,见陈秀云、陈一飞编:《陈鹤琴全集》第一卷,江苏教育出版社 2008 年版,第 191 页。

③ 《儿童心理之研究》,见陈秀云、陈一飞编:《陈鹤琴全集》第一卷,江苏教育出版社 2008 年版,第 188—189 页。

国外研究成果方面,不是不作验证而一味接受,而是注重研究的方法和研究的精神,结合中国的实际去获取知识、探求真理。

陈鹤琴的《儿童心理之研究》诞生于中国儿童心理科学研究的蹒跚学步阶段,其实验设计、方法运用的科学性,以及研究结果的可靠性都难说十分充分,但他在此表现了认真的科学精神。陈鹤琴在我国儿童心理学研究方面的巨大影响是确定无疑的。在陈鹤琴《儿童心理之研究》一书出版后,我国有很多人开始从事类似的研究,如葛承训的《一个女孩子的心理》,费景瑚的《均一六个月心理的发展》等,都多多少少受到陈鹤琴这一研究的影响。还有陈鹤琴和廖世承合编的《智力测验法》和《测验概要》,也较早将儿童心理的测验介绍进来,在推动我国测验运动开展的同时也推动了儿童心理学研究。我国当代著名儿童心理学家朱智贤认为,陈鹤琴是"我国最早的儿童心理学家","解放前在儿童心理学研究上贡献较大的"人物,他对其长子一鸣所进行的日记法研究堪称我国"最早的儿童心理学的研究工作"。[①]

(二)儿童绘画之研究

陈鹤琴认为,通过对儿童绘画的研究,可以更好地来理解儿童心理之发展,儿童图画不仅是一个重要的儿童教育问题,也是一个重要的儿童心理问题。儿童美术教育必须要依据儿童心理特点来开展。"若不知儿童的心理而施行教育,那这种教育必定没有良好结果的。儿童心理学是幼稚教育的基础。未施教以前,我们应当知道儿童的心理,他怎样学的,用什么方法学起来最经济、最有效力。比如图画,我们应当怎样教他,他才能学得好;又如玩积木,什么样的积木他玩起来最有兴趣、最有益处。"[②]陈鹤琴关于儿童心理的研究在方法上具有两个明显的特点:一是对前人的尤其是外国的儿童心理学理论进行比较系统的分析和总结;二是注重通过自己的观察和实验,研究自己关于儿童心理尤其是关于中国儿童心理的理论总结。

① 朱智贤:《儿童心理学》,人民教育出版社 1980 年版,第 55、56 页。
② 《幼稚教育之新趋势》,见陈秀云、陈一飞编:《陈鹤琴全集》第二卷,江苏教育出版社 2008 年版,第 101 页。

自 1887 年意大利人李希(Corrado-Ricci)开始对儿童绘画进行有系统的研究后,世界各国通过研究儿童绘画探测儿童心理的学者日渐增多。在我国,对儿童绘画研究也是开始于陈鹤琴对其长子陈一鸣的追踪研究,并逐渐引起国内学者重视的。

首先是陈鹤琴研究儿童绘画的动机问题。1927 年,陈鹤琴在《幼稚生的图画》一文中就讨论了引起儿童的绘画动机的问题。他认为,儿童画画是要有一定的动机来支配的,基本分两种动机:一是外在的暗示引起的动机;二是由儿童自己内在产生的动机。"儿童画图,最好有个动机。这个动机是怎样发生的,那也不拘,由他人暗示引起的也好,由自己发动的也好。"①关于内在的动机,陈鹤琴也注意到了从根本上它也是受到外界事物的影响所产生的。"我们应当希望小孩子能够自动去绘画。新异的事物,好听的故事,都是很好的动机,都是能够引起小孩子自由去画的。"②

其次,在儿童绘画的过程方面,陈鹤琴对其长子陈一鸣的绘画个案进行研究。一鸣只有一岁一个月,还不会走路、不会说话的时候,陈鹤琴即让他坐在自己的身上,靠着桌子,教他握着铅笔在纸上绘画。当一鸣能独立坐着的时候,陈鹤琴又为他特制了适当尺寸的桌椅,充分供给他纸张、蜡笔、铅笔等,让他随意涂画。从这时起,陈鹤琴便开始细心保存这些图画并记录研究一鸣绘画发展的心理规律。在《儿童心理之研究》中,陈鹤琴曾在"一个儿童的图画"标题下,摘录了一鸣从一岁半起到二岁四个月由涂鸦期向象征期过渡的 14 幅图画。③ 1926 年,陈鹤琴在对一鸣的绘画作进一步研究的基础上,在《教育杂志》十八卷八号上发表了《一个儿童的人形画之研究》,同年夏天,陈鹤琴在安徽省教育厅举办的暑期学校上讲授《幼稚教育》课程时,根据他的研究结果概括出儿童人形画发展的十个特点,

① 《幼稚生的图画》,见陈秀云、陈一飞编:《陈鹤琴全集》第二卷,江苏教育出版社 2008 年版,第 170 页。

② 《幼稚生的图画》,见陈秀云、陈一飞编:《陈鹤琴全集》第二卷,江苏教育出版社 2008 年版,第 170 页。

③ 《儿童心理之研究》,见陈秀云、陈一飞编:《陈鹤琴全集》第一卷,江苏教育出版社 2008 年版,第 325 页。

其基本内容为[①]:

儿童初步作画的笔法顺序是自左上方右行而渐卷入内心。先发现大概的轮廓,然后渐及小的部分,如人头画中先能画一个圆颅,而后才能逐渐添上鼻、耳、发、目,又如衣服之发现较早,而其中之纽扣则发现甚迟。儿童绘画受心理发展的制约,最初是静伏的、平面的、正面的、粗略的,而非动状的、立体的、侧面的、精细的。儿童画初为记忆画,反映记忆中从前的经验,虽有临本与实物,不能照临,亦不能写生。

最后,关于绘画教育的课程设置和教学内容以及对儿童绘画的教学方法方面,陈鹤琴也有自己独特的观点。早在 1927 年,陈鹤琴就著文强调幼儿园要同小学、中学、大学一样,规定具体的课程,还要规定具体的课程内容和标准,例如,几岁的儿童应该做什么样的手工、画什么样的画、应该达到什么程度等等。在教学方法方面,陈鹤琴主张通过游戏、户外活动、美的环境、与其他教学活动融合等途径进行绘画教育。[②]

在儿童绘画心理研究方法方面,陈鹤琴也有所创新。为了研究儿童的绘画,陈鹤琴还做过一项团体研究[③],他请学校内的图画教师让儿童画四种图画:(1)一个人(成人或小孩);(2)一条狗;(3)一个人骑一马;(4)自由画(任儿童选择而不加约束和暗示)。四种图画安排在不同的时间完成。用这种办法,共得到 1510 个从 6 岁至 18 岁儿童的 6040 张图画。除根据这些图画对儿童绘画心理进行整体描述外,陈鹤琴特别地对儿童的"人形画"进行研究。他从 1510 张人形画中提出 1382 张,按年龄分组,然后统计出每个年龄组儿童能清晰表现身体各部(目、口、鼻、眉、趾等)和衣饰各部(鞋、帽、领等)的百分比。以年龄为横坐标,以百分比为纵坐标,绘制出各年龄组儿童能清晰表现各部位的百分比曲线。这是所见我国最早采用调查统计方法研究儿童绘画心理的例子。1937 年,我国现代另一位著名儿童心理学家黄翼出版了他的《儿童绘画之心理》一书,以完形心理

---

① 《幼稚教育》,见陈秀云、陈一飞编:《陈鹤琴全集》第二卷,江苏教育出版社 2008 年版,第 32—33 页。

② 马林:《陈鹤琴关于儿童美术教育的理论》,载《中国美术教育》1997 年第 5 期。

③ 《儿童心理之研究》,见陈秀云、陈一飞编:《陈鹤琴全集》第一卷,江苏教育出版社 2008 年版,第316 页。

学的观点对儿童的图画进行解释,使得我国学者对这一课题的研究更为系统。

陈鹤琴对儿童绘画的研究一直延续到中华人民共和国成立后,1956年12月,他在南京师范学院第一次科学讨论会上所作的《从一个儿童的图画发展过程看儿童心理之发展》[①]的长篇报告中,总结了他多年对一鸣及其他几个子女的绘画进行研究的结果,并同时展出了陈一鸣从1岁到16岁所作的205张图画作品。而今这200余件作品除少数丧失外,已由陈一鸣先生整理出版,[②]从中我们还可以看到陈鹤琴对这些作品所作的精心编排、分类和部分说明。

二、《家庭教育》

《家庭教育》于1925年与《儿童心理之研究》一起由商务印书馆出版,均为东南大学教育科学丛书之一,它们是陈鹤琴早年以教育为主题从事儿童学研究的姊妹篇。

陈鹤琴认为,研究儿童、了解儿童,是为了按照儿童身心发展的规律去教养儿童,使儿童教育科学化。在《儿童心理之研究》中他不止一次地提到这一点。如对儿童问句的研究,"可以知道儿童的知识和经验","做他的教师和父母的,可以晓得他子弟的学识到什么程度了",还可以"见出儿童的兴趣",以便在教育中利用儿童的兴趣。[③] 又如对儿童颜色美感的研究,"我们有了这种儿童对于颜色好恶的知识,对于儿童的衣服、玩具、读物等事,就有了许多见解,可以适合儿童的爱好和要求"[④]。《家庭教育》是陈鹤琴在《儿童心理之研究》中所阐述的儿童学原理用之于家庭教育的经验总结。像《儿童心理之研究》一样,《家庭教育》的大部分材料直接来源于一鸣这一中心人物,正如陶行知为此书所写的序言中所说:"一百零一

---

① 《从一个儿童的图画发展过程看儿童心理之发展》,见陈秀云、陈一飞编:《陈鹤琴全集》第一卷,江苏教育出版社2008年版,第560页。
② 陈一鸣:《我的绘画世界——在父亲陈鹤琴的培育中成长》,上海人民美术出版社2006年版。
③ 《儿童心理之研究》,见陈秀云、陈一飞编:《陈鹤琴全集》第一卷,江苏教育出版社2008年版,第194页。
④ 《儿童心理之研究》,见陈秀云、陈一飞编:《陈鹤琴全集》第一卷,江苏教育出版社2008年版,第312页。

条举例当中,在一鸣那儿来的,就占了七十三条之多","陈先生得了这个实验的中心,于是可以把别人的学说在一鸣身上印证,自己的学说在一鸣身上归纳"。

《家庭教育》是我国第一本在近代儿童学原理指导下,结合自己亲身育儿经验写就的一部著作。因此它出版后受到普遍欢迎,在当年再版后,以后又再版十余次。

全书共12章,第一、第三章介绍了儿童心理的一般特征和学习的一般性质与原则,以作为实施家庭教育的理论基础。在其余10章中,陈鹤琴根据对其子一鸣,其女秀霞以及其他儿童家庭教育的事例的分析剖解,分别从普通教导法、儿童卫生习惯的养成、游戏与玩具、儿童的惧怕与啼哭、父母的身教影响,以及如何责罚儿童、教导儿童待人接物、增进儿童经验与知识等家庭教育的方方面面进行了论述,提出了家庭教育的101条原则(包括第二章提到的"学习原则")。家庭教育重在一个"人"字。比如注重培养孩子的同情心,陈鹤琴认为同情心是一个人必须具备的良好品格,同情无论是在家庭还是社会中都是非常重要的品德;又比如教孩子懂礼貌,教孩子要爱人,禁止小孩子作伪。家庭教育还要以人为本,全面发展。通过智育增进其生活经验,培养其探索精神,激发其求知欲;通过日常生活培养良好习惯以促进身体健康;通过画图、剪纸和浇花等培养孩子对美的追求和对美的鉴赏能力。透过这些繁细的事例和具体原则以及具体的内容,我们可以看到陈鹤琴关于家庭教育的基本精神。

(一)《家庭教育》体现了"五四"新文化运动这一时代精神下的儿童观

儿童观是一个如何看待和对待儿童的观念问题,在家庭教育中,它表现为家长的"子女观"。在中国封建时代,由于受封建宗法制儿童观的制约,家长习惯于把儿童视为自己的所有物和隶属品。这种观念通常表现为强调儿童的服从性和家长对子女的支配地位,家长可以随意向孩子施以体罚、羞辱等肉体和精神的惩罚;或者走向另一个极端,过分溺爱子女,视子女为自己的宠物。这都是不尊重儿童人格的表现。

辛亥革命后,随着蔡元培养"共和国健全人格"教育目标的提出,传统的封建儿童观受到强烈冲击。经过新文化运动和"五四"运动,一种符合科学、民主、平等的时代精神的儿童观已在新生一代知识分子的思想中占据主导地位,也贯穿在陈鹤琴的家庭教育思想之中。

在《家庭教育》中,陈鹤琴认为要建立起家长与子女之间人格上的平等关系。做父母的对待子女应当保持礼貌。他批评某些家长以声色俱厉的态度对待子女,"好像专制时代的主人们对待他们的奴隶一样"①。这样子女虽然迫于父命而勉强服从,但总做不到心悦诚服。他认为有些父母以为用严厉可以赢得子女的敬畏,视"父严子孝,法乎天也"为万古不变的信条,这往往会适得其反。陈鹤琴儿童时代身受严父之苦,他从亲身经历中认识到,良好的家庭教育应该建立在良好的亲子关系上。父母应做子女的亲密朋友,这不仅因为父母和子女在人格上应该平等,实在也更有利于对子女的教育。首先,可以培养亲子之间浓厚的亲情,增强家庭教育中的情感力量。其次,在与子女接触中,了解子女的性格、爱好和情趣、知识程度以及不良行为等,提高家庭教育的针对性和理性程度。另外,家庭教育本来就应是常时性的,应该随时随地施以影响,只有常和子女相处的父母才能做到这一点。②

尊重儿童的独立性、自主性也是"五四"新文化时代精神传达出的对儿童观的基本取向。封建教育要养成人的服从的品格,因此在儿童教育上特别注意驯顺性和对环境的单纯适应性的培养,抹杀儿童的独立性和自主性。在家庭教育中,特别是在溺爱型的家庭教育中极易养成子女对成人的依赖性人格。诚然,在人类生命的最初阶段,身心的发展都有赖于成人的扶持和帮助,但是这种依赖性是暂时的,身心发展要蕴含着成长中的独立性和自主性。陈鹤琴在《儿童心理之研究》中认为,儿童含有这样两方面的意思:"一方面儿童期是发展能力的时期,一方面儿童期具可以发展的性质,此即所谓可塑性或谓可教性。"③儿童对成人的依赖性是由其生理发展的暂时局限性造成的,也正是我们要克服的方面。然而儿童的独立性、

---

① 《家庭教育》,见陈秀云、陈一飞编:《陈鹤琴全集》第二卷,江苏教育出版社 2008 年版,第 598 页。
② 《家庭教育》,见陈秀云、陈一飞编:《陈鹤琴全集》第二卷,江苏教育出版社 2008 年版,第 544 页。
③ 《儿童心理之研究》,见陈秀云、陈一飞编:《陈鹤琴全集》第一卷,江苏教育出版社 2008 年版,第 52 页。

自主性则是生理、心理发展过程本身的需要,也是社会生活的需要。"数千万万人成了一个社会,我们在这种社会里做人,一定要学言语文字,要知风俗人情;什么战争,什么竞争,都要赖我们的武力智力去制胜;什么美术,什么制度,什么道德,都要赖我们的适应能力去学习。"①

在这一儿童观指导下,陈鹤琴不仅在《家庭教育》中提倡让孩子有充分发展其独立性、自主性的机会,还特别提出了一些相关的原则,如第十章"原则九:小孩子在家里应当帮助他的父母做点事情";第十二章"原则二:凡小孩子能够自己做的事情,你千万不要替他代做"等。② 陈鹤琴认为小孩子不去做事,"就不能得到做事的经验",对于儿童,"做事可以养成独立的精神"。

陈鹤琴还强调培养儿童的自尊心、自爱心。自尊、自爱是儿童一种积极的自我肯定,是儿童自我意识发展到能进行自我评价的一个标志,它是儿童知识、能力、道德品质发展的共同源泉,也是儿童进行自我教育,自强自立,主动发展自己能力的源泉。

陈鹤琴认为,只有爱护和尊重儿童,才能养成孩子更自爱与自尊。如陈鹤琴在讨论儿童行为习惯的培养时提出的一条原则是:"做父母的不应当因为小孩子要偷食物,就把食物随便乱藏。"他认为这样做的害处之一,就是"以防贼的方法防小孩子,适足以堕落小孩子的人格。因为做父母的以贼待小孩子,小孩子渐渐地要失掉自尊心了"③。又如《家庭教育》第十一章"原则四:不应在别人面前责罚小孩子"。陈鹤琴认为:"无论大人小孩都是有羞恶之心的,除了有神经病的成人或年纪太小的小孩以外,大多数小孩子尤喜欢顾全面子","倘使做父母的常常在别人面前去骂他,他就不以为耻,慢慢儿成为顽童了"。④

陈鹤琴强调对儿童人格的平等性、独立性、自主性和自尊心的爱护,但不否定适当的命令、规定和责罚。独立自主性是就发展需求和内在可能性

---

① 《儿童心理之研究》,见陈秀云、陈一飞编:《陈鹤琴全集》第一卷,江苏教育出版社2008年版,第52页。
② 《家庭教育》,见陈秀云、陈一飞编:《陈鹤琴全集》第二卷,江苏教育出版社2008年版,第613,630页。
③ 《家庭教育》,见陈秀云、陈一飞编:《陈鹤琴全集》第二卷,江苏教育出版社2008年版,第559页。
④ 《家庭教育》,见陈秀云、陈一飞编:《陈鹤琴全集》第二卷,江苏教育出版社2008年版,第620页。

而言,儿童之作为儿童的事实,是其身心、智能、人格都处在不成熟的状态,他的成长都有赖于成人的帮助,这才是家庭教育不可少的原因。所以家庭教育中在尊重儿童人格的同时又少不了适当的命令、规定和责罚。

(二)家庭教育必须建立在了解、尊重儿童身心发展的特点和教育规律的基础上

陈鹤琴一直把了解儿童、研究儿童作为实施儿童教育的前提和基础。了解儿童包括了解儿童的喜怒哀乐、儿童的知识与思想、儿童的环境以及由新生到成熟整个成长过程中所产生的一切变化与现象。

陈鹤琴指出:"儿童不是'小人',儿童的心理与成人的心理不同,儿童时期不仅作为成人之预备,亦具他的本身价值,我们应当尊敬儿童的人格,爱护他的烂漫天真。"[1]1921年在《儿童心理及教育儿童之方法》一文中将儿童的心理特征概括为"四心"之后,陈鹤琴在对一鸣的跟踪观察和《儿童心理之研究》一书的写作中,又进一步丰富了对儿童的认识。在《家庭教育》中,陈鹤琴将儿童心理归纳为七个方面,作为实施家庭教育的基础。这七个方面是:好游戏、好模仿、好奇、喜欢成功、喜欢野外生活、喜欢合群和喜欢称赞等。

了解与不了解儿童的心理发展特点,直接影响到家庭教育的效果。例如,谎骗是儿童中常发生的现象,大部分家长都希望能杜绝儿童的谎骗而培养儿童的诚实,但也因为许多家长不了解儿童的心理特征而导致对儿童的不公正。陈鹤琴提醒人们,儿童常常因为怕受责罚、讥笑、得不到别人的称赞,或者怕被剥夺心爱的东西、不愿透露心中隐藏的秘密等而向大人撒谎。对此,父母应改良自己的教育方法和教育环境。除此之外,有许多常被成人视为谎言欺骗的行为其实并不真的是谎言欺骗。幼年儿童的思维中充满着幻想,睡眠时也会出现许许多多的梦境。在儿童的记忆中,这些幻想和梦境往往与事实和醒境交织在一起。幼年儿童的思维还没有发展到清晰区分幻想与事实、梦境与醒境的程度,以至于他们的某些话常常被

---

[1] 《儿童心理及教育儿童之方法》(原载《新教育》杂志1921年第三卷第二期),见陈秀云、陈一飞编:《陈鹤琴全集》第一卷,江苏教育出版社2008年版,第7页。

成人误解为谎言。还有因为幼儿言语表达和对词汇理解的不准确性,或时间、空间知觉的不准确、不稳定性,也会导致成人误以为儿童不诚实。如有一天陈鹤琴的侄子告诉他:"某地方的铁路烧掉了。"真实所烧的仅是一根枕木,但因为他还没有明确区分枕木与铁路的概念,有可能被认为是故意夸大其词。①

好奇心是儿童心理发展过程中的不可忽略的一大表现。儿童的许多貌似过失的行为背后,往往正是儿童强烈好奇心的表现,是儿童心理特征的反映,其中蕴含着儿童的求知和创造欲望。可惜许多不了解儿童心理的父母在孩子好奇心刚刚萌芽的时候就给扼杀了。如"有一个小孩子在学堂里,听到他先生说人的脚骨折断可以再接的话,心里很以为奇怪,一回家,就把一只鸡的脚骨折断,他正在想方法要把这只鸡的骨头接起来的时候,被他母亲看见了,他母亲就拿了一根尺向他头上乱打",而且一边打,一边骂,骂完后又打。以至于使一个既能丰富儿童知识,又可以培养儿童正确行为的机会在无情的棍棒下丧失了。

与之相反,另一位母亲则不然。她年幼的儿子看到人的头发剪掉后能很快长出来,于是决定在洋团团头上一试,将洋团团的头剪得光秃秃的。他母亲看见后问明理由,非但不打他,反而微笑着告诉他"好好儿看着"。等到团团的头发长不出来时,再和他解释长不出来的理由。②

父母不仅要了解儿童的心理,还要结合心理了解儿童教育的一般原理。在《家庭教育》第二章中,陈鹤琴用比较通俗的语言和事例介绍了早期行为主义心理学家桑代克等关于学习的联念理论。桑代克认为儿童的学习是建立在生来就有的三种基本能力上,这三种基本能力即感觉、联念、动作,"学习就是先感觉外界的刺激,后把所感觉的事物与所有的感觉联合起来,再发生相当的动作去反应外界的刺激"③。

根据这一学习原理,陈鹤琴认为要提供给儿童良好而正确的刺激,让儿童在优良的环境和真实的情境中自然而然地接受教育。其中保证儿童

---

① 《儿童心理之研究》,见陈秀云、陈一飞编:《陈鹤琴全集》第一卷,江苏教育出版社2008年版,第337页。
② 《家庭教育》,见陈秀云、陈一飞编:《陈鹤琴全集》第二卷,江苏教育出版社2008年版,第619—620页。
③ 《家庭教育》,见陈秀云、陈一飞编:《陈鹤琴全集》第二卷,江苏教育出版社2008年版,第530页。

得到正确刺激的方法就是实地施教,如在教儿童动物常识时,最好让儿童接触到真的活的动物,如果利用图片,图片上的画也最好形象逼真。根据联念的规律,"凡能使小孩子快乐的刺激容易印刻在小孩子的脑筋里","凡刺激发生的时间愈长次数愈多,那联念也愈牢固"。所以陈鹤琴提示家长应注意在家庭教育中运用游戏、练习的原则。在儿童的行为习惯形成方面,陈鹤琴认为应注意以下方面:第一次就要特别重视,形成良好的开端;不能有例外,给儿童留下侥幸心理;给儿童亲自做的机会。这一学习理论的原理不仅影响到陈鹤琴关于家庭教育的具体教育原则,其对情境(刺激)、动作(反应)的重视也影响到陈鹤琴的整个幼儿教育思想和"活教育"理论。

把深入了解儿童、掌握儿童教育的一般规律作为家庭教育的前提和基础,这是陈鹤琴致力于促进中国家庭教育由经验性向科学性转化的努力之一。

(三)家庭教育须采用积极地暗示和鼓励为主的原则

在家庭教育的诸多原则中,包括以身作则、养成教育、宽严适度、教育一致等原则。以身作则就是家长在孩子面前树立良好榜样,用自己的行动去影响和教育孩子;养成教育就是说一个人要养成良好的习惯,应该从小就加以培养和训练;宽严适度在陈鹤琴看来就是父母要给孩子真正的爱,但是绝对不可以溺爱,家长要让孩子学会吃苦、学会自立;教育一致是针对家庭教育中存在"父严母慈"的现象,陈鹤琴反对这种一个唱黑脸,一个唱白脸的做法,只有步调一致,才能使孩子朝着正确、统一的方向发展。①

采用积极的暗示和鼓励,这是陈鹤琴反复强调的一个方面。根据儿童好模仿、喜欢称赞的心理特点,在家庭教育环境方面应该多给予积极的暗示和鼓励。

---

① 杨文花:《试论陈鹤琴的家庭教育思想》,载《河北大学成人教育学院学报》2008 年第 3 期。

"暗示和模仿,看起来是一样的东西,不过模仿是从儿童一方面着想,暗示是从环境一方面着想。对于儿童模仿是主体,对于暗示环境是主体。"①暗示对于教育的意义在于利用特定的情境去影响受教育者的认识与情感。如当别人做好的事情或坏的事情的时候,做父母的应当以辞色来表示赞许和不赞许的意思给小孩子听,给小孩子看:"小香5岁大的时候,最不喜欢刷牙齿的;而且在未刷牙齿以前,常常要饼干糖果等东西。他父亲当他面前的时候,对他母亲说:'静波每天早晨起来是一定要刷牙齿的,未刷牙齿以前,别人即使拿食物给他吃,他总不肯吃的。'他说的时候,脸色上表现出很敬佩静波的样子,嘴里还不住地称赞他。小香在旁边听见他父亲称赞静波的话,心里也觉得很羡慕静波。"②陈鹤琴认为,儿童生来是无知无识的,其是非善恶的观念是在后天慢慢形成的,父母应不失时机地利用生活中的特殊情境,对是非善恶显出一种态度,让儿童在不知不觉中受到影响。

暗示还在于创造一种情境和氛围,让儿童身临其境,甚至充当其中的角色,直接在行动中受到教育。如要培养儿童对别人的同情和爱心,当家庭成员中有人生病的时候,就要让儿童有亲自表示关切、问候的机会。③

体现于父母人格中的认知、情感、行为等因素对子女具有更强的暗示作用,所以家庭教育在很大程度上表现为身教意义的人格感化,家长必须做到以身作则。儿童的善恶观念薄弱、知识肤浅,而善于模仿又是儿童基本的心理特征,对于所模仿的事物,往往不加选择。父母是儿童最接近、信任、依赖的人物,所以儿童"看见他父亲随地乱吐,他也要吐吐看;看见他父亲吸烟,他也要吸吸看;或者他听见他母亲以恶言骂人,他也要骂骂看;……我们成人的一举一动,一言一语,都能影响小孩子的,他看了听了之后,或立刻就要去做做看,说说看,或到了后来才做出来说出来;他所做的和所说的与我们成人所做的所说的不同,但却有几分是相像的"④。所

---

① 《儿童心理之研究》,见陈秀云、陈一飞编:《陈鹤琴全集》第一卷,江苏教育出版社2008年版,第143页。
② 《家庭教育》,见陈秀云、陈一飞编:《陈鹤琴全集》第二卷,江苏教育出版社2008年版,第540页。
③ 《家庭教育》,见陈秀云、陈一飞编:《陈鹤琴全集》第二卷,江苏教育出版社2008年版,第607—608页。
④ 《家庭教育》,见陈秀云、陈一飞编:《陈鹤琴全集》第二卷,江苏教育出版社2008年版,第537页。

以做父母的事事都应当以身作则。

父母的这种以身作则体现于生活的极细微的方面。如陈鹤琴要养成一鸣顾虑别人安宁的习惯，常常以顾虑别人安宁的话说给他听，而且做给他看。平时当他的妹妹在房里睡熟的时候，父母进出也总是踏着脚轻轻地走，说话也总是低着声。有一日早晨，一鸣醒来后就吹洋号，陈鹤琴就低声对他说："不要吹！妈妈、妹妹还睡着呢！"陈鹤琴认为这时候只能是低声地劝止，而决不能大声地喝断他。"低着声"本身就包含了成人的态度，就创造了一种富有强烈暗示作用的情境。① 家长（父母）要求子女不欺骗，本身就要诚实，要求子女不虚伪，本身就要真诚。

对子女的教育，父母应采取同一的态度，如果父母意见相左，本身就暗示儿童行为价值的不确定性，这对还缺乏鉴别能力的幼年儿童尤其有害。

暗示以一种潜移默化的方式影响儿童，有"润物细无声"的教育效果，它利用的是儿童善于模仿的特点。陈鹤琴认为对儿童的教育还要多采用积极鼓励的方式，这则适应了儿童喜欢成功的心理。当儿童取得哪怕是一点微小的成就时，家长即给予适当的肯定和鼓励，可以加强儿童对成功的喜悦，从内心焕发出一种不可抑制的兴奋情绪，产生进一步追求成功和道德品行发展的内在的心理动力。陈鹤琴说："小孩子喜欢奖励的，不喜欢抑阻的。愈奖励他，他愈喜欢学习；愈抑阻他，他愈不喜欢学习。愈喜欢学习，经验愈丰富，学习的能力发展得愈大；学习的能力发展愈大，所学习的事就愈容易学会。学会的事体愈多，做事的自信心就愈强。若小孩子愈不喜欢学习，就愈不去学习；若愈不去学习，做事的能力就愈加薄弱。"②积极的鼓励是儿童在发展过程中进入良性循环的内在动力。

《家庭教育》反映了陈鹤琴对儿童教育的时代性和科学性的追求，但它的前提和基础又是一个成人教育尤其是女子教育的问题，或者更具体地说是一个父母教育尤其是母亲教育的问题。1934 年陈鹤琴在《儿童教育

---

① 《家庭教育》，见陈秀云、陈一飞编：《陈鹤琴全集》第二卷，江苏教育出版社 2008 年版，第 606 页。
② 《家庭教育》，见陈秀云、陈一飞编：《陈鹤琴全集》第二卷，江苏教育出版社 2008 年版，第 536 页。

的根本问题》①一文中着重论述了父母教育的重要性这一主题。儿童在没进学校之前,一天到晚最亲近的人当然是父母,就是进了学校之后,放学回家,还是和父母在一块,如果父母的知识习惯好,儿童早已受到好的家庭教育,再加上学校教育,自然就相得益彰。所以讲到儿童教育,根本上还要从父母教育讲起。其次是母亲教育与儿童教育。父母与儿童的关系,分别地讲述起来,母亲和儿童更加亲密,母亲如果受过良好的教育,她的行动习惯,自然也就良好,在日常生活中间她的孩子就会随时随处受到一种无形的良好教育,反之,则受到不良的影响。再次是女子教育与母亲教育。母亲是女子的专职,现在的女子就是未来的母亲,现在一般母亲的程度,就是从前女子教育的结果,未来母亲的教育程度,全看现在女子教育的良否,儿童教育,归根结底还是先从女子教育说起。女子教育的范围甚广,哪一个时期比较重要? 陈鹤琴认为照中国当时的状况而论,女子教育最重要的时期,还是在小学五六年级,况且有许多女子,在这时期,身体已渐渐发育,女性特征已渐渐显著,有些做父母的知识技能,不妨从此刻开始教授,各种做母亲的良好习惯,可以在此刻及早养成。儿童教育的根本,可以说在女子教育,女子教育的施行还要看重儿童时代。儿童教育与女子教育,实在是叠相为用,互为表里。陈鹤琴在这里将家庭教育放在更广阔的视野中来考察。

陈鹤琴 20 世纪 20 年代以教育为主题的儿童学研究在促进中国儿童教育理论的系统化方面具有开拓性贡献。其具体特色表现在:首先,他开创了以中国儿童为对象的儿童学研究,力图在归纳总结中国儿童心理特征的基础上,提出中国儿童的教育原则与方法,促进了儿童教育理论的中国化。其次,陈鹤琴 20 年代的两部主要著作——《家庭教育》和《儿童心理之研究》都是在吸收西方的研究成果,并结合他本人的观察、实验、研究,运用科学分析的方法写成的。在这过程中,世界儿童科学研究的主要方法,如观察、传记、实验、问卷调查、统计分析等都被介绍进来并在研究中应用推广,推动了中国儿童教育思想由经验性向科学性的转化。当然,陈鹤琴的研究也反映了我国幼儿教育理论始创时期的一些基本特征,如立论基础偏向对一鸣的个案研究,较少多主题、大范围的群体研究材料等。

---

① 《家庭教育》,见陈秀云、陈一飞编:《陈鹤琴全集》第二卷,江苏教育出版社 2008 年版,第 645 页。

第三节　中华儿童教育社

中华儿童教育社是民国时期重要的教育学术团体之一,在陈鹤琴等教育家的努力下,从南京城内的幼稚教育研究会发展成影响颇大的儿教社。该社通过种种努力,发行杂志和丛书,举行学术年会和各类演讲,传播各种教育理念,成为当时儿童教育研究与推动的中心,有力地促进了儿童教育事业的发展,其倡导的观点至今仍有现实意义。

一、中华儿童教育社的成立与发展

1919 年,陈鹤琴从美国学成归来,任国立南京高等师范学校心理学教授。1923 年,他在自己家创办了一所幼稚园,最初只有 12 名小朋友,目的是便于研究儿童心理、实验儿童教育。一年之后,儿童的数量有所增加,在陈鹤琴等人士的努力下,成立了鼓楼幼稚园。

1926 年 12 月,鉴于当时幼儿教育的重要性,而国内又缺乏这种研究机关和相关刊物,东南大学和南京鼓楼幼稚园的一些人组织了幼稚教育研究会,并出版了《幼稚教育》月刊及季刊,讨论并研究幼稚教育的实际问题。幼稚教育研究会是中华儿童教育社的前身,是中国早期研究幼稚教育的民间社团之一。"中华儿童教育社成立已有六年之久,在民国十五年(1926 年)的时候,少数同志,对于幼稚教育颇有兴趣,便在南京组织幼稚教育研究会。"①

幼稚教育研究会成立的初衷是:一为"试验状况的报告",再为"各方意见的交换",三要"实行家庭的联络",最后希望"引起社会的注意"。②这四个目标从理论到实践,由科研到推广,逐层递进,且可操作性强。

---

① 《中华儿童教育社概况》(原载《儿童教育》第四卷第十期),见陈秀云、陈一飞编:《陈鹤琴全集》第六卷,江苏教育出版社 2008 年版,第 259 页。
② 北京市教育科学研究所编:《陈鹤琴教育文集》(下卷),北京出版社 1985 年版,第 5—7 页。

　　最初加入的个人社员只有 10 多人,团体社员也仅有鼓楼幼稚园、中央
大学实验学校以及晓庄乡村师范等三家单位而已。他们每月开会,讨论幼
稚教育的问题,出版《幼稚教育》月刊(由鼓楼幼稚园负责主编)。随着会
员的增加、机构的扩大以及研究问题的深入,1927 年 3 月改称教育社,同
时《幼稚教育》月刊改名为《儿童教育》,包括家庭教育、幼儿教育、小学教
育等内容,一时受到社会的关注及各界的赞助。该社以研究儿童教育的各
种实际问题为主,推动儿童福利事业,成为"沟通中西,调和新旧教育之媒
介"。这一组织在传播宣传国外的教育思想,介绍中国的新教育思想,以
及在国内外之间教育经验的交流借鉴方面起到了重要的作用。

　　1929 年 7 月 12 日,在杭州西湖博览会教育馆召开中华儿童教育社成
立大会,当时有个人社员 47 人,团体社员 22 个。主要团体代表有:南京鼓
楼幼稚园、晓庄试验乡村师范学校、中央大学实验学校、北平孔德学校、中
央大学教育学院、南京特别市立中区实验学校、南京特别市立南区实验学
校、南京特别市立北区实验学校、无锡中学实验小学、上海中学实验小学、
上海特别市第一实验小学、上海特别市树基小学、上海商务印书馆尚公小
学、浙江杭州横河小学、广州中大实验小学、南京中学实验小学、苏州中学
实验小学、上海崇德小学幼稚园、上海特别市务本女中附小。经过与会人
员反复认真讨论,会议修改并通过了《儿童教育社简章》。简章确定中华
儿童教育社宗旨为:"本社为纯粹学术研究机构,以研究小学教育、幼稚教
育、家庭教育,注重实际问题,供给具体教材为宗旨。"①陈鹤琴被推选为大
会主席,对成立这样一个全国性的儿童教育研究组织,他感到十分喜悦,认
为这是"为整个中华儿童谋幸福的好事"。对于儿童教育社的发展前景,
他也十分乐观,指出:"本社是纯粹研究学术的机关,完全是为儿童谋幸
福;入社的社员,又完全是抱着研究的态度;至于对象,又完全是天真烂漫
的小孩子,所以本社实有永久存在的可能。"②1934 年 5 月,确定由陈鹤琴
请陶行知为该社而作的《教师歌》作为该社的社歌。

---

① 《儿童教育社简章》,载《儿童教育》第一卷,1929 年第 9—10 期,第 4 页。
② 《中华儿童教育社概况》(原载《儿童教育》第四卷第十期),见陈秀云、陈一飞编:《陈鹤琴全集》第
　　六卷,江苏教育出版社 2008 年版,第 259 页。

1930 年 7 月 9 日至 11 日,中华儿童教育社在无锡召开第一届年会,会议讨论的中心问题是"儿童中心教育"问题。1936 年举行了第二届年会并在会后举行儿童艺术成绩展会,会上美、日等国也都选送展品参展,扩大了中华儿童教育社的影响。特别需要指出的是在第二届年会上,组织者还提出创办"儿童中心教育实验学校案"。[①]

社团组织的核心构成部分即是社团中的成员。中华儿童教育社对于成员入社的条件要求是"本社社员,对于儿童教育有研究兴趣的,不分任何界限,凡志愿加入到,均可入社"[②]。教育社的社员分成团体社员和个人社员两种,其中团体社员多为幼稚园、小学等儿童教育机构,而个人社员则包括从普通教师到专家学者等有志于儿童教育事业发展的个人。并且,有许多个人社员的研究活动是在团体社员的机构中开展的。主要的团体社员为南京鼓楼幼稚园。

儿童教育社发展得很快,成立时只有个人会员 47 人、单位会员 22 个,1930 年发展为 315 人、34 个单位,1932 年 744 人、39 个单位,1935 年 1600多人,1937 年 4000 人,1947 年已逾万人。随着各地赞同儿童教育社宗旨的人越来越多,有建立分社的必要及可能。儿童教育社在 1937 年前,在全国建立了 21 个分社,战时又在重庆建立了北碚分社,上海的总办事处在战时开展了难童教育和报童教育,进行抗日的宣传和爱国的教育,到日军开入租界才退出,活动遂停止。[③]

二、中华儿童教育社的活动与影响

中华儿童教育社的活动主要为出版刊物,举行读书会,进行儿童教育问题讨论会,聘请国内外教育专家举行讲演会,组织国外教育参观团以及举行年会等。

---

① 郭法奇等:《欧美儿童研究运动:历史、比较及影响》,北京师范大学出版社 2012 年版,第 179 页。
② 《儿童教育》第六卷,1934 年第 1 期,第 5 页。
③ 张礼永:《中华儿童教育社简史(1926—1950)——儿童教育研究与发展中心的炼成》,载《基础教育》2012 年第 3 期。

（一）发行杂志与丛书

儿童教育社在正式宣告成立之前，就已经将《幼稚教育》更名为《儿童教育》，成立后，《儿童教育》成为其机关刊物。据"全国中文期刊联合目录"，从 1929 年至 1937 年，共发行 8 卷、68 期。儿教社除了发行杂志，以传播儿童教育的研究成果之外，还有刊行丛书。据上海图书馆所编"丛书目录"，列为中华儿童教育社出版的丛书，主要有"中华儿童教育社丛书""中华儿童教育社乙种丛书"和"中华儿童教育社千种丛书"三类。①

（二）举行学术年会

就历届年会讨论的中心议题而言，有儿童中心教育、儿童健康教育、公民训练教育、生产教育、儿童教育改进和中小学师资等，这些问题在一定程度上涵盖了当时社会普遍关心的儿童教育的热点问题，达到"与各地社员交换意见，联络感情"和"讨论中心问题，阐明儿教真意"②之目的。后来发展为六种：讨论中心问题，报告研究心得，展览实验成绩，提倡研究风气，联络社友感情，检讨社中业务。

儿童教育社从成立后，共开了 12 届年会。其中第 8 届至 11 届儿教社参加的是中国教育学术团体联合会的年会。1937 年（民国二十六年）春季，中华儿童教育社与中国教育协会、中华职业教育社、中国社会教育社、中国测量学会、中国儿童福利协会等 14 个教育团体在南京成立联合办事处。翌年，各学术团体为密切合作，共谋教育事业之发展，同意将办事处改称中国教育学术联合会，公推张伯苓为理事长。抗日战争时期在重庆曾多次举行学术年会，商讨战时教育、战后世界和平教育改造等问题。1944 年 5 月该会在重庆举行第二次年会，决定改称中国教育学术团体联合会。

中华儿童教育社也邀请一些当时国际教育界的专家学者来华讲学，为中国儿童教育研究提供国外前沿的学术成果。1931 年秋天，美国哥伦比

---

① 上海图书馆：《中国近代现代丛书目录》，上海图书馆 1979 年印行，第 191—192 页。
② 《中华儿童教育社主席陈鹤琴在第五届年会上致开幕词(1934)》（原载 1934 年《儿童教育》第六卷第三期），见陈秀云、陈一飞编：《陈鹤琴全集》第六卷，江苏教育出版社 2008 年版，第 261 页。

亚大学师范学院教授罗格（Rogge）及夫人来到上海讲学。罗格教授是继杜威、孟禄、克伯屈等之后来华访问讲学的又一位美国新教育和哥伦比亚教育学派的重量级代表人物，也是"儿童中心教育"的倡导人之一。

中华儿童教育社不但是国内研究儿童教育的中心，而且参加国际新教育同盟（New Education Follow-ship）及世界教育专业组织（World Organization of The Teaching Profession）。《儿童教育》月刊便是国际新教育同盟的中国支部机关报，为沟通中西、调和新旧的媒介，关心世界文化和国际学术思想之必备书报。可见中华儿童教育社对于世界儿童教育之改进，亦有颇多贡献。

中华儿童教育社的成立表明，当时中国的儿童研究和教育活动与国外的教育发展趋势是紧密联系的。从第一届年会的主题就可以看出杜威的"儿童中心论"对中国儿童学和教育实践的影响。中华儿童教育社的影响是多方面的，对中国儿童学研究的推进起到了重大的作用，其实践活动亦是多样的，这里以1932年的"儿童健康教育"年会议题为例来分析儿教社的重大影响。

英国教育家洛克说过："健康之精神寓于健康之身体。"在西方世界，历来崇尚身体健壮之美，甚至古希腊罗马的学者塑像也雕刻得宛如运动健将一般。西方儿童的教养也是十分重视健康卫生教育这一环节的。相形之下，中国传统中的健康教育明显重视不足，虽然在一些书籍中也有对儿童健康教育的说法，但基本上还是强调"读书""修习"之类的重文教育。

针对中国传统教育中多重文教育轻健康卫生教育的状况，1932年2月11日至14日，中华儿童教育社在南京中央实验小学召开第三届年会，以"儿童健康教育"为中心议题，并附开了儿童健康教育展览会。年会的研究成果随后通过《儿童教育》等中华儿童教育社主办的系列刊物陆续出版，成为当时广大教育工作者及家长们的参考指导资料。

《健康教育》是中华儿童教育社的第一期年刊，也是关于儿童健康教育研究的一本专刊。综合分析中华儿童教育社的这期专刊，可以总结出该社通过对儿童健康教育的研究而要推广施行的措施有：为儿童创设良好的生活条件；给儿童提供合乎卫生要求的房屋、设备和场地；强调合理的营养、膳食和充足的睡眠以及合适的衣着；为儿童制订和执行合理的生活制

度;培养儿童良好的生活卫生习惯和独立生活能力;锻炼儿童的体格,积极
开展体育活动;做好卫生保健工作,注意儿童安全;重视本国儿童与外国儿
童健康指数的比较。①

中华儿童教育社关于儿童健康教育的实践,不仅在增强儿童体力、促
进儿童健康方面起到了积极作用,而且在中国重文的环境下,这一实践对
促进儿童身心的全面发展也功不可没。

总之,中华儿童教育社的实践是多方面的,其产生的影响也是多方面
的,概括起来有以下几方面:

中华儿童教育社通过儿童教育实验研究,努力建构充满本土化元素的
儿童教育机构,使其体现浓厚的地域文化和民族特征,为中国儿童教育本
土化做出了突出的贡献;中华儿童教育社强调推进儿童福利事业,如建立
儿童公园、儿童娱乐中心、儿童剧场、儿童图书馆及儿童福利中心等公共儿
童设施,切实保障了儿童的身心发展;中华儿童教育社的社团成员中的专
家学者多为当时教育界有影响的重要人物,他们的巨大影响力能够增强教
育社的组织效能,能够更好地汲取社会资源,促进该社发展;中华儿童教育
社通过吸收广大一线教育工作者和对儿童教育感兴趣的普通民众入社,从
而推广实验成果,传播先进的儿童教育理念;中华儿童教育社的教育家们
注重实践和理论的有机结合,亲身实践,身体力行地展开一系列社务活动:
举办展览、陈列图书、组织表演、交流经验、出版刊物以及在南京鼓楼幼稚
园的实验等,充分发扬了理论联系实际的精神。中华儿童教育社尊重儿童
的身心特点,强调从儿童自身出发来教育儿童。正如陶行知为中华儿童教
育社所写的社歌《教师歌》里所唱的那样:"来!来!来!来到小孩的队伍
里,发现(了解、解放、信仰)你的小孩,你不能教导小孩,除非是发现(了
解、解放、信仰)了你的小孩。来!来!来!来到小孩的队伍里,变成一个
小孩,你不能教导小孩,除非是变成一个小孩。"

---

① 张文超:《中华儿童教育社研究(1929—1937)》,河北大学 2011 年硕士论文,第 41 页。

第四章 学前教育思想与实践(上)

第一节 社会变迁中的中国学前教育

一、清末民初的学前教育

19 世纪初期,随着西方资本主义向大工业生产的发展,有组织的学前教育机构应运而生。1816 年,英国的儿童学家欧文(Robert Owen)在苏格兰纽兰纳克创办了一所幼儿学校,招收二至五岁的幼儿,目的是谋求儿童的健康、快乐和自由活动,这可以说是欧洲最早的学前教育机构。1837 年,德国著名的学前教育家福禄培尔(1782—1852)在卡伊尔霍附近一座名为勃兰根堡的小城里开办了一所学前教育机构,专收三到七岁的儿童。1840 年,他将此命名为"儿童的花园"(kindergarten),从此以后"kindergarten"便成为表示"幼儿园"的专用词汇而传遍全球。

福禄培尔还开办了训练幼儿园教师——"园丁"的讲习所,因此幼儿园得以在它的诞生地德国得到迅速的发展。虽然 1848 年普鲁士政府以信奉无神论的罪名关闭了所有与福禄培尔思想有关的幼儿园,但在福禄培尔去世后,终因其追随者的不断提倡而迫使政府解除了禁令。从 19 世纪五六十年代开始,幼儿园这一学前教育机构,与福禄培尔的学说一道,逐渐在欧美各国流行。

幼儿园在欧美各国开始流行的时间,大致与鸦片战争后列强对中国的一系列干涉和文化教育渗透同时,因此中国境内最初出现的类似幼儿园的机构就比较自然地和传教士们的活动联系在一起,如法国天主教上海徐家汇圣母院下设的诸多机构中,就有幼稚园、育婴堂等"慈幼教育"机构。① 在"癸卯学制"确立学前教育在学制系统中的地位之前,根据张宗麟在《幼稚园的演变史》一文中介绍,全国已有教会设立的幼稚园六所。② 基督教会还在它 1890 年成立的教育组织——"中华教育会"下专设了"幼稚教育委员会",这对中国近代学前教育的发展有一定的影响。

较早在思想上将学前教育作为国民教育基础地位加以重视的是维新变法人士。甲午战争中国的失败暴露了洋务运动的弊病,引起了朝野人士对日本明治维新成功的关注,同时学前教育也作为日本学习西方的成果之一而与中国的教育界见面。

明治维新前后,日本的启蒙主义者们就在考察欧美教育状况和与本国传教士的接触过程中,认识到学前教育作为国民教育基础的地位和在日本实施学前教育的必要性。在他们的倡导推动下,1876 年成立了东京女子师范学校附属幼稚园,这是日本政府最早设立的官立幼稚园,福禄培尔和欧美有关学前教育的书籍也被翻译过来,成为日本早期学前教育实践的指南。

到 19 世纪 90 年代,日本的学前教育已走出了早期移植欧美学前教育思想与办学方式的阶段,成立了学前教育的研究推进团体,并于 1899 年制定了学前教育的独立规程——《幼稚园保育及设备规程》。随之,幼稚园

---

① 李清悚等编:《帝国主义在上海的教育侵略活动资料简编》,上海教育出版社 1982 年版。
② 张沪编:《张宗麟幼儿教育论集》,湖南教育出版社 1985 年版,第 392 页。

的保育内容也由早期的福禄培尔的"恩物"为主发展到以游戏、唱歌、谈话和手技等四项内容为主，形成了一套具有日本民族特色的学前教育模式。

　　作为维新变法思想的一个重要方面，康有为等人在他们的教育思想中对学前教育的地位和作用以及发展学前教育的必要性都进行了论述。康有为在他的《大同书》中构画了一个天下为公、没有阶级、人人平等的大同世界的蓝图，其中在"去家界为天民"一部中，他提出了消灭家庭，由政府对儿童实行公养公教的主张。在他设计的一套理想的教育制度中，儿童从断乳到六岁入小学院之前这一学前阶段的保育任务是由"育婴院"承担的。康有为对"育婴院"的院址选择、结构模式、环境布置、保育人员的选拔、保育任务、保育内容等方面都作了论述。康有为认为"育婴院"保育人员应全由女子担任，因为"男子心粗性动而少有耐性，不若女子之静细慈和而有耐性"。保育人员应"选其德性慈祥、身体强健、资禀敏慧，有恒性而无倦心，有弄性而非方品者"。"育婴院"的保育任务以"养儿体、乐儿魂、开儿知识为主"。就保育内容而言，应根据儿童身心发展的不同阶段而有所侧重，包括言语、图画、唱歌、手工等方面。"子能言时教以言，凡百物皆备，制雏形或为图画，俾其知识日增"；"婴儿能歌，则教仁慈爱物之旨以为歌"；"知识稍开时，将世界有形各物，自国家至农工商务，皆为雏形，教之制作"。[①]康有为所设想的从胎教到学前教育的完整的儿童公育体系和他大同世界的构想一样，具有空想的性质，但他是我国儿童公育最早的倡导者之一，在论述到儿童公育机构与具体方面时，尤其受到主要由日本传入的世界学前教育发展的影响。

　　与清末教育改革整体上受日本影响的形势相适应，我国最初由国人兴办的学前教育机构从教育观点、课程设置到教材教法都深受日本的影响。

　　在维新运动高潮时期，我国就确立了优先向日本派遣留学生的政策。1898 年 8 月 2 日，光绪皇帝发布上谕："现在讲求新学，风气大开，惟百闻不如一见，自以派游学为要。至游学之国，西洋不如东洋。诚以路近费省，文字相近，易于通晓，且一切西书均经日本择要翻译，刊有定本，何患不事

---

① 　康有为：《大同书·去家界为天民·育婴院》，古籍出版社 1956 年版，第 209—212 页。

半功倍。"①戊戌变法虽然失败了,但继之而起的清末"新政"却是坚持并加强了向日本倾斜的留学政策,于是在 20 世纪初掀起一场留学和对日本进行考察的高潮。

无论是到日本游历考察的职官亲贵,还是以学子身份来日本的一般人员,他们都对日本的教育制度表现了极大的热心。在那些成批到日本视察的人们中间,有许多人根据他们在日本的观感,从教育作为国家富强的基础,以及儿童能够在各种各样的游戏中促进身心发展和德性培养的意义上,阐述了发展学前教育的必要性。他们还在对日本学前教育实施状况的考察中,留下了许多具有现场感的记录。在他们出版的东游日记中,有许多涉及学前教育的篇章。这些来自有一定政治或文化影响的人物的考察报告,对激发国家与社会兴办学前教育的动机有直接的作用。

在另一方面,留日学生由于深受教育救国思潮的影响,读师范、学教育者始终占相当多数,他们除在课堂听讲,学习教育、心理、教授法、学校管理等科目的理论知识之外,还有一定机会参加考察和见习活动。"一星期间,恒有一二日,由教员率领学生,至男女各学校,及幼稚园,查看考验。"②这无疑为清末教育改革者全面了解包括学前教育在内的日本教育情况提供了渠道。

与此同时,罗振玉为主编的清末最早的教育杂志——《教育世界》,连续不断地对日本教育情报进行了系统的介绍,其中关于日本具有代表性的学前教育文献有:载于第 46 号(1903 年)中的《幼稚园恩物图说》,它是对日本关信三《幼稚园二十游戏》的译介。关信三是日本第一所官立幼稚园——东京女子师范学校附属幼稚园的第一任监事,他在书中对福禄培尔的 20 种恩物的游戏方法通过通俗易懂的插图进行解说,是日本早期普及恩物保育知识的具有相当权威的教材。还有载于第 77 号(1904 年)的《幼稚园保育法》,它的原著者是当时东京女子高等师范学校的教授东基吉,此书刚一出版即于同年被介绍到中国。东基吉更是推进日本学前教育的核心人物,前面提及的日本《幼稚园保育及设备规程》就是在他为首的"福

---

① 陈学恂、田正平编:《中国近代教育史资料汇编·留学教育》,上海教育出版社 2007 年版,第 3 页。
② 《敬上乡先生请令子弟出洋游学并筹集公款派遣学生书》,载《浙江潮》第七期。

114

禄培尔会"的推进下由文部省制定的。

我国学前教育在 1904 年初颁布并施行的《奏定学堂章程》（《癸卯学制》）中业已提到，该学制中关于学前教育的专门法规是《奏定蒙养院章程及家庭教育法章程》，学前教育机构被称为蒙养院。该章程分为"蒙养家教合一""保育教导要旨及条目""屋场图书器具""管理人事务"四章，对保教对象、宗旨、内容项目、时间、设备、管理等方面都作了比较明确的规定。蒙养院的保教对象是 3 至 7 岁的学龄前儿童，并明确指出相当于各国之幼稚园。章程的核心部分是第二章"保育教导要旨及条目"和第三章"屋场图书器具"部分，规定保教宗旨为：

（一）保育教导儿童，专在发育其身体，渐启其心智，使之远于浇薄之恶风，习于善良之轨范。

（二）保育教导儿童，当体察幼儿身体气力之所能为，心力知觉之所能及，断不可强授以难记难解之事，或使为疲乏过度之业。

（三）保育教导儿童，务留意儿童之性情及行止仪容，使趋端正。

（四）儿童性情极好模仿，务专意示以善良之事物，使则效之，孟母三迁即此意也。

紧接着关于保教内容和蒙养院设备，几乎是日本《幼稚园保育及设备规程》的全盘照录，其中蒙养院保教内容有游戏、歌谣、谈话、手技四项，这是当时日本幼稚园的基本课目。

《奏定学堂章程》体现了"中体西用"的指导思想，在《奏定蒙养院章程及家庭教育法章程》中，"中体"与"西用"的矛盾极其显明地表现出来。戊戌变法前夕，康有为、梁启超等维新人士就极力提倡振兴女子教育，并为此著文呼吁。但戊戌政变之后，以西太后为首的顽固派认为女子教育会引起社会秩序的混乱而加以反对，不允许在学制上给女子教育以正式的地位。

但是，学前教育在学制上的地位得以确立之后，蒙养院保育人员的培养就成了问题。按该章程规定，蒙养院作为保育幼儿之所，应仿照各国通例，"令女师范生为保姆以教之"。而"中国此时情形，若设女学，其间流弊甚多，断不相宜；既不能多设女学，即不能多设幼稚园"。

为了调和这一制度本身的矛盾,该章程特设了"蒙养家教合一"一章,该章在章旨中说明了蒙养院、家教、女学之间的关系,即"在于以蒙养院辅助家庭教育,以家庭教育包括女学"。就是说,学前教育和女子教育仍以传统的家庭教育为主,蒙养院只是作为家庭教育的一种补充形式。而这种仅作为补充形式的蒙养院,又因中国"无女师范生",只能"于育婴敬节两堂内附设"。育婴堂、敬节堂是清末已有的救济设施。育婴堂最初在于救济乱后无所依归的婴儿,后来渐渐收纳私生子与妓院子女。为了哺养这些苦难婴儿,堂内雇有乳母。敬节堂则是收容那些贫苦无靠,受名节观念束缚、不肯再嫁、无生计可图的寡妇。该章中指定就这两堂的乳母、寡妇进行培训,以识字者教不识字者,或专雇堂外识字的老成妇人进行教授。学习内容是中国传统的女教科书和少量从日本翻译过来的教育、家政学课本,如《孝经》《四书》《列女传》《女诫》《女训》及《教女遗规》等。一年后学成合格者发给保姆凭单,或受雇于人家,或就堂内所设蒙养院中担任保育工作。

"少年女子断不宜令其结队入学,游行街市,且不宜多读西书,误学外国习俗,致开自行择配之渐,长蔑视父母夫婿之风。"① 由于受这种顽固的女学观念的限制,该章程对蒙养园保育教导要旨及条目的规定与培养学前教育师资方面的规定,无论在制度、内容和方法上都不相匹配,枘凿不合,甚至两相矛盾。

由此可见,《奏定学堂章程》所给予学前教育的地位是非常有限的。首先,蒙养院没有被确定为学前教育的一种普遍形式而仅作为家庭教育的一种补充形式。其次,它对女子教育的规定适足以限制社会上业已渐开的女学之风,这对学前教育的发展实起了一定的限制作用。如 1903 年秋,湖广总督张之洞委托湖北巡抚端方在武昌阅马场创办了一所幼稚园——湖北幼稚园,这是我国第一所官立,也是第一所国人自办的幼稚园。端方任命一名日本归国留学生作为该园的监督去日本聘请保姆、采购设备。后来毕业于日本东京女子高等师范学校的户野美知惠等三名日本学前教育工作者来华赴任。户野美知惠亲任园长,并提议拟定了《湖北幼稚园开办章

---

① 见《奏定蒙养院章程及家庭教育法章程·蒙养家教合一章第一》第十节。

程》。为了使幼稚园得到推广和发展,湖北幼稚园内还附设了女子学堂,招收 15 岁至 35 岁的女子专门学习幼儿师范课程。这是我国幼儿师范最初的萌芽,也可以说是近代官办女学的开端。由日本聘请来的 3 名女子教习,也于幼稚园的工作之外,非正式地担任新设女学堂的指导。女子到学堂上课,成为轰动一时的新闻,引来了路人争相观看,直至与学堂门卫发生纠纷。①

1904 年初,《奏定学堂章程》颁布后,明文禁止开办女子学堂,作为湖广总督的张之洞只能将湖北幼稚园中附设之女子学堂撤销。他在处理此事的有关公文中说:"园内附设女学堂,聚集青年妇女至六七十人之多,与奏定章程尤为不合,若不亟予更正,诚恐习染纷歧,喜新好异,必致中国礼法概行沦弃,流弊滋多。"在"斟酌再三"之后所作出的处理办法是:其一,"原设幼稚园内附设之女子学堂,即行裁撤";其二,"所有原在该学堂有夫家之妇人,有愿学习女子师范家庭教育及保育教导幼儿之事者,准其分别附入敬节、育婴两学堂内一体教授,每堂不得过三十名";其三,"其未出嫁之室女即勿庸附入此两学堂,以示限制,而昭区别。如有少年处女志切就学者,该女子父兄尽可邀约亲族戚谊公同筹商,于巨绅世族家中开设女义学",但须"禀明官师批准"。②

从对《奏定蒙养院章程及家庭教育法章程》的条文分析和对湖北幼稚园附设女学堂立而复废的过程介绍中,我们不难发现在清末学制上出现的蒙养院,实际上是被纳入家庭教育和一般的社会慈善机构中。特别是对女学的禁锢,限制了幼教师资的培养途径,这也是制约我国学前教育初期发展的重要因素。

按袁希涛在《五十年来中国之初等教育》中的统计,光绪三十三年(1907 年),全国蒙养院的在院幼儿数为 4893 人。③ 清末学前教育的主要特点之一是深受日本的影响,故习惯上称此期为日本式的幼儿教育。当时国内一些著名的官立和私立幼稚园都聘有日本教习,如前述我国第一所官

① 《湖北武昌蒙养院(1903 年)》,见中国学前教育史编写组编:《中国学前教育史资料选》,人民教育出版社 1989 年版,第 105 页。
② 《张文襄公全集》卷一百零五,《公牍二十》,中国书店出版社 1990 年版。
③ 转引自陈景磐:《中国近代教育史》,人民教育出版社 1983 年版,第 155 页。

立幼稚园——湖北幼稚园,其特色就在于全面地学习、模仿日本的学前教育制度和方法。该园不仅基本上以日本女子担任教习,而且由园长户野美知惠提议拟定的《湖北幼稚园开办章程》中,其教育要旨也与日本的《幼稚园保育及设备规程》基本相同。保育课目有七项:行仪、训话、幼稚园语、日语、手技、唱歌、游戏,虽然说"大概与日本幼稚园课目有出入"①,但中心内容显然与当时日本幼稚园的四项基本课目——谈话、游戏、唱歌、手技相一致。据说此园除教日语、唱日语翻译改订的幼稚园歌曲之外,连园舍、幼儿的服装也均采用日本式。

私立幼稚园中,以天津的私立严氏蒙养院较为著名。它的创办者是先后担任贵州学政、翰林院编修、学部侍郎等职的严修(1850—1929)。1898年戊戌变法前夕,他上书清廷,建议废除科举,开设经济特科。戊戌变法失败后,他热心于办学,并于1902年和1904年去日本考察,认识到发展幼儿教育的重要性。1905年他在其1902年创办的严氏女塾的基础上创办了严氏女子小学,并设蒙养院和培养学前教育师资的保姆讲习所。

严氏蒙养院(后改称幼稚园)是作为保姆讲习所的实习场所而设立的。严修招聘日本女子大野铃子为教习,大野铃子半天在保姆讲习所授课,半天在蒙养院与保姆讲习所学生一起对幼儿进行教育。幼稚园招收4岁至6岁的幼儿,保育课目为游戏、手工、唱歌、故事,设备如钢琴、风琴、桌椅、教具等均从日本购入,可见各方面均属移植的性质。②清末一些著名的幼稚园大多聘请日本女子担任保育人员,这和我国近代学前教育制度最初是从日本引入相关。但是学前教育要有所发展,就必须解决幼教师资问题。自从幼儿园的首创者福禄培尔竭力主张由女子担任幼教工作以来,世界上学前教育的教师通例由女性担任,因此中国学前师资的培养发展问题就成了首先应在教育领域内打破女禁的问题。

中国境内最早的女学是由传教士创办的,它是西方殖民教育的产物。到19世纪末,在维新思潮的推动下,1898年5月,上海电报局局长经元善

---

① 《湖北武昌蒙养院(1903年)》,见中国学前教育史编写组编:《中国学前教育史资料选》,人民教育出版社1989年版,第104页。

② 《天津严氏蒙养院(1905年)》,见中国学前教育史编写组编:《中国学前教育史资料选》,人民教育出版社1989年版,第110页。

发起创办了经正女塾。进入 20 世纪后，全国各地不同形式的女学相继出现。其中以资产阶级革命派和维新改良派人士创办的为多，如 1902 年蔡元培在上海开办的爱国女学，以及上面提到的严氏女塾和在此基础上设立的保姆讲习所即是。1904 年《奏定学堂章程》明令禁办女学，目的就是阻止业已兴起的女学之风。章程对女学的发展起到一定的限制效果，官办自属不便，但以私立名义和其他形式创办的女学仍有增无减。

在女学兴起的同时，幼教师资的培训也开始起步。亦如女学一样，最早的幼稚师资训练班是由传教士创办的，在进入 20 世纪前，英美传教士已设立各种幼稚师资培训班多所，它们分布于苏州、上海、厦门等沿海城市。[①] 国内的幼稚教师的培训随着幼稚教育的兴起而有所发展，但情况不一，有些女学本身就是为培训幼教师资而设的，如湖北幼稚园附设的女子学堂；有些是在女学发展到有一定基础后就原来女学的生员进行幼稚师资培训。1904 年《奏定蒙养院章程及家庭教育法章程》颁布后，一方面按章程于育婴堂、敬节堂内培养保姆，另一方面一些开明人士也开始注意培养合于时代精神的学前教育师资。较早的除天津严氏保姆讲习所外，还有如 1907 年吴朱哲女士在上海公立幼稚舍创办的保姆讲习所。上海公立幼稚舍于 1904 年设立，为早年成立的务本女塾所办，同年务本女塾经理吴馨派吴朱哲赴日本保姆养成所学习，她于 1907 年学成归国。[②]

在教育领域内开放女禁，振兴女学已成为不可阻挡的时代潮流，一贯顽固保守的慈禧太后也不得不正视这一事实，1906 年 2 月面谕学部，振兴女学。1907 年，学部颁定《女子师范学堂章程》，在学制上开放女禁的同时，也使学前教育师资的培养在学制上得到正式确认。[③] 该章程规定女子师范学堂的要旨是培养女师范生以符合"小学堂教科、蒙养院保育科旨趣，使适合将来充当教习保姆之用"。除女子师范学校兼有培养学前师资的功能外，各地先后设立了一些专门的保姆班。到宣统末年，辛亥革命前

---

① 《日间托儿所》，见中国学前教育史编写组编：《中国学前教育史资料选》，人民教育出版社 1989 年版，第 435 页。

② 《上海公立幼稚舍附设保姆传习所（1907 年）》，见中国学前教育史编写组编：《中国学前教育史资料选》，人民教育出版社 1989 年版，第 114 页。

③ 朱有瓛主编：《中国近代学制史料》第二辑（下册），华东师范大学出版社 1989 年版，第 666 页。

夕,"全国女学生的数目已经有二三十万,学幼稚教育的人数也大增了"①。

中华民国成立后,学前教育较清末有所发展。这一方面因为男女平等观念的渐行,女子教育进一步开放;另一方面在学制中对学前教育的规定趋向具体明确。由1912年、1913年教育部陆续颁布的各种学校令综合而成的《壬子癸丑学制》,将学前教育机构由清末《奏定学堂章程》中的蒙养院改名为蒙养园。学前教育的蒙养园和大学本科后教育的大学院(研究生院)作为正式学校教育机构的附属部分,在正规学制系统中不计算学制年限。并规定:"女子师范学校于附属小学外应设蒙养园,女子高等师范学校于附属小学校外应设附属女子中学校,并设蒙养园。"②

1916年,北洋政府教育部颁布的《国民学校令》③的实施细则里,有《蒙养园及类于国民学校之各种学校》的专章,虽仍未将学前教育列入正规的学制系统,但有关规定则较《壬子癸丑学制》更为具体明确。蒙养园的保育对象是"三周岁至入国民学校年龄之幼儿",目的是"保育幼儿务使其身心健康发达,得善良之习惯",并注意在保育方法上照顾儿童身心发展的特点,指出"幼儿之保育须与其身心发达之度相等"。其中对保育人员的资格作了严格的规定,须取得国民学校正教员或助教员资格的女子或经过国民学校检定委员会检定合格者才可充任。相对于清末视幼教师资为保姆而言,师资要求的提高说明对幼教的科学和专业要求及地位的认识都有所提高,然而保育课目没有摆脱受日本影响的传统,依然是游戏、谈话、手技、唱歌四项。

民国初年的有关学校法令中,对学前教育的规定与清末蒙养院的规程相比,虽然都处于附属而非独立的地位,但表现出明显的不同。清末学制将学前教育机构附属于校外慈善机构,而民国初年规定附属于正规学校教育机构。④ 其次,表现出对实践中已经产生的幼儿教育机构的确认和规范倾向,如1916年《国民学校令施行细则》中对学前师资的资格规定就是一例。

---

① 张沪编:《张宗麟幼儿教育论集》,湖南教育出版社1985年版,第101页。
② 《教育部公布师范教育令》,见舒新城编:《中国近代教育史资料》(中册),人民教育出版社1961年版,第710页。
③ 舒新城编:《中国近代教育史资料》(中册),人民教育出版社1961年版,第464页。
④ 这一规定实际上从1907年颁布《奏定女子小学堂章程》和《奏定女子师范学堂章程》时就已开始。

　　民国成立后，一方面由于女学进一步开放，各种途径培养出来的学前教育师资日渐增多，这为学前教育的发展提供了机遇。另一方面，由于当时除极少数热心人士外，各方面都视学前教育为无足轻重，更由于在民国初年内战频仍，政治动荡，经济崩溃，一般教育尚且难以顾及的形势下，幼稚园数量的增加极其缓慢，学前教育的师资反而显得供过于求了。[1] 在零星兴办起来的幼稚园中，始终没有从萌芽时期抄袭、套用、移植日本幼稚园的模式中脱离出来，仍然处在模仿日本的阶段。与此同时，欧美传教士们出于试图全面控制中国教育发展方向的主观目的，又凭借他们早已有一定师资培训基础的客观优势，其所兴办的教会幼稚园在清末至民国初期则较为迅速地发展起来，这些都为"五四"运动后关注学前教育的人士提供了反思的课题。

二、"五四"教育革新浪潮下教育界对学前教育发展的反思与探索

　　中国人自觉主动地从事探索研究学前教育内容、方法的工作始于"五四"运动后。这种主动性来自"五四"新文化运动所创造的多元开放的文化背景对文化教育的发展提出的抉择要求以及由运动本身所激发的强烈改革意识。

　　"五四"教育革新浪潮下形成的学术理论与具体实践上的百家争鸣气象，使得学前教育的许多问题得到具体展开。1918年，刘半农在《新青年》五卷二号上发表的《南归杂感》一文中，借着与他夫人闲谈的语气，从解放妇女的角度，主张对中国传统的家自为政的社会结构进行改组，认为解决妇女因家务拖累而不能走向社会、谋求职业问题的方法之一为，如就他所住的街坊内"开设公共教养所一处，抚育全街各户五岁以下的儿童"，之二为"开设幼稚园一处，教育全街各户五岁以上、七岁以下的儿童"。1919年3月，身为北京大学校长的蔡元培在向北京青年会所作的《贫儿院与贫儿教育的关系》的演说词[2]中明确表示对中国传统家庭教育的怀疑，他的论述集中在两个方面："第一层：教育是专门的事业，不是人人能承担的"；

① 张沪编：《张宗麟幼儿教育论集》，湖南教育出版社1985年版，第102页。
② 高平叔编：《蔡元培全集》第三卷，中华书局1984年版。

"第二层:有子女的人,不是人人有实行教育的时间"。蔡元培是从教育者的资格和社会分工两个方面来表明发展学前教育的必要性的。与此同时,一些早期的马克思主义者也将学前教育问题归为自己理论研究的对象,1920 年恽代英在《儿童公育在教育上的价值》①一文中,运用唯物史观,将儿童公育作为社会发展的结果和社会进步的基础提出来。一方面,儿童公育是新社会结构中的一个不可替代的有机组成部分。马克思经济学说指出,私有工具既已经成为已往的事;个人本位的经济组织已经从根本上崩坏;私产、家庭、国家都失了它时代的价值。在这个时间,只有打破私产、自由恋爱、儿童公育。另一方面,从教育必须贯串人的一生,现有家庭教育不能提高教育效率,改良教育环境,实现教育平等,培养新社会的观念基础等不同角度,分析了儿童公育作为改造社会工具的作用。"所以谈改良人类改良社会,没有什么比幼稚教育更要紧。""我们真信幼稚教育的可能,真信幼稚教育的重要,只有促使儿童公育。"恽代英的儿童公育超出了一般幼稚园教育的范围。

"五四"前后,这些具有不同思想倾向的知识分子对幼年儿童教育的讨论和设想,在丰富、深化人们对学前教育认识的同时,也提供了人们考察学前教育的广阔视野,远远突破了清末所谓"家家皆自有一蒙养院"②,或者上幼稚园是为了"将来就学自然高人一等"③的局限。学前教育不仅仅是一个关于幼儿自身发展优劣的问题,它还关系到女子的解放、社会分工及其组织结构的改良,包含有社会发展的必然因素。

思想理论上对学前教育问题的关注,引导了学前教育实践活动的进一步自觉。中国近代学前教育的发展始于两种不同的途径。一种来自欧美传教士的文化教育渗透。由于教会学前教育活动是在一个相对独立封闭的系统中发展起来的,影响所及限于教会内部,早期不被国人注意,也不受国人重视。另一种便是日本模式的引入,它基本上主宰了清末学制颁布前

---

① 恽代英:《儿童公育在教育上的价值》,载《中华教育界》第十卷第六期。
② 1904 年《奏定蒙养院章程及家庭教育法章程》,见张百熙:《张百熙集》,岳麓书社 2008 年版,第137 页。
③ 1904 年《湖北幼稚园开办章程》,见舒新城编:《中国近代教育史资料》,人民教育出版社 1981 年版,第 386 页。

后开始由国人逐渐兴办起来的各种公私立幼稚园，不仅规程、课目、保育方面等抄袭模仿日本，教习和设备也多从日本聘请和购置。

受学前教育早期发展历史的影响，到"五四"运动前后，国内幼稚园基本上表现为两种类型：一种是日本式的幼稚园（一般称蒙养院，民国后改为蒙养园），一种是宗教式幼稚园。日本式的幼稚园，由于"五四"新文化运动时期思潮影响由日本转向受之欧美，还由于第一代日本教习的退出和相关的幼教师资培养机构的停办，表现出影响转弱的趋势，但仍然存在一定的基础。相反，宗教式幼稚园，由于传教士蓄谋已久的计划和长期的努力，已经占据优势地位。据 1921 年至 1922 年中华基督教教育调查团的报告，基督教教会学校在"五四"运动前夕，已达 7382 所，其中幼稚园有 139 所。据南京女师 1924 年的调查结果，全国幼稚园 190 所，其中教会办的 156 所，占 82%。① 虽然这一统计很难说全面，但足以表明以殖民为目的的宗教势力在我国学前教育领域内的渗透情况。

宗教式幼稚园和日本式幼稚园，是两种不同的儿童天地。"五四"运动前后，我国学前教育的许多实践工作者为了寻求学前教育的新的发展方向，对当时幼稚园的发展现状进行了认真的实地考察。如我国现代著名的幼儿教育专家张雪门，在对他从 1918 年至 20 年代中期考察的 30 所各类幼稚园的感想中，曾对以上两种模式的幼稚园都表示了不满。教会幼稚园条件一般较好，"有美丽的教室、小巧的桌椅，精致的恩物"，儿童在自由活动以后，工作以前，总要"闭一会儿眼睛，他们的小嘴一定还要唱一支祷告的诗曲；早晨相见，放学话别，'上帝祝福'"。但是，由于传教士办幼稚园为的是宗教的目的，那些由教会学校培养出来的教师，"她们愿意给教会造成功一批教徒的心比替社会造成一批健全分子的心热烈，所以她们是为她们自己的教会尽职，不是为教育服务，是为的宗教，不是为的孩子，所以她们喜欢谈耶和华造夏娃亚当，不准孩子说猴子变人的故事"。日本式的幼稚园则又是另一番景象，可以称作小学式的幼稚园，其课目及对幼儿的训练，力求和小学衔接与保持一致。"他们将游戏、谈话、手工、唱歌、识字、算术、图画、排板、检查身体、习字、积木分作一个时间一个时间的功课，

---

① 唐淑、何晓夏主编：《学前教育史》，北京师范大学出版社 2001 年版，第 101 页。

明明白白地规定在逐天的功课表里,不会混杂的而且也不许混杂,保姆高高地坐在上面,孩子们一排一排地坐在下面。……他们所注意的是去衔接小学,却疏忽了幼稚园的本身,他们所顾到的是成人的主观,却忘怀了孩子的心身。"①

无论从"五四"运动激发下再一次高涨起来的民族意识方面考虑,还是从20世纪20年代前即已大量涌入的欧美进步主义教育理论方面考虑,对于以上两种学前教育实践模式显然都难以接受。不过,直接激起国人自主改革学前教育意识的是整个教育改革的浪潮,特别是在1919年、1920年进入高潮的小学革新运动。杜威来华讲演实用主义教育理论,各地参观式调查团体的纷起,白话的最终取代文言,小学的种种改革实验,都发生在这一时期。教育界关注的焦点也从清末民初的办学规模和数量的发展转向教育内容、方法等学校内部因素的改造。在这一切因素引导下导致的儿童观念的变化无不和学前教育的改革密切相关。

这样,在批评教会宗教化、日本小学化的幼稚园的同时,学前教育实践中开始了自主探索中国学前教育发展模式的尝试。根据张雪门《参观三十校幼稚园后的感想》一文的综述,"五四"运动后(张雪门对30所幼稚园的参观时间在1918年至1926年),一种区别于日本式和教会式的普通式幼稚园越来越普遍,其"趋势的发展很快而且很普通",在他参观的30所幼稚园中,普通式幼稚园一般兼采蒙台梭利和福禄培尔的教学方法,既无宗教的束缚,"发挥福禄培尔的精神,同时又可以吸收蒙台梭利的血液"。这说明"五四"后学前教育的发展由初期的转抄日本转向直接向欧美寻求学理。

这种普通式的幼稚园又是从教会式、日本式幼稚园脱胎而来,虽然"五四"后反教会的气氛越来越强烈,但由于早年培养出来的日本式保姆的不被接纳和日趋减少,而从教会幼稚师范培养出来的幼教人员,在模仿福禄培尔和蒙台梭利以及欧美新方法方面还有几分相像。于是就"不能不延聘由教会出来的保姆,即保姆因办事人宗教信仰的关系,却不能不牺

---

① 张雪门:《参观三十校幼稚园后的感想》,载《晨报副镌》1926年第54期。

牲一部分宗教仪式,更因日本式的蒙养法,在阴背里伏着多少残留的印象"①。尽管这种幼稚园还不免于模仿与拼凑,但反映出的中国人自主发展学前教育的意识较早期要强烈得多。张雪门认为,如果教会幼稚园不改变宗教的狭义而为广义(也即愿意给社会造成一批健全分子的心比替教会造成功一批教徒的心热烈),就只能局限于教会里的徒子徒孙,"将永远得不到国中社会深切的同情",日本式幼稚园更谈不上改良,"除非破坏了重新建筑",只有第三种普通式幼稚园才是"国中顶有希望的"。事实上我国学前教育由抄袭模仿走向改革实验的时期正是从这时开始的。

较早尝试对幼稚园课程和教育方法进行全面改进,并且有实验性质的幼稚园是南京高等师范附属小学的幼稚园。它创办于杜威来华期间的1919年7月,1920年迁至一座杜威来南京高等师范附小访问时刚刚建造、后来被称为"杜威院"的新式楼房里。我们从它创办的时间和院舍的命名已可大略地揣摩出它的基本指导思想。这所幼稚园的儿童大多是3至6岁的教员子女。课程内容取材于与儿童经验关系最切的材料。无论自然界方面、社会生活方面的材料都按时令排列,在适宜的时间安排与时令对应的内容。课程内容涵盖了音乐、修身、社会生活、自然研究、工艺美术、体育卫生、国语文学、数量常识等方面,但不分科,而是融汇成一个整体。实施课程的活动项目有谈话、游戏、手工、音乐等,且预先有时间安排。但活动中不严格执行,照顾儿童的兴趣和活动,重视儿童独立自主精神的培养等。

在作为"五四"新文化运动推动下教育改革成果的一个重要方面——1922年《新学制》中,学前教育首次摆脱了在历次学制中的附属地位,幼稚园作为初等教育的一个阶段被纳入正式的学制系统中。这更引起了教育界特别是学前教育界的关注,将"五四"以来对近代学前教育发展的反思进一步引向普遍和深入,我国学前教育的发展真正由最初的模仿移植过渡到实验改进的时期。在当时所进行的为数不多的幼稚园改革实验中,以陈鹤琴主持的南京鼓楼幼稚园的试验最具代表性,影响也最为深远。

---

① 张雪门:《参观三十校幼稚园后的感想》,载《晨报副镌》1926年第54期。

第二节　鼓楼幼稚园的全面实验

一、创办鼓楼幼稚园

陈鹤琴创办鼓楼幼稚园,离不开时代教育改革的大背景。"五四"前后,杜威实用主义教育哲学成为当时中国教育改革的价值导向,麦柯尔的来华掀起了学习实验教育学的高潮,还有当时国外流行的种种教学法,都被陈鹤琴加以借鉴和吸收,正如陈鹤琴所说:"最近的教育思潮是注重实验,这是从美国实验主义派的哲学来的,杜威、米勒等主张得最得力⋯⋯幼稚教育是各种教育之一种,当然也应该依着实验的精神去研究。"[①]此外,回国后的陈鹤琴将儿童心理作为起步性实验内容,对中国儿童的心理进行了持续而深入的实验和印证,于1925年发表了我国儿童心理学的开山之作《儿童心理之研究》,而后在了解儿童心理的基础上,把自己研究和探索家庭教育的经验与成果集结,出版了《家庭教育》一书。他认为学前教育是家庭教育和幼稚园教育的总和,而学前教育又是国民教育的基础。"幼稚期(自出生至7岁)是人生最重要的一个时期,什么习惯,言语,技能,思想,态度,情绪都要在此时期打一个基础,若基础打得不稳固,那健全的人格就不容易形成了。"在一定程度上,南京鼓楼幼稚园的实验研究,是陈鹤琴早年以其长子陈一鸣的个案研究为中心的儿童学研究的延伸和拓展,鼓楼幼稚园堪称是我国近代高等学校第一个儿童教育的实验研究基地,对幼儿园课程、教材教学方法、玩具、设备、儿童习惯、幼儿园日常管理等进行了全面细致的实验研究。据长期协助陈鹤琴从事学前教育实验,后来成为我国现代著名幼儿教育专家的张宗麟回忆,陈鹤琴发起鼓楼幼稚园的动机照他自己说有这样两点:"远的动机:(1)热爱儿童,对儿童教育特别有兴趣。主张教儿童要从小教起,研究教育要从基本教育——幼稚教育——做起。

---

① 《幼稚教育》,见陈秀云、陈一飞编:《陈鹤琴全集》第二卷,江苏教育出版社2008年版,第20页。

（2）在东南大学担任教授时深感研究教育非从儿童实地研究不可。近的动机：（1）当民国十二年，一鸣已实足3岁，正值进稚园年龄。（2）这时候继续研究儿童教育及儿童心理正需要实验机构。"①

这样，陈鹤琴于1923年春天提出了设立幼稚园，以实验幼稚教育的主张。同年秋天，得到东南大学教育科人力和物力上的资助，借陈鹤琴家庭住舍之一部为校舍，成立了南京鼓楼幼稚园。陈鹤琴任园长，聘请东南大学幼稚教育讲师、美国人卢爱林（Helen M. Rawlings）女士为指导员，并聘留美回国在东南大学附中教音乐的甘梦丹女士为教师，入园儿童仅12名。

1925年春，陈鹤琴深感园舍过小，儿童容量受到限制，因而也不太经济。特别重要的是，于家庭附设幼稚园，受规模和其他条件的限制，实验计划很难得到充分实施。于是，有了扩建校舍、扩大规模的设想。由于受战争的影响，江苏省财政艰窘，无力补助经费。于是由东南大学教授徐则陵、蒋竹庄、陆志韦、涂羽卿、张子高、程其保、董任坚、艾险舟以及陈鹤琴、甘梦丹等成立董事会，共谋发起募捐，以筹资购地建造校舍。后得到朱琛甫先生等各方人士的襄助，在陈鹤琴住宅贴邻购地三亩，于1925年秋天建成鼓楼幼稚园园舍，并利用空地开辟游戏场和草坪，布置小花园、小菜园、小动物园等设施。

鼓楼幼稚园园舍建成后，陈鹤琴担任园长和各项实验的指导，东南大学派当年教育科优秀毕业生张宗麟来园担任研究员，协助陈鹤琴从事各项实验研究工作，教师有李韵清、俞选清等女士，同时参加工作的还有董任贤、王瑞娴、甘梦丹等人。其中张宗麟不仅是陈鹤琴南京鼓楼幼稚园实验的得力助手，也是我国现代有影响的幼儿教育专家，在鼓楼幼稚园实验的设计、进行和成果整理中都倾注着他的心血。

鼓楼幼稚园从一开始便是以"东南大学教育科实验幼稚园"的名义创办的，所以它的经费最初也大多来源于中华教育改进社和东南大学教育科的补助。南京国民政府成立后，改由第四中山大学（原东南大学沿革而来）拨给。鼓楼幼稚园的实验工作在它成立之初的1923年即已开始，所以

---

① 张沪编：《张宗麟幼儿教育论集》，湖南教育出版社1985年版，第394页。

陶行知在 1924 年向世界教育会议的报告《民国十三年中国教育状况》中称:自 1923 年秋起的鼓楼幼稚园中国化的实验"是意义重大又令人鼓舞的"。1925 年秋迁入新园舍后,他们即开始一面从事儿童心理学的实验,一面搜集适合于国情的幼稚园用的材料,同时对于各国已有的幼稚园材料加以分析。接着从 1925 年秋末冬初起,即开始了以课程实验为主导的全面实验,很快便使鼓楼幼稚园成为我国第一所幼稚教育实验中心,而参观南京教育者也非到鼓楼幼稚园参观不可了。

二、鼓楼幼稚园的课程实验[①]

鼓楼幼稚园的实验是全方位的,其中以课程实验为主导。这不仅因为课程是幼稚园活动的中心,其他各方面的实验都可以包容在课程实验之中,还因为鼓楼幼稚园实验的主持设计者是陈鹤琴、张宗麟等认为课程改革是学前教育改革的关键的一批人。早在东南大学教育科的儿童心理学课上,张宗麟就听陈鹤琴介绍中国当时的学前教育设备教法尽抄袭西洋成法,不切合中华民族特性和中国国情,也不符合中国儿童的特点。1925 年秋,鼓楼幼稚园在进行系统实验前,张宗麟对沪宁、沪杭甬铁路沿线的江浙两省幼稚园进行了一次调查,调查所获一方面使他对陈鹤琴关于中国学前教育的议论感受更为深切,另一方面使他感到课程实验是寻求中国学前教育发展路径的突破口。[②]

鼓楼幼稚园的课程实验分课程组织实验和学科实验两个大的方面,开始于 1925 年秋末。至 1928 年 5 月全国教育会议召开,鼓楼幼稚园的课程实验成果作为拟定全国《幼稚园课程暂行标准》的依据时,该项实验也告一段落。课程组织实验过程实际可分为三个不同的时期,每一时期都有各自的动机和特点,而且后期的实验也总是在总结前期实验的结果上进行。

第一期是散漫期。在实验前制定了四条粗略的原则:(一)课程应是

---

① 张沪编:《张宗麟幼儿教育论集》,湖南教育出版社 1985 年版,第 146 页。
② 《调查江浙幼稚教育后的感想》,见张沪编:《张宗麟幼儿教育论集》,湖南教育出版社 1985 年版,第 424 页。

儿童自己的课程，不应该成为教师、父母或社会上其他需要的装饰品；(二)一切课程都应服从儿童当时当地自发的活动；(三)教师的责任在于回答儿童的询问，指导儿童需要什么材料和如何应用材料；(四)注意发展儿童健康的身体和活泼的动作，而不愿让儿童接受许多呆板的知识和斯文如木偶的礼节。

根据这四项基本原则，为实验拟定的课程标准和方法是：(一)废止通常幼稚园里课程分学科的形式，让儿童自发地活动。(二)丰富和改进幼稚园的设备，希望布置一个极完备的环境，使儿童随地可以遇到刺激。(三)教师如果希望儿童从事某种活动，或者形成某种观念，不能通过硬性安排和直接灌输的方式，而是通过布置某种环境，刺激儿童从事这种活动和明了某种观念的欲望。(四)教师没有固定的工作、休息和预备功课的时间表，他的工作是布置环境和与儿童在一起，随时指导儿童的活动，儿童在园的时间即是他们工作的时间。教师之间根据各人的知识技能采取分工合作的办法。

在实验的最初几天，全园充满了生气与快乐，但各种问题也接踵而来，可以归纳为这样几个方面：(一)教师穷于应付。因为课程以儿童的活动和兴趣为中心，教师在备课时只能预猜儿童可能发生的兴趣，为着这些可能发生的兴趣准备材料和方法等，这已经包含了许多不确定的因素，事实上儿童活动过程中兴趣又在随时随地地发生变化，加上众多儿童兴趣的不一致，使得教师的备课（包括材料、方法、内容等各要素）与学生的兴趣很少能对应上几分。(二)儿童不能取得迅速有效的进步。活动依着儿童的兴趣，而儿童的兴趣总是停留在一个层次水平上，重复以前的活动主题，在一个平面上打转。(三)无法引起那些不好动，怕羞、怯弱的儿童的兴趣，使他们投入到活动中去。(四)养成了儿童的一些不良习惯。如儿童开始变得倔犟骄蛮，当教师的话不对儿童的口味时，便说一声"我们不要听"而一走了之，教师因此无法对儿童的活动进行引导。又如儿童的兴趣常常表现得飘忽不定，不能集中注意于一件事情的完成。这些都不利于儿童良好的行为规范和意志品质的形成。

这些问题出现以后，实验并没有很快停止，教师总是通过努力改善自己一方的工作而加以补救。如在对可能引起儿童兴趣的自然、社会环境的

129

了解上,又如对儿童兴趣的预测上,对环境的布置和材料的收集上做更多更充分的预备;对儿童兴趣的引导和活动的指导更讲究艺术和主动及时,并充分利用鼓楼幼稚园优越的周围环境。但是实验总是和预定的效果相差甚远,在坚持了半年以后,1926年春天进入到实验的第二期。

第二期是论理组织期。这一期实验的特点是加强课程的计划性和组织性。同时坚持第一期实验中课程安排从儿童出发,切合于儿童的经验、符合于当时当地的自然社会环境的基本原则。教师事先编定好课程计划,一周安排一个或多个活动单元,每个活动单元围绕一个中心主题,而中心主题的选择又根据当时当地的时令、节气、自然现象和社会生活中的风俗习惯等。教师在实施课程时基本上严格地一项一项地照做。在预定课程表上,儿童活动的内容实际上是根据其性质被分解为不同的学习科目的,有游戏、音乐、图画、故事、手工、读法、艺术、旅行等,不过这些学科都要尽量靠近选定的活动主题。事实上,这是接受了当时普通幼稚园的课程组织方式,所不同的是鼓楼幼稚园的每个学科用活动主题联系起来,而一般幼稚园则没有这一要求。

这种课程组织方式为教师的备课省去了不少时间和精力,儿童的学习成绩也较前期有了更快的进步,社会上也比较称道这种方法。但是,陈鹤琴等人进行实验的目的是要寻找到一条从儿童兴趣出发,发展儿童个性的课程组织方式,而第二期的实验结果是有悖于这一基本原则的。首先它抑制了儿童的兴趣,有时儿童会因环境的刺激或自发地产生某种兴趣,或环境和活动过程中发生预定课程中没有安排的有意义事件,这些都是激发儿童学习的好动机,按照这一期课程的组织方式都只能放弃。如当儿童对某项活动发生兴趣而达到入迷程度,不愿离开原来活动的时候,教师为了实现预定计划不得不强制他离开。其次,实行这种课程组织方式后,也抹杀了儿童的个性,因为课程计划是统一的,就不能不基本上采用团体活动,这样就不能顾到儿童在心理、兴趣和能力上的个体差异。儿童又被完全置于被动的地位,变成了注入式的教育,所以进行了半年之后,于1926年秋季又开始了第三期实验。

第三期是设计组织期,也可称为中心制期。这期课程组织与二期实验相比有一些共同的特点,课程内容也是根据时令季节的变换,从儿童生活中所直接接触到的自然、社会事物中选取材料，课程计划事先预定，一周或几天安排一个活动单元，每个活动单元围绕着一个中心主题。与二期实验所不同的是：

首先，二期实验的课程实施是以分学科的形式执行，如游戏、音乐、图画、故事、手工、读法等。尽管在学科中要求体现出中心主题，但在学科自身的安排与活动的中心主题不能统一时，往往牺牲的是活动主题，即是活动主题服从学科自身的安排，活动主题融化在学科之中，学科表现为显性，活动主题表现为隐性，所谓"论理组织期"的"论理"二字就体现在这里。第三期实验的课程实施是以活动中心主题的形式执行的，尽管在活动中也要求体现如常识、故事、儿歌、游戏、工作（手工）等普通幼稚园中的学科素养，但如果活动主题不能包含这些学科，则不硬性安排。学科服从活动主题的安排，融化在活动主题之中，活动主题表现为显性，学科表现为隐性。所谓"中心制时期"的"中心"指的就是活动主题这个中心。

其次，二期实验要求严格按照预定课程表完成，三期实验可以根据儿童临时发生的兴趣和社会上临时发生的事改变原定的课程计划。

第三，二期实验因为以学科形式组织，儿童只能在同一时间内做同一件事，团体活动较多。三期实验是以活动主题为中心，大中心下还可分为小中心，儿童分工合作，可根据个人的特长、爱好分几个小组或单个活动。儿童还可以在中心主题的引导下，发挥自己的想象和创造能力，设计老师计划中没有列入的项目，以丰富主题的内容。这样儿童在同一个时间内可以分别做不同的活动，分布在不同的学科项目上。

如1926年11月29日至12月5日这一周的活动主题是"张先生（即张宗麟）回家"，围绕张先生回家这个大主题设计的几个小主题是：（一）送别张先生；（二）张先生怎样回家；（三）和张先生通信。围绕（一）送别张先生这一小主题可进行的项目是：请张先生谈话；小朋友询问张先生家中和家乡的情况；制作送给张先生的礼物（绘画和剪贴、刺绣等手工作品）；开欢送会（交换礼物，表演唱歌、故事、乐器、舞蹈，讲笑话等欢送节目）。这样，普通幼稚园的各学科都融入到这一主题中来。在活动中，还根据有的儿童准备制作泥塑礼品送给张先生而张先生又不便于携带的事实给小朋友讲有关送礼的常识。围绕（二）（三）两个小主题可以包容旅行、通讯的一切方面。[①]

三期实验体现了计划性和灵活性、教师的主导作用和儿童的主体地位统一的原则。在鼓楼幼稚国实验取得一定效果后,1927年中心制课程又在南京全城14个幼稚园试行,下半年也开始在晓庄、燕子矶等乡村幼稚园里试行,均取得了较满意的效果。中心制课程的编制,由于活动包含的内容多,事先必须考虑到儿童的能力、经验、兴趣以及与实际生活相关的内容,但又不是生活中有什么就选择什么,而是要根据儿童现有的各方面基础去挑选生活中的题材,并将普通幼稚园对儿童各学科的要求分化到活动设计中去。这就对教师提出了多方面的要求,教师必须十分熟悉儿童发展的特点,了解儿童生活的周围环境,并做到两者的结合。

鼓楼幼稚园的课程实验整体上是以课程组织实验为主纲的,学科实验结合在课程组织实验之中。如前所述,无论在组织实验的散漫期、论理组织期,还是中心制期(设计组织期),平常幼稚园的各学科都或显或隐地存在其中,这就不仅有各学科与活动主题的关系及整合问题,还有各学科自身的教法问题。儿童围绕给张先生送礼这个小主题选送一幅画并写上一句话,这体现了学科(绘画、读法)与活动主题的关系问题,但儿童怎样学会绘画与读法(识字)便是学科的教法问题,课程组织实验解决了前者,而学科实验是要解决后者。陈鹤琴等人在鼓楼幼稚园的课程组织实验过程中始终注意各学科的教法和其他方面的实验和研究。由陈鹤琴和张宗麟合写发表于《新教育评论》1926年第三十四期[②]上的《一年来南京鼓楼幼稚园试验概况》一文,明确指出鼓楼幼稚园的实验包括课程与教材(即课程组织实验)、幼稚园的教学法(即学科实验)、儿童的习惯设备和玩具等方面,在"今后的计划"中除继续进行前面的实验外,还列入了儿童研究,小学与幼稚园的衔接问题,幼稚师范、幼稚园的平民化等研究和实验项目。唯因这些实验包含在课程组织实验之中,且在陈鹤琴等人的文字中更多以

---

① 陈鹤琴、张宗麟:《幼稚园的课程》(1928年5月作为《幼稚教育丛刊》第三种出版,收于陶行知、陈鹤琴、张宗麟合编的《幼稚教育论文集》,上海儿童书局1932年版),见陈秀云、陈一飞编:《陈鹤琴全集》第二卷,江苏教育出版社2008年版,第112页。

② 陈鹤琴、张宗麟:《一年来南京鼓楼幼稚园试验概况》(原载《新教育评论》1926年第三十四期),见陈秀云、陈一飞编:《陈鹤琴全集》第二卷,江苏教育出版社2008年版,第4页。

成果而非过程的形式表现,故我们拟在之后有关陈鹤琴的学前教育思想部分加以结合介绍。

三、鼓楼幼稚园课程实验对 1929 年《幼稚园课程暂行标准》的影响

1927 年南京国民政府成立后,蔡元培根据其教育独立思想,倡议成立大学院,代替教育部作为全国教育的最高行政机关。1928 年 5 月,全国教育会议召开,决定由大学院组织中小学课程标准起草委员会,编订中小学课程标准。会上,陶行知、陈鹤琴等提交了注重幼稚教育议案共 7 件,议案内容涉及调查全国幼稚教育,令各省各市各县实验小学先行设立幼稚园,推广乡村幼稚园,发展幼稚师范教育和开办实验幼稚师范学校,审查编辑幼稚园课程及教材等方面。① 会后,陈鹤琴被聘为起草委员会委员。在陈鹤琴主持下,由鼓楼幼稚园实验的参与人员和原东南大学教育科的有关专业人员陈鹤琴、郑晓沧、张宗麟、葛鲤庭、甘梦丹、杨保康等人拟订了《幼稚园课程暂行标准》。1929 年 8 月该标准经教育部中小学课程标准起草委员会审查通过并颁发全国。

《幼稚园课程暂行标准》(1929 年 8 月)②主要是根据南京鼓楼幼稚园的课程实验成果拟定的,全文分"幼稚教育总目标""课程范围""教育方法要点"三大部分,课程范围分音乐、故事和儿歌、游戏、社会和自然、工作、静息、餐点等七个课目,基本上包含了鼓楼幼稚园课程实验中的学科。不过鼓楼幼稚园学科中"读法"和"数法"两项《暂行标准》中没有采入,因为幼稚园中应不应该引入识字和数的教学在当时是一个有争议的问题。

《暂行标准》课程范围部分在每个课目下面列举了该课目的目标,内容大要和最低限度的要求。如"故事"和"儿歌"这一课目的目标是:(1)引起对于文学的兴趣;(2)发展想象;(3)启发思想;(4)练习说话,增进表达能力;(5)发展对于故事的创作能力,培养快乐、高尚和爱等的情感。内容大要为:(1)对神仙故事、民间传说、物语、历史故事、笑话、寓言等的欣赏

---

① 中华民国大学院编纂:《全国教育会议报告》,商务印书馆 1928 年版,第 304—311 页。
② 《教育部颁发幼稚园课程暂行标准》,见陈秀云、陈一飞编:《陈鹤琴全集》第二卷,江苏教育出版社 2008 年版,第 155 页。

演习(如口述、表演、发表,创作等);(2)各种故事画片的阅览;(3)各种有趣味而不恶劣的儿童歌谣、谜语的欣赏、吟唱和表情。最低限度要求达到:(1)能述说四则最简单的故事而意思很明了;(2)能创作一则最简单的故事而有明显的内容。

《暂行标准》的第三部分"教育方法要点"集中体现了鼓楼幼稚园三期课程实验的精神。该部分列举了教育方法要点17条,可以说,鼓楼幼稚园三期实验最后确认的课程组织的相关原则在此得到了较为全面的体现。

《暂行标准》体现了以活动主题为中心组织课程,让学科服从活动主题,消融在活动主题中的原则。教育方法要点第一条规定:"以上所列各项活动①(音乐、游戏、故事、社会和自然、工作等),于实际施行时应打成一片,无所谓课目。打成一片的方法,应该以一种需要的材料(应时的如3月的植树节,10月的国庆,秋的红叶,冬天的白雪等。在环境内发现的如替玩偶做生日,公葬某种已死的益鸟,开母姊会等),做一日或两三日内作业的中心;一切活动,都不离开这个中心的范围。"

《暂行标准》体现了教师主导作用和儿童主体相统一的原则。教师是儿童活动中的"把舵者"和最后的"裁判者","要使儿童跟着他的趋向而进行;在未达目的前,不要改变宗旨"。但"儿童的问题,应由儿童自己去解决。到儿童的确不能解决时,教师才可从旁启发引导"。

《暂行标准》体现了计划性和灵活性相统一的原则。教师对课程应有周密的设计,并考虑到各方面因素的结合。但"万一整个的设计,做到中途而多数儿童的兴趣已转移了,那么教师也可以把这个设计放下,便从事于多数儿童兴趣所在的设计,等相当的时机到来,再行设法继续"。

在材料整合上,《暂行标准》也采用了鼓励三期实验的大主题中套小主题的方法:"设计的材料,以易达目的的易得结果的为最好。在一个设计中,又须分为许多小段落,每个小段落,有一小目的,可得一小结果;那么儿童照着去做,得达目的,得有结果,也自然发生兴趣而自肯努力了。"

《暂行标准》要求幼稚教育所用的材料不应是空话,"而是日常可见可接触,至少可想象的实物、实事"。指出儿童活动应灵活应用团体、分组和

---

① 指《暂行标准》第二部分所列各项课目。

单个作业的形式。这些都体现了鼓楼幼稚园三期实验的精神。

1929 年教育部颁发《幼稚园课程暂行标准》后，经过试行，1932 年 10 月作为《幼稚园标准》由教育部公布。1936 年 7 月，经过修正后的《幼稚园课程标准》[①]，除增添少量内容和做极少的文字修改外，基本上是 1929 年《幼稚园课程暂行标准》的全文照录，同时一直是 30 年代初至 40 年代国民政府统治区内指导学前教育办理的纲领性文件。

第三节　鼓楼幼稚园实验与中国学前教育的民族化之路

鼓楼幼稚园实验的模式不仅以《幼稚园课程标准》这一全国性教育法案的形式影响了我国现代学前教育的发展，陈鹤琴等人还以积极总结鼓楼幼稚园实验的成果、编制学前教育用书等方式直接推进我国学前教育的发展。

一、《我们的主张》——课程实验的初步总结

鼓楼幼稚园开办后，特别是 1925 年开始系列实验之后，陈鹤琴等人即注意实验成果的总结。陈鹤琴发表在 1927 年 3 月由他主编的《幼稚教育》创刊号上的《我们的主张》[②]一文，即是对鼓楼幼稚园实验成果的较为全面的体现，也代表了陈鹤琴对中国学前教育发展方向的系统观点。现就其十五条主张的基本内容评述如下：

（一）幼稚园要适合国情。中国学前教育在度过最初的起步阶段，刚刚从日本学前教育模式脱离出来之后，又直接受到教会和美国进步主义教育运动这两股强劲势力的影响，使得 20 世纪 20 年代初期的幼稚园基本上美国化。幼稚园故事、图画、歌曲、玩具、教材等有许多是从美国搬来，教法

---

① 教育部中小学课程标准编订委员会：《幼稚园小学课程标准》，中华书局 1936 年版。

② 《我们的主张》，见陈秀云、陈一飞编：《陈鹤琴全集》第二卷，江苏教育出版社 2008 年版，第 75 页。

也模仿美国。陈鹤琴并不反对使用美国的教材教法,但他认为两国的国情不同,我们的儿童不是美国的儿童,我们的历史、文化、环境不同于美国,适合于美国的教材教法,对于中国未必适用。如熊在美国是一种习见和儿童都很熟悉的动物,因此是有关儿童作品的常见的题材,但中国儿童对熊就很陌生而不感兴趣,将熊改为虎,儿童听起来就更容易懂了。在幼稚园的设备、玩具、教材、教法的各个方面,我们要吸收各国中具有世界性的方面,但要根据中国的国情加以改造,并开创出具有民族特色的学前教育发展之路。

(二)幼稚园应与家庭密切合作。儿童教育是一件复杂的工程,不是幼稚园和家庭任何一方可以单独胜任的。家庭和幼稚园在对儿童教育上应成为互为延伸的两个方面,不仅在目标上应保持一致,而且一方对另一方面的情况应了解熟悉。这一方面要求家长不能把幼稚园作为图自己省心的儿童寄放所,另一方面要求幼稚园能主动和家长联系以取得配合。

(三)凡儿童能够学的而又应当学的,我们都应当教他们。陈鹤琴认为,把幼稚园仅仅作为儿童玩耍的地方,和把幼稚园作为儿童系统接受知识的地方,都是错误的。他认为,幼稚园中应该教给儿童什么知识,应主要依据这样三条标准:(1)应是儿童能够学的。所谓"能够学"不是指儿童花很长时间和很大精力才能学会的,不能妨碍儿童整体上的身心健康和其他方面的发展机会。(2)学习的材料应以儿童的经验为依据。(3)应是使儿童适应社会的。凡是对儿童现在和将来生活产生不良影响,为社会所不允许的知识都不应当引入儿童的教育内容。

(四)幼稚园的课程应以自然和社会为中心。儿童的生活是整个的,还没有确立将不同认识对象进行归类的观念,所以幼稚园的课程不宜用过于分化的学科去组织。但是儿童可以学应该学的东西又不能散漫毫无系统,应当以一定的中心组织起来。陈鹤琴认为适合做这种中心的是自然与社会,它是和儿童生活的两种环境相联系的。这是陈鹤琴对鼓楼幼稚园中心制课程实验成果的总结,以后发展为"整个教学法"思想。

(五)课程和教法应实行计划性和灵活性相统一的原则。在分析当时幼稚园普遍采用的固定的和自由的两种教法的利弊的基础上,鼓励教师和儿童一起把每日所做的功课预先拟定出来,这样教师便可有了一定的准备,倘若活动中临时发生一种很有兴趣的事情,也不妨改变已拟定的功课,以便适时地满足儿童的需要。

（六）幼稚园首先要注意的是儿童的健康。注意儿童的健康一方面是为儿童和国家的将来着想,有强身、强种、强国的意义,一方面是为了儿童现在的发展,因为幼儿智力和品行直接和他的健康有关,健康的儿童不仅思维动作敏捷,而且容易养成愉快活泼的情绪和乐于助人的习惯。幼稚园应该预防常见传染病的流行,应该加强卫生检查和进行充分的体育锻炼。

（七）幼稚园应注意帮助儿童养成良好的习惯。人类的动作十之八九是习惯,而习惯大部分又是幼年养成的。早年形成的习惯有好有坏,好的习惯终身受益,坏的习惯终身受累。习惯有动作的、行为的和思想品德的,幼年养成的习惯,是人一生人格的基础。习惯的养成重在开始,坏的习惯养成后,矫正起来就格外困难了。因此,应当特别注意儿童所养成的种种习惯,以期建筑健全人格之牢固基础。

（八）幼稚园应特别注意音乐教育。儿童是喜欢音乐的,到三四岁的时候,儿童唱歌的能力发展特别快,对音乐的兴趣也特别浓厚。为了满足儿童的音乐兴趣和发展他的音乐能力,应特别注意音乐的教学。音乐可以陶冶人的性格和感情,唤起人们的团结爱国和奋发进取的精神,也要求我们不得不注意音乐这一学科。

（九）幼稚园要有充分适宜的设备。幼稚园的设备是儿童活动的工具和获取经验的中介,教师借此调动幼儿的兴趣和积极性。设备不仅要充分而且要适当,要能起到激发儿童兴趣、发展儿童肌肉和思想的作用,还要注意安全因素。所以对设备的研究也是陈鹤琴学前教育思想的一个方面。

（十）应采用游戏式的教学法。游戏就是儿童生活本身,教学以游戏的方式进行,就能激起儿童强烈的兴趣,所以采用游戏式教学法符合儿童的心理特征,儿童也学得快,学得好,印象深刻。要让儿童在游戏中不知不觉地学到东西,寓教于乐。

（十一）儿童的户外活动要多。陈鹤琴认为,幼稚园的名词本来就是"儿童的乐园"的意思,就是要让小孩子在里面自由活动,随意游玩,吸收新鲜空气和享受天然美景,不仅户外新鲜的空气、明亮的日光、开阔可供活动的空间,是儿童健康强身和养成愉快活泼精神的要素,且其中的飞鸟走兽、闲花野草以及其他种种天然的实物都是丰富儿童经验知识的好材料。

（十二）幼稚园应多采用小团体的教学法。幼稚园儿童的年龄不齐（当时幼稚园还未实行按年龄分班制），身心发展不同，兴趣各异，因此陈鹤琴主张要结合这些因素对儿童多实行小团体教学。陈鹤琴特别强调其中的年龄因素，主张将"大的为一班，小的为一班"，这是我国幼儿园分班制的早期形式。

（十三）幼稚园的教师应当是儿童的朋友。教师和儿童做朋友，可以使儿童更容易亲近老师，乐意接受教师的熏陶。另外，教师也可以在与儿童同游玩、共生活中加深热爱儿童的情感，了解儿童各自不同的禀性、能力和兴趣，为更方便地教育儿童准备情感与认识的基础。

（十四）幼儿教师应有充分的训练。陈鹤琴认为，幼稚园时期的儿童的明显特点是:(1)处在一个身心发展神速的年龄阶段，年龄相差一两岁，其智力、知识、能力、品行发展水平就有明显的不同，且注意力和学习意向程度都很薄弱，这对幼儿教师教学的艺术性，根据不同儿童调整教学方法的能力提出了严格的要求。(2)幼稚园时期是人生基本习惯初步形成的时期，这时候形成的习惯往往成为人的第二天性。好的习惯有赖教师培养，坏的习惯有赖教师纠正，如果因教师基本技能不准确，儿童模仿后形成不良的习惯，将影响终身。陈鹤琴认为幼儿教师应在两个大的方面得到充分的训练，一方面是基本技能，包括唱歌、弹琴、绘画、语言等方面，另一方面是知识，要有丰富的自然和社会常识以及儿童心理知识。

（十五）幼稚园应当有种种标准，可以随时考察儿童的成绩。陈鹤琴认为幼稚园应该根据儿童可以达到的程度制定出品行、习惯、技能、知识等各方面的标准。这些标准是教师对儿童提出要求，考查儿童进步程度并依据考查结果有针对性地对儿童实施教育的依据。

这十五条主张，是陈鹤琴对鼓楼幼稚园实验成果的初步而全面的总结，它以概括、明了的条文形式提出了中国化幼稚园的基本实践原则，包含了陈鹤琴关于幼稚园课程、设备、管理、教师培养等方面的丰富思想。

二、对晓庄乡村幼稚教育实验的影响

陈鹤琴有感于中国的幼稚园抄袭外人，不知改进的事实，故萌发并创办了鼓楼幼稚园。1926 年,陈鹤琴、张宗麟在《一年来南京鼓楼幼稚园试验概况》一文中,提出了在继续鼓楼幼稚园实验的基础上,进一步拓展中国化幼稚园实验范围,开阔新实验领域的设想。当时我国幼稚教育之所以完全落入外人之手,原因就在于很少有自己开办的幼稚师范,缺乏民族化的学前教育师资,而几所教会设立的幼稚师范其毕业生则供不应求。鉴于此,陈鹤琴等人拟就了进一步创办幼稚师范、实验培养中国化的学前教育师资的计划,并征得中华教育改进社和东南大学教育科同意合作的意见,决定于 1927 年秋季实施。另一方面,由于鼓楼幼稚园作为一所众人瞩目的实验幼稚园,拥有较丰富的设备和优良的教师,这种条件并非当时社会所能普遍接受,鼓楼幼稚园的实验成果并不一定适宜大范围推广。为此,陈鹤琴等人本着学前教育平民化的精神,计划实验"能最普遍设立的幼稚园","试验怎样能最经济,怎样可以用极少的金钱,办极好的幼稚园";并初步确定了学前教育要面向农村,为农民服务的方向,提出要"试验出花 200 元开办费可以办一所极好的幼稚园;一个极小的村庄里,只要有一位妇女能做幼稚教师,与邻居合作,就可以举办一所家庭幼稚园"①。

　　1927 年前后,又是中国社会政治、文化背景发生迅速转化的一个时期。经过大革命的暴风骤雨之后,国民党背弃了国共两党合作的共同纲领,成立了南京国民政府。在文化教育领域,"五四"运动后的最初几年,沿着新文化运动的路线,引入西方科学、民主的文化成为文化发展的时代潮流,美国进步主义教育理论成为影响中国教育改革的主导力量。与此同时,"五四"运动本身所包含的反帝爱国因素对教育的影响逐渐增强和深化,从反对教会教育,收回教育权运动,发展到与政治结合的范围广泛的学生运动,及至 1925 年"五卅惨案"后达到高潮。在这一过程中,一种以主要通过中国传统文化的更新改造而非直接引进西方学理的文化观念得到发展,如梁漱溟以儒家思想的改造为核心的乡村建设的思想和实践就是一例。

　　在不断发展的时代背景下,美国进步主义教育理论的影响在 1922 年

---

① 　陈鹤琴、张宗麟:《一年来南京鼓楼幼稚园试验概况》(原载《新教育评论》1926 年第 34 期),见陈秀云、陈一飞编:《陈鹤琴全集》第二卷,江苏教育出版社 2008 年版,第 11 页。

左右进入高潮后逐渐减弱。到 1926 年,以支持进步主义教育理论和教育改革实验为主的全国性教育组织——中华教育改进社也宣告解散,这一组织的核心刊物——《新教育》杂志也停刊了。作为中华教育改进社及其在南方的重要活动中心——东南大学教育科的主要负责人陶行知,也随着时势的发展不断变换着自己的教育实践活动的主题。1923 年 8 月,他与朱其慧、晏阳初等人在北京组成了中华平民教育促进会,除继续担任中华教育改进社总干事外,辞去了他在东南大学的所有职务,将主要精力投入到以平民为对象的识字运动中去。陶行知投身平民教育运动不久,即认识到农民教育是中国教育的关键,并开始大力提倡乡村教育,于是一个关于全国规模的乡村教育改造设想开始在他的心中酝酿形成,这导致 1927 年南京实验乡村师范学校——晓庄师范学校的诞生。

陈鹤琴的鼓楼幼稚园实验是沿着欧美进步主义教育的方向,对中国学前教育进行民族化改造的探索,坚持儿童和生活本身在课程设置中的根本意义是这一实验的出发点。这是每个了解进步主义教育理论内涵的人通过对鼓楼幼稚园课程实验的分析中都能体会到的。鼓楼幼稚园实验也一直受到中华教育改进社和东南大学教育科在理论和物质人力上的支持。随着以进步主义为主导的教育改革时期的结束,国内教育改革力量进行了分化与重组。1927 年南京国民政府的成立也导致了诸多人事的变动。陈鹤琴本人也于 1927 年 6 月应南京特别市教育局局长陈剑修之请,任教育局学校教育课课长。在新的历史条件下,作为鼓楼幼稚园实验的延伸和拓展,陈鹤琴等人创办幼稚师范、实验平民化幼稚园设想的实施,主要体现在晓庄师范第二院①的有关活动中。

晓庄幼稚师范院是陶行知与陈鹤琴教育思想与实践相互影响的结果。陶行知在从事平民教育实践过程中,一直关注着我国学前教育的发展,1926 年 10 月,他在《新教育评论》第二卷第十九期上,以《幼稚园应有之改革及进行方法》为题,发表了他于同年 9 月写给江苏省长、请求资助他实现设立燕子矶乡村幼稚园的计划的信。信中,他指出当时中国幼稚园的弊端:第一,"取法外国,不适国情";第二,"费用太大,不能普及";第三,"所

---

① 即幼稚师范院。

140

收儿童多属贵族"。分析了在农村设立幼稚园的必要性和可行性。接着，他于 1926 年 10 月与 11 月间，先后发表了《创设乡村幼稚园宣言书》和《幼稚园之新大陆——工厂与农村》等文，进一步将当时幼稚园的三种弊端概括为三种病：外国病、花钱病和富贵病[①]，并以宣言书的形式发出了创办中国的、省钱的、平民的幼稚园的宏愿，号召学前教育工作者走向工厂与农村，指出在幼稚园发展上，那里才是具有广阔前景的新大陆。

　　1927 年 3 月晓庄师范学校成立后，作为陶行知乡村教育改造思想与实践的一个组成部分，晓庄幼稚师范院也于同年 9 月份成立，陈鹤琴担任院长兼指导员，担任指导员的还有张宗麟等参加鼓楼幼稚园实验的实际工作者。鼓楼幼稚园也被作为晓庄的特约中心幼稚园。这样，鼓楼幼稚园的实验及陈鹤琴等人的学前教育思想与实践在与陶行知的乡村教育改造的思想与实践相结合的过程中得到延伸和拓展。

　　晓庄幼稚师范院除让师范生在师范本部过适当的共同生活外，它的教学活动主要在几所中心幼稚园进行。在《试验乡村师范学校幼稚师范院简章》[②]中，对该院的宗旨、培养目标、教学方法、课程内容、人员设置、招生和毕业资格都作了规定。其教育宗旨为：根据中心学校办法，造就乡村幼稚园和幼稚师范学校教师，使能与乡村儿童妇女共甘苦，以谋乡村儿童妇女幸福之增进。它要求培养的人才达到如下的目标：具有看护的身手，科学的头脑，儿童的伴侣，乡村妇女运动的导师。教育方法以中心学校的生活训练为主，中心学校分乡村蒙养园（相当于现在的托儿所）、乡村幼稚园、乡村小学幼稚园。课程则为中心蒙养园活动教学做，中心幼稚园活动教学做，中心小学幼稚园活动教学做，分任院务教学做以及儿童文学、园艺、自然科学、美术、音乐、家庭、医药卫生、乡村妇女运动教学做 12 项"教学做"的内容。

　　晓庄幼稚师范院这种培养幼稚教师的方法被陶行知称之为艺友制师范教育在学前教育领域中的应用，师生、师师、生生彼此之间为平等的"艺友"，正如我们今天所说的学习共同体。它主要根据陶行知"生活教育"理

---

① 华中师范学院教育科学研究所主编：《陶行知全集》第一卷，湖南教育出版社 1984 年版，第 619 页。
② 中华民国大学院编纂：《全国教育会议报告·注重幼稚教育案附录》，商务印书馆 1928 年版。

论中的"教学做合一"的原理。正如陶行知所说:"艺友制的根本方法是教学做合一。事怎样做便怎样学,怎样学便怎样教。教的法子根据学的法子,学的法子根据做的法子。先行先知的在做上教,后行后知的在做上学。"①

晓庄师范的基本主张就是:师范要以小学为中心,幼稚师范要以幼稚园为中心。幼稚园或者小学就是师范的母亲,而不是师范的附属品。在这一原则指导下,晓庄办了一个个中心小学和一个个中心幼稚园,他们坚信有了好的幼稚园,就可以产生好的幼稚师范,就可以训练好的师范生,幼稚师范生要想学到办幼稚园的真本领,也只有到幼稚园里来,在办幼稚园的过程中学办幼稚园。

为了实现这一培养学前教育师资的理想,1927年11月,晓庄幼稚师范院的第一所中心幼稚园——燕子矶幼稚园成立后,即开始用艺友制的方式培训学前教育的师资。燕子矶幼稚园也是我国第一个乡村幼稚园,继此之后,晓庄又先后成立了多所中心幼稚园,它们起源于陶行知乡村教育改造的理想,也是一场发展乡村学前教育的实验。陈鹤琴作为幼稚师范院的院长对这场实验负有总指导的责任。在具体实践中负责在各中心幼稚园间巡回指导的是张宗麟,他在陈鹤琴1928年夏受聘担任上海工部局华人教育处处长之后,实际承担了晓庄幼稚教育实验的领导之责。

晓庄幼稚师范院的各中心幼稚园都负有实验乡村幼稚园和实验培养乡村学前教育师资的任务,其中以燕子矶幼稚园因创办最早而较有成果。1927年11月,燕子矶幼稚园在陈鹤琴和张宗麟的协助下成立,初由徐世璧主持,张宗麟经常去帮助指导。1928年暑期,徐世璧调往晓庄幼稚园(另一所中心幼稚园)任指导部主任后,燕子矶幼稚园交王荆瑛主持,她后来成为张宗麟的妻子。

燕子矶幼稚园的实验是在张宗麟的直接指导下进行的,因此它深受鼓楼幼稚园实验影响。从1928年暑期起,开始制订幼稚园的生活纲要。生活纲要(又称幼稚生生活历)分年、月、周、日四种,逐层细化。在课程组织

① 《艺友制师范教育答客问》,见华中师范学院教育科学研究所主编:《陶行知全集》第二卷,湖南教育出版社1985年版,第56页。

上参照鼓楼幼稚园三期课程实验的成果,采取"设计组织法":教师在估定每天的工作时,一方面是参照每月和每周的生活纲要,另一方面则是根据儿童昨天提出来的兴趣和问题,而实施中最重要而最大的根据还是当天的生活环境的刺激和儿童的兴趣。燕子矶幼稚园的实验也体现了乡村生活与环境的特点,乡村和城市向儿童展示的是不同的自然和社会生活天地,他们一方面根据乡村的环境特点选择儿童熟悉和取材方便的活动主题及手工、故事材料,另一方面根据乡村儿童的特点在活动方法和课目上有所偏重。如根据乡村儿童习惯于自然环境,很少清洁的习惯,进入学龄后就学时间短没有良好的学习机会等,在活动中安排较多的户外生活,加强卫生习惯的训练,更注意读法等。[①]

燕子矶幼稚园的另一项具有历史影响的活动就是艺友制师范的实验。陶行知提倡艺友制师范教育的目的是为了尽快培养进行乡村教育改造的大量教师。如果说他提出这一主张的现实启发是各种行业所实行的艺徒制,理论根据是他的教学做合一的原理,那么其直接的实践来源则是燕子矶幼稚园的实验活动。

1926年,陶行知在对南京附近的乡村学校进行考察后,觉得燕子矶、尧化门、开原等小学的办学方法很值得他校取法,便建议他们能给予住宿以方便远道来参观的人见习、观摩和实地研究。后来江苏省教育厅长江问渔打算创办小学,便派其侄子江希彭到燕子矶小学实地生活三个月,获益匪浅,这给陶行知留下了深刻的印象。燕子矶幼稚园成立后,燕子矶小学校长丁超的妻子和另外两位女毕业生直接到园中随张宗麟和主持人徐世璧学办乡村幼稚园。取得一定成效后,张宗麟建议陶行知将这种类似徒弟制的培养教师的方法推广到幼稚园和小学去。

这一设想首先得到陈鹤琴的赞同,他在和陶行知交换意见后,主张在鼓楼幼稚园中,以招收徒弟的方式进行培养幼稚师资的实验。而后这种方法被陶行知确认为"是最有效力之教师培植法,并且是解除乡村教师寂寞和推广普及教育师资之重要途径",将之概括为"艺友制师范教育"。很

---

① 参见孙铭勋、戴自俺:《晓庄幼稚教育》,见戴自俺、龚思雪主编:《陶行知幼儿教育的理论与实践》,四川教育出版社1987年版,第137—149页。

快,艺友制师范教育在一定范围内得到响应。1928年1月,晓庄师范、南京实验小学、鼓楼幼稚园、燕子矶小学、尧化门小学和燕子矶幼稚园等六校宣布联合招收艺友,当时担任南京特别市教育局学校教育课课长的陈鹤琴也宣布在市立实验小学和幼稚园实验。[①]

艺友制师范教育提出后作为陶行知"生活教育"理论的实践形式之一在晓庄师范得到普遍推广并产生全国性影响。张宗麟还就如何用这种方法培养幼稚教师写过题为《怎样指导幼稚园教学做》的文章。[②] 他认为,"教学做合一"的原则就是艺友制的原则,从做上学,从做上教,就是艺友制。艺友制可以克服以前师范教育中学用分家的弊端。张宗麟将他指导艺友学习的过程分成四个步骤:

第一期,新到的艺友,不问他怎样,给他一个座位,让他做幼稚生,让他与幼稚生同吃、同唱、同游戏、同认字,实际参加幼稚生的各种活动,学做一个儿童的领袖。第二期,在第一期经过一个月后,开始指示幼稚园工作的要点,如讲故事的要领、积木的整体变化情况、儿童游戏的注意事项等,并开始让他试做儿童的教师,试做之后与他讨论出现的问题、改进的方法,同时让他学习唱歌、室内布置等基本技能。第三期,第二期结束半年后,开始让艺友们独立地去教,导师只帮助他们制订计划大纲,要求他们常将自己的工作和其他艺友对照,并组织他们参观其他幼稚园的活动。在参观前后导师应做指导谈话和进行讨论,指示参观的目的、内容,总结收获和提出建议。第四期,让每两个艺友实际负责整个幼稚园工作二个月,导师处于旁观位置,只就活动大纲、材料、方法以及做过的情况以讨论的形式做适当的总结和指导。四期共一年半到两年,参加工作半年或一年后经考察而实有成效者发给毕业证书。

张宗麟认为晓庄实行的教学做合一的原则是一种广义的艺友制,所以对晓庄幼稚师范院正式招收的幼稚师范生的训练工作也和对艺友的训练相仿佛,所不同的是她们先要在师范本部过三个月的共同生活,从事"校

---

① 以上参见《如何使幼稚教育普及》《艺友制师范教育答客问——关于南六校招收艺友之解释》,见华中师范学院教育科学研究所主编:《陶行知选集》第二卷,湖南教育出版社1985年版。
② 戴自俺、龚思雪主编:《陶行知幼儿教育的理论与实践》,四川教育出版社1987年版,第143页。

务教学做"，然后再到各中心幼稚园去从事"幼稚园教学做"。

晓庄学校创立之后，由于它的各中心小学、中心幼稚园分布于劳山周围较广的乡村，而且规模不断扩大，1929年上半年，经全体大会和指导会议议决，将晓庄学校改组为晓庄、吉祥、三元、万寿、和平五个地区学院，分院的办法是以地区为系统、以中心小学为主体，中心幼稚园附属中心小学。这样，原晓庄幼稚师范院各中心幼稚园及分布在各幼稚园的师范生就被分开到各地区学院中去了。为了使晓庄乡村幼稚教育实验有一个统筹的计划和安排，孙铭勋和戴自俺二人提出了"把各幼稚园集合成一个独立的学院"的议案，交五院联席会议讨论。他们认为这样做一方面因为幼稚园不是小学的附属品，另外也便于负专责的指导员进行指导，实验和研究也可以集中。这个议案后经陶行知修正后获得通过，于1929年10月成立了一个专门负责指导各中心幼稚园工作的学院——"蟠桃学园"，而各幼稚园业务指导之外的工作是否划归"蟠桃学园"则根据所属地区学院的院长的意愿。蟠桃学园实际上可以被看成是晓庄学校改组后以新的形式对原幼稚师范院的延续。

"蟠桃学园"成立后，园址选在燕子矶幼稚园，由徐世璧任园长。学园的首次活动就是成立了幼稚教育的研究团体——"晓庄幼稚教育研究会"，各中心幼稚园的指导员和在园的师范生成为该会的当然会员，规定每周开常会一次以讨论实践问题，张宗麟每次必到会作系统讲演。"蟠桃学园"和晓庄幼稚教育研究会的成立，使晓庄乡村幼稚教育的实验进入到一个新阶段，开始了以课程改革为主的新尝试。1929年末，他们制定了1930年幼稚教育实验计划，并聘请张宗麟协助指导幼稚园的新方法和新实验，邀请陈鹤琴作为他们的特别指导。正当这些有志青年激情满怀地憧憬我国未来乡村学前教育发展远景的时候，1930年4月，国民党政府查封了晓庄师范学校。

由陶行知发起的晓庄乡村幼稚教育实验因为得到陈鹤琴的亲自关心、支持和不时指导，特别是像张宗麟这样在鼓楼幼稚园试验中成长起来的学前教育专家的始终参与并实际上起主导作用，使得鼓楼幼稚园实验和晓庄幼稚教育实验成为前后联系的两个阶段，它们是我国20世纪20年代学前教育民族化实验的中心之一。鼓楼幼稚园的实验和研究精神影响晓庄的学前教育实践的过程,也是陈鹤琴从陶行知"生活教育"理论中吸取丰富营养的过程。

三、学前教育用书的编制及对我国学前教育发展的广泛影响

鼓楼幼稚园自 1925 年进行全面实验引起反响之后,1929 年在南京市教育局立案,它的实验活动一直延续到 1937 年 12 月日军占领南京。1945 年日本投降后得以重新恢复。其实验成果长期对我国,特别是长江流域一带学前教育实践起着引导和示范作用。鼓楼幼稚园之所以能够产生如此广泛的影响,还和陈鹤琴等人注意及时将实验成果读物化、提供可参照操作的序列化参考资料有关。

在鼓楼幼稚园实验的初期,陈鹤琴、张宗麟等人就拟定了《幼稚生应有的习惯和技能表》,[①]并编制有关幼稚生的年、月、星期、日的生活历。在《幼稚生应有的习惯和技能表》中,列举了幼稚生在毕业时应该获得的基本习惯和技能。

在幼稚生生活历的编制上,张宗麟从 1927 年初起,在《幼稚教育》上分期发表了"鼓楼幼稚园 1926 年 9 月至 12 月的第三期课程实验报告",内容分预定的计划、每天的记录及应用的材料和参考书三个部分。这份长达六七万字的报告不仅以具体生动极富现场感的材料向人们展示了幼稚园活动的情况,也为一般幼稚园教师直接从中选取课程材料提供了方便。同时,陈鹤琴和张宗麟等人又以长江流域的自然环境和社会生活风俗等为背景,编制了一份适合中国中部幼稚园活动的全年课程大纲。它采用中心制课程活动的方式,分月从节期(气)、气候、动物、植物(花草)、农事、儿童玩具、风俗、儿童卫生等几个方面向人们提供当时当地幼稚园课程设计中可以选择的活动主题和应当注意的事项,并分编有关参考资料的目录。

鼓楼幼稚园的有关幼稚生习惯技能表和课程表(或称生活历,因为鼓幼的课程以活动主题为中心组织,而活动主题又来源于儿童生活)的编制

---

① 《幼稚生应有的习惯和技能表》(陈鹤琴、张宗麟、俞选清于 1925 年共同草拟,收于陶行知、陈鹤琴、张宗麟合编的《幼稚教育论文选》,上海儿童书局出版社 1932 年版),见陈秀云、陈一飞编:《陈鹤琴全集》第二卷,江苏教育出版社 2008 年版,第 90 页。

和流行,带动了国内幼稚园课程的变革和对幼稚生基本习惯技能的确定,使得"国内呆板的课程风气为之一变"①。幼稚园的课程应结合儿童心理和认识上的特点,运用形象、生动、直观的方法对儿童进行检查与督察,从而也开创了我国幼儿园课程评价的历史。②

20 世纪 20 年代中期,国内办理得人、富有成效而具有影响的幼稚园并不止鼓楼幼稚园一所,但是鼓楼幼稚园却以实验和研究精神开创了我国学前教育改革和发展的新时代。1927 年前后,鼓楼幼稚园对其初步实验成果进行全面总结之后,更是引发了我国学前教育实验和发展的高潮,以至于使它的创立成为我国近现代学前教育发展从最初的模仿抄袭中脱离出来,在实践中探索中国化幼稚园的标志。

据张宗麟 1932 年为高级中学师范科编写的教材《幼稚教育》和其他有关文献介绍,自从 1925 年南京东南大学陈鹤琴提倡幼稚教育以来,幼稚教育渐渐引起一般人的注意。《初等教育》《集美周刊》《儿童导师》《福建教育》曾出版了"幼稚教育专号""特辑""论坛",南京鼓楼幼稚园出版《幼稚教育》月刊与丛书,发表其研究成果。1927 年国民政府定都南京,陈鹤琴被聘为南京特别市教育局学校教育课课长,建立东西南北中 5 个学校教育实验区,将南京市的幼稚园由原来的 4 所增加到近 20 所,广泛推行鼓楼幼稚园的实验,并聘请幼稚教育指导专员,组织幼稚教育研究会,每两星期召集市立与私立学校幼稚教师开会一次,报告和讨论前一阶段的工作实施和今后课程的拟定等问题,一时"其他各地也都闻风而起"。1927 年冬与陶行知的乡村教育实验相结合,将幼稚园的运动首次从城市推到乡村,创办了我国第一所乡村幼稚园——燕子矶幼稚园。1928 年全国教育会议通过幼稚教育议案七件(七件全由陈鹤琴和陶行知分别提出),规定全国实验学校必须设立幼稚园。1929 年,教育部在基本参照了鼓楼幼稚园实验成果的基础上,拟定并颁布了幼稚园课程和幼稚生应有的基本的习惯技能的暂行规定。③

---

① 张沪编:《张宗麟幼儿教育论集》,湖南教育出版社 1985 年版,第 395 页。
② 王春燕、王秀萍、秦元东:《幼儿园课程论》,新时代出版社 2005 年版,第 108 页。
③ 《四年来之中国幼稚教育》(原载《儿童教育》1931 年第三卷第八期),见陈秀云、陈一飞编:《陈鹤琴全集》第二卷,江苏教育出版社 2008 年版,第 234 页。

对学前教育的重视带来了幼稚园数量的增加。根据袁昂《中国幼稚教育的瞻望》①一文的统计,1929 年全国幼稚园数已达 829 所,在园生共31967 人,这远远超过了 1924 年南京女师调查统计的 190 所之数。② 幼稚园的发展对幼稚师范教育的发展提出了要求,"一时物色幼稚教师,比聘请大学教授还难"③。"培养师资的机关颇有如雨后春笋,蓬勃生长之势",南京市教育局还与中央大学于 1928 年夏合办了一期临时暑期幼稚师范培训班。④ 一时间,原已开办的幼稚师范学校和专科谋求扩展,未曾开办的地区和学校谋求增设。

此时,一般社会和家长对幼稚教育的观念也有重大变化。"一般绅士们渐渐愿意模仿西洋风气,以为送子女进幼稚园是有面子的事……在民国十六年(1927 年)前,幼稚园招生是一个极困难的问题;民国十六年以后,父母要送子女进幼稚园,好比代子女谋差。"⑤

自从陶行知 1926 年底发表《幼稚园之新大陆——工厂与农村》一文后,原来局限都市、面向富家子弟的幼稚教育运动开始转向工厂和乡村,因晓庄师范的乡村幼稚教育实验曾经掀起一次师范生下乡办幼稚园的高潮。晓庄被封闭后,实验也随之中断,但晓庄实验的一些骨干人物仍然坚持为劳苦大众的幼稚教育事业继续努力。如 1933 年,孙铭勋在江苏淮安创办新安乡村幼稚园(它是由陈鹤琴捐助 100 元开办费后得以成立的),1934年在上海主持劳工幼儿团;戴自俺也于 1934 年应北京香山慈幼院之聘,主持该院师范生创办乡村幼稚园的工作。不过,开始于 1927 年前后的劳工幼稚教育运动,虽然经过它的提倡者的尽心竭力的呼吁和亲身实践,但在国民党统治区终究没有造成很大的影响,1935 年,张宗麟根据多年实践经验总结其原因时认为,除政府不注意工厂和乡村区域的幼稚教育的发展,教育家的不热心、幼稚园收费太贵、模仿欧美办法、将幼稚生在园时间规定

---

① 袁昂:《中国幼稚教育的瞻望》,载《教育杂志》第三十三卷第一期。
② 何晓夏:《简明中国学前教育史》,北京师范大学出版社 1990 年版,第 132 页。
③ 张沪编:《张宗麟幼儿教育论集》,湖南教育出版社 1985 年版,第 102 页。
④ 《四年来之中国幼稚教育》(原载《儿童教育》1931 年第三卷第八期),见陈秀云、陈一飞编:《陈鹤琴全集》第二卷,江苏教育出版社 2008 年版,第 235 页。
⑤ 张沪编:《张宗麟幼儿教育论集》,湖南教育出版社 1985 年版,第 395 页。

得过死、不适合劳工大众子女等原因外,幼稚教师的不肯下乡也是一个重要原因。为此他们只得在训练师范生的方法上想办法,如注意招收贫寒出身的女子,采用下乡、深入贫民区、不使她们居高楼大厦等适应贫民环境和生活的方式训练教师,但收效甚微。[1]

全国性的学前教育实验和研究之风也在这一时期逐渐兴盛起来。1927 年 2 月,陈鹤琴发起组织了南京幼稚教育研究会,并以"试验状况的报告""各方面意见的交换""实行家庭的联络""引起社会的注意"等四项内容为目标,创办了我国最早的幼稚教育研究刊物《幼稚教育》月刊[2](后改为《儿童教育》,成为中华儿童教育社的社刊),并亲任主编。《幼稚教育》创刊后,不仅将鼓楼幼稚园的实验成果推向社会,而且起到了联系、团结全国儿童教育工作者和推动全国性学前教育实验和研究的作用。在此基础上,1929 年 7 月,由陈鹤琴、张宗麟、胡叔异等发起创立的中华儿童教育社在杭州正式成立,陈鹤琴担任主席。该社是由南京鼓楼幼稚园、晓庄师范、中央大学实验小学等及无锡、苏州、上海、浙江、北平、广州等 22 个全国各地的教育团体组成,以"研究儿童教育,推进儿童福利,提倡教师专业精神"为宗旨。当时,"全国幼稚教育的总枢纽,至二十年(1931)止,几乎全在中华儿童教育社"。[3] 中华儿童教育社的总事务所设在陈鹤琴所在的上海(他于 1928 年受聘担任上海工部局华人教育处处长),到 1937 年抗日战争全面爆发前,发展成为有 21 个分社、拥有 4000 余名社员,是当时全国最大的儿童教育学术团体。[4]

社团的建立和专业刊物的发行,直接推动了实验和研究之风的形成,像张宗麟所说的:"在研究方面,近年来很有几位学者发疯地干这件事业,不但介绍世界学说,并且亲身试验。"[5]出现了一些幼稚教育的实验研究中心和专家。其中,值得注意的是张雪门及他主持的北平香山幼稚师范学校

[1]　张沪编:《张宗麟幼儿教育论集》,湖南教育出版社 1985 年版,第 399 页。
[2]　《幼稚教育发刊词》(原载《幼稚教育》1927 年第一卷第一期),见陈秀云、陈一飞编:《陈鹤琴全集》第二卷,江苏教育出版社 2008 年版,第 72 页。
[3]　张沪编:《张宗麟幼儿教育论集》,湖南教育出版社 1985 年版,第 103 页。
[4]　《陈鹤琴生平年表》,见陈秀云、陈一飞编:《陈鹤琴全集》第六卷,江苏教育出版社 2008 年版,第 578—579 页。
[5]　张沪编:《张宗麟幼儿教育论集》,湖南教育出版社 1985 年版,第 103 页。

的实验,以及福建厦门集美幼稚师范学校的实验。

张雪门(1891—1973),浙江宁波人,在浙江省立第四中学毕业后,曾出任鄞县私立星荫小学校长。1918年他创办了星荫幼稚园,1920年他和宁波市其他六位教育界知名人士创办了宁波市第一所两年制幼稚师范学校,并自任校长。同年,他应聘到北京孔德学校担任小学部主任。在他于家乡工作期间,就曾到上海、南京、无锡、苏州、南通等地参观过这一带的小学和幼稚园。到北京后,有一次他在参观博化幼稚园(现王府井大街幼儿园)时,从所购花生的包装纸上发现福禄培尔讲义的残页,由此溯源,得到了由希洛夫人著的福禄培尔《母亲游戏》的注释本。他专心研读,爱不释手,由此引发了他对幼稚教育的更大兴趣。1924年,在北京大学教育系主任高仁山的支持帮助下进入北大教育系学习。1926年,他在几年来对我国学前教育机构的参观调查和对欧美学前教育理论的研究的基础上,出版了《幼稚园的研究》文集(北新书局),并在《新教育评论》上发表了他拟定的《幼稚园第一季度的课程》,对北京、天津一带幼稚教育实践产生了一定影响。张雪门,从此踏上了其立志奉献毕生精力来研究我国学前教育的道路。

1928年暑期后,在一片呼吁重视学前教育发展的声浪中,北京孔德学校开办了幼稚师范,聘张雪门主持。他实行学做结合的方针,采取半日授课半日实习的教学措施,在校内开辟了幼稚园和蒙养园(当时"蒙养园"已演变为对托儿所的通称)等学生实习园地。张雪门于1930年受北京香山慈幼院院长熊希龄之聘,担任该院创办的北平幼稚师范学校校长时,便开始了学前教育实验。

北京香山慈幼院,其前身是慈幼局,主要收容社会孤儿及父母无力抚养的儿童,经费从督办水灾的款项中开支。因其局长英敛之为天主教徒,水利督办熊希龄不满他对孩子宣传天主教,乃亲自出面,于1919年将慈幼局迁至北京名胜香山静宜园,更名为香山慈幼院,使收容的儿童数达到600名,将其改造为一所兼有慈善与教育双重性质的机构,熊希龄自任院长。

香山慈幼院是一所多层次的教育机构。它先后设立了这样五个方面的设施:(1)婴儿教保园和幼稚园,前者收容0—4岁幼儿,后者收容五六岁儿童。（2）小学，儿童半天上课，半天从事各种手工艺的训练。（3）中等教育，先设有男中、女中，男子师范和女子师范。1930年幼稚师范设立后，男中和男子师范停办，全部改为幼稚师范，招收相当于初中毕业的女生。（4）设有供小学手工艺训练的各种小作坊和农场。（5）办有职工学校。

慈幼院在发展中形成了一套自成系统、相对封闭的招生升学制度。婴儿教保园和幼稚园都以收容免费的孤儿、弃儿、贫儿为主，允许私费的儿童基本上也是一些问题家庭的子女（如父母离婚或一方遭受遗弃，孩子无人照管等），名额受到严格控制，一般婴儿教保园为30名，幼稚园为70名。以后各层次的教育如小学和中学、师范的生源的进出都以本院内招内升为主，而以外招外升为辅。

在20世纪二三十年代，香山慈幼院成为与南京鼓楼幼稚园同样在国内直至国际上都享有盛誉的著名学前教育机构。但鼓楼幼稚园是以它的实验和研究精神著称，而香山慈幼院的特色则基本是由它的慈善和教育结合的性质决定。香山慈幼院至少在两个方面是当时国内一般幼稚园难以比拟也无法比拟的。

首先，来源于督办水灾的定期拨款，成为维持慈幼院优越的设备和教养条件的雄厚财力后盾，儿童（除有限的自费者外）全部免费，学前儿童的保育设备、生活照管和卫生保健方面在全国首屈一指。一岁以内的婴儿每人有一间小房间、一张白色钢丝小铁床、一名专门照管的保姆、非常干净的衣服，有医生定量分配的奶粉、水果与果汁、鱼肝油等，天气好的时候放在户外特置的纱罩小床上，以获得充足的阳光和新鲜空气。一岁至两岁者由保姆带他们游戏，两至四岁者由老师领他们游戏、唱歌，在香山各处散步。幼稚园的儿童都能吃到豆浆、鸡蛋，体弱的孩子有牛奶供给，保证足够的营养。对儿童定期检查（年幼者每天量体温），一旦有病，随即隔离医治，以至于当时到香山游览的人们，往往被这些面似小苹果的孩子们吸引住了，相当多的人因此要求自费送子女入院而不遂。

其次，因为儿童大部分为孤、弃、贫儿，无家可归，不得不实行全住宿管理方式（自费儿童可以定期回家），也为儿童与保教人员之间形成类似亲子间的关系和感情创造了条件，院长熊希龄便是以慈善家和家长的形象留在孩子们的印象中的。学龄儿童上小学后，仍然以院为家，一方面帮助年小的弟弟、妹妹做些力所能及的事,另一方面依然受到保育人员的照顾。①

香山慈幼院的学前教育实践经验对我们有一定的现实启示。它是清末学前教育初创时期与慈善机构相结合的传统的继续,到 20 世纪 20 年代,它已不能代表我国学前教育发展的普遍趋势。我们所得到的感觉是,在一定程度上,香山慈幼院中的这些儿童是深重灾难下中国千千万万苦难儿童中的幸运者。

1930 年,慈幼院本着实现全民幼稚教育的目标,增添了幼稚师范,即北平幼稚师范学校。在张雪门主持下,开始从师资教育着手,进行学前教育的改革实验,逐渐成为 30 年代前期我国北方学前教育改革的实验研究中心。北平幼师确定将已解散的中华教育改进社(于 1926 年解散)的方针作为自己实验的方向,造就适合中国国情和生活需要、能为平民服务的忠实的师资。在教学方法上受陶行知"生活教育"理论的影响,对道尔顿制进行改造,强调教、学、做的结合,表现为特别注重实习。为了实现这一目标,幼稚师范学校将香山慈幼院原有的幼稚园作为自己的实习基地的同时又添设了中心幼稚园。

北平幼师以为平民服务作为自己努力的方向。在学校管理上注意让学生在平民化的生活中养成其基本的习惯与兴趣。让学生亲自参加创办平民幼稚园的实践。北平幼师自 1931 年秋起开展这项工作,以后逐渐扩大。1934 年,张雪门聘请了一直追随陶行知从事乡村平民教育实验的戴自俺,他带领北京幼师三年级的学生与北京大学农学院合作,在北京阜成门外罗道庄开辟了"乡村教育实验区",区内设有农村幼稚园、儿童工学团等学前儿童教育设施。②

在进行师范教育实验和推广平民幼稚园的同时,北平幼师还以组织调查研究、开展师资培训和发表实验研究成果、编写学前教育用书等方式,对推进我国北方特别是京津地区学前教育的发展起了重大的作用。从 1932 年起,他们开始对北京、天津地区的不同背景的幼稚园进行分别调查研究,

---

① 《北京香山幼稚院》,见中国学前教育史编写组编:《中国学前教育史资料选》,人民教育出版社 1989 年版,第 273 页。
② 《北平幼稚师范学校》,见中国学前教育史编写组编:《中国学前教育史资料选》,人民教育出版社 1989 年版,第 330 页。

还组织京津地区原有各种幼稚教育研究会,开展假期中幼稚园老师的补习、平时的职业咨询和书籍介绍等活动。在实验研究的过程中,以张雪门为主编写的各种教育用书和实验研究成果也相继问世。

在 20 世纪 20 年代中期幼稚教育运动中创办起来、志在从事学前教育改革实验的学校还有福建厦门集美幼稚师范学校。这所学校是爱国华侨陈嘉庚先生创办的教育事业的一部分。1919 年,厦门集美学校就设立了幼稚园。1927 年 9 月,因陈鹤琴等人的实验研究与倡导而使"幼稚教育的声浪高唱入云的时候",集美幼稚师范学校也宣告成立。

集美幼师在叙述其创办原因时说:"幼稚教育不能靠着舶来品,不能依样画葫芦,不能胶柱鼓瑟,是有时代性、有地方性的,闽南的幼稚教育,不能专在外国研究,也不能专在京、沪等地研究,应该是在闽南地方研究的。更不是靠着外国人,或不关痛痒的人来研究,是要靠着生于斯、食于斯的有心人来研究的,这样的研究,才能彻底,才能亲切。本校的设立,就是要集合闽南有志幼稚教育的分子,在闽南研究现代闽南人的幼稚教育。"[1]

集美幼师成立后,将原来的集美幼稚园改为中心幼稚园,与中心幼稚园结合进行幼稚园课程的改革实验。它的课程组织方式和学科课目基本上采用了南京鼓楼幼稚园的实验成果,每月的活动大纲在园主任指导下由主任教师和师范生共同拟定,但保留实时随机动处理的灵活性。课程组织采用中心制的方式,将各学科融化在活动的中心主题之中。以周为时间单元安排活动主题,根据主题的内容在时间上作适当调整(灵活安排时间的长短)。学科课目有:故事、音乐、游戏、自然和社会、识字与计算、工作、餐点、静息等。[2]

我国 20 世纪二三十年代学前教育发展整体上呈现两大趋势。首先在幼稚园教学活动的安排上向中心制靠拢,以活动主题包容各科课目。而学科课目一般包括音乐、游戏、工作、常识(自然与社会)、故事、读法、数法、餐点、静息等内容。其中以"自然与社会"为中心组织活动,努力使活动主

---

[1] 《福建集美幼稚师范学校》,见中国学前教育史编写组编:《中国学前教育史资料选》,人民教育出版社 1989 年版,第 322 页。

[2] 《厦门集美幼稚园》,见中国学前教育史编写组编:《中国学前教育史资料选》,人民教育出版社 1989 年版,第 260 页。

题保持与自然环境、社会风俗随季节转换的规律相一致。各地幼稚园所表现的最大的区别在于:因我国地域广大,在自然和社会环境上跨不同气候物产和社会风俗的地区,根据节令选择作为幼稚园活动主题的材料有很大的不同,所以在 30 年代出版的学前教育教材和参考用书中往往提供一年中南、北、中部地区的幼稚课程纲要。[①] 这一趋势的形成和陈鹤琴等人南京鼓楼幼稚园的实验,及其实验成果得到南京国民政府教育部的认可,并长期对学前教育实践起指导规范作用有直接的关联。另外,陈鹤琴等人也编写了大量体现鼓楼幼稚园实验精神的学前教育用书,其中如 1939 年出版,由陈鹤琴、钟昭华等人编写的《一年中幼稚园教学单元》一书,它是鼓楼幼稚园经多年实验、长期改进挑选,趋于规范化的一年中教学活动的记录。全书共有 50 个单元主题,以 12 个月份为划分依据,每个月份按照时令、季节等的不同选择切合主题的教学活动。如新学期 9 月份的"我们的幼稚园""欢迎会""秋天的水果"等;12 月份的"冬季的御寒物""冬天的花""过新年"等;3 月份的"怎样种树""春天快到了""纪念孙中山先生"等;6 月份的"美丽的蝴蝶""夏天的生活""暑假到了"等。每个单元依据"一,常识;二,工作;三,音乐;四,故事及儿歌;五,游戏;六,读法;七,数法"的顺序来安排教学,每一类主题下设有一些具体活动主题。[②] 同时在每个活动项目后面都以分类编号的方式附出由他们编写或他人编写的可供参考的材料,共计达 240 余种,这无疑对鼓幼经验的推广起到了示范效果。在鼓幼实验基础上形成的幼稚园课程格局一直影响到现今我们的学前教育实践。

这一趋势的发展过程也是我国学前教育民族化的过程。鼓楼幼稚园的试验最初是在欧美进步主义教育理论影响下进行的,强调儿童和生活本身在课程中的价值,突出活动的意义。这一指导原则虽然并不适合系统的理论和分化的学科知识的学习,但针对学龄前儿童这一特殊对象的心理和经验特征,则显示出它的合理性。特别地,陈鹤琴等人在运用进步主义儿童教育观于实践的具体内容和方法上时,始终是坚持了中国化的方向,在

---

① 张沪编:《张宗麟幼儿教育论集》,湖南教育出版社 1985 年版,第 139—143 页。

② 陈鹤琴等编:《一年中幼稚园教学单元》,商务印书馆 1939 年版。

借鉴西方有关故事、游戏、玩具、设备等方面的材料时，都进行了民族化的改造和更新，并注意从丰富的民族文化宝库中吸取养料。正是由于以陈鹤琴为代表的这一代学前教育专家的努力，我国学前教育从最初的模仿抄袭中逐渐摆脱出来，为最终建立具有中华民族特色的学前教育体系打下了坚实的基础。

其次，从 20 世纪 20 年代中期开始，因陶行知的大力提倡和陈鹤琴等人的积极响应，幼稚教育运动呈现向平民化方向推进的趋势。尽管从"五四"新文化运动时期学前教育平民化就已成为理论研究和思想宣传的内容，但在实践中则是以晓庄师范的乡村幼稚教育实验为开端。整体上说，幼稚教育运动在这一方向上的发展是不成功的。由于受社会发展条件的限制，在新中国成立前，我国学前教育的发展毕竟尚未从中国化实验阶段过渡到普及阶段。

第五章　学前教育思想与实践(下)

　　通常而言,学前教育是指从出生到小学入学前儿童的教育。陈鹤琴根据自己多年的观察和实验,以及参照他人的研究成果,将这一年龄段的儿童划分为四个不同的发展阶段,每一阶段既表现出儿童发展的连续性的特点,同时各自又具有其特殊之处。他所划分的四个阶段为:(1)新生婴儿期(出生后1个月左右);(2)乳儿时期(1岁之前);(3)步儿时期(1岁至3.5岁左右);(4)幼儿时期(3.5岁至6岁左右)。[①] 学前教育主要包括家庭教育和社会设立的专门教养机构的教育两个方面,关于陈鹤琴的家庭教育思想在前面已有所论及,社会设立的专门教养机构表现为不同的形式,其中专门针对幼儿期儿童设立的幼稚园是现代中国最受重视的形式,习惯上称之为幼稚教育,本章拟主要就这一方面对陈鹤琴的学前教育思想进行分析讨论。陈鹤琴的学前教育思想形成于20世纪20年代,在以后不同的历史时期都有所发展。

---

① 《儿童心理学》,见陈秀云、陈一飞编:《陈鹤琴全集》第一卷,江苏教育出版社2008年版,第407—490页。

第一节　论幼稚教育的地位与作用

对儿童的挚爱和对学前教育重要性的深刻认识是陈鹤琴立志献身中国学前教育事业并为之奋斗终生的力量源泉。陈鹤琴在其一生中，曾多次，特别是在中国社会发展处在重大转折的时候，向社会和政府发出重视发展学前教育的热情呼吁。

1928 年，他和陶行知一起，在南京国民政府第一次全国教育会议上提出了多项"注重幼稚教育"的议案，敦促政府确立幼稚教育在学制上的正式地位，颁布了有关发展学前教育的文件。抗战胜利后，针对政府撤并幼稚师范，对幼稚教育采取轻忽政策的举动，陈鹤琴及时著文《战后中国的幼稚教育》[1]，对政府的行为提出强烈的批评。在新中国成立初期的 50 年代，他又利用各种机会，多次提出发展学前教育的建议。特别是在 70 年代末 80 年代初，经过十年浩劫，我国的建设事业百废待兴的时候，陈鹤琴以其耄耋之年，多次提出发展学前教育的建议，其中在 1979 年 11 月召开的全国幼儿教育研究会成立大会上的讲话中[2]，从"要对于作为幼儿教育基础的儿童心理做全面、系统、切实的科学实验"，"要重视幼儿家庭教育的科学实验、对幼儿的家庭教育应作为一门科学来研究和推广"，"对幼儿园的教育应进行系统、深入的科学实验与研究，要办好示范性幼儿园"，"必须重视和解决幼教玩具、教具的科学实验和制造"等几个方面系统地提出了当时我国学前教育发展中亟待解决的问题。这些都反映了陈鹤琴对幼教事业始终不渝的牵挂与希冀。

陈鹤琴主要是从这样几个方面认识幼稚教育的重要性的。

首先，它是儿童身心发展提出的要求。陈鹤琴认为，儿童在进入幼年

---

[1]　《战后中国的幼稚教育》（原载《教育杂志》1947 年第三十二卷第二号），见陈秀云、陈一飞编：《陈鹤琴全集》第二卷，江苏教育出版社 2008 年版，第 412 页。

[2]　《切实开展对幼儿教育的科学实验》，见陈秀云、陈一飞编：《陈鹤琴全集》第二卷，江苏教育出版社 2008 年版，第 503 页。

期后,其思想活动、社会性和情绪发展的特点都表现出与以前大不相同。在思想活动方面,幼儿期的儿童表现出好问和思考的倾向。儿童此时的好问是受一定好奇心的动力驱使的,他对自然和社会的一切现象都有一种好奇和想去了解的欲望。在进入幼年期之前,儿童对于不明白的现象往往用一种主观想象的方式解释。但到幼年期之后,他们表现出不以想象为满足,而希望通过对事物的直接考察或借助于成人的知识来获得解释,这就构成了儿童好问的强烈倾向。而后,随着年龄的增长和经验的积累,他所关心的对象和涉及的深度也在发生变化,这从他问句的方式中可以观察出来。幼儿期的儿童对自己的好问特点还表现出自觉倾向,他们往往会从成人对他们喋喋不休的问语所显露的反感中有所察觉,有些儿童在提出很多问题之后,会对被问者说:"是不是因为我问了这许多问题而使你厌烦?"随着在与环境的接触中经验的不断丰富,对环境中的形状、颜色、声音、物质等稍有熟识,逐渐有了单独和联系的观念。进入幼年期的儿童表现出这样一些特征:记忆力渐渐发展,能将各种观念遗留在头脑中;在言语发展的基础上,使简单的思想得以表达;知识、经验日益丰富;因为思考能力逐渐发展,能运用想象使单独的经验变成系统的。这些都要求社会能安排特定的环境和人员对他们进行积极引导,这也说明了进行幼稚教育的必要性。

儿童社会性的发展,也说明了对幼儿实施集体教养的重要性。陈鹤琴认为,儿童对于人与人之间关系的感觉,可以说很早就发生了,但是,其真正社会生活的发展,则应当是在进入幼儿期之后,即3岁左右。"以前他是独自游戏、或是看别人游戏。现在他开始对其他儿童的活动发生了兴趣,他回答他们的问题,并向他们问许多问题。接着便参加了其他儿童团体,共同来进行游戏。"对于成人,以前,他总是采取依赖与期待的态度,要求成人给他穿衣、吃饭,甚至给他拿玩的东西。进入幼年期后,他开始借助自己的力量来解决自己的事,每每对成人的帮助和干涉采取反抗的态度。而他自己则表现出喜欢帮助其他儿童,尤其是年幼儿童的倾向。这显示了儿童的好群心以及在群体中自主意识的增强。幼稚园是提供幼儿发展其群体意识的良好环境之一。

幼儿期的心理特点决定了这一时期是儿童在心理上的可塑性和在教育上的可教性最大的时期。陈鹤琴认为,幼儿期的儿童,"确实比任何时期的儿童容易受教，儿童从2岁到6岁，所学的事情，倘若把它统计起来，实在可惊，可以说终身使用的基本材料和工具，都在这一时期里学得的"[1]。与人生全过程都密切相关的日常语言、动作技能、习惯道德都于这一时期形成，它们是否正确优良，对人的一生产生关键性影响。有些在这一时期最容易发展的能力，如语言能力，错过了这一机会，以后发展起来就非常困难了。

其次，陈鹤琴从社会分工和职业专门化的角度论证了幼稚教育的必要性。陈鹤琴认为，由于父母与子女之间固有的血缘关系，父母在养育子女过程中形成的特殊而浓厚的相互情感，以及年幼儿童对家庭的依赖，这些都决定了家庭教育在学前教育中不可替代的优越性，也决定了幼稚园教育应与家庭教育沟通配合。

在与家庭教育的比较中，陈鹤琴认为，幼稚园教育的重要性表现在，它不仅体现了社会进步的结果，也是促进社会进步的动力。社会劳动效益提高是以合理的社会分工为前提。中国要想摆脱半封建半殖民地的状况，需建立起基于合理的生产关系和劳动组合的社会结构，其中以集体的幼稚园教育形式代替单个家庭教育的形式是一个重要方面，它的直接效果是减轻工作妇女养育子女的负担，为她们进入社会创造条件。这也是陈鹤琴一再强调幼稚教育要面向工农大众的出发点。他说：

> 托儿所、幼稚园，其真实的意义并不是专为贵妇们而设立的，其最大的作用，则在于方便工作妇女从事工作，使她们不致因照顾子女而忽视工作，或者因从事工作而忽视子女。中国如果要改善生产，如果要发展经济，则农村托儿所与工厂托儿所是急不容缓的工作。[2]

这样，他把发展幼稚事业与国家的命运结合起来。

对幼儿实施集体教养还是职业专门化的要求。随着社会的发展，儿童

---

[1] 《儿童心理学》，见陈秀云、陈一飞编：《陈鹤琴全集》第二卷，江苏教育出版社2008年版，第13页。

[2] 《战后中国的幼稚教育》（原载《教育杂志》1947年第三十二卷第二号），见陈秀云、陈一飞编：《陈鹤琴全集》第二卷，江苏教育出版社2008年版，第421页。

教育理论的不断丰富和科学性的不断提高,幼儿的教育越来越成为一项需要经过专门训练和培养才能胜任的工作。父母即使有充分的时间和精力,但未必就具备教育幼儿的学识和经验①,这是必须发展幼稚教育以补充家庭教育之不足的另一个重要原因。

另外,幼稚教育还具有打下公民训练的基础,做进入小学的预备,在当时中国特殊的环境下,为贫童、难童及特殊儿童提供社会的养护等方面的意义和作用。

幼稚教育的重要地位必须落实到幼稚教育的目标上。陈鹤琴将幼稚教育的目标归结为四个方面,即在于引导儿童在做人、身体、智力、情绪等方面都得到良好的发展。怎样做人是一个关于道德和群育的问题,它要培养儿童具有合作服务的精神和同情心以及其他如谦让、诚实、礼貌等品质。陈鹤琴认为要把这些培养目标融入幼稚园生活的细微处。在身体方面,要使儿童具备健康的体格,首先就应该训练儿童养成各种达到强健体魄的习惯。除注意维护幼稚园整体卫生外,在玩具和设备的配置上,要能起到引发儿童好动心理的作用。另外,就是要养成儿童良好的个人卫生习惯和相当的运动技能。在幼稚园智育问题上,陈鹤琴认为对儿童智力的开发更重于知识的注入。幼稚园首先要培养儿童具有研究的态度,幼儿的研究不是像学者那样对高深问题的研究,而是要利用他们的好问心引导其对日常事物的穷究。其次,要使儿童具有丰富的知识。在这里陈鹤琴批评蒙台梭利只注意训练儿童的感觉而忽视知识积累,认为幼儿知识主要应以直接经验为主,所以幼稚园应有让儿童充分接触自然界和社会的机会。经验是进一步扩张知识的基础,只有在丰富的经验、知识的基础上,儿童才能进行丰富的想象,使他们的智力得到开发。同时,要培养儿童具有将自己所知所感表达出来的能力。表达除语言外,还可利用简单的图画和手工等。最后,良好情绪的培养作为幼稚教育的目标之一,提倡幼稚园除应注意养成儿童乐于欣赏、快乐等积极情绪外,尤应帮助儿童克服发脾气、作娇、惧怕等不良情绪。②

---

① 《幼稚教育》,见陈秀云、陈一飞编:《陈鹤琴全集》第二卷,江苏教育出版社 2008 年版,第 15 页。
② 《幼稚教育》,见陈秀云、陈一飞编:《陈鹤琴全集》第二卷,江苏教育出版社 2008 年版,第 16—19 页。

第二节　论幼稚园课程

课程是幼稚园活动的中心,它不仅是鼓楼幼稚园教育实验的突破口,也是陈鹤琴学前教育理论研究中最为注重的方面。

一、课程总论

20世纪20年代初期,我国幼稚园课程因其背景不同表现出不同的特点。如教会幼稚园必有唱赞美诗、听《圣经》故事、行祷告礼仪等;日本式的幼稚园课程内容的安排和教学方法均以衔接小学为目标,采取小学安排课程的方式。这些大致都超不出抄袭国外的模式。概括陈鹤琴对幼稚园课程的整体论述,重视生活和儿童的中心地位是两个基本原则。

从生活原则出发,陈鹤琴认为幼稚园的课程主要是帮助儿童目前的生活,而不是做将来生活的预备。幼稚园的课程要从儿童的实际生活与经验里选出来,不能把幼稚园生活和儿童实际的生活截然分做两途,儿童走进学校是一种生活,走出学校大门又换了另一种生活。这里陈鹤琴所说的儿童的生活与经验,不是指属于狭隘的单个儿童的生活与经验,而是指属于儿童整体的具有儿童特征的生活与经验。陈鹤琴在这里特别表明的是,儿童的生活与经验与成人不同,我们不能用成人的观点去理解儿童,儿童在整体上所表现的生活和经验特征,还因国家、民族、文化背景和地域的不同而有不同,这是由各种因素所构成的不同社会情形所决定的。美国的与中国的不同,我国黄河流域的社会情形和长江流域的大不相同,五六年前的社会情形和现在又不相同,所以我们应该知道"不能把外国的课程搬移到中国来直接应用,也应该知道在一国之中所定的课程也不是一成不变的"[1]。一国之中除应该有反映国家民族特色的全国统一的课程大纲之外,各地还可根据具体情况而有所变动。

---

[1] 《幼稚教育》,见陈秀云、陈一飞编:《陈鹤琴全集》第二卷,江苏教育出版社2008年版,第28页。

陈鹤琴强调生活原则,是指幼稚园的课程不能脱离当时当地儿童在整体上所表现的生活和经验特征,但并不是说要服从儿童目前的个体的经验,而是要"用适应目前生活需要的方法,去达到将来生活中必会出现的事情"①。陈鹤琴认为,不进幼稚园的儿童,也天天在受教育,但这种教育是局限在儿童个体日常生活的狭隘的经验基础上。"教育的刺激,是在日常所有的刺激以外,再加上许多不是在一处地方所能接受得到的。所谓搜罗各地方之特别事物来刺激儿童,使儿童能因之生出种种新需要,教师再设法来适应他们的新需要。"②

幼稚园课程应该遵循的另一个原则即是从儿童自身出发的原则。如果说幼稚园课程根据的是儿童的生活与经验,不是成人生活的准备,那儿童的中心地位也就得到了坚持,但它还包含另外一层意思,即是要适应个别不同兴趣与能力的儿童,要考虑儿童的不同个性。这就要求幼稚园的课程要富有弹性和灵活性,让儿童可以在教学中朝多种方向去活动,可以随他自己的个性去转移。

由于陈鹤琴认为幼稚园活动必须以儿童的生活和经验为基础,但又不是儿童个体经验的简单重复和延续,所以他反对两种极端的幼稚园课程组织方法。一种就是把儿童从入园到毕业的课程,每小时都计划得很周到;另一种就是不做任何计划,废弃一切组织,完全以临时的各种生活为主体,以为这样就是适应儿童的需要,就是以生活为中心的教育。这两种课程组织法都在鼓楼幼稚园一、二期课程实验中实行过,但都被陈鹤琴等人否定了。陈鹤琴认为:"教育是有目标的,是按计划去达到目标的工作,毫无组织的做法,试问教育的目标何在?"究竟幼稚园的课程应该如何组织,陈鹤琴认为它的基本原则是:"要有目标,又要合于生活。"

这种"要有目标,又要合于生活"的课程组织法,后来被陈鹤琴概括为"整个教学法",后来又被进一步概括为课程的"五指活动"的组织形式。通常幼稚园中是将社会、自然、图画、手工、唱歌、游戏、故事、卫生等分得清清楚楚,不相混合,陈鹤琴认为这是违反儿童生活和心理的。儿童生活是

---

① 《幼稚教育》,见陈秀云、陈一飞编:《陈鹤琴全集》第二卷,江苏教育出版社 2008 年版,第 27 页。
② 《幼稚教育》,见陈秀云、陈一飞编:《陈鹤琴全集》第二卷,江苏教育出版社 2008 年版,第 29 页。

整个的,他们还没有学科分化的概念,幼稚园课程的各科仅仅是儿童活动的形式,但不一定能反映儿童实际生活的内容。陈鹤琴认为分科教学是一种针对知识程度高、理论系统性强的大学学科的教学法。对于还没有完全将学习任务从生活中区分开来的幼稚生只适宜采用"整个教学法"。"就是把儿童所应该学的东西整个地、有系统地去教儿童学。这种教学法是把各科功课打成一片,所学的功课是无规定时间表的,所用的教材是以故事或社会或自然为中心的,或是做出发点的;但是所用的故事或关于社会自然的材料,总以儿童的生活、儿童的心理为根据的。"①

从生活和儿童出发,不仅表现在课程内容和组织上,还表现在教学方法上。陈鹤琴认为幼稚园的课程应该游戏化。儿童是以游戏为生活的,幼儿还不能把学习和游戏严格分开,他们总是把上课的任务当作游戏来完成的,他们感兴趣的是活动过程本身,而对活动所要完成的任务想要达到的目的往往并不明确。如果活动的过程不能引起幼儿兴趣,仅仅是以活动的目标去要求他们,儿童往往就缺乏工作的动力。要使活动过程有兴趣,最有效的方法就是使活动过程游戏化。游戏化的教学离不开相应的环境准备,在引起儿童学习动机上,可以通过创设环境与提供材料来激发儿童的学习兴趣。陈鹤琴对幼稚园课程的论述正是从幼儿的这一心理特点出发的。② 根据陈鹤琴"整个教学法"的原则,幼稚园的课程是不应该分科的,但他所谓不分科是反对把故事、图画、游戏、唱歌、手工等完全割裂开来,是要求各科以不同的活动形式在表达共同活动主题时建立起有机联系,使它们所表现的内容融为一体,最终归于儿童的生活。陈鹤琴正是在这样一个基础上讨论幼稚园各科的教学的。幼稚园课程采用单元制,各项活动都围绕着单元进行教学,帮助儿童获得鲜活的知识和经验。③

---

① 《整个教学法》(原载《儿童教育》1928 年第一卷第三期),见陈秀云、陈一飞编:《陈鹤琴全集》第二卷,江苏教育出版社 2008 年版,第 165 页。
② 《幼稚教育》,见陈秀云、陈一飞编:《陈鹤琴全集》第二卷,江苏教育出版社 2008 年版,第 24 页。
③ 《幼儿园的课程》(原载《新儿童教育》1951 年第六卷第十期),见陈秀云、陈一飞编:《陈鹤琴全集》第二卷,江苏教育出版社 2008 年版,第 458 页。

二、故事教学研究[①]

故事作为一种文学艺术的形式,它往往通过典型的人物、曲折离奇的情节、生动形象的语言深深地吸引和感染着儿童,陈鹤琴是从教学目的和方法两个大的方面论述幼稚园的故事教学的。

从目的上说,幼稚园的故事教学对幼儿可以起到增长知识、进行思想品德教育、丰富词汇、提高口语表达能力、发展想象力和培养对文学作品的兴趣等方面的作用。陈鹤琴具体表述为:激发兴趣、学习语言、涵养性情、增进知识、引起儿童想象、陶冶嗜好、增进友谊、抑罪扬善、培养发表能力、形成随机应变的机智等十个方面,和幼儿的道德品质、知识技能、情感智慧的培养密切相关。

陈鹤琴着重讨论了幼稚园故事教学的过程和方法。要使故事教学取得良好的效果,首先应该了解的是幼稚生爱听什么样的故事。从故事的组织结构上看,一般都包括开场白、正文、转折和结束四个部分。陈鹤琴认为一般儿童故事不宜有冗长的开场白和带有道德训语的结尾。儿童故事的种类一般有物语、神话、笑话,以及英雄故事、历史故事和插入歌曲、能够吟唱的音韵故事,情节惊险的奇异故事等。在选材方面,陈鹤琴认为选择和编写幼稚园故事可以参照的标准有:

(1)富于动作的。儿童是好动的,因此也喜欢动的东西和变化的动作。作为动作的主人翁应当鲜明突出,一般只宜有一个,但可以有较多的配角。如果有两个主角,最好能形成鲜明的对比,如一好一坏,动作也应各有特点。如主人翁过多则要有较高的编写艺术才能为幼儿所接受。

(2)人物情节要在儿童经验范围以内。情节不根据儿童的经验,儿童要费心思索,就会减少听故事的兴趣。不能超越儿童的经验范围而过分强调知识的传授。

---

① 陈鹤琴、张宗麟:《幼稚园的故事》(1928年5月作为《幼稚教育丛刊》第二种出版,收于陶行知、陈鹤琴、张宗麟合编的《幼稚教育论文集》,上海儿童书局1932年版),见陈秀云、陈一飞编:《陈鹤琴全集》第二卷,江苏教育出版社2008年版,第188页。

(3)富于本地风光。一般从本地取材的故事都符合本地的自然和风俗特点。

(4)切勿带着很多的道德训义。

在材料的组织上有:

(1)全篇一贯。儿童故事是一种艺术作品,它应该有主题和贯串全篇的线索。

(2)突然变化。这是指故事情节的突然转折,使儿童惊奇,从而唤起其浓厚的兴趣。

(3)开门见山。直接接触主题,容易引起幼稚生的注意。幼儿不能把大段的背景和故事情节本身联系起来。开始部分过多的描述反而会干扰幼儿对故事本身的理解。

(4)结果显然。在故事结束时应该给儿童一个明确的结果。

(5)富于重复性。陈鹤琴认为这是幼儿园故事最特别的一点。所谓重复,不仅是语句可以重复,动作、事物、情节、组织等,在同一故事中都可以重复,但重复并不是丝毫不差的重复。重复对于成人或稍年长的儿童,都会感到厌烦而索然无味,但幼儿却极欢迎这类故事。

在故事的言语用词上应注意:

(1)词句要简短明了。语法简单、句子短巧,将意思直接表达出来,偶尔用暗示,也以幼儿易于明了为度,这是和幼儿的语言和思维发展水平相适应的。

(2)词句要合于角色特征。这一方面要使故事中出现的角色,如黄雀、猫、老鼠、小孩、老头等等符合它们在儿童心目中的一贯形象;另一方面要注意他在故事中的角色层次,有的处于主角地位,有的处于配角地位。

(3)适当插入有音韵的词句。

陈鹤琴认为处理故事语言的整体原则是"儿童化"。

故事的选择与编写只是故事教学的第一步,而教学效果的好坏更多地体现在讲故事的过程之中。陈鹤琴认为讲故事的老师除了要有良好的语言素质和处理技巧外,最关键的是要做到精神同化。所谓精神同化包括两个方面:一方面是要与儿童同化,"不要固执有我,处处要以儿童之心为心",要像关注着故事的进程和结果的儿童一样保持对故事认真和十分感兴趣的态度,言语和动作要体现儿童的特征;另一方面是要与故事同化,"我是故事中的人物",要以故事中角色的语言为语言,角色的动作为动作,做到在精神上与角色融为一体。做到这一点虽然不容易,但要以此作为追求的目标。

陈鹤琴认为故事教学中应当适当选择故事让儿童表演。故事表演建立在幼儿好动好模仿的心理特征之上,也是幼稚园课程应该兴趣化、游戏化的要求。故事表演实际上就是化装游戏,如装作父母、装娶亲、开火车的游戏,能激起儿童极大的参与兴趣。但是"不必每个故事都来表演,也不能每个故事都来表演"。幼儿园里的表演故事至少要合于动作多、说白少,甚至用哑巴表演都可以,简单明了,动作人物要变化出奇等要求,每个表演故事应该做一个设计单元,至少用这个来做各种活动的单元,每周至多联系一个正式表演的故事。[①]

三、图画教学研究

陈鹤琴曾多次发表过其结合儿童绘画发展过程研究儿童心理发展过程的文章,在这些研究的基础上,他又于1927年与俞选清一起在《教育杂志》第十九卷第二号上发表了《幼稚生的图画》一文[②],结合鼓楼幼稚园的实验介绍了他关于幼稚园图画教学的基本思想。

20世纪20年代中期,图画已成为幼稚园进行美术教学的一种基本形式。陈鹤琴认为在幼稚园进行图画教学的目的有:首先图画是儿童"表意的好工具",儿童在运用这一具有直观性和具体形象性特点的形式进行表意时,往往会获得一种快乐的感受,图画教学也正是以满足儿童的这一欲望要求为出发点的。其次,图画教学是儿童获得知识,发展对周围事物、生活的观察能力的有效途径。"图画不但能表意,使儿童快乐,并且可以灌

---

① 陈鹤琴、张宗麟:《幼稚园的故事》(1928年5月作为《幼稚教育丛刊》第二种出版,收于陶行知、陈鹤琴、张宗麟合编的《幼稚教育论文集》,上海儿童书局1932年版),见陈秀云、陈一飞编:《陈鹤琴全集》第二卷,江苏教育出版社2008年版,第199、200页。

② 陈鹤琴、俞选清:《幼稚生的图画》(原载《教育杂志》1927年第十九卷第二号),见陈秀云、陈一飞编:《陈鹤琴全集》第二卷,江苏教育出版社2008年版,第169页。

输知识,什么颜色、数目和浅近的事物,都可以从图画中学得的。"①图画在发展幼儿的观察力方面有直接的功效。"有时候,他所画的东西不像实物,我们可以拿实物来给他看,叫他比较比较看。这样一来,从前他所不注意的,现在注意到了;从前所未观察的,现在观察得周详了。不但如此,以后对于各种事物他都会去注意去观察了。"②其三,图画教学当然还在于它自身的美育效果,通过提高儿童的绘画技巧,培养他爱美、欣赏美的能力,"怡养他性情,并使他养成良好的消遣习惯"。儿童是喜欢图画的,但要引发儿童绘画的动机,还必须采取适当的方法。方法之一是暗示,就是通过教师自己和部分儿童的绘画引起全体儿童注意和发生兴趣,还可以通过新异的事物、好听的故事触发儿童自由绘画的动机,鼓励儿童用不同于言语的、直观形象的绘画形式将所见的新异事物、故事中的角色表现出来。在儿童能力所及的情况下,还可以用序列画的形式将故事的情节表现出来。另外,还可以结合实用的需要开展图画教学,如"幼稚园里的装饰,开会的请帖,送人的礼品",都让儿童描画。这种与整个活动和当前的需要融为一体的教学,不仅增加了儿童的兴趣,同时在儿童心里也多了一份希望成功的恳切之心。

陈鹤琴认为幼稚园的图画应成为儿童表意的工具,只有儿童心中有特别的意思需要通过图画的形式予以发表时,他的兴趣才是真切的。他认为那种由教师提供范画,让儿童依样画葫芦的做法不可取,因为它限制了儿童心意的自由发表。幼稚园图画教学的主要目的还不在于培养幼儿的专门绘画技能,而是通过这种形式发展幼儿初步的审美能力与兴趣、观察力、想象力,促进幼儿手部骨骼和小肌肉的发展,培养认真细致的精神,包含了德、智、体、美等多种因素。所以陈鹤琴反对脱离儿童生活的实际内容,仅以提供范画的方式进行图画教学,这是他学前教育思想整体原则的具体表现。不限制儿童的自由并不等于让儿童自己随便乱画,教师的主导作用可以通过及时的指导、示范和批评校正的形式体现出来。如当儿童画不同距

---

① 陈鹤琴、俞选清:《幼稚生的图画》(原载《教育杂志》1927 年第十九卷第二号),见陈秀云、陈一飞编:《陈鹤琴全集》第二卷,江苏教育出版社 2008 年版,第 169 页。

② 陈鹤琴、俞选清:《幼稚生的图画》(原载《教育杂志》1927 年第十九卷第二号),见陈秀云、陈一飞编:《陈鹤琴全集》第二卷,江苏教育出版社 2008 年版,第 169 页。

离上的物体时,教师应指导儿童"远的东西要画在图的上面,要画得小些,愈远愈小,近的东西则反是"①。示范应重在过程而不在结果。指导、示范、批评校正的过程同时也就是丰富幼儿知识,发展他们想象、观察等方面能力的过程。陈鹤琴提出了三种选择儿童绘画材料的标准。首先要根据小孩子的经验来选,"小孩子对于他没有见过的东西,没有听过的事,是画不出来的";其次,绘画材料应该选择有代表性的,如鸭与鹅体型有很多共同点,若会画了一种,另一种就很容易了,因此让小孩子学一种就够了;最后,所选的材料是要容易画的,如有明显特征又容易观察的猫头鹰、象之类。②

为了增强儿童的兴趣,教师可根据幼儿的不同年龄层次综合采用多样的辅助方法实施图画教学。如:(1)着色。就是让儿童在已经绘好的图块中着上不同的颜色。图块的大小应考虑到儿童能耐心的时间限度和手部小肌肉的发展程度。儿童可以借此学习颜色的名称和配色方法,发展对人、物形状的感觉能力。(2)剪贴。将已着色或旧画报中的图形剪下来贴在纸上,组成有意义的故事。(3)涂鸦。将挖空成一定图形的纸板叠在空白纸上,将纸板的挖空部位填满,即在空白纸上留下相应的图形。(4)轮廓画。和涂鸦相仿佛,只是沿纸板空心图形的轮廓线描下图形的轮廓,然后儿童再根据自己的想象着上不同的颜色。(5)印影画。(6)填图。填图分为两种。一种是局部的,如在人形图上填上所缺的眼睛或耳朵等,它和儿童的观察能力有更密切的联系。另一种是整个的,画面中单个的人、物是完整的,但根据总的画意则不完整,儿童填上适当形态的人物使画意完整。如画面中有一人持鞭作赶牲畜状,但缺少被赶的牲畜,儿童填上适当种类、形态的动物。它和儿童的想象与推理能力联系在一起。

陈鹤琴关于幼稚园图画教学的基本思想是不局限于图画本身,而是要在图画教学中体现幼稚园活动的总体目标,和其他各科教学融为一体。这是其中心制课程组织原则的演化。

① 陈鹤琴、俞选清:《幼稚生的图画》(原载《教育杂志》1927年第十九卷第二号),见陈秀云、陈一飞编:《陈鹤琴全集》第二卷,江苏教育出版社2008年版,第171页。
② 陈鹤琴、俞选清:《幼稚生的图画》(原载《教育杂志》1927年第十九卷第二号),见陈秀云、陈一飞编:《陈鹤琴全集》第二卷,江苏教育出版社2008年版,第174页。

四、读法教学研究

读法即是识字,幼稚园内要不要教幼儿识字在"五四"前后是一个引起广泛争议的问题。20 世纪 20 年代前期一般幼稚园中开始添设读法一科。由于幼儿识字教育一直未能引起世界教育家的足够注意,因此也缺乏这方面的系统研究。为了探讨这一问题,鼓楼幼稚园从 1925 年夏季开始,结合课程实验计划,进行了读法教学实验。1926 年和 1928 年,陈鹤琴等对实验的成果进行了总结①,确认了在幼稚园实施读法教学的可行性。但社会对此并未予以普遍认同,1929 年教育部颁布《幼稚园课程暂行标准》,虽基本上根据鼓楼幼稚园的实验成果,但"读法"科不予采入。中华人民共和国成立后,对幼儿园中是否教儿童识字依然存在不同意见,识字至今也未成为幼儿园规定的教学任务。尽管如此,陈鹤琴当年在实验基础上获得的对这一问题的认识仍是一笔难得的经验财富。

陈鹤琴从确认读法在幼稚园课程中的地位到对读法教学方法的全部论述是与他关于幼稚园课程的整体思想相联系的。他认为,读法教学如果像小学那样作为分科单独的任务,对于幼稚生是勉强而痛苦的,但如果把它放在以中心制形式组织起来的课程活动之中,或者说在他所提倡的"整个教学法"中,融化在相互联系、打成一片的各科教学之中,则识字一事,对于幼儿应当是快乐而不是痛苦的事。

陈鹤琴从儿童心理发展的一般规律上分析了幼稚园实施读法教学的可行性。首先,从儿童感觉发展上看,学识字和学语言有相类似之处,语言是人的听觉和发音器官的联合作用,读法加上了一个视觉的作用。这里看起来虽显得比单纯的学语言要困难,但幼儿的视觉已发展到足以辨认某些字形的程度。另外视觉和听觉的结合还可以起到提高兴趣,相互影响、加深的作用。如"讲了猫的故事以后,给他看一个'猫'字,一张猫的图画,小孩子不但对于这个故事的兴趣格外好,而且对于这个故事的情节记得格外

---

① 《幼稚教育》,见陈秀云、陈一飞编:《陈鹤琴全集》第二卷,江苏教育出版社 2008 年版,第 37 页。陈鹤琴、张宗麟:《幼稚园的读法》(1928 年 5 月作为《幼稚教育丛刊》第一种出版,收于陶行知、陈鹤琴、张宗麟合编的《幼稚教育论文集》,上海儿童书局 1932 年版),见陈秀云、陈一飞编:《陈鹤琴全集》第二卷,江苏教育出版社 2008 年版,第 175 页。

牢,对于这个故事的印象格外深。"①其次,陈鹤琴认为读法与图画手工等一样,都属于儿童发表意见的活动,可以引导儿童把"字"当作图画去看,把写字活动当作涂鸦之类的活动看。

但是,识字毕竟是对幼儿提出了更强的意志和目的性要求,这同儿童心理发展的程度是不相吻合的。所以陈鹤琴认为对于读法教学不应采取单纯识记符号方式,也不能规定苛刻的目标,应该把读法作为幼儿游戏方式的一种,让儿童在游戏中自然而然地记住与活动内容有关的字。陈鹤琴从实验中总结出多种多样的读法教学的方式和方法,这些方式方法都带有游戏的色彩,并和各科的教学活动融为一体。陈鹤琴设计了各种引导儿童识字的教具。如骨牌,这是借鉴中国流行的麻将牌的制作和游戏规则,摒除其赌博投机的糟粕,利用其竞争、游戏的特点引导儿童识字的,儿童通过努力将刻有各种字的骨牌拼成对子或句子以决优胜。还有认字盘、缀法盘、练习片、木刻字、铅字、小木球、画片、设计图刻等。通过游戏、竞争的方式提高兴趣,增强识字的效果。另外还通过与故事、手工、图画、歌谣等结合的方式进行读法教学。

陈鹤琴总结读法教学实验的经验有:和普通的看法不同,儿童识记某字之难易程度与该字笔画多少、字形是否对称,笔画是否多直线等无必然的关系。儿童初学字时不能分字之个数与倒顺,有将三、四字合为一字者,或将一字认作二、三字的,幼稚生至能分清字之个数时,即使不识一字,也是不小的进步,但能分别字体之倒顺比分清字的个数更难。在教相似字时,教师可适当运用象形之联络与比较,如可指"馬"之四点为四足,"鳥"之头有嘴与眼等。应尽量采用联想的方法将作为抽象符号的字体与实物形状和特定的故事情节相联络,如指"羊"之二点为角,"牛"之一撇与独角牛的故事相联系等。

将"读法"引入幼稚园的教学,是陈鹤琴对幼稚园课程改革的有意义尝试,在客观上有推进幼稚园与小学衔接的效果。但是,尽管陈鹤琴在读

---

① 陈鹤琴、张宗麟:《幼稚园的读法》(1928 年 5 月作为《幼稚教育丛刊》第一种出版,收于陶行知、陈鹤琴、张宗麟合编的《幼稚教育论文集》,上海儿童书局 1932 年版),见陈秀云、陈一飞编:《陈鹤琴全集》第二卷,江苏教育出版社 2008 年版,第 175 页。

法教学上尽量运用贴近幼儿心理和生活的方法，由于文字较之语言、图画，有更强的符号性和抽象化特征，所以要求幼儿付出更多的意志和努力。在将读法与其他各科结合时，教师便设法使活动向读法靠拢，甚至围绕读法这个中心。这样也多少干扰了活动自身的主题和各科的原有特色，这是我们应该注意的。

五、游戏研究

陈鹤琴的儿童学研究结果认为，游戏心是儿童几大基本的心理特征之一，儿童心理的其他几个方面，如好动、好奇、好群等也大多通过游戏表现出来。甚至可以说，儿童是以游戏为生活的：儿童生来好玩，"游戏就是工作，工作就是游戏"。所以游戏是符合幼儿年龄特点的活动，运用游戏方法进行教育是幼稚园教学的特点。在陈鹤琴的学前教育实践和思想中，游戏不仅作为幼稚园的课目之一将各项教学任务包含其中，而且也是作为一种教学法渗透在幼稚园的各科和整体活动之中，运用游戏化的教学法最能提高幼儿活动的兴趣。

游戏反映了儿童身心发展的多种复杂因素。陈鹤琴在评述了国外六种关于游戏的学说之后，提出了自己关于儿童游戏的看法。他认为游戏可分为简单的游戏和复杂的游戏，即使是简单的游戏，它也必须以多种条件为前提，要求儿童具有游戏的力量，由反射性动作过渡到连合的动作，还要有好动的天性。从事复杂的游戏则除了需具备上述条件外，还反映了儿童发展了的智慧，如一定的记忆力和想象力。如在做"请客"的游戏时，他们首先要能记住曾经经历过的"请客"情形，以草代菜、以水代茶，这种种动作都是他们具有想象力的表现。

儿童从事游戏的动机和兴趣来自儿童从游戏中体验到的快乐。儿童"从这个游戏中所得的快乐愈多，他对于这个游戏的兴趣也愈浓厚；快感少，兴趣也少。"①儿童这种愉快的感觉体验有生理、心理和社交上的。生理上的快乐因感觉和动作而发生，如悦耳的音乐、有节奏的声响，色影鲜明

---

① 《儿童心理之研究》，见陈秀云、陈一飞编：《陈鹤琴全集》第一卷，江苏教育出版社 2008 年版，第160 页。

的图画和跳、跑、舞拳、摇摆等动作。心理上的快乐如比赛的过程和结果以及完成某件事情的成功感等。社交上的快感是儿童好群心发展的反映。

正是由于游戏所包含的多种因素和对儿童身心发展的影响，因此它是向儿童进行体育、德育、智育教育和培养儿童良好情绪的有效途径。陈鹤琴认为游戏所具有的教育价值为：

第一，发展身体。游戏是一种自然、有兴趣、活泼的运动，游戏的时候儿童会不知不觉地、全身心地投入。因此游戏可以锻炼他的筋骨，辅助他的消化，促进他的血液循环，增加他的肺之呼吸。

第二，培养高尚的道德。各种高尚的道德，几乎都可从游戏中学得。如自治、克己、忠信、独立性、协作、理性的服从、纪律等，都可以在游戏中得到切实的锻炼。在群体游戏中，儿童必须做到公平、信实，尊重他人的权利，勉尽个人的义务，严格遵守游戏规则，否则游戏就无法进行。因此游戏是影响幼儿道德意识、道德情感和道德行为习惯的有力手段。

第三，发展智力和意志品质等。如判断力、知觉力、观察力、想象力、创作心、冒险心等，都能从游戏中渐渐养成。

另外，游戏还是一种积极休息的方式，儿童在经过一段时间的集中注意之后，投入到轻松活泼的游戏活动之中，可以使他们的神经得以放松，达到休息的效果。

游戏有不同的分类方法，陈鹤琴结合国外研究成果，从不同游戏对儿童不同身心发展因素的促进作用出发，将游戏分为五类：

第一，关于发展身体的游戏，包括感官游戏，如听、看、触、嗅等各种游戏和动作游戏。第二，关于发展社交的游戏，它包括各种团体游戏，如捉迷藏及各种比赛等。第三，关于发展言语的游戏，如与讲故事、读童谣等相关的言语游戏和如表情唱歌之类的歌唱游戏等。第四，发展手部灵巧动作的游戏，如积木、图画、折纸，玩颜色球、皮球、木球等。第五，关于发展人生观的游戏，这以化装游戏、小表演之类最为典型。

游戏是随着儿童的身心发展而发展的，在进入幼儿期之前，儿童一般喜欢独自游戏，进入幼儿期之后，他便希望有游戏的同伴了。即使没有同伴，他或者要与想象中的同伴一起游玩。在游戏类型上，幼儿期的儿童一般热衷于"模仿游戏""化装游戏"，通过这种游戏，可以促进儿童个性和社会性的发展,儿童在游戏时无形中学习社会上的风尚和习惯。此外,幼儿期性别在游戏类型选择上并无太大的影响。"男孩喜欢赛跑,女孩也喜欢赛跑,女孩喜欢玩洋囡囡,男孩也喜欢,但是后来随着年龄的增长,社会上的影响和所受的教育不同,所玩的游戏也因之而异。"①

六、玩具研究

玩具是幼稚园设备中的基本部分,它是幼儿开展游戏和进行其他活动的不可缺少的物质材料,在一个比较完备的幼稚园设备表中儿童的玩具就包含了营造、手工、图画、游戏、读法、识数、常识、表演用的材料、音乐用品、图书十类。② 陈鹤琴认为,玩具除作为幼儿游戏和活动的工具之外,一个最基本的作用就在于提供给儿童适当的刺激,引起儿童从事游戏的欲望。"一个健康的儿童,看到好玩的东西,要去抚弄的",当有了相当的玩具设备放在儿童眼前时,"只要稍稍的指示,他们就会游戏"。在幼儿使用玩具进行游戏活动时,就达到了活动儿童身体,帮助幼儿认识世界,增长知识和发展智力的效果。

陈鹤琴认为,玩具具有激发幼儿快乐情绪,使他们"娇嫩的心灵多得到快乐"的作用,但又不能被单纯地看成是儿童的一种娱乐品,必须赋予玩具以教育和科学游戏的性质,这就要求在选择购置和设计制造玩具时应遵循一定的原则。陈鹤琴在分析玩具的优劣标准时认为,优良的玩具应该具备这样一些特征:

首先,玩具要能引发儿童的兴趣,满足幼儿好奇、好动的心理特点;能够刺激儿童的想象力,并在适应儿童的经验和能力的基础上,发展他们的智力和创造力。一般来说,它们应是一些活动多变,便于儿童自行拆装,儿童可根据自己的意图进行能动组合的玩具,如积木、棋类、机械、纸鸢、皮球等。

---

① 《儿童心理之研究》,见陈秀云、陈一飞编:《陈鹤琴全集》第一卷,江苏教育出版社 2008 年版,第 163 页。

② 陈鹤琴、张宗麟:《幼稚园的设备》(1928 年 5 月作为《幼稚教育丛刊》第四种出版,收于陶行知、陈鹤琴、张宗麟合编的《幼稚教育论文集》,上海儿童书局 1932 年版),见陈秀云、陈一飞编:《陈鹤琴全集》第二卷,江苏教育出版社 2008 年版,第 206—208 页。

其次,儿童玩具应以结实耐用为原则,这有经济上和儿童心理等多方面的考虑。经济上的考虑自不必说,从幼儿心理出发,玩具本身就是为了满足其好动的心理特点,我们不能过于拿爱惜玩具的观念去要求幼儿,事实上也做不到。另外,儿童无意间损坏一件玩具,对儿童心理也是一次无意的伤害,儿童会在较长的时间里摆脱不掉自责的情绪,即使"成人极力安慰他,他还是极伤心的"。另外,儿童玩具还必须具有艺术的意味和符合卫生的要求。玩具的造型以及上面所着的色彩和图画,都要能够引起儿童的欣赏和美感。在卫生要求上,玩具的质料应是无毒、不腐败,便于洗晒的,染色应是不因洗濯而消退,不沾染儿童身体的,带声响的玩具其声音应和谐悦耳而不嘈杂尖厉等。除此之外,还要考虑安全的因素,以免对幼儿造成伤害,以及玩具的大小要合度,应以儿童的年龄为根据,这是为孩子选择玩具时应注意的一点。

陈鹤琴对玩具的要求反映了他对儿童教育的一个基本观点,即应让儿童变消极地依赖、顺从和模仿为积极地培养独立性、自主性。这就要求我们从儿童教育的角度对玩具进行多方面的认识。陈鹤琴认为,从目的上说,玩具不仅在于娱乐儿童之身心,它还要使儿童因此而发展自动的精神。一般成人注重的是玩具能使儿童不吵不闹的作用,忽略了玩具最关键的教育作用在于激起儿童的自动心。玩具应能使儿童因此发生种种动作,在动作中儿童得着许多快乐,同时启发儿童的创造力。

陈鹤琴以能否引起儿童自动性为标准将玩具从性质上分为活的和死的两种。活并不是指玩具自身的变化特征,而是指能引导儿童动作和思想上的能动性。许多玩具在设计时已经固定好的变化方式恰恰不是活的特性而是死的特性,陈鹤琴认为当时流行的六面图、活动影片等玩具就属于此列。六面图让儿童将有一定图画线条的方块照样图的方式组合起来,变成一图,总共提供了六种变化方式。活动影片也是这样,只有几种固定的方式。这种玩具在儿童熟悉了几种固定变化方式之后便变得索然无味,没有兴趣,同时也缺乏教育的价值,儿童从中所得的教育"无非服从模仿几种消极的能力而已,至于儿童的发明、创造力,或者还要反被打消了"。活的玩具没有固定的变化模式,它应是"随儿童所欲而变迁的。譬如积木,儿童可以拿它们做床、起屋、造桥、制桌、建塔、筑城,种种东西;又譬如皮球,儿童可以将它作种种游戏,儿童可以用手拍,用足踢"①。

最能激发儿童创造力和发明心的是鼓励儿童自做玩具。陈鹤琴认为,幼稚园与其买许多现成的玩具,还不如多买原料和工具,让儿童在教师的指导下制作各种玩具。同时还可以利用废物作为制作玩具的原料,如经过卫生处理的破袜子、旧手巾可以做小宝宝,碎木片可以做积木等。制作玩具不仅可以发展幼儿相应身体部位的动作能力,提高其动作的灵巧度,是幼稚园手工课的内容之一,而且也是增进儿童智力的良好手段。儿童在制作前必须研究玩具的构造,制作失败后要研究原因,在制作过程中会大略地了解它的功能原理和相关的物理性质等。

陈鹤琴认为,玩具的运用及其陈列并不是杂乱无章的,或为了博得一般参观人的赞誉,它应该为儿童着想,应该根据幼稚园的实际情况并反映教师对幼稚园课程组织的思想。在规模较大的幼稚园里,可采用分类陈列法,将玩具与其他设备材料大体按其与幼稚园不同课目相对应的功能分成几处,如手工处、图画处、识字处、自然常识处、音乐故事集会处、游戏处等。② 儿童根据其在主题活动中的分工情况,根据自己的兴趣选择活动的处所,每处均有指导教师负责指导。在规模较小的幼稚园里,一般只能采取设计陈列法,教师根据某一时期设计的活动主题组织玩具设备,以唤起儿童活动的兴趣,提供儿童活动的材料。同时,对于所提供给儿童的玩具,还应该时常调换,即不要等到他玩到不想玩的时候,以致把玩具弄坏。可以在适当的时候引导儿童玩另一种玩具,也可以新旧玩具搭配起来玩,"作有意思的调换",如此既不会感到厌倦,也可以养成儿童爱惜物品的习惯。此外,"遇到天气晴朗的日子,应该领着孩子到野外去玩",常常待在室内并不符合健康原则。野外的自然现象不仅可以帮助儿童养成科学研究和实验的精神,也可以培养儿童欣赏自然、爱护自然的兴趣和道德。③

---

① 《儿童心理之研究》,见陈秀云、陈一飞编:《陈鹤琴全集》第一卷,江苏教育出版社 2008 年版,第 176 页。

② 陈鹤琴、张宗麟:《幼稚园的设备》(1928 年 5 月作为《幼稚教育丛刊》第四种出版,收于陶行知、陈鹤琴、张宗麟合编的《幼稚教育论文集》,上海儿童书局 1932 年版),见陈秀云、陈一飞编:《陈鹤琴全集》第二卷,江苏教育出版社 2008 年版,第 205 页。

③ 《儿童玩具与教育》(原载《小学教师》1939 年第一卷第二期),见陈秀云、陈一飞编:《陈鹤琴全集》第二卷,江苏教育出版社 2008 年版,第 411 页。

在利用玩具游戏的过程中,教师还应使儿童养成良好的管理物件的习惯。在游戏结束或告一段落后,应教育儿童对玩具进行整理,在原地照原样放好,进行妥善保管,逐渐形成儿童爱护公物的观念。切不可完全由工役、值日生或教师自己代为收拾,这反而养成儿童许多懒散和不负责任的坏习惯。

第三节　幼稚园管理

当时的幼稚园相对于其他教育机构,一般具有人员少,规模小,人、财、物、事等各种因素及其相互关系较为单纯的特点,所以幼儿园的管理主要是以受教育者——幼稚生为对象的管理,幼儿身心发展的特点和对幼稚园在学前儿童教育中重要性的认识决定了幼稚园管理的基本特色,即以儿童为中心的管理。

陈鹤琴认为目标具体化和过程规范化是对幼稚园管理的基础。20 世纪 20 年代初期,中国化的幼稚园还处在实验和初创阶段,还缺乏全国统一的幼稚园办理标准和规程。在 1924 年陈鹤琴主持鼓楼幼稚园实验之初就将缺乏具体的目标作为当时中国幼稚园的四大弊病之一提了出来,他说:"我们办幼稚园究竟为什么?我们教养儿童究竟要教养到什么地步?什么技能、什么习惯儿童应当养成的?什么知识、什么做人态度儿童应当学得的?"[①]凡此种种问题,当时办幼稚园的大都没有想过,或想过而不去研究,结果虽然忙碌而没有成效,幼儿也很少进步。陈鹤琴认为没有具体标准,就没有办法对办学的过程进行督察,对办学的成绩进行检测,对办学的方法进行改进,也就谈不上对一所幼稚园的管理。所以,鼓楼幼稚园最初便将幼稚生应有的习惯技能的实验作为实验的主要内容之一。

根据幼儿的身心特点,幼稚园在目标要求上应表现为具体、明确、分化

---

① 《现今幼稚教育之弊病》(原载《新教育》1924 年第八卷第二期),见陈秀云、陈一飞编:《陈鹤琴全集》第二卷,江苏教育出版社 2008 年版,第 3 页。

的特点,便于进行对照检查。如鼓楼幼稚园通过实验拟定的《幼稚生应有的习惯和技能表》就明显具有这样的特征,它对我们今天制定幼儿园的相关标准仍具有参考价值,现将其具体内容转录如下:

第一表　卫生习惯

(1)不吃手指。(2)不是吃的东西不放进嘴里去。(3)落在地上的东西必须洗濯后再吃。(4)不用手指挖耳朵。(5)不用手指挖眼。(6)常修指甲。(7)每天手脸洗得干净。(8)每天至少刷牙二次。(9)吃东西的前后都洗手。(10)大小便以后洗手。(11)不流口涎。(12)不拖鼻涕。(13)常带手帕。(14)打喷嚏或咳嗽时,用手巾掩着嘴巴、鼻子。(15)慢慢地吃东西。(16)不沿路大小便。(17)坐的时候,胸膛挺直,头也端正。(18)内外的衣服都很干净。(19)不喝生水。(20)运动出汗以后不即刻脱衣乘凉。(21)不带食物到幼稚园里来。(22)不多吃糖果。(23)不随地吐痰。(24)嘴里有食物的时候不说笑。(25)到外边去知道穿衣戴帽。(26)知道远避患传染病的人。(27)会拍苍蝇、蚊子。(28)果壳不抛在地上。(29)起卧有一定的时间。(30)每天大便一次。(31)不用手抓饭菜吃。(32)早晨刷牙、洗面以前不吃东西。

第二表　做人的习惯——(甲)个人的

(1)乐于到幼稚园来。(2)听见铃声就去上课。(3)不容易哭。(4)喜欢唱歌。(5)喜欢听音乐。(6)不容易发脾气。(7)起坐轻便。(8)开关门户轻快。(9)走路轻快。(10)用过的东西放好并且放得很整齐。(11)说话不怕羞,又能说得清楚。(12)衣服等物能够放在一定地方。(13)不说谎。(14)能够独自找快乐。(15)离开座位,桌椅放好。(16)爱惜玩具和纸笔等。(17)爱护园里的花草、动物。(18)捡起地上的纸屑等物件放到纸篓里去。(19)能够预测极简单的结果,如放碗在桌边,知道要落地打碎等。(20)知道自己做的事情的好歹。(21)不怕雷。(22)不怕猫、狗、鸡、鸭。(23)不怕昆虫,如蚕、蝶之类。(24)一切事情能够自始至终地做得到一个段落方才罢手。(25)不狂叫乱跑。(26)做错的事直捷爽快地承认。(27)不乱涂墙壁、地板、桌椅。(28)认识自己的东西。(29)认识自己家的住址和家长的名字。

第三表　做人的习惯——(乙)社会性的

(1)行礼时见国旗、党旗及总理遗像能致敬礼。(2)每天第一次见到熟人能招呼。(3)爱爸爸、妈妈,听爸爸、妈妈的话,帮助做家事。(4)爱教师、听教师的话,帮助教师做事。(5)爱哥哥、弟弟、姐姐、妹妹,有东西和他们同玩、同吃。(6)爱小朋友,有东西同玩、同吃。(7)知道亲戚会相当称呼。(8)不和人相骂相打。(9)至少有一个极要好的朋友。(10)对新来的小朋友不欺侮又能帮助他。(11)不独占玩具。(12)进出门户不争先。(13)做事、游戏都依照次序,不争先。(14)对贫苦的孩子没有轻视的态度。(15)会说"早""好""谢谢""再会"等话。(16)做值日生很尽职。(17)能赞赏他人之美不嫉妒。(18)走路靠右边走。(19)知道最常用的手势的意义,如点头、招手等。(20)知道同学的姓名。(21)知道老师的姓名。(22)能摹仿别人可爱的动作。(23)不讥笑人。(24)能同小朋友合做一件事。(25)对不幸的儿童能表示同情。(26)对客人有礼貌。(27)不虐待佣人。(28)能慷慨拿出自己的东西和小朋友同玩。(29)不抢东西玩,不抢东西吃。(30)不得别人允许不拿他人的东西。(31)人家说话不去中途插嘴。(32)到公园里去不损坏任何花草物件。

第四表　生活的技能

(1)会自己吃饭。(2)会自己喝茶。(3)会戴帽子。(4)会穿脱衣服。(5)会穿脱鞋子、裤子。(6)会洗手。(7)会洗脸。(8)会刷牙。(9)会擤鼻涕。(10)会自理大小便。(11)会快步跑。(12)会上下阶梯,互换左右脚。(13)会关门窗。(14)会拿碟、碗、杯,不打破。(15)会端流动物不泼翻。(16)会上下船、车。(17)能辨别盐、糖、米、麦、豆、水、油等。(18)会搬椅子、凳子。(19)会洗澡。(20)会洗碗碟。(21)会扫地。(22)会抹桌。(23)会拾石子。(24)会拔草。

第五表　游戏运动的技能

(1)会拍球。(2)会打秋千。(3)会上下滑梯。(4)会驾三轮车。(5)会溜雪车。(6)会玩跷跷板。(7)会走独木桥。(8)会掷球、接球。（9）会滚铁环。（10）会爬梯子。（11）会爬绳梯。（12）会摇木马。（13）会拉小小黄包车。（14）会推小手车。（15）会玩小双兔。（16）会做竞赛游戏五种(如掷石、传花、占座位等)。（17）会做最普通的团体游戏五种(如猫捉老鼠、捉迷藏、种瓜、老鹰捉小鸡等等)。（18）会跳绳。（19）会舞木剑、竹刀。（20）会射箭。（21）会掷石子。（22）会遵守简单的游戏规则。

第六表　表达思想的技能

（1）会说日常方言。（2）会讲简单的故事。（3）会叙述简单的事情。（4）会认识日常字200至300个。（5）会背诵歌谣30首。（6）会唱歌20首。（7）会写自己的姓名。（8）读一二句的故事。（9）会听故事明了大意。（10）会依琴声击拍。（11）会独自唱歌娱乐。（12）会画简单自由画。（13）会涂色。（14）会画有意义的故事画。（15）会剪贴。（16）会剪贴成有意义的故事。（17）会搭积木成有意义的东西如屋、车等。（18）会替玩偶组织家庭。（19）会抚爱玩具。（20）会替玩偶穿脱衣服，睡倒床上。（21）会表演简单故事。（22）会写日记。

第七表　日用的常识

（1）辨别红、黄、青、白、黑、紫等常用的颜色。（2）辨别明暗的色彩。（3）辨别冷暖的缘由。（4）识别植物20种。（5）识别动物20种。（6）识别动物的雌雄。（7）知道花、种子、果实的用途。（8）会数1至200。（9）会做10以内的加减。（10）知道日、月、时间。（11）辨别东、南、西、北的方向。（12）知道尺、寸、升、斗。（13）知道钱币（大洋、角子、铜元）的价值。（14）能买玩具。（15）知道水的三种变态。（16）会养护蚕。（17）知道青蛙、蝴蝶、蛾等的变态。（18）知道国庆纪念、国耻纪念等日子。（19）知道当地的地名。（20）知道当地名胜三处。（21）明了身体各部的组织与用途。（22）会种豆子……等，又会掘番薯、萝卜等。（23）知道开会的仪式。（24）会保护二盆花不使干死。

幼稚园管理中对幼儿的检查、督察等各个方面，应结合幼儿心理和认识上的特点，尽量运用形象、生动、直观的方法。如对幼儿进行卫生检查是幼稚园的常规工作,一般将应检查的卫生项目根据其重要程度规定出相应的分数。但是仅仅将儿童检查中所得的总分记入清洁表内,对于在数的大小比较上还没有形成明确认识的幼儿是起不到督促和激励作用的。鼓楼幼稚园采取的方法之一是,绘制一张宝塔的图案,塔身分成四级,分别代表超、优、中、末四等,将写有儿童姓名的清洁小旗分别插到相应的等级上,这样儿童就很容易了解自己的清洁程度了。①

养成幼儿良好的生活习惯是幼稚园的一项基本任务,这不能仅停留在目标的制定上,还必须落实到行动中。对于尚不识字或识字不多的幼儿,不可能在幼稚园内贴上许多习惯标语,除谈话之外,形象生动的图画形式是可以利用的。陈鹤琴建议采用这样一种方法,根据幼儿应该养成的习惯,绘制出相关内容的图画,由人物及其动作形态和相关的物件组成,具有明确的示意特点。一个习惯一张图画,如"不要狂叫""纸屑入篓""关门要轻""靠左走"等,同时贴出的图画不宜太多,隔时更换。这种习惯图画可以与儿童姓名组合成习惯考核图表,记录儿童已经养成的习惯,便于对幼儿进行督促、期末总结和通报家长等。②

这种形象直观的方法还可用在幼稚生的考勤管理上。陈鹤琴认为在幼稚园的管理中要有意识地培养幼儿的自觉、自动的精神,从小养成自治的习惯,"给小孩有自动的机会"。如在考勤上,可以采取幼稚生自己点名的方法。但幼稚园大班的儿童一般能认识自己的名字,小班的孩子则不能够。陈鹤琴提出了一种用图画代表文字的方式,让儿童从教师提供的各种动物、花卉、自然物的图像中,选择一种他熟悉并喜欢的代表自己(如下图所提供的图案),教师将它们一一剪下贴在记名表上,让幼儿每天早晨到园时自己在表格内打上记号,教师还可在图案的旁边注上儿童的姓名,儿童便可以从中认识自己和别人的名字。③

---

① 《幼稚教育》附录《清洁检查》,见陈秀云、陈一飞编:《陈鹤琴全集》第二卷,江苏教育出版社 2008 年版,第 69—71 页。

② 《习惯用表》(原载《儿童教育》1929 年第一卷第九期、第十期),见陈秀云、陈一飞编:《陈鹤琴全集》第二卷,江苏教育出版社 2008 年版,第 225 页。

③ 《幼稚生自己点名的方法》(原载《儿童教育》1932 年第四卷第五期),见陈秀云、陈一飞编:《陈鹤琴全集》第二卷,江苏教育出版社 2008 年版,第 232 页。

幼稚生点名图

　　幼稚园管理除要注意目标分化、方法形象生动之外，还应注意与家庭的联系与合作，陈鹤琴反复强调这一点。幼稚园、家庭、社会三方面都负有对幼儿进行教育的责任，三者在幼儿教育中起着相互联系、相互促进的作用。除社会环境因素因结构复杂，难于控制外，家庭和幼稚园都能做到较强的计划性和目的性。家庭和幼稚园对幼儿的教育是相互联系、促进的，也是互为补充的。基于父母与子女天然的血缘关系和长期共同生活的原因，父母子女间关系一般表现为：父母的言行举止成为幼儿直接的模仿对象，父母子女之间有深厚的情感基础，父母对子女的兴趣、爱好有深入的了解。这决定了家庭在幼儿教育上具有这样几方面带有明显优势的特点：创造优良的家庭环境对幼儿的经验、知识和习惯产生潜移默化的影响，父母可以利用自己与子女特殊的情感关系对子女提出合理而严格的要求，根据子女的特点运用适当的方法对其进行针对性的教育。但是，幼稚园毕竟是向幼儿实施全面发展教育的专门机构，它是在经过专门组织的环境设施中，由受过专门训练的保教人员按一定的目标、内容对幼儿进行教育，其科学性和系统性都是一般家庭所无法比拟的。因此幼稚园不仅要保持与家庭的联系与配合,而且应承担起对幼儿教育的主导责任。

陈鹤琴认为,幼稚园可安排这样一些形式的活动与家庭联系与合作:
(一)恳亲会。每学期至少开一到二次恳亲会,让家长了解儿童在园的情
况,并借此机会展览儿童的成绩和进行有关的表演活动,让家长看到儿童
的进步。(二)讨论会。借此讨论儿童身心发展和教育的种种问题,提高
教育的科学性,教师、家长可相互交流儿童在家和在园的兴趣、爱好、习惯
等,以便于在教育中相互配合。(三)报告家庭。利用报告单等形式把儿
童在园的生活、学习、习惯、品行等方面的情况向家长作详细报告,作为家
庭教育的参考。(四)探访家庭。了解幼儿在家的情况,借此与家长交流
感情,便于在必要时间相互协作。①

陈鹤琴强调幼稚园的管理在过程上要做到规范化、制度化。鼓楼幼稚
园制定了一天、一星期、一月、一学期和一年的生活历,这些不同时间单元
的生活历系列包含了对幼儿的制度化管理内容。每日晨间进行健康检查、
自动划到,每周安排三次全体详细的整洁检查和一次习惯技能的考查,教
师应有探望家庭的活动。每月、每学期定期进行体格检查、发儿童生活报
告单、家长例会、展览会、恳亲会、家属联欢会、发儿童成绩报告单等项目。

幼稚园教育活动的展开,必须有赖于一定的条件和资源,如设备、环
境、师资等,因此,对这些设置的管理活动亦属于幼稚园管理的范畴。② 在
当时的条件下,陈鹤琴虽未对此作出明确要求,但是在其著作中显然已关
注到这些方面。如针对幼稚园的设备,他谈及了置办幼稚园设备的标准与
怎样置办设备,以及鼓励采用分类陈列法、设计陈列法来运用设备;同时要
重视教师的指导,要抱着"这许多设备要和儿童发生关系的目的"的责任
意识,还应让儿童自己管理好设备。③ 环境对人的影响是潜移默化的,现
今早已作为一种举足轻重的教育资源而被重视运用。陈鹤琴特别强调了

---

① 《我们的主张》(原载《幼稚教育》1927 年第一卷第一期),见陈秀云、陈一飞编:《陈鹤琴全集》第二
卷,江苏教育出版社 2008 年版,第 77 页。
② 张燕:《幼儿园管理》,人民教育出版社 2008 年版,第 18 页。
③ 陈鹤琴、张宗麟:《幼稚园的设备》(1928 年 5 月作为《幼稚教育丛刊》第四种出版,收于陶行知、陈
鹤琴、张宗麟合编的《幼稚教育论文集》,上海儿童书局 1932 年版),见陈秀云、陈一飞编:《陈鹤琴
全集》第二卷,江苏教育出版社 2008 年版,第 202—206 页。

审美的环境与科学的环境对儿童的重要影响,在儿童日常的生活中,提倡为儿童创设有益的、游戏的、劳动的、科学的、艺术的以及阅读的环境,其中艺术的环境包含了音乐的、图画的与审美的环境。[①]

陈鹤琴的这些思想和在鼓楼幼稚园的实验具有民族化、科学化和规范化的特点,它对后来我国幼儿园日常管理的一般模式的形成有着奠基的作用。

第四节　学前教育思想与实践的兴趣化特点

陈鹤琴说:"凡能使孩子快乐的刺激容易印在小孩子的脑筋里。"[②]作为快乐的重要来源——兴趣的唤起与激发是陈鹤琴学前教育思想和实践关注的焦点。他说:"现在很有一派心理学家主张努力在前,兴味在后。在实验室里,我们不能否认,但幼稚生时期的儿童,在他没有感到兴味以前,是不容易努力去做的。"[③]他从幼稚生这一特殊的教育对象出发,把兴趣提到了比努力更为重要、作为教学中心的地位。

陈鹤琴在他的文章中反复强调兴趣在幼儿教育中的重要性,如他认为故事的人物情节要在儿童的经验范围内,以愉快为前提,不可拘于知识的传授,否则儿童就得"费心思去思索,那就减去不少兴趣"[④]。讲故事时的座位排列也不必有规定的形式,"太拘于形式,就会减少兴趣"[⑤]。他认为

---

① 陈鹤琴:《为儿童营造良好的环境》(原载《东方杂志》1935 年第三十二卷十九号),载《幼儿教育》2006 年第七期、第八期。

② 《家庭教育》,见陈秀云、陈一飞编:《陈鹤琴全集》第二卷,江苏教育出版社 2008 年版,第 531 页。

③ 《幼稚教育》,见陈秀云、陈一飞编:《陈鹤琴全集》第二卷,江苏教育出版社 2008 年版,第 21 页。

④ 陈鹤琴、张宗麟:《幼稚园的故事》(1928 年 5 月作为《幼稚教育丛刊》第二种出版,收于陶行知、陈鹤琴、张宗麟合编的《幼稚教育论文集》,上海儿童书局 1932 年版),见陈秀云、陈一飞编:《陈鹤琴全集》第二卷,江苏教育出版社 2008 年版,第 197 页。

⑤ 陈鹤琴、张宗麟:《幼稚园的故事》(1928 年 5 月作为《幼稚教育丛刊》第二种出版,收于陶行知、陈鹤琴、张宗麟合编的《幼稚教育论文集》,上海儿童书局 1932 年版),见陈秀云、陈一飞编:《陈鹤琴全集》第二卷,江苏教育出版社 2008 年版,第 194 页。

不能强迫儿童做他们不感兴趣的事,"强迫兴趣是残忍的"①,也是不利于教学的,认为幼稚园教育只有满足不同儿童的兴趣才能说是成功的。

鼓楼幼稚园的课程组织实验正是以儿童的兴趣为出发点和归宿的。在实验的第一期——散漫期,"几乎每天预猜儿童将发生什么什么兴趣,极力向各方面去找寻。但是儿童的兴趣是不容易猜中的,有时候凑巧,恰恰猜着,于是预备的材料可以应用,但是多数兴趣是猜不中的,所以教师时常感到不知怎样应付的苦处"②。当实验被兴趣所困扰,为了摆脱教师在教学中的完全被动的地位,不得不从第一期过渡到第二期——论理组织期。课程和教学围绕着选定的主题,按自行设计、组织好的程序有计划地进行。这种课程组织方法,实际上是回到了当时一般幼稚园的课程组织上去,儿童的兴趣被置于可有可无的地位,尽管教师省力、社会也给予普遍的赞许,但陈鹤琴极不满意,他总结说:"儿童兴趣,有许多因着环境的刺激而产生,也有忽然感觉到的。这都是学习的好动机。行了此法,就没有方法去顾到这许多兴趣。……我们有时候为着实行预定计划起见,不得不强制儿童跟着我们走。这是一件多么残忍的事啊!"③认为不能顺着儿童突然而来的兴趣去进行教学是"剥夺了儿童许多自由"。④

寻求儿童兴趣、教师主导地位的确立和高效率教学的结合是陈鹤琴进行课程组织实验的目标,但儿童兴趣因素始终是关注的焦点,为此他在总结经验教训的基础上进行了课程组织的第三期实验,并在此基础上形成了他关于幼稚园教育的基本思想。为了将儿童兴趣置于教师主导之下,陈鹤

---

① 陈鹤琴、张宗麟:《幼稚园的课程》(1928年5月作为《幼稚教育丛刊》第三种出版,收于陶行知、陈鹤琴、张宗麟合编的《幼稚教育论文集》,上海儿童书局1932年版),见陈秀云、陈一飞编:《陈鹤琴全集》第二卷,江苏教育出版社2008年版,第110页。
② 陈鹤琴、张宗麟:《幼稚园的课程》(1928年5月作为《幼稚教育丛刊》第三种出版,收于陶行知、陈鹤琴、张宗麟合编的《幼稚教育论文集》,上海儿童书局1932年版),见陈秀云、陈一飞编:《陈鹤琴全集》第二卷,江苏教育出版社2008年版,第106页。
③ 陈鹤琴、张宗麟:《幼稚园的课程》(1928年5月作为《幼稚教育丛刊》第三种出版,收于陶行知、陈鹤琴、张宗麟合编的《幼稚教育论文集》,上海儿童书局1932年版),见陈秀云、陈一飞编:《陈鹤琴全集》第二卷,江苏教育出版社2008年版,第110页。
④ 陈鹤琴、张宗麟:《幼稚园的课程》(1928年5月作为《幼稚教育丛刊》第三种出版,收于陶行知、陈鹤琴、张宗麟合编的《幼稚教育论文集》,上海儿童书局1932年版),见陈秀云、陈一飞编:《陈鹤琴全集》第二卷,江苏教育出版社2008年版,第111页。

琴改变了原来围绕儿童兴趣、让儿童的兴趣牵着鼻子走的做法，注意对儿童兴趣进行积极的诱发。诱发儿童兴趣的方法可以归为两大类：一类是创造适当的环境，让儿童在主动地接触环境的过程中，由环境中各种因素的刺激而产生兴趣；另一类是教育者借助一定的方法去刺激儿童，诱发儿童的兴趣。陈鹤琴常把对儿童兴趣的诱发称为刺激，我们且将前一类刺激称为"环境刺激"，后一类刺激称为"方法刺激"。当然两者之间有相互包含和不可分的关系，甚至可以说创造环境也是一种方法，往往所采用的方法就在于创造一种氛围、一种环境，但是后者更侧重于教师对儿童影响的直接性。

　　陈鹤琴说："儿童的兴趣是由于环境的刺激而产生的。"[①]所以他特别强调儿童所处的环境——包括儿童周围的人和物对儿童的影响。他一再要求"注意环境，利用环境"，后来成为他的"活教育"的理论原则之一。为了使幼儿从小接触多方面的事物，诱发儿童多方面的兴趣，使他们获得多种可能发展的途径，在幼稚园的环境布置方面，陈鹤琴特别强调一个"变"字，要求有时令性、季节性，"要根据自然现象和社会情况"的变化而变化。[②] 这不仅在于使幼稚园的环境和自然、社会的大环境配合，使它更贴近幼儿的生活经验，另一个重要的原因在于他认为只有经常变化的新异的环境因素才能引起儿童的兴趣。如"小孩子的玩具，要时常调换。……新的玩具和旧的玩具要搭配起来，作有意思的调换，使他时时都觉得新鲜可爱，才不会感到厌倦"[③]。幼稚园"在必须置备的东西以外，能够以后陆续添配，乃是最好的方法，因为儿童很喜欢看到新东西进门的"[④]。陈鹤琴特别注意玩具的"活"的性质，至于"死"玩具，"它所变化的花样总是那几套，

① 《怎样编排幼稚园的日课表》（原载《活教育》1948 年第五卷第三期、第四期），见陈秀云、陈一飞编：《陈鹤琴全集》第二卷，江苏教育出版社 2008 年版，第 427 页。

② 《论幼儿园的环境布置》（原载《新儿童教育》1951 年第六卷第十一期），见陈秀云、陈一飞编：《陈鹤琴全集》第二卷，江苏教育出版社 2008 年版，第 478 页。

③ 《儿童玩具与教育》（原载《小学教师》1939 年第一卷第二期），见陈秀云、陈一飞编：《陈鹤琴全集》第二卷，江苏教育出版社 2008 年版，第 411 页。

④ 陈鹤琴、张宗麟：《幼稚园的设备》（1928 年 5 月作为《幼稚教育丛刊》第四种出版，收于陶行知、陈鹤琴、张宗麟合编的《幼稚教育论文集》，上海儿童书局 1932 年版），见陈秀云、陈一飞编：《陈鹤琴全集》第二卷，江苏教育出版社 2008 年版，第 203 页。

一知道了,那就没什么兴味了"①。

"环境刺激"在诱发儿童兴趣方面的特点是,教师是以环境而非亲自参与的方式诱导儿童,教师的影响在儿童的心目中似被隐藏起来了,更具有自然的效果。同时,由于儿童生活经验和知识基础、对环境的感应程度不同,以及对环境理解的主观性,同样的环境所诱发的儿童兴趣则往往是不可预料的,还不能很好地符合教学的需要。为了使教师更有效地主导儿童的兴趣,陈鹤琴认为应该直接从课程设计、教学方法等方面对儿童进行"方法刺激"。陈鹤琴提倡中心制的课程组织法,在幼稚园课程的各课目中采取相互渗透、打成一片的"整个教学法",提高游戏作为课目和方法在幼稚园活动中的地位,多用激励和暗示,少用批评和命令等,其出发点之一就在于引起儿童的兴趣。

兴趣,不仅是幼儿,也是成人学习的重要动力因素。这不仅是当时欧美进步主义教育理论的基本精神之一,也是我国古代许多优秀教育家在思想与实践中都已有充分认识的,从孔子"知之者不如好之者,好之者不如乐之者"②,到明代王守仁的"今教童子,必使其趋向鼓舞,中心喜悦"③,都在着力说明这一点。

陈鹤琴重视学前教育中兴趣的作用是基于幼儿这一特殊教育对象的心理特征。这个年龄阶段的儿童还没有发展起足够的注意力和意志力,对他们所不感兴趣的事物不会用意志努力去注意,更谈不上去探究。对幼儿来说,想通过其他强制办法使他们对学习产生动力是相当困难的。唯有兴趣,也正是兴趣,驱使儿童努力去探索,主动地去学习,甚至形成克服困难的坚强毅力。当幼儿从事自己感兴趣的活动时,他在生理或心理上会获得相当程度的满足,从而产生愉快、喜悦、兴奋等积极肯定的情感体验。这种积极肯定的情感体验是与对活动的全身心投入相伴而生的,它不仅有利于活动效率的提高,促进儿童智力、能力的发展,也是我们训练其良好的道德行为并进一步引导他们走向道德自觉的情感基础。儿童内在的好动、好

---

① 《家庭教育》,见陈秀云、陈一飞编:《陈鹤琴全集》第二卷,江苏教育出版社 2008 年版,第 577 页。
② 《论语·雍也》,见杨伯峻译注:《论语译注》,中华书局香港分局 1984 年版。
③ 王守仁:《训蒙大意示教读刘伯颂等》,见孟承宪、孙培青编:《中国古代教育文选》,人民教育出版社 1979 年版,第 303 页。

胜、好强、好奇等的心理因素,也正是我们培养其积极、有益兴趣的巨大源泉。

对兴趣与对幼儿生活经验的强调是陈鹤琴学前教育思想两个相互联系的特点,在他看来,经验是与兴趣分不开的,只有儿童生活中经历过的,来自于儿童生活经验的材料或距离儿童经验不远的东西才容易让儿童领会,才最容易引起儿童的兴趣。他反对传统蒙学教育使用《百家姓》《千字文》等材料,认为它们之所以不能引起儿童的兴趣,就在于它离儿童的经验太远,儿童领会不了,所以凡引入幼稚园教学的材料都"须以儿童的经验为根据"。

正是基于经验与兴趣的这层关系,鼓楼幼稚园在三期课程组织实验时对教师的要求有:"教师在未定课程以前要随时随地留意儿童的行为、好尚与兴趣之发生、持久等状况","要熟悉当地的自然现象与普通自然的生长状况"①,"所有的课程都要从人生实际生活与经验中选出来"②等等。

陈鹤琴关于经验的论述是出于对传统教育在内容上脱离生活、在方法上不顾儿童的心理和能力采用硬性注入的批判,对当时学前教育深受传统教育的影响表示不满。但陈鹤琴这种过于强调兴趣与经验、生活之间的关系导致对儿童经验的强调也存在偏颇之处。如他在讲到幼稚园读法教材时说"商务、中华书局出版之幼稚识字……所有之字,亦有非儿童经验范围所有者,如岭、城、篱字等似乎非儿童所能了解"③,说明他原则上反对将儿童经验之外,和非儿童所能领会的内容引入教学之中,但这并不完全符合儿童的心理和学习理论。事实上,幼儿期的儿童对记忆材料采取的是一种模式识记,他们不一定要对材料理解之后才能记住,因为他们还没有通过分析材料进行理解记忆的能力,只是把它作为一种模式印在脑子里。构成一定模式的汉字不论其笔画繁简如何,儿童有时候也能把它作为一个整体记住,如儿童可能记得住"岭""城""篱"等结构复杂的离儿童经验较远

---

① 陈鹤琴、张宗麟:《幼稚园的课程》(1928 年 5 月作为《幼稚教育丛刊》第三种出版,收于陶行知、陈鹤琴、张宗麟合编的《幼稚教育论文集》,上海儿童书局 1932 年版),见陈秀云、陈一飞编:《陈鹤琴全集》第二卷,江苏教育出版社 2008 年版,第 115 页。

② 《幼稚教育》,见陈秀云、陈一飞编:《陈鹤琴全集》第二卷,江苏教育出版社 2008 年版,第 27 页。

③ 《幼稚教育》,见陈秀云、陈一飞编:《陈鹤琴全集》第二卷,江苏教育出版社 2008 年版,第 43 页。

的字,而对模式相似的"日"与"目"则常常弄错。幼儿的这种模式识记的方式,与陈鹤琴有关读法实验的结果并不矛盾。他总结读法教学的经验时说:"笔画之多寡与儿童认识之难易,无甚关系。"①"儿童已有几多基本字,教相似字时,最易发生混淆。"②在1928年发表《幼稚园的读法》一文时,明确指出了"不要太偏重日用字"③。对幼儿来说,"注入"一些他们长大后有用的、难度较大的基础知识和品德模式,是可行而且也是十分必要的。现在已被证明有效的学前儿童的外语教学,正是适应了儿童记忆的这一特点,对于外语单词和句式,儿童最初也并不都把它作为一种意义,往往是作为一种模式来接受的。

由于在认识中确定了兴趣对经验的必然依赖性,使得他对当时学前教育中某些现象的批评也不尽合理。如他认为学前课程应从中国化出发,批评幼稚园中搬用美国《三只熊》的故事,认为熊在美国是一种习见和儿童都很熟悉的动物,是有关儿童作品中的常见角色,中国儿童对它却是非常陌生的,远离了中国儿童的经验,由此不可能引起中国儿童的兴趣,主张将"熊"改为"虎"。"若是我们将这种好的故事稍为改变一下,将熊变为虎,那小孩子听起来就容易懂得多了。"④这种一定要以儿童经验作为故事取材的主张就不免带有一定的片面性。正像陈鹤琴自己所认为的,"引起儿童想象"⑤是故事的重要作用之一。《三只熊》故事中的"熊"是中国儿童所没见过的动物,但在老师的讲解中,儿童会随着故事情节的发展而不断地想象"熊"的形象,也许在他头脑中形成的"熊"的形象与真熊不合,但这不是问题的关键,因为我们需要的正是儿童的这种想象力。在陈鹤琴看来,可以让儿童"把他的幻想组织起来,成为一个故事。久而久之,他的幻

① 《幼稚教育》,见陈秀云、陈一飞编:《陈鹤琴全集》第二卷,江苏教育出版社2008年版,第45页。
② 《幼稚教育》,见陈秀云、陈一飞编:《陈鹤琴全集》第二卷,江苏教育出版社2008年版,第46页。
③ 陈鹤琴、张宗麟:《幼稚园的读法》(1928年5月作为《幼稚教育丛刊》第一种出版,收于陶行知、陈鹤琴、张宗麟合编的《幼稚教育论文集》,上海儿童书局1932年版),见陈秀云、陈一飞编:《陈鹤琴全集》第二卷,江苏教育出版社2008年版,第185页。
④ 《我们的主张》(原载《幼稚教育》1927年第一卷第一期),见陈秀云、陈一飞编:《陈鹤琴全集》第二卷,江苏教育出版社2008年版,第76页。
⑤ 陈鹤琴、张宗麟:《幼稚园的故事》(1928年5月作为《幼稚教育丛刊》第二种出版,收于陶行知、陈鹤琴、张宗麟合编的《幼稚教育论文集》,上海儿童书局1932年版),见陈秀云、陈一飞编:《陈鹤琴全集》第二卷,江苏教育出版社2008年版,第189页。

想就成了活泼的思想了"①。为什么就不能让儿童对一只不熟悉的动物做一点"歪曲"的想象呢？

对于有丰富想象和好奇心理的儿童，已经过的材料不一定能引起他们的兴趣，而没有经历过的材料儿童可能更有兴趣，关键是教师要善于在经验的和非经验的材料之间找到联想的"抓手"。幼儿的兴趣有针对内容的，也有针对形式的。在内容上，利用儿童的好奇心理，保持材料的一定的新颖性，在儿童已有经验的基础上，引入部分儿童没有经验过的内容，则是激起儿童兴趣的良好方法。对于儿童在内容上难以感兴趣的材料，可以采用新颖和变化的形式，让儿童在形式的吸引下接受内容，同样能达到教学目的。陈鹤琴的这些设计教学法、游戏教学法、暗示法、鼓励法等都是本着这种精神的。

陈鹤琴关于兴趣与经验关系的论述，还向我们提出了一个问题，即如何处理好利用经验与丰富经验之间的关系问题。合理的途径是在利用中求丰富，在丰富中求利用，实现幼儿认知结构的螺旋式上升。如果只顾利用经验而不求丰富，最终必定依然在原有的经验所及的范围内徘徊。只有利用兴趣去丰富经验，再利用儿童丰富经验后的喜悦所带来的成就感去诱发儿童新的兴趣，才会使儿童的经验像滚雪球一样越来越丰富。

---

① 陈鹤琴、张宗麟：《幼稚园的故事》（1928 年 5 月作为《幼稚教育丛刊》第二种出版，收于陶行知、陈鹤琴、张宗麟合编的《幼稚教育论文集》，上海儿童书局 1932 年版），见陈秀云、陈一飞编：《陈鹤琴全集》第二卷，江苏教育出版社 2008 年版，第 189 页。

第六章 小学教育思想与实践

  1927 年 6 月,陈鹤琴应南京特别市教育局局长陈剑修之请,出任教育局学校教育课课长。次年夏,应聘赴上海主持公共租界工部局华人教育。工部局华人教育处成立后,陈鹤琴任处长,直至 1939 年为躲避汪伪特务的迫害而离开上海。在这期间,陈鹤琴除继续致力于学前教育的实验与研究、推广鼓楼幼稚园实验成果外,还结合自己的教育实践,对小学儿童教育问题给予了更多的关注,在小学教育理论和实践方面也有许多建树和创新。

第一节 "一切为儿童,一切为教育"

一、推动南京市中小学教育的整顿与改革

  南京为我国历史名城,有悠久的文化与教育传统。但自近代以来,由于帝国主义的侵略和社会的长期动荡,文化教育没

有得到与其城市地位相称的发展。1927 年,国民政府定都南京时,全市有至少 6 万的学龄儿童,但仅有市立学校 40 余所,入学儿童不过 6000 名。陈鹤琴受聘担任学校教育课课长后,为改进和发展南京市教育,即着手拟定了《南京特别市教育局学校教育课计划大纲》。[①] 计划从积极和消极方面对南京市中小学教育进行整顿和改革。

所谓积极方面:

(一)调查学龄儿童及教育状况,以定进行之步骤。

(二)扩充小学班级,创办幼稚园,多予儿童以求学之机会。

(三)创设市立中学,使小学毕业生有升学之处所。

(四)创设市立师范学校,培养良好师资。

(五)提倡研究事业,多予教师以进修机会。

所谓消极方面:

(一)裁并不良学校,以节经费。

(二)举行小学教师检定实验,以改良师资。

(三)整顿私立学校,防止投机教育。

(四)限定私塾,检定塾师,防止一般市民知识之腐化。

为了实现这些整顿改革目标,在陈鹤琴主持下,主要做了两个方面的工作。

首先,建立了以研究股为核心的学校教育课内部组织结构。学校教育课内部设立研究、指导、编审、卫生、调查五个股,研究股居中起核心作用。陈鹤琴认为,教育行政的目标,不是虚应当前的教育状况,而是谋求对现状的改进,而改进的基础就是研究。建立一个研究风气浓厚、学术化的教育行政管理机构,"训导、教法之改进,教材之选择,设备之改善,教师知识技能之长进,都可以藉行政以研究,寓研究于行政"[②]。研究股不仅要关心教育专门知识的研究与普及,也要注意实际经验的总结与推广。为此,规定定期召集各校校长会议,交流解决学校方面各种实际问

---

① 《南京特别市教育局学校教育课计划大纲》(原载《教学月刊》1927 年第一卷第三期),见陈秀云、陈一飞编:《陈鹤琴全集》第四卷,江苏教育出版社 2008 年版,第 27 页。

② 《南京特别市教育局学校教育课计划大纲》(原载《教学月刊》1927 年第一卷第三期),见陈秀云、陈一飞编:《陈鹤琴全集》第四卷,江苏教育出版社 2008 年版,第 29 页。

题,通过联系各校教职员、组织教育研究会等形式,促进教材、教法、训导等方面的改良;通过举办暑期学校、讲演会,组织对学校的参观等活动,提高各类教育人员的修养。处在中心地位的研究股,其重要任务便是联系协调课内各股,商议决定全市教育的各方面问题,开展研究,提出解决方案和建议。

指导股设立指导员若干人,定期或临时性地到全市各学校、各私塾去进行指导,并与研究股保持密切的联系,随时介绍研究成果、推广有益的经验。编审股着重以编辑出版的手段介绍新的教材和教育方法,并面向社会介绍教育实验研究的成果、教育行政管理和学校内部的情形,在学校教育、教育行政与社会、家庭间建立起联系的桥梁,以起到相互配合的效果。另外,联合研究股对各种儿童读物进行审查,加以审定和改编,以适合儿童身心发展的需要。卫生股是专门针对我国一般人,包括在校学生普遍缺乏良好的卫生意识和习惯而设立的,除指导各校进行卫生知识的宣传和清洁习惯的训练外,还与社会合作开展卫生运动,防止疾病的传染和流行。调查股专门对各校办学的效果,包括"教材之良窳、学生之优劣,师资之好坏、费用之多寡"等进行调查、统计并予以评价,它事实上是为研究股提供教育研究的资料,以资综合比较,决定取舍,图谋改进。

这种希望融教育行政与学术研究于一体的尝试和当时教育界以蔡元培为代表提倡教育行政学术化密切相关。1927年南京国民政府成立后,在蔡元培的倡导下,改教育部为大学院,作为全国最高的教育学术行政机关,蔡元培被任命为大学院院长。蔡元培的意愿是,以"大学院"这样一个有浓厚学术、教育色彩的机构,取代"教育部"这样一个容易让人联想到官僚的机构,有利于改变教育行政中的腐败官僚习气,促进教育行政学术化。与中央大学院制相对应的是,在地方教育行政制度上,仿效法国,实行大学区制,规定在全国范围内依各地的教育、经济及交通状况,划分为若干大学区,每区设大学一所,校长一人,综合管理大学区内一切学术与教育行政事务。大学区内设立评议会、研究院、高等教育处、普通教育处、扩充教育处等,分别为本区的教育立法、进行专门学术研究和管理高等教育、中小学普通教育、社会教育的机关。蔡元培倡导建立的这一整套从中央到地方的教育行政制度,是他的教育独立思想在教育行政方面的体现,目的在于使教育行政中少一些官僚习气,多一些学术气氛,促进教育行政与教育学术的融通。

虽然大学区制的尝试最后以失败告终,但蔡元培在教育界这一知识集中、学术人才富集的领域首倡行政学术一体化,以提高行政决策的科学性,无疑是值得肯定的,这也代表了现代行政管理发展的基本趋势。陈鹤琴对教育课内部组织结构的安排是他一贯重视研究的个性精神和教育行政上的时代取向的综合体现,同时也表现了他在教育实践中的创新意识。

其次,陈鹤琴在南京市全面建立了小学教育实验区。教育课的管理范围包括全市公私立中小学、婴幼教育、师范教育和社会教育,其中小学数量最多,和各方面联系最广,具有处在问题中心的地位。陈鹤琴认为:"欲切实整理市教育,当然以市立小学为基础。"他通过裁撤合并,一方面合理调整全市小学的布局;另一方面扩大办学规模,提高办学效率。与此同时,他建立了全市范围内的小学教育实验区。

在南京市原有 40 所市立小学的基础上,通过裁撤合并后,市立小学数量上仍保持 40 所,这 40 所市立小学分为前期小学 25 所,完全小学 10 所,实验学校 5 所。全市小学划分为东、西、南、北、中五个实验区,每区有实验学校一所,各区以实验学校为中心,实验学校领导所在区小学的教学工作。各实验区在教育课领导下于行政、教学的实验研究等方面实行独立而又联系、分工而有合作的原则。

实验学校为所在实验区"教育研究之中心",实验教学上各种问题,在全区小学中起模范作用,形成本区办学的风格特点。同时也在统一计划下,和学校教育课研究股保持密切联系,共同实验解决各种教学问题,以谋求全市范围内的相互促进和经验共享。在研究股的统一安排下,每区以一种小学学科为实验研究的中心(东区为语文,南区为算术,西区为美术,北区为自然,中区为社会),各区聘任一位适合本区研究学科的专门人才为研究员,与该区实验学校校长共同主持各该科教材教法的研究实验工作。每月轮流在各区实验学校举行该区中心科目教材教法讨论会,陈鹤琴出席指导,规定各区小学担任该科的教师必须出席。

当时在一个市大面积地进行教育实验还十分少见,特别是针对各科教材教法所做的实验研究对教师业务水平的提高和教学工作的改进有很大的促进作用。在实验工作中,陈鹤琴总是以一个实验研究者和导师,而不是以行政长官的身份参加工作,使整个实验区工作始终保持着浓厚的学术氛围。对于各校的行政工作,陈鹤琴每周召开一次校长会议,会上也以对问题的讨论为主,大家经常就如何办好一所新式小学发表意见,使与会者能收到集思广益、择善而从之效。

在教育课任职期间,陈鹤琴还在整顿私立学校,改良私塾,推广学前教育、社会教育,创立师范学校等方面做了大量的工作。

陈鹤琴同时对陶行知在晓庄师范的教学实验给予了多方面的支持,他经常带领各小学校长前往晓庄师范学校观摩、实习,扩大了陶行知"生活教育"理论与实践的影响。陈鹤琴希望通过大面积的儿童教育实验,在教育学术上能够获得较大成果,各校校长和教师也团结合作,努力投入工作。但由于教育界存在已久的官僚作风很难改正,对陈鹤琴提出的行政学术化的思想也不能够完全接受和适应,陈鹤琴受到的指责也越来越多。1928年夏,陈鹤琴离职。

二、谋求租界区华人儿童教育的改良与普及

1928年陈鹤琴离开他开创事业的古都南京,受聘上海工部局主持华人教育。说到工部局,我们不能不简单介绍其历史。鸦片战争后,西方列强利用不平等条约在中国土地上强辟"租界",上海租界最初有英、法、美租界。1854年,三国租界在多次修改有关租地章程,不断扩大租界范围和土地使用权限的基础上,解散了原来租界内针对具体事务进行管理的"道路码头委员会",成立工部局(Executive Committee)作为三国租界区共同的行政机关,并行使部分立法和司法权。工部局向居住在租界内的人员,包括逃难进入租界的华人征收地税、码头税、房捐等税赋。

1862年,法租界退出公共的工部局,自行组织独立的法租界行政机关——公董局。翌年,英美两国租界正式取消相互之间地域分界,合并为英美公共租界,1899年在进一步扩大范围的基础上发展成为向居华外侨开放的国际公共租界(International settlement),习惯上称为"公共租界",

它的市政机关一直是工部局①,它属于外国人在中国土地上建立的自治性地方政权。

　　工部局在不断发展的过程中,建立起了比较庞大的行政体系。工部局的权力属于租界内纳税的外国人。纳税外国人组织了"纳税外人会议",通过举行每年一次的年会(一般在春季)和特别会议来审核通过租界内的重大事务。租界内的日常事务则是由纳税外人会议选举的常务性组织——董事会进行决策和领导。纳税外人会议成员的资格是根据财产和纳税数作为标准来确定的,因此租界中也只有属于外侨中的富裕者才有参加纳税外人会议并获得选举权和被选举权资格的可能。

　　纳税外人会议选出的工部局董事会成员先是三、五、七名不定,1870年后基本稳定在九名,成员基本在英、美、日人之间分配。因为这一政权是设在中国的土地之上,且租界区内百分之九十以上的人口为华人,因此就产生了一个与中国政权与华人之间的关系问题。长期以来,工部局的董事会由外侨组成,中国人虽然占据了公共租界内人口的大多数却不能插足其事务。"五四"运动以后,随着中华民族的觉醒和上海人民革命斗争的深入,华人要求参与租界管理的呼声日增,至"五卅"运动前后,华人参政运动达到高潮。1920年,公共租界纳税华人会成立,迫使工部局不得不于1921年接受华人顾问委员会,虽然其参政的有效性极其有限,但也是华人经过长期斗争的初步成果。1928年,工部局终于同意接受3名华董参加工部局。在上海人民的进一步抗争和要求下,到1930年工部局又被迫同意再增加2名华董,工部局董事最多时达到14名。

　　在发展过程中,工部局内部后来形成了两个具有严格等级,职责也严格分开的稳定结构——决策和执行两大部分。决策部分是由以总董、副总董为首的董事会以及由董事会领导的各委员会组成,各委员会如财务、工务、警备、卫生、学务、公共图书馆委员会等,有董事参加。执行部分就是各个委员会下属的各个处,如财务、工务、警备、卫生、学务处等。②

① 《上海租界年表》,见上海市文史馆、上海市人民政府参事室文史资料工作委员会编:《上海地方史资料》(二),上海社会科学院出版社1983年版;蒯世勋等编著:《上海公共租界史稿》,上海人民出版社1980年版,第366—367页。
② 张仲礼主编:《近代上海城市研究》,上海人民出版社1990年版,第608—614页。

租界开辟初,规定为外国人单独居住区,后允华人入居租界,人口日渐增多,商务日盛。最初由各种渠道流入租界的外国侨民,在不断侵夺中国人治权的过程中,生活基础逐渐稳定,就不再抱暂时居留观念,于是开始创办学校。这些学校有的专为西童而设,有的专为欧亚人通婚所生子女而设。1882年,工部局专门组织了对租界内教育问题进行考察的委员会,考虑由工部局收管西人私立学校或每年给予经费补助。[①] 早期设立的学校多是西童学校,华童学校除1876年设立的格致公学外,20世纪初陆续开办了华童公学(1903年)、育才公学(1903年)、聂中丞华童公学(1914年)等数所。[②]

工部局管理教育事业方面的组织初有华人教育委员会和外侨学校教育委员会,分领相应的行政机构管理外侨和华人儿童教育。后来两委员会合并成立了学务委员会,下设学务处,设有处长,处长之下设侨民教育股和华人教育股,各设主任一人,副主任一人。侨民教育股负责西童教育,主任一般由任学务处处长的外国人兼任;华人教育股负责华人教育,由陈鹤琴任主任,陈选善任副主任。华人教育股后改成华人教育处,由陈鹤琴任处长直至1939年离开上海。[③]

工部局一贯不重视公共租界内的华人教育,占有人口百分之九十以上、承担了租界区大多数税赋的华人,其子女得不到最基本的教育权利。1928年前,华童学校数目不及西童学校,两者学生数大致相当,从工部局所得的办学经费为西童学校的七分之一左右。在华人要求参政的过程中,要求改善华人子女的教育也是抗争的内容之一。如1928年由公共租界区纳税华人会会长等人联名写给工部局总董费信惇的信中提出的三项要求之一便是:"三、华人教育委员会须以华人组织为原则,华人教育经费须以占捐税百分之二十为标准;但为避免目前预算上困难起见,除原有定数外,须即规划最少需要之数,作为扩充华市民教育之用。华人教育委员会之委员由本会推举,现有四华童公学(即上列华童公学、育才公学、聂中丞华童

---

① 蒯世勋等编著:《上海公共租界史稿》,上海人民出版社1980年版,第443、444页。
② 李清悚、顾岳中编:《帝国主义在上海的教育侵略活动资料简编》,上海教育出版社1982年版,第113页。
③ 李清悚、顾岳中编:《帝国主义在上海的教育侵略活动资料简编》,上海教育出版社1982年版,第109页。

公学、格致公学。——著者注)之重要行政人员,为适应华童教育上需要与增进管理上效能起见,自下学期始,须聘华人。"[1]

当工部局以界内华人教育诸问题,应于"华董未就职前暂予搁置"[2]为理由故作拖延时,纳税华人会议一方面积极进行华董的选举和筹备就职事宜,一方面复信严词要求:"关于华人教育委员会之组织,华人教育经费之增加,华童公学人员之聘用,贵局复开,于华董进局办事之前尚难进展一节,代表大会认为华人教育委员会之组织,及华童公学人员之聘用,应于下学期立即实行,至教育经费之增加,除本届应为可能之扩充外,应于下届会计年度开始时起,实行占捐税百分之二十之标准。"[3]

租界华人要求参政的运动,在 1928 年 4 月间租界区纳税外人会议召开期间形成了强大声势,舆论界各大报刊对斗争的进程情形也尽为刊布,起到了推波助澜的作用。陈鹤琴正是在这种举国一致的呼声中应聘来沪主持租界区华人教育事务的,他的受聘是中国人民争取民族主权斗争所取得的一份成果。

陈鹤琴在主持工部局华人教育期间,尽心尽力地谋求华人儿童教育的改良与普及。在他的主持下,先后创办了北区小学(1928 年)、东区小学(1928 年)、西区小学(1930 年)、华德路小学(1932 年)、华人女子小学(1933 年)、蓬路小学(1936 年)、荆州路小学(1938 年)等 7 所小学,[4]这些小学一般都附设有幼稚园。他还创设了华童女子中学(1931 年)。[5] 虽然能进入这些小学的大多是租界区较为富裕的金融、商界和洋行职员子女,但陈鹤琴也注意吸收一些穷苦儿童入学。1932 年进入工部局西区小学的张纯瓦老师说:"陈鹤琴先生是很慈祥的,肯照顾穷苦儿童,如果成绩考得

---

[1] 《中华民国史事纪要(初稿)》(中华民国十七年(1928 年)一至六月份),中华民国史料研究中心(台北)1978 年印行,第 458—459 页。

[2] 《中华民国史事纪要(初稿)》(中华民国十七年(1928 年)一至六月份),中华民国史料研究中心(台北)1978 年印行,第 459 页。

[3] 《中华民国史事纪要(初稿)》(中华民国十七年(1928 年)一至六月份),中华民国史料研究中心(台北)1978 年印行,第 514 页。

[4] 李清悚、顾岳中编:《帝国主义在上海的教育侵略活动资料简编》,上海教育出版社 1982 年版,第 114 页。

[5] 李清悚、顾岳中编:《帝国主义在上海的教育侵略活动资料简编》,上海教育出版社 1982 年版,第 113 页。

好的话,也是会收的,但这是由怜悯与恩赐的思想出发的。"①在所创办的七所小学中,蓬路小学是专为贫寒子弟设立的半日二部制的简易小学。为了让成年工人中的文盲青年识字学文化,自1934年到1939年陈鹤琴先后主持创办了四所青年工人夜学。② 陈鹤琴还依靠社会力量的支持,争取工部局给界内一百四十余所私立中小学以经费补助,并在早期设立的四所华童公学内增设了华人副校长和校长。

工部局是一个殖民性质的市政机关,它所管理的租界素有"国中之国"之称,因此租界内的教育也自然地具有殖民主义的性质。这种殖民性首先表现在中西童学校发展和经费投入的不平衡上。华人占租界区人口和纳税比率的90%以上,1928年前,华童学校数及学生数仅与西童学校相当。1928年,陈鹤琴就职后,陆续创办了一些华童学校,使华童学校数和学生数超过了西童学校,但在经费投入上却仍不如西童学校。以1931年为例,华童学校学生为3276人,西童学校学生数为1491人,1931年工部局学校教育经费预算中,计银1118280两,扣除设备购置费后,拨给西童学校的经费为544750两,拨给华童学校的经费为159500两。在学生数上两倍于西童学校的华童学校,获得经费反不足西童学校的1/3。③ 又以1940年为例,西童学校学生数为1287人,华童学校学生人数为8439人。虽然华童学校学生占学生总数的86.8%,但工部局拨给华童学校的经费仅占总拨款额的46.6%。④ 每个华童学生所获得的经费数一直约为西童的1/7。

正是由于这种殖民性质,华人学校在教材选用、教学和其他各项活动方面都受到工部局的限制,陈鹤琴则常从国家民族的立场出发进行努力抗争。工部局规定界内各学校一律不准悬挂国旗,只能悬挂工部局旗,陈鹤琴于1929年10月在东区和北区小学建立朝会制度,全体师生每日晨在操场举行升国旗仪式。升旗仪式遭到工部局总办琼斯的反对,经陈鹤琴等人

---

① 人民教育社辑:《活教育批判》,人民教育出版社1955年版,第74页。

② 李清悚、顾岳中编:《帝国主义在上海的教育侵略活动资料简编》,上海教育出版社1982年版,第115页。

③ 蒯世勋等编著:《上海公共租界史稿》,上海人民出版社1980年版,第135页。

④ 李清悚、顾岳中编:《帝国主义在上海的教育侵略活动资料简编》,上海教育出版社1982年版,第110页。

据理力争,终于赢得升国旗的权利。正是为了争取在华人学校永久悬挂国旗的权利,陈鹤琴经常代表华人师生和工部局抗争,为此,工部局学务处处长英国人希廉曾几次写信给各学校校长和华人教育股主任陈鹤琴,指令"在工部局的建筑物上只准悬挂工部局旗,如须挂其他旗,须得工部局之允许",又只能在 10 月 10 日"国庆日可悬挂国旗,但同时须悬挂工部局旗"[①]。工部局在补助华人学校条例中规定华人学校"不得施行足以损坏国际感情,及引起种族仇视之教学"[②]。其实,在这种冠冕堂皇的文字背后,却包藏着列强对一个受其欺凌的民族抗争意识的防范祸心。有一次,因为华人小学采用的历史课本中讲到义和团的事,学务处处长希廉竟然跑到陈鹤琴办公室里大发雷霆,要求陈鹤琴写信通知书店修改这方面的内容。这说明在国家贫弱,主权不完整的情况下,特别是在治权垄断在殖民主义者手中的租界,要争得一份教育权是多么艰难。

三、抗日战争中的难民教育活动和新文字教育实验

陈鹤琴在上海的 11 年,除为改善租界华人儿童教育条件而努力外,还从各个方面为改良儿童教育,争取更多儿童有受教育的机会而做了大量工作。如前述 1929 年 7 月,他发起创建的中华儿童教育社推动上海地区儿童教育的科学化改革。1930 年,国民党政府封闭晓庄师范、陶行知避难日本,后秘密返沪,在上海创办"自然学园"、工学团,开展"科学下嫁运动",陈鹤琴积极支持陶行知的教育事业,与丁柱中一起共同主编《儿童科学丛书》,并担任"儿童通讯学校"的指导员。

1937 年日本全面侵华后,上海南市、闸北、沪东、沪西很快沦为战区,租界区涌入了无数妻离子散、无家可归的难民。国际红十字会和上海难民救济协会在租界设立了许多难民收容所。作为上海国际红十字会教育委员会主任和救济会教育组负责人,陈鹤琴又热忱地投入到难民救助,特别是难童教育的工作中。他组织起难民教育处,亲自制订计划,分配任务,听取汇报,安排教师,使这项工作得以全面开展,所有难民收容所都办起了小

---

① 人民教育社辑:《活教育批判》,人民教育出版社 1955 年版,第 84 页。
② 《学务处报告》,见《1931 年上海公共租界工部局年报》,上海公共租界工部局 1935 年印,第 286 页。

学,个别的还办起了中学。陈鹤琴尽可能地利用自己的声誉、地位和影响解决难童教育中的困难,包括教师、课本、教室以及经费的短缺等。如第二难童小学所在的难民收容所,只有供难民居住的芦棚,且拥挤、肮脏、杂乱,根本没有可以作为教室来上课的地方。又因该难民所伙食由难民自理,难童都要出去捡破烂卖钱,拣菜皮果腹,不肯来上学。陈鹤琴了解到这一情况后,亲自去找难民所的主管人员交涉,要他们腾出或另盖芦棚当教室,并为小学的儿童争取到了供给的口粮,让他们能安心学习。在陈鹤琴等人的努力下,第二难童小学终于得以开学,下设 14 个班级、600 多名学生。琅琅读书声开始在芦棚里回响。

居住在难民所里的儿童基本上还能生活在父母和其他亲人身边,但难民所外,还有许多与父母和家人失去了联系,或者永远丧失了亲人的孩子,他们举目无亲,孑然一身,连难民所也进不去,流落街头,挣扎在死亡线上。陈鹤琴又和几位热心人士一起,创办了上海儿童保育院,聘朱泽甫主持,专门收流难儿童,予以抚养教育。1937 年底,陈鹤琴还发起组织了"儿童保育会"[①],旨在救济与教养因战事孤苦无靠的儿童。陈鹤琴被推为理事长,和理事们一起为流难儿童筹募经费,指导制定保育计划。其宗旨是:"以最有效、经济和持久的方法救济和教养因战争而失去父母、家庭的儿童,以养成健全的公民。"陈鹤琴为儿童保育会的题词是:保育民族幼苗!

在组织领导难民难童教育的过程中,陈鹤琴接触到大量的成人和儿童文盲,他认为只有首先使这些文盲认识了文字,让他们能看报读书,才有可能让他们进一步了解世界大事、科学常识,增强民族意识、国家观念,提高国民道德,唤起抗日救亡的觉悟。

如何让难民迅速跨过识字的门槛,获得一把能自动开启知识大门的钥匙呢?陈鹤琴注意到当时已在国内流行的拉丁化新文字,他开始实验对难民中的文盲进行拉丁化新文字教育。

拉丁化新文字方案是 20 世纪 20 年代末、30 年代初留苏的中国共产党人吴玉章、林伯渠、肖三等人和几位苏联汉学家根据瞿秋白拟定的草案改进制定的,是为了用来扫除当时侨居苏联的十万中国文盲工人。1933 年

---

① 北京市教育科学研究所编:《怀念老教育家陈鹤琴》,四川教育出版社 1986 年版,第 106—107 页。

左右被介绍到国内后,开始引起各地青年学生的竞相传习,并以新文字形式出版了不少书刊,成立了一些拉丁化新文字研究会。在很短的时间内,中国形成了一个拉丁化新文字教育与抗日救亡运动相结合的群众性文字改革运动。由于政治和文化方面的原因,这一运动在国民党政府辖区内一直遭到禁止。抗战全面爆发后,在上海租界这块特殊的土地上,原已被禁止活动的上海新文字研究会,作为文化界救亡协会的团体之一恢复活动,举办了拉丁化新文字的讲习班。参加该班的一些爱国学生和青年,在学习拉丁化新文字以后,便利用这种拼音的新文字简便易学的特点,作为扫盲和抗战教育的工具,到难民所去试教难民,并取得良好的效果。

　　1938 年 1 月,租界被日本占领区包围成为"孤岛"后,为避免日本人的干预,租界当局将上海新文字研究会作为抗日救亡团体,其活动遭到禁止。上海新文字研究会经过理事会讨论,决定争取租界知名人士的支持,要求租界当局将该研究会作为社会教育团体,不作为抗日团体取缔,使难民收容所内的新文字教育实验得以继续下去。他们首先想到了作为著名的教育家,又是租界华人教育和收容所难民教育负责人的陈鹤琴。当他们拜访陈鹤琴并向他提出这一请求后,陈鹤琴不仅毫无顾忌地答应下来,而且对在难民中进行新文字教育实验表现出极大的兴趣和热情。后来在他的努力下,上海新文字研究会不仅被批准为合法的教育团体,陈鹤琴还亲自抓这件事,在难民中大规模地开展新文字教育的实验。有人记述了这样一个场面:有一天,工部局一个英国负责人把被捕的两个青年找来谈话,陈鹤琴也在场。陈鹤琴对英国人说:"这些青年为教育难民做一些工作,是很不容易的!"英国人问:"你们为什么要教这种文字?"有人回答:"可以很快地识字,扫除文盲。"英国人又问:"你们知道吗,这种文字是宣传共产主义的! 在租界里不准宣传共产主义!"陈鹤琴哈哈大笑起来。英国人奇怪地问道:"陈先生你为何发笑啊?"陈鹤琴说道:"任何文字都是一种工具,谁都可以用。先生当然了解,马克思的许多著作不是用贵国的英文出版的吗? 那么英文能够说是宣传共产主义的吗?"英国人被说得无言以对。后来,陈鹤琴几经周折,才将这两位青年营救出来。[①]

①　白广荣:《怀念恽老——抗战时期在上海〈立报〉回忆片段》,载《上海老年报》,1996 年 7 月 12 日。

陈鹤琴也开始学习拉丁化新文字,并在很短的时间内,就掌握了拉丁化新文字阅读和拼写的技能,并亲自编写供难民用的拉丁化新文字课本,取名为《民众课本》,分上、下两册,在1938年2月由国际红十字会救济会难民教育股出版,又专门划出十个难民收容所作为进行新文字教育的试点。为了回答来自各方面的疑问,陈鹤琴还进行了新文字、汉字、注音字母的教学比较实验,用实验的事实说明新文字的扫盲效果优于注音符号,更远远优于汉字。从1938年初至1939年冬在日伪特务的迫害下不得不离开上海的近两年时间里,陈鹤琴几乎把全部时间和精力都放在难民教育和拉丁化新文字的教学实验和宣传推广上。

陈鹤琴不仅亲自编写了两册新文字的《民众课本》,还亲自编写了成套的新文字读物,商请上海四大出版社之一的"世界书局"出版。这套读物采用连环画的形式叙述中外历史名人故事,文字部分采用拉丁化新文字和汉字对照排印。从1938年4月起,陆续出版了《岳飞》《花木兰》《文天祥》《郑成功》《班超》《爱迪生》《林肯》《富兰克林》《瓦特》《富尔顿》《史蒂文生》《诺贝尔》《倍尔》《齐柏林》等14本新文字读物,其中所选的中国历史名人都是民族英雄,以启发难民抗日爱国的情感,使新文字成为启发人民民族意识和思想觉悟的工具。

随着上海战事的吃紧,日军的包围进一步收紧,汪伪特务的活动也更加猖獗。估计到日本人占领上海并进入租界后也会像他们在东北的殖民教育一样,强迫学校教日语,陈鹤琴与陈望道等以"中国语文教育学会"名义,于1939年11月中旬举办了一个大规模的"中国语文展览会"。展览会的会场被安排在上海南京路大新百货公司五楼整整一层。展会上,陈列着汉字改革和拉丁化新文字的教学成果。陈望道先生特地为展会撰写《中国拼音文字的演讲》,作为会刊之一在会场里散发。十天的展期里,上海的大中学学校师生纷纷前往参观。展览会要告诉人们,在日本的侵略面前,决不能屈服,与法国作家都德在《最后一课》中所描写的情形一样,不要忘记祖国的语文,不要忘记自己的祖国。展览会获得了空前的成功,但陈鹤琴因受到汉奸的注意而不得不到宁波避难。

陈鹤琴用新文字翻译出版了英国女作家奥维达(Ovida)的作品《穷儿

苦狗记》①。作品中的尼洛是一个孤儿,和姥爷一起生活在安特卫普城附近的霍布肯村。一个偶然的机会,他们收养了一条被人遗弃的大狗帕奇。男孩尼洛与大狗帕奇的患难友情从此展开……尼洛和姥爷过着穷苦的生活,帕奇尽自己所能帮助他们,为他们拉车进城卖牛奶。尼洛虽然贫穷,却拥有惊人的艺术天才,他心中有一个高贵的梦想,并为实现自己的梦想不懈努力。然而厄运却接连不断降临到他身上:因为穷富之别,尼洛被迫远离小伙伴阿洛伊斯,少年的梦被搁浅;村里发生了大火,他被全村人怀疑为纵火犯;姥爷在贫困交加的风雪夜死去;甚至连他和帕奇赖以栖身的小屋也被房东夺走。在世人都抛弃尼洛的时候,只有老狗帕奇和他不离不弃……陈鹤琴想以此来唤起儿童对苦难的同情与不屈。

陈鹤琴还写了不少倡导拉丁化新文字的文章。1938 年 3 月 14 日,他在《每日译报》的"难民问题特刊"中发表了《新文字与难民教育》②一文,认为在难民中推行拉丁化新文字的目的,"无非是想出一个法子来打破'汉字难'的关头,同时易于使教育普及,文盲扫除;使一般人不致因文字上的难关而阻塞知识的门径,更不使他们把一生光阴大部分浪费在文字本身上面"。认为"提倡采用新文字就是给文盲一个钥匙,有了这个钥匙,他们就可以自己去打开知识之门。"此后,他又在《上海妇女》上发表《新文字与妇女》③一文,论述新文字在普及女子教育,妇女解放和改良家庭教育方面的意义。这一年,他还在英文《中国季刊》上发表了用英文写成的《汉字拉丁化》一文,试图对新文字运动的实践经验进行理论总结,在对注音符号、国语罗马字和拉丁化汉字等几种文字进行比较的基础上,论述了汉字拉丁化的优越性。

陈鹤琴还利用其他各种形式的活动推进新文字教育工作的开展,他不论出席什么会议,发表什么演讲,都要谈到新文字教育问题,而且常常以"即知即传人"的方式,当场从口袋里拿出课本来教。他的孜孜不倦的热

---

① 原名 *A Dog of Flanders*,又译作《佛兰德斯的狗》,由其子陈一鸣插图。

② 《新文字与难民教育》(原载《每日译报》1938 年"难民问题特刊"第一期),见陈秀云、陈一飞编:《陈鹤琴全集》第六卷,江苏教育出版社 2008 年版,第 131—132 页。

③ 《新文字与妇女》(原载《上海妇女》1938 年第一卷第二期),见陈秀云、陈一飞编:《陈鹤琴全集》第六卷,江苏教育出版社 2008 年版,第 136 页。

情影响了沪上的许多社会名流,也极大地鼓舞了广大难民和群众。为了在难民收容所里大规模实验拉丁化新文字,陈鹤琴还设计了一种圆形的徽章,中间是一把象征开启知识之门的钥匙,钥匙的柄上刻有"铲除文盲"四个汉字,周围一圈写着用新文字和汉字对照的话"我能看书写字",以奖给那些学会新文字的难民难童,激励他们学习的积极性。1938 年 3 月,上海新文字研究会举行"第一届难民新文字读写成绩表演会"。会上,陈鹤琴邀请陈望道为每位表演读写的难胞颁发徽章。

在陈鹤琴的倡导和努力下,租界难民收容所内的难民教育和大规模的新文字教学实验蓬蓬勃勃地开展起来。国际救济会难民教育股成立了新文字组,专门负责各收容所的新文字教学工作;举办了培养新文字教员的训练班;难民教育股发布了由陈鹤琴起草的《收容所新文字教育草案》;举行了收容所内新文字的总考试,尤其在其编辑出版的难民教育刊物《民众常识》内辟出四分之一的篇幅作《新文字专栏》,为难民提供新文字读物。正因为如此,在截至 1938 年 8 月的短短几个月里,难民所里学习新文字的人数达 4285 人,其中儿童达 3000 余人,成人达 1000 余人。[①]

汉字拉丁化运动是近代汉字改革的一段历史,对推动汉字简化起到过重要作用。陈鹤琴的拉丁化新文字教育实验也缘于他对汉字改革与教育普及关系的认识。1934 年 7 月到 1935 年 3 月在欧洲考察教育期间,他写道:"英国儿童读英文,读到 10 岁可以看书看报纸,10 岁以后是文学上的研究;中国儿童读书读到 10 岁恐怕还不能看报,至少要到 12 岁。总之,汉字比英文、法文都要难,汉字固然要保存,不过文字是一种工具,要使普通儿童和人民普遍受到教育,不要为文字所障碍,要想达到这一目的,第一,要简化,采用手头字、简体字;第二,名词简单化,如'明白''明了''了解'三个词词义相近,只要选择一个容易明白的就够了。我们要想普及教育非把文字简化不可。"[②]

---

① 倪海曙:《热心普及教育和文字改革的老教育家陈鹤琴先生》,见北京市教育科学研究所编:《怀念老教育家陈鹤琴》,四川教育出版社 1986 年版,第 5 页。
② 《欧洲各国小学教育新趋势》,见陈秀云、陈一飞编:《陈鹤琴全集》第四卷,江苏教育出版社 2008 年版,第 146—147 页。

第二节　小学教育理论与实践探索

在南京市教育局学校教育课和上海工部局工作的 12 年间,陈鹤琴教育实践的中心内容是在小学方面,因此他实验研究的对象也由此前的集中于学前儿童逐渐转向对小学儿童的关注,由幼稚园教育转向小学教育。

1927 年 2 月由陈鹤琴等人于南京鼓楼幼稚园中创办的《幼稚教育》月刊,在出了两期之后,也于第三期开始更名为《儿童教育》,内容由原来的主要介绍学前教育的实验与研究成果转向以小学和幼稚园教师为共同对象的读物。① 原在南京由他发起组织的幼稚教育研究会,也于 1929 年改组为中华儿童教育社,7 月在杭州召开成立大会,陈鹤琴任主席。这期间,陈鹤琴以《儿童教育》为主要园地,常常著文演说发表他小学教育工作的经验总结和有关办学思想,内容涉及教学的原则和方法、学校的管理与卫生、道德教育、小学教师等各个方面,细微至儿童习字的程序、握笔的姿势、教室内日用器具的放置,都在陈鹤琴的探讨之列。

一、改革小学课程,引进新课程思想②

(一)从大自然、大社会中学习

陈鹤琴很早就指出:"儿童不是'小人',儿童的心理与成人的心理不同样,儿童的时期不仅作为成人之预备,亦具他的本身的价值,我们应当尊敬儿童的人格,爱护他的烂漫天真。"所以,他反对儿童教育的成人化倾向,主张根据儿童的生理、心理特点编制课程,做到教育的儿童化。

陈鹤琴的课程思想是从大自然、大社会出发,反对死读书,但并不反对

---

① 《幼稚教育发刊词》,见陈秀云、陈一飞编:《陈鹤琴全集》第二卷,江苏教育出版社 2008 年版,第 72 页;《祝儿童教育诞生一周年——〈儿童教育〉卷首语》,见陈秀云、陈一飞编:《陈鹤琴全集》第四卷,江苏教育出版社 2008 年版,第 40 页。
② 华党生:《陈鹤琴教学思想述评》,载《江苏教育学院学报》(社会科学版)1996 年第 2 期。

系统知识的学习,在学习书本知识的同时,从大自然、大社会中学习,通过这种直接经验学习,获得比书本上更多的知识。在课程编制上,考虑到了中国的国情和中国人的传统习惯,并不是仿照杜威的实验学校的课程,而是以大单元的形式编制,在当时及以后都非常有现实意义。

陈鹤琴提出了以五大活动为基本内容的活动课程体系。反对小学生死读书,力图把小学生从中国传统教育捧着书本死读中解放出来;强调课程的系统性和联系性原则。旧课程体系中,各门课程之间互为独立,相互之间没有知识间的联系,陈鹤琴用大单元的中心设计力谋各科间的联系。

(二)语文教科书的编制和艺术课程的教学

陈鹤琴也提出了适合中国国情的教材编制原则,不仅从理论上论述,而且还付诸实践。编写了语文、历史、英文、公民等教材,其中语文教材又分为图画诗歌、国语、作文三类。这些教材符合小学生心理,具有故事化、游戏化的特点,在今天看来,仍然具有创造性。

首先是语文体裁故事化。陈鹤琴认为受中国传统科举考试和八股文的影响,小学课本里的内容大多是零星分散的,并且是充满文言式的语言,令人晦涩难懂,枯燥无味。要解决这个问题,就要使体裁故事化,用故事般的叙述,使题材变得新奇有趣,符合儿童的认知特点,使儿童易于接受。

其次是语文内容表现形式多样化。具体包括:

1. 言语活动——包括默读、朗读、讨论、辩论、演讲等。

2. 表演活动——包括各种动作反应,戏剧、话剧的表演等。

3. 艺术活动——包括引起艺术活动的文字,激发学生的创造活力。

4. 建造活动——包括引起建造活动的文字,引起其从事建造活动的兴趣。

5. 探究活动——包括各种调查、搜集、参考、研究等活动。

再次是编写让学生"做"的教科书。儿童是好动、好玩的,传统教科书只教学生看、读、写,唯独没有做,不能激发儿童对学习的兴趣。"做"可以分为四个方面,画、唱、想、玩,这四种方式都是儿童愿意做的,用这种方式编写的教材可以说是活的教材,不是死的教材,可以极大地激发学生对语文教材的兴趣。

陈鹤琴也很重视艺术类课程的教学,认为艺术课程应由过去注重技能向注重个性及儿童的创造性发展。在美术教学方面:10 岁之前应发挥儿童的想象力和创造力,尊重其天真烂漫的个性。10 岁以后可以教其技能,但不能过分注重技能,要兼顾学生的思想和意愿。在音乐教学方面:音乐教学以唱为主。在陈鹤琴看来,唱有两种,一种是肌肉运动的歌唱,一种是由内心而发的精神活动。音乐教育的真正价值是使儿童生活音乐化,使肉体和精神产生共鸣,精神得到陶冶,生活学习上积极上进,精神愉悦。

二、特殊儿童教育思想与实践

陈鹤琴不是专门研究特殊教育的教育家,却对我国近现代特殊教育的发展作出了巨大的贡献。他是我国第一个将心理学应用于特殊儿童教育,并且首先在中国提出对聋儿进行语言教育的教育家。重视特殊教育师资培养、注重对国外先进经验的辩证借鉴、利用多门学科成果来研究特殊教育等都是其特殊教育思想的重要特点。

陈鹤琴 1918 年在美国哥伦比亚大学师范学院攻读教育硕士学位期间,曾参观过一所聋哑学校,看到"聋子也能听见声音""哑巴也会说话",感到非常惊奇,因此回国后十分重视残疾儿童的特殊教育。早在 1925 年他的著作《儿童心理之研究》中就用了单独的一章来介绍特殊儿童:耳聋和口吃的心理特征和教育方法。关于聋儿的研究,他引用了美国教育家、心理学家品脱纳与帕德森、施弗托等人对聋儿的研究成果与结论。

记忆实验:

1. 口授的聋儿比手授的聋儿平均来得好。

2. 耳聋的儿童在记忆上远逊于耳明的儿童。

3. 生后聋的比生来聋的来得好。

4. 男女的记忆没有什么上下。

形数交替和数形交替测验:

1. 对于联合数目与图形一种心理作用,耳聋的儿童比耳明的儿童相差 3 年。

2. 耳聋的男孩与耳聋的女孩有相等的学习能力。

3. 生来聋的与生后聋的在学习上没有什么分别。①

陈鹤琴坚信中国的聋哑儿童不但能够用手达意,也能使其用口说话。

1934 年 7 月到 1935 年 3 月,陈鹤琴第一次赴欧洲考察特殊教育。在英国,政府对特殊儿童教育给予高度重视,仅在伦敦就有 1 万名身心残疾的儿童得到学校当局的特别照顾。英国不仅有聋哑半聋哑儿童的学校,而且有专门为弱智及身残儿童办的学校,甚至还有体弱儿童办的户外学校及为犯罪儿童设立的学校。②

1935 年在《对于儿童年实施后的宏愿》中说:"(一)愿全国儿童从今日起,不论贫穷,不论智愚,一律享受相当教育,达到身心两方面最充分的可能发展。(二)愿全国盲哑及其他残疾儿童,都能够享受到特殊教育,尽量地发展他天赋的才能,成为社会上有用的分子,同时使他们本身能享受到人类应有的幸福。"③在中国那样的一个旧时代,特殊教育是不被重视的,有些人误以为在中国特殊儿童是极少数的。当时中国的特殊儿童在全部儿童中所占的百分比还没有人做过准确的调查统计,陈鹤琴就借用美国的研究数据,来说明我国特殊儿童教育的现状。根据洛兹曼在其《特殊儿童》中记载,在美国全国的学龄儿童中有 25% 是完全健康和常态的,其余的多少都有点问题。而在这些问题儿童中 50% 是"假性"的特殊儿童,25% 是真正的特殊儿童。陈鹤琴根据这些数据推测:由于我国儿童体质较美国儿童差一些的实际情况,"假定中国儿童总数为全国总人口四分之一,那么,应当共有 11250 万儿童",其中"应当共有特殊儿童 2702.5 万人"。他说:"如此庞大数目的人口,任其自生自灭,一方面会增加社会救济的负担,另一方面社会又失去了这样众多人口所可能贡献的力量,出入之间,损失极重。在讲求社会效能的今天,对于这许多无辜的心理缺陷者的教育工作。我们自不能熟视无睹。"④面对这样一个庞大的人口数量,如

---

① 陈秀云、陈一飞编:《陈鹤琴全集》第一卷,江苏教育出版社 2008 年版,第 352 页。
② 柯小卫:《陈鹤琴传》,江苏教育出版社 2008 年版,第 338 页。
③ 《对于儿童年实施后的宏愿》(原载 1935 年 8 月 1 日《新闻报》),见陈秀云、陈一飞编:《陈鹤琴全集》第四卷,江苏教育出版社 2008 年版,第 330 页。
④ 《儿童心理之研究》,见陈秀云、陈一飞编:《陈鹤琴全集》第一卷,江苏教育出版社 2008 年版,第 542 页。

果对他们置之不理,忽视对他们的教育,就会使他们成为无用之人,成为社会的负担。相反良好的教育则会使他们成为对社会有用的人,并且会减轻家庭的负担,无论对大家、小家都是十分有益的。

陈鹤琴特殊儿童教育思想具有以下特点:

(一)重视特殊教育教师的培养

对于特殊儿童教育来说,师资培养是十分重要的方面。在谈到特殊儿童教育的师资培养时,陈鹤琴提出,特殊教育在当时的中国还是一个新生的事物,处于刚刚起步的阶段,师资力量十分匮乏。在这样的情况下,可以借助其他国家的专家来训练我国师资,每个师范学校都应该设置特殊教育系,聘请外国专家来讲学。还要注意派送留学生到国外去学习考察。[1] 据当时参与特殊儿童教育辅导院辅导组工作的曾德翘回忆,"陈先生对师资的挑选是十分重视的。在辅导组中有不少是大学生,而且是学教育的。其中有两个是重庆大学的,两个是上海圣约翰大学的……第二任组长陈永声,是美国留学的,专门研究伤残教育的"[2]。在选择特殊教育教师时要求大学学历和专业背景,这在当时中国的特殊教育中可算是史无前例的。同时还要求教师在教学之余,积极进行特殊教育研究。

(二)利用多门学科的研究成果来研究特殊教育

在中国,陈鹤琴是把儿童心理学和观察研究法应用到幼儿教育的第一人;同样也是将心理学、生理学、智力测验等一系列西方最新研究成果和方法用于特殊教育的第一人。

陈鹤琴非常重视对特殊儿童心理的研究,特别是集中对智障儿童心理特点进行了分析。他认为:"在对低能儿童实施教育之前应了解其特质,首先要从低能的身体方面来加以研究,目的是探讨一般低能在生理上所表现的特性。其次,再就他们的感觉、运动、智力、情绪及社会性等方面,探究

---

[1]　王芳:《陈鹤琴的特殊教育思想初探》,载《时代教育》(教育教学版)2008年3月。

[2]　徐桃坤:《陈鹤琴特殊教育文选及研究》,华夏出版社2005年版,第130页、第132—133页。

其心理特质。"[1]在 1925 年出版的《儿童心理之研究》一书中陈鹤琴用了整章来介绍当时西方关于特殊儿童,特别是耳聋和口吃儿童的最新研究成果和教育方法。陈鹤琴从心理学、遗传学的角度分析了这几种特殊儿童的特点和教育方法。从西方智力测试结果看,耳聋的儿童与同龄的正常的儿童相比,生理智力方面只相差 2 年,而教育智力却相差 5 年。陈鹤琴认为这样的结果是由于耳聋的儿童受语言限制的缘故,所以他后来就提出了用口授的方式来降低耳聋儿童在学习中受语言限制的程度。在介绍低能儿的分类时采用了临床医学和病理学分类法,这样综合的分类方法可以将一些与低能有关的特殊病症区别出来,让真正需要教育的特殊儿童得到合适的教育。利用神经科的研究成果来研究低能儿童,从对大脑皮层细胞的研究中得到结果,为低能儿童接受视觉上听觉上的教育提供了依据。在分析造成儿童低能的原因时,借鉴了遗传学的研究成果,认为低能大部分是由于遗传所致,证明了家族史对于特殊儿童的重要影响。

(三)灵活多样的教学方法和学习课程

陈鹤琴反对不考虑儿童的身心特点,盲目追求教育方法的统一,他主张从特殊儿童的特点出发,选择最适宜的学习环境。这样可以避免伤害儿童自尊心,不使之产生自卑心理。他认为低能儿童"创造自动"的能力非常有限,应当采用灵活多样的教学方法来激发孩子们的学习兴趣。如采用"启发教授法""渐进教授法""实物教授法"等,最大限度地调动儿童的积极性,使他们能由易到难,由未知到已知,由形象到抽象,由被动到主动地去掌握生活技能及社会知识和职业技能等。

反对学科课程,主张综合课程和活动课程。他认为智障教育的教材应当不同于普通教育的教材,可以按照"低能"的等级,分别予以教育。但他反对用呆板的学科设置来割裂低能儿童的知识结构,而主张组织单元教学活动,鼓励从活动中学习,他认为日常生活习惯、社会行为规范和职业技能

---

[1] 《儿童心理之研究》,见陈秀云、陈一飞编:《陈鹤琴全集》第一卷,江苏教育出版社 2008 年版,第503 页。

培训应当列为"低能"儿童最需要的东西进行教学。[1]

(四)提出特殊儿童教育必须由国家主办

对于特殊教育必须有国家主办的原因,陈鹤琴从三个方面进行了分析:第一,从当时社会条件来看,那时的特殊教育是不受到重视的,就算有一些特殊教育机构也大多是由教会和慈善团体办理的,这样的机构首先是数量上太少,不能满足 2700 万特殊儿童的教育需要,而且由于教会、私人社团自身的原因,在教育内容和方法上不能保证质量。第二,从国家的责任来看,国家对于全国儿童的教育应该是一视同仁的,国家有义务让所有的儿童,不论健康与否,都有机会得到正确而良好的教育。第三,从国家和社会利益来看,如果放弃特殊儿童的教育,这 2700 万人可能无法成才,是国家的重大损失。反之,要是为他们提供良好的教育,国家就有可能增加2700 万可用之人才。这不但能使特殊儿童得到很好的发展,也是为全社会谋福利。[2] 特殊教育机构的设置应呈网状分布,而不应过于集中或过于分散。应针对每一类特殊儿童开办相应的特殊学校,并将这些学校设在城市或交通便利的地点,使特殊儿童能够集中入学。以这些特殊学校为中心,向所辖城乡地区辐射,照顾到边远乡村的特殊儿童,从而使各个点互相联系,互为补充,交织成网,达到集中人力,扩大办学效率,节省经费的目的。[3]

三、总结小学教育的原则,介绍西方小学教育原理

陈鹤琴在从事学前教育的实验和研究的同时,即开始留意小学教育,特别是幼稚园与小学的衔接问题更促进他对小学儿童与教育做进一步的研究。1927 年,陈鹤琴在南京市教育局学校教育课任职期间,由于在南京市全面建立小学教育实验区,他经常和各实验区小学的校长和教师一起讨

---

[1] 吕春苗、兰继军:《论陈鹤琴教育理论对当前特殊教育发展的启示》,载《绥化学院学报》第 32 卷,2012 年 6 月第 3 期。
[2] 王芳:《陈鹤琴的特殊教育思想初探》,载《时代教育》(教育教学版)2008 年 3 月。
[3] 吕春苗、兰继军:《论陈鹤琴教育理论对当前特殊教育发展的启示》,载《绥化学院学报》第 32 卷,2012 年 6 月第 3 期。

论教学问题,逐步形成了对小学教育的系统见解。1928年他把这些基本看法概括为《几条重要的教学原则》,发表于《儿童教育》上。^① 他从小学生心理发展特点的角度提出小学教育8条最重要的原则。

1. 学于做。让学生通过工作实地学习。"学生在做的时候去学习,教师在做的时候认真去指导,然后学生得到的知识技能,才能正确无误,教师指导的时候,才不致空言无补了。"

2. 用和引发学生的动机。学习开始时,必须有内发的倾向,这种引导学生必得去做的心理倾向,就是动机。陈鹤琴认为动机是一切活动的原动力,一个好的小学教师的标准之一就是利用和掌握学生的动机,引导学生自觉自愿地去学习。动机是联系的,甲种活动可以引起乙种活动的动机,乙种活动又能引起丙种活动的动机。动机又有积极和消极之别,消极的动机不仅无益于学生的学习活动,反而妨碍学生的学习活动。只有深谙学生心理和学习规律的教师才能充分利用学生自发的动机,通过暗示引发学生的动机,并在学习活动中保持学生的动机,支配学生的动机朝积极和良好的方向发展。

3. 眼的学习比用耳的学习准确。这里陈鹤琴表述的是直观性教学原则的精神。他所强调的视觉作用的对象不是书本,不是文字,而是客观事物本身的生动形象。他说:"美国教育界影片的教育,风行一时,效果亦非常之大。中国现在要照美国的办法,当然是做不到的。不过实物的观察和实地的实验,总要充分地利用才是。"

4. 教学生相互地指导。这是教育教学中充分利用集体原则的体现。"教师有时候可以叫学生去教学生。"陈鹤琴认为这种方法尤其适合于德育,如果用得适宜,效果比教师本人的说教要好得多。以同学去影响同学,不仅可以增加被树立为表率的同学的荣誉感、责任心,起到正面激励的作用,另外也给同学提供仿效的对象、榜样的力量。陈鹤琴认为应该充分利用集体中同学间相互指导、相互影响的作用。

5. 始的学习,要特别留意,特别慎重。这一点是陈鹤琴针对小学教育

---

① 《几条重要的教学原则》(原载《儿童教育》1928年第一卷第五期),见陈秀云、陈一飞编:《陈鹤琴全集》第四卷,江苏教育出版社2008年版,第37页。

偏重技能、习惯的培养,具有基础的地位和小学儿童偏于先入为主的认知特点提出来的。小学时期养成的习惯、技能具有稳定、不易改变的特点,所以一开始就要求正确。如果一开始养成不正确的技能习惯,不仅以后需要重新学习,而且还要付出加倍的校正工夫,这就不唯无益反而有害了。

6. 习时要给予充分的注意和指导。一种习惯,一种技能,要通过长期的练习,不断的强化、巩固,最终才能形成。小学儿童的心理是不稳定的,缺乏持久的注意力和意志力,如果在练习过程中教师不留心观察、随时予以校正指导,学生就会慢慢地走样。所以小学教师要将他的指导作用贯串到学生的练习过程中去。

7. 类比较原则。陈鹤琴认为教学的一个方面就是让学生通过已经经验过的事物去间接把握未曾经验过的事物,为了在已有的经验和学习内容之间建立起联系,就可以在教学中采取分类比较的教学原则。如我们要形成儿童对狼或虎的形象感觉而又找不到实物可供观察时,就可以"先把儿童已经看过的狗来比较,说狼的身体像狗,它的脚高些。又如说老虎的样子像猫,但是它的身体和牛一般大"。尽可能让儿童对新事物形成正确的观念,也便于儿童记忆。

8. 赛和游戏。这是小学教学中兴趣原则的体现。是根据小学儿童好胜和乐于游戏的心理以激发其学习兴趣的方法。

我国近现代教育改革的过程是一个逐步输入西方学理并进行中国化改造的过程。作为留美归国的学者,陈鹤琴十分注意结合自己的实践输入欧美现代教育心理科学理论并关注其动态发展。他在主持工部局华人教育时,工部局各小学就订阅了美国的教育杂志,各小学每年订阅的美国教育杂志有 20 种之多。陈鹤琴认为,我国小学教育办理时间弥久而收效甚微,原因之一就是教师对小学各科的教学原理缺乏研究。为了引导我国小学教育科学化发展方向,陈鹤琴在 20 世纪 30 年代初翻译了美国心理学、教育学家弗里曼(Freeman)的著作《小学各科心理学》,它是教育心理学书籍中一部出版很早的教育名著。这部书共有十章,第一章讲到学习的心理,以后九章,都是讲的小学各科的学习心理。从教育的眼光看来,心理学是学习的基础。心理学对于教学的贡献最大的有两点:一点是发现儿童个性的差别,一点是探讨儿童学习的心理。《小学各科心理学》是讲的小学

基本学科的学习心理学。在该书的卷首语中,他再次强调了心理学的成果
对于教育的意义。他写道:"近代教育即以儿童的心理为根据;学科心理,
即是把儿童心理应用到学科上去。但是做教师的单单明了儿童心理而不
知道学科心理,是不够的,是不能教得特别优良的。我们一方面要研究儿
童怎样学习,一方面要研究什么样的教材,才适合儿童的心理,适合儿童的
能力。"1931年将译稿送商务印书馆,拟作为教育名著丛书之一出版,不料
排印未成,译稿在"一·二八"事变中化为灰烬。1939年陈鹤琴根据觅得
的部分存稿,并请其侄子陈尧昶补译残缺部分,1940年由商务印书馆首次
印行,1948年又收入"国民教育文库"再次出版。①

　　弗里曼的《小学各科心理学》是研究小学学科教育的最早且最系统的
一部著作,它从理论与实际结合出发,分析各种心理原则在普通小学各科
教学中的运用,总结有效的教学方法。它的特点在于通过揭示儿童心理发
展的基本事实和分析学科的性质,让读者明了儿童学习时可能遇到的困
难,从而讨论教学中解决学生学习困难的方法和运用恰当方法的心理基
础。书中涉及的小学各科有书法、图画、读法、音乐、拼法、历史、地理、数
学、自然科学等九个学科,作者根据学习的心理层次性要求,由浅入深、由
简入繁地安排各科的讨论程序。他认为书法是一种感动性的学习,较之学
习其他学科要简单,所以首先讨论。"书法是一种感动性学习的好例子,
其目的在于养成一种动性的习惯。"感动性的动作是一种应付刺激的动
作,动性的习惯是能发生,并且发生以前,我们无须指示动作的路径。譬
如,我们要写一个字,写的时候我们不必顾到字的详细结构,也不必想到手
指应该怎样动作,手臂怎样使用。这种情形,凡感动性的习惯大抵都这
样。② 接着讨论图画、读法、音乐等学科,兼包认识形象和表现形象两者,
它们被划入更多需要知觉性学习的学科。在讨论拼法教学的心理时,作者
认为拼字虽不是什么复杂的学科,但是属于在心理上需要建立起更多联想
的学习。之后讨论历史与地理的教学心理,这两种学科被认为是要靠想象
去组织,去扩充自己的经验的。"想象虽然是训练智力的方法,各科学习

---

① 　译稿收入陈秀云、陈一飞编:《陈鹤琴全集》第四卷,江苏教育出版社2008年版。
② 　弗里曼:《小学各科心理学》,陈鹤琴、陈晓昶译,商务印书馆1948年版,第14页。

都能普遍应用,但是学校各科学习之中,固然有几科特别需要应用想象"。他认为地理从另一方面说是属于自然科学的①,所以从教学过程上看,是属于比较困难的学科。数学也和史地一样,在学习心理的过程中,包含有一种抽象的思维。全书最后讨论关于自然科学教学的心理原则。

对欧美教育科学理论的介绍和学习,为陈鹤琴的教育实践提供了许多启迪和借鉴,也推进了现代我国小学教育的科学化研究和改革。但是陈鹤琴对国外的教育理论并不是简单地模仿和抄袭,而是从实际出发进行适当的批判和改造。如在介绍欧美关于小学图画艺术教育理论中注重技术和注重创作发表的两派后,他评价说:"儿童若是没有相当的技能,断画不出很好的作品。艺术是一定要教的,倘使不教而让儿童自己去瞎摸,那是太不经济了。我们人类所有的经验,是应当利用的。"②针对国外学者提出儿童绘画教育中"应当尊重儿童的自由,他要把头画得大些,就大些;手臂长些,就长些"的观点,陈鹤琴认为:"这种主张是很对的,不过像这种图画是否是他的真意?倘使是的,那我们应当十二分尊重他的自由;否则,他的意思是要把头画小些,手臂画短些,而他的技能不及,结果则适得其反。在那当儿,我们去教他正是解除他的痛苦,发挥他的意思。"③尽管陈鹤琴在儿童绘画教育上是提倡儿童个性表现,强调创作发表以培养儿童想象力的,但他这是用辩证统一的观点,分析了技能和创造性之间的关系。

四、关于学校行政管理与学校卫生的思想与实践

在南京市教育局学校教育课和上海工部局期间,陈鹤琴的活动更多体现在一个面向小学的教育行政管理者的身份上。概括陈鹤琴多年行政管理的实践和言论,可以发现贯串其中的基本思想和特点。

注重学术化是陈鹤琴教育行政管理思想与实践的特点之一。他认为教育行政管理部门应当建立一支有相当教育理论素养的行政管理队伍和

---

① 弗里曼:《小学各科心理学》,陈鹤琴译,商务印书馆1948年版,第109页。
② 《创造的艺术》(原载《儿童教育》1930年第二卷第六期),见陈秀云、陈一飞编:《陈鹤琴全集》第四卷,江苏教育出版社2008年版,第89页。
③ 《创造的艺术》(原载《儿童教育》1930年第二卷第六期),见陈秀云、陈一飞编:《陈鹤琴全集》第四卷,江苏教育出版社2008年版,第89页。

一个具有较强学术功能的行政组织结构，以创造良好的学术气氛，并在南京市教育局学校教育课中予以实践。陈鹤琴的这一思想还体现在对小学教育的具体管理者——小学校长的素质要求上。他认为小学校长对于行政方面的事务，如经济的支配、设备的管理等等，固然应该精明强干，但"对于各种功课，也应该相当熟练"①。即使像"唱歌"这种门类的功课，虽然比较专门，不经过相当的训练则不能胜任教学，但作为一所小学的校长，对于普通的音乐常识和教学音乐的方法，也不能不略窥门径。陈鹤琴认为，一方面视察和指导教员的教学，是小学校长的责任之一，也是他应具备的能力。如果校长对于教学是外行，则"教员在教什么、教学法如何，全不了解，那么对于这个教员的好坏，又从何去批评呢？"②另一方面，校长熟悉业务，才能与教员在情感和教学上进行交流，不至于与教员格格不入。更重要的是一个有研究精神的校长，才能领导教师一起讨论教学问题，促进教学方法的改良。同时，陈鹤琴认为学校应该鼓励教师开展教育科研，制定相应的进修提高措施应是学校规范化管理的分内职责。一个学校能否办出成绩在很大程度上与教员是否上进有关，教师应该有研究的意识。他说，一个教员对于各种教学上的问题，应当时时刻刻研究，否则即使做了十年二十年甚至一辈子的教师，也不会成为一个好的教员。

陈鹤琴认为，提高行政管理的科学性还必须建立在调查研究的基础上。学务调查在教育行政管理中得到普遍提倡，也是"五四"新文化运动倡导科学精神的硕果之一，它几乎是和20世纪20年代初的教育测验运动一起兴起的。1924年，陈鹤琴即在《中华教育界》上发表了他撰写的《调查小学之方法》③一文，参照美国20世纪初以来十几次大规模的学务调查和我国20年代以来关于小学教育调查的研究和实践成果，对小学教育调查的目的、范围、方法等进行了综合论述，还提供了含有各种详细调查项目和

---

① 《小学教育问题》（原载《儿童教育》1930年第三卷第四期），见陈秀云、陈一飞编：《陈鹤琴全集》第四卷，江苏教育出版社2008年版，第46页。
② 《小学教育问题》（原载《儿童教育》1930年第三卷第四期），见陈秀云、陈一飞编：《陈鹤琴全集》第四卷，江苏教育出版社2008年版，第46页。
③ 《调查小学之方法》（原载《中华教育界》1924年第十四卷第二期），见陈秀云、陈一飞编：《陈鹤琴全集》第四卷，江苏教育出版社2008年版，第4页。

测算标准的调查表。陈鹤琴认为,调查的目的在于考察办学中存在的优缺点,分析其产生的原因,以作为借鉴和改进的依据。他认为小学教育调查的项目范围应包括学生的成绩,教师的人格、教法及学业情况,教材,校长,经费,设备,行政与组织,学生年龄与年级的关系,缺课情况,课外活动等各方面。以后他在南京市教育局学校教育课设立专门的调查股,在上海工部局经常采用调查表的形式了解教师对教材编写、教学法改进的意见,都是本着这一精神的。

从细微处入手也是陈鹤琴从小学教育管理实践中获得的经验体会。一所小学的组织并不庞大复杂,学校管理人员面对的也都是一些日常细微之事,但对于儿童的影响来说,这些极细小的事就是极重要的事。在陈鹤琴关于小学管理的文章中,话题常常涉及设备如何布置与管理才能收到经济、实用的效果;校园的一草一木应如何种植,才能算适当、整齐、清洁,为儿童提供一个优美的学习和游戏环境;运动器材应如何安装才能保证儿童的生命安全;校工应如何训练才能做到恪尽职守并对儿童产生良好的影响;甚至对于门窗的启闭扣搭、纸篓痰盂的放置以至于更加细小的方面,无不在陈鹤琴提醒注意之列。

陈鹤琴还对促进我国现代小学教育中对学校卫生学的注意和研究做出过努力。我国传统教育中看重的是教师、教育内容等属于实质性因素对儿童发展的影响,而诸如桌椅的高低,光线的暗淡,教科书用纸的颜色、字迹的浓淡大小,儿童坐立的姿势,作息时间的分配这些属于物和形式方面的因素对儿童身心发展的影响却被忽视。鉴于小学教育实践中普遍不注意教育卫生学,对儿童身心发展造成不利影响,导致儿童驼背、曲腰、耸肩、近视等等现象,陈鹤琴在 20 年代至 40 年代初先后发表了如《课椅课桌之研究》《小学标准课桌椅》《眼睛的卫生》《儿童的姿势》等文章[1],从中国儿童生理发展之特点、不同年龄阶段的具体情况,人体解剖的一般常识,学习活动的基本要求等方面,提出了对学校设备设计的标准、儿童行止的姿态的初步看法,反映了他对增强我国现代教育卫生观念的自觉意识。

---

[1] 均收于陈秀云、陈一飞编:《陈鹤琴全集》第四卷,江苏教育出版社 2008 年版。

五、小学德育原则与方法

陈鹤琴一贯主张将人格培养放在教育的首位。他认为当时的小学教育普遍存在注重知识的灌输而忽略人格的培养的倾向,即使少数注意德育的学校和教师在方法上也往往不当。陈鹤琴创办的各个学校都很注重对学生操守和情感的培养。如陈鹤琴为工部局小学所作的校歌《学做人》:喂!我的学校,教我们学的是什么?喂!我的学校,教我们做人怎样做?团结活泼,做事勇敢,清洁健康,生活快乐,遵守纪律,和气且恭敬,爱国爱人还要爱学问。啊!我的学校,我时时刻刻都爱你!啊!你的教训,我句句都记在心里!校歌生动体现了陈鹤琴反对死读书,倡导培养健全人格的新教育理想和爱国主义主旋律。他认为小学德育的实施应该注意:

首先应教学生明了规则。一些学校虽然制定了许多规则,但学生往往并不明了规则,更不明了遵守这些规则的意义。在新生入学之初和其他必需的时候,教师要把学校的规则详细地向学生解释,并让学生明了遵守规则的意义。"规则是群众相处的约法。教师不过是遵守规则的领导者;守规则就是服从公众,教师不过是规则执行者而已。所以学生犯了过失,并不是不服从教师,乃是不服从共同的规则。"①

其次,在德育过程中要多采用积极引导而非消极禁止的原则。许多学校在制定规则时都以消极禁止为主,如"不准赌博,不准吸烟,不准打人,不准骂人,不准随地吐痰"等等。陈鹤琴认为这些消极规则本身就不具有教育的意义,它无疑提示了学生种种不良的行为,而且在这种消极规则的背后隐含着的是对学生的惩罚手段,如果学生违反,便轻则记过,重则开除,学校成了对学生不良行为进行惩罚的机关。禁止了学生的不良行为并不等于养成了学生的良好品格,如果仅仅满足于杜绝不良现象的产生,则是降低了学校德育的层次。正确的做法是:"应该用种种方法来教导学生,使他们乐于为善,勇于改进。"②不是用消极的方法去禁止学生的错误

---

① 《谈学校里的惩罚》(原载《儿童教育》1934年第六卷第一期),见陈秀云、陈一飞编:《陈鹤琴全集》第四卷,江苏教育出版社2008年版,第116页。

② 《怎样矫正学生的过失》(原载《小学教师》1939年第一卷第一期),见陈秀云、陈一飞编:《陈鹤琴全集》第四卷,江苏教育出版社2008年版,第119页。

行为,而是用积极的方法去引导、鼓励学生的正确行为,从积极方面养成学生的良好品质和文明行为,这才是教育的真义所在。所以学校规则应尽量避免用"不要""不许""不准"等禁止性的词句,代之以"做""要""应当"等倡导性的词句,如"禁止乱抛纸屑"可以改为"纸屑投纸篓"。

采用引导鼓励的原则还在于把学生的兴趣爱好引导到健康有益的活动上来,用健康有益的活动去充实儿童的课余生活。小学儿童正处在活泼好动、精力旺盛的年龄阶段,如果学校不提供正常的途径让他的精力得以释放,满足他的兴趣,儿童就会自寻发泄的途径,滋生出各种不良现象。陈鹤琴举过一个例子:有所小学,因缺乏必要的体育设备,在学生中流行一种弹豆的游戏,不仅学生之间相互弹击,而且常常还会暗中弹击老师和来校的客人,学校屡禁不绝。一次一个教育家前去参观这所小学,居然也吃了几颗豆弹,教育家并没有为此感到恼怒,而是和深为此事感到难为情的校长一起讨论如何利用学生正当的尚武精神。以后学校有计划有组织地开展了射箭等体育活动和运动,学生们争先恐后地去学习,经常利用课余时间进行练习,弹豆游戏竟在无形中就消失了。①

积极的引导鼓励还意味着对犯过失的学生慎用惩罚的手段。陈鹤琴认为,小学德育应重在事先的诱导防范而不是事后的惩罚,这在制定规则时就应当考虑到。惩罚是在逼不得已的情况下使用的一种消极的方法,其目的不在惩罚本身给儿童带来的感受,而是要在儿童心理上引起足够的刺激以让他改过迁善,所以要本着爱护儿童的愿望。他认为教师在施行惩罚时一般要注意到这样几个方面:

要了解儿童犯过失的动机与原因。有些儿童的过失行为完全是出于好奇,其背后隐藏着求知和创造的欲望,如小孩子拆坏家里的自鸣钟而想了解其结构和原理的时候就属于这种情形。有些儿童犯错是出于环境的压迫和身体的缺陷,如许多儿童的家庭贫苦得连灯火也点不起,或放学回去要忙于助理家事,还有许多儿童身体羸弱,不能胜任繁冗的功课,对于他们,教师不能妄加懒惰和不肯学习的罪名。如果教师盲目施行惩罚或可能

---

① 《怎样矫正学生的过失》(原载《小学教师》1939 年第一卷第一期),见陈秀云、陈一飞编:《陈鹤琴全集》第四卷,江苏教育出版社 2008 年版,第 119—120 页。

损害儿童的求知和创造欲望,或伤害儿童的情感。所以陈鹤琴建议教师在对学生施行惩罚前应当辨明:学生犯错时的情形和心理过程;学生的个性特点;学生的家庭情况等。

要根据过失的轻重和学生的性情特点,分别采取不同的处理方法。整体上应采取和善式的劝导方法,动之以情,晓之以理,给儿童以积极的暗示和诱导,特别是对那些一贯自觉性很强而偶犯过失的学生,这种和善的劝导已足以令他悔过自责,从而改过迁善。

在不得已施行惩罚时,应注意不妨害儿童的身体、人格和学习。学校本来就是促进儿童德、智、体良好发展的场所,目的就在于为儿童创造良好的身心发展条件,培养儿童的自尊自爱,教师在对学生进行惩罚时也应注意到这一点。为此陈鹤琴认为学校里应禁止对学生施行体罚。在惩罚儿童时,要让他明了是惩罚他的过失,并不是惩罚他的人格。要尽量顾全学生的名誉,避免公开施行惩戒。另外,学校中常用的"立壁角""面墙壁""站门外""关夜学",以至不适当地抄书几遍、读书几遍的惩罚手段,或者妨害了儿童的学习环境、剥夺了儿童的学习机会,或者违反了学习规律,陈鹤琴认为是应当废止的。

最后,德育的另外一个原则是诉诸行动,养成习惯。陈鹤琴认为德育不仅仅是知识的问题,而且是一种行为的问题。既是行为的问题,就应该让学生在行动中去"做",而且要在不断的"做"中形成习惯。陈鹤琴之所以反对消极禁止的方法,就在于禁止方法的出发点是"不做",它最多只不过阻止学生为非,但却不能引导学生作善。教师应注意在"做"中发展学生品格中与人类高尚行为相联系的思想、意志和情绪,并使其达到稳定、坚固和热烈的程度。学校生活不同于社会生活,学生个体与群体关系的内容与形式也与普通社会的不同,陈鹤琴认为除训练学生日常学习生活中的言行举止、待人接物外,尤其还要在游戏、运动这类实际活动中进行道德教育。他说:"游戏可以锻炼身体,增强智力,大概都晓得的。但最重要的还是在培养人格,这一点很少人注意到的。"①游戏和运动中蕴含着许多做人

---

① 《怎样矫正学生的过失》(原载《小学教师》1939年第一卷第一期),见陈秀云、陈一飞编:《陈鹤琴全集》第四卷,江苏教育出版社2008年版,第119页。

的道理与精神。游戏与运动的顺利进行,先建立在参与者的合作、公平、诚实和遵守规则的基础上,必要时还要求成员有自我牺牲精神和顽强的意志品质,"运动能培养道德"。

六、论小学教师

随着国民教育在各地推行,师资不足质量不高的问题日益凸显出来。陈鹤琴曾批评道:"师范学生大多数是因为师范学校不收膳宿费,所以去进师范学校的。在学的时候所学的无非是书本教育,并无施教的需要和欲望,毕业以后亦不一定诚意去做教师,无所谓动机和动境。师范教师呢,亦只照例地在纸上空谈教授学生,明知没有效力,亦无法去改革。因此学生毕业以后,脑筋里却存满了五日京兆的观念。这种样子办教育,难怪没有良好的结果了。"[1]因此陈鹤琴很注重师范教育的创建、改革和发展,以实现教育的目标和理想。小学教育是国民教育的基础,小学教师的培养显得尤其重要。

小学教师角色的素质要求包含人格、学业、教学经验、教学技能等各个方面,陈鹤琴突出强调了作为小学教师的几种重要品格。[2]

(一)慈母的性情和热爱儿童的心肠

教师要用自己爱的力量去感化学生,去温暖学生的情感。师爱是师生心灵间的一条通道,小学教师"一定要有慈母的态度,热烈的心肠,对待学生如儿女一样,那么教师与学生、儿童间自然会产生感情"[3]。只有这样才能赢得学生的信任,为解决教育、教学中的问题奠定情感基础。相反,一个对学生严厉而缺乏爱心、表现冷漠的教师,不仅得不到学生的尊重,儿童还可能因他而失去活泼的天性,当然也不会激发起对学习的兴趣。

---

[1]　《师范教育的根本问题》(原载南京特别市《教育月刊》1928 年第一卷第一期,见陈秀云、陈一飞编:《陈鹤琴全集》第五卷,江苏教育出版社 2008 年版,第 27 页。
[2]　以下参考《一个理想的小学校》《小学教育问题》等文章。见陈秀云、陈一飞编:《陈鹤琴全集》第四卷,江苏教育出版社 2008 年版。
[3]　《一个理想的小学校》,见陈秀云、陈一飞编:《陈鹤琴全集》第四卷,江苏教育出版社 2008 年版,第32 页。

教师对学生的情感是高尚纯洁的,不应因学生的家庭、长相、成绩、性格、清洁习惯等因素而有丝毫偏枯。"要把孩子都当做我们自己的孩子,要一视同仁",不抱成见。因为我们爱儿童,所以我们要去认识儿童。"我们的对象,不是抽象的人,我们对于每一个学生的能力、性情,以及家庭状况都要了解清楚。""小孩因发育时期的不同,他们的心理也随之各异,我们一定要用妥善的方法,去适应小孩的心理。"[①]

(二)亲身去做,为人师表

教师全部的优良品格,本身就是一种教育因素、教育力量和教育手段,无形中对学生人格的形成产生潜移默化的影响。小学儿童在心理行为特征上表现为强烈的模仿性,教师的表率作用对这一年龄阶段的学生的潜移默化影响更为显著。陈鹤琴认为,教师即使其他方面做得很好,但如果"不能以身作则、示范儿童、感化儿童,也很难收到教学上的成效的"。现实中有许多教师往往只拿完美的标准去要求儿童,"责怪儿童的不是,而不求自己的反省"[②]。教师要在人格上做学生的表率,希望学生成为什么样的人,自己首先就要表现为什么样的人;在教学上要恪尽指导之责。陈鹤琴常常强调教师要"亲身去做",要"亲身去参与",就是教师不能只站在旁观者、教导者的地位上,只对学生讲解、说教、批评,而是要走到学生中间去,成为儿童中的一员,把对学生的品德技能要求首先体现在自己的身上,对儿童起实际的示范作用。

(三)利用与改造环境的精神

陈鹤琴认为在当时教育经费短缺、小学各种设备多不完全的情况下,尤其需要教师具有利用与改造环境的精神。所谓利用与改造环境就是利用日常的用具甚至废物,周围环境中拥有的丰富的自然、社会生活材料,或加以改造,或直接用为教具和教学的材料。有的自然课教师抱怨学校里没

---

① 《怎样做一个理想的小学教师》,见陈秀云、陈一飞编:《陈鹤琴全集》第四卷,江苏教育出版社 2008 年版,第 242—243 页。

② 《一个理想的小学校》,见陈秀云、陈一飞编:《陈鹤琴全集》第四卷,江苏教育出版社 2008 年版,第 33 页。

有标本、仪器,但往往又放着眼前活生生的材料不用。陈鹤琴说:"你的标本就在你的前面,你买了鱼来,就可以看见鱼的动作,鱼的沉浮;你买了一只萝卜或几粒豆,你就可以研究它的形态和生长程序。"①如果你有一个小菜场,更可研究其中一年四季生长着的东西。陈鹤琴正是本着这种精神,向捏制面泥人的工人学习调粉的方法,加以改进,以代替需要用高价进口的腊膏,解决手工教学的材料问题;将转盘、麻将牌这些极坏的赌具改造成九九数盘、识字盘这些能激发儿童学习兴趣的教具。改造利用环境的精神是和研究的精神相联系的,因为它要求教师不是一味地拿了书本就去教学,往往需要重新安排教学内容或重新组织教材教法,这就非得下一番研究的工夫不可。

(四)怀疑的态度和研究的精神

教育随社会的发展而发展,教育的内容、教育的组织形式、教材教法、教育手段等各方面都随社会的变迁而改进。面对中国落后的社会现实,为了实现国家强大,要求中国教育加快更新、改造、发展的速度以适应社会发展的要求。陈鹤琴正是基于这种时代使命感满怀着对教育的革新期望的。他希望小学教师必须具有怀疑的态度和研究的精神,这一方面是为了克服长期教学中形成的习惯和成见,避免因循不变、墨守成规,以适应教育随社会发展递进变革的事实;另一方面小学教师也要积极地参与教育改革,努力"谋教材教法的改进,然后教育才有进步的希望"。怀疑的态度不是片面地否定一切的态度,必须结合科学的研究分析,慎重择取。陈鹤琴呼唤小学教师的怀疑态度和研究精神,在于他认识到只有争取小学教育的具体实施者——小学教师的广泛参与,才能真正加速中国基础教育的变革。

(五)教师之间应精诚协作

学生是在教师集体的培养下成长的,学校良好风气的形成、教学的改良都有赖集体的力量和教师间的相互协作。陈鹤琴指出了当时小学中存

---

① 《怎样做一个理想的小学教师》,见陈秀云、陈一飞编:《陈鹤琴全集》第四卷,江苏教育出版社2008年版,第233页。

在着的一种很不好的现象,就是"教师间往往生出很多派别"。特别是新、旧教员因时代经历所造成的观念、兴趣上的差异,往往是"旧的教员只和旧的教员在一处","新的教员也便和新的教员在一处",因此隔膜起来而产生派别。这是教师应努力加以克服的,新老教员要加强沟通,增进了解,以减少年龄差异带来的观念差异和隔膜。

1951 年 8 月,陈鹤琴应邀参加中央教育部召开的全国第一次初等教育及师范教育会议,在会议闭幕宴会上被推举出来讲几句话,陈鹤琴说:"我今年 60 岁。假如有人问我:'你来世愿意干什么?'我说:'我还愿意做教师。'要问:'为什么?'我说:'因为我太喜欢孩子。'"在场的苏联专家翘起大拇指说:"这就是中国专家!"

陈鹤琴关于小学教育的观点源于他对儿童的热爱,源于他对教育救国的笃信,也源于他长期办理小学的具体经验,建立在他与小学教师广泛的接触交流和对小学儿童深入了解的基础上,其中渗透了他长期儿童学研究的成果,表现出理论与实际结合的鲜明特点。正是由于强烈的实践特点,使他的研究立足国情,而不是照搬西方的理论,这种基于实践的创新精神更值得我们继承和发扬。

第七章　"活教育"

"活教育"是陈鹤琴20世纪40年代初对其教育思想和实践的概括性表述,陈鹤琴等人不仅对其有系统的理论阐述,同时也是以丰富的教育实践阐明"活教育"的真义。

第一节　"活教育"的孕育与诞生

一、对传统教育的批判与美国大学教育精神的启示

陈鹤琴是在一个剧烈变革的时代完成其求学生涯的,在这段人生历程中,他经历了中国近代社会的剧烈变革,在东西方两种不同体系的社会文化之中,亲身体验到了中国教育由传统向近代的演变和东西方两种不同的教育精神。

在20世纪初倡办新式学堂之前,我国教育一直没有摆脱传统的封建教育的影响。儿童被送往私塾之后,最初是读《三字经》《百家姓》《千字文》等千年不变的蒙学课本,而后便被授

以孔子、孟子等古代圣贤的经典。学习的方法一般是心记口诵,不大了解字句的意义。因为教学内容严重脱离儿童的日常生活和经验,蒙学教师很少对儿童作深入的讲解,有时他自己也未必能十分了解字句的含义。教育脱离儿童的日常生活,古代书生常常被描绘成一批四体不勤、五谷不分、与现实隔离的人。

陈鹤琴从小就接受私塾教育,对中国传统教育的弊端深有体会。他不无遗憾地说:"读了十部书,大概认识了四千多块头字,书中的意思可说茫然不知,块头字的意义也多半不了解。八股文章没有开过笔。一封信、一张字条也写得不通","所读的一些书,先生都没有对我讲过,差不多等于白读"。① 他甚至认为读私塾时六年宝贵的光阴几乎是付之东流的。陈鹤琴从自己的亲身经历中感受到,这种教育不仅脱离了现实生活,也不能激发儿童学习的兴趣。"当时只知读熟之后,正如还清重债,可以自由。"② 他曾经用家乡流行的一则谜语讽刺传统教育把学生塑造成了"一貌堂堂,两眼无光,三炷香火,四肢无力,五脏全无,六神无主,七窍不通,八方来拜。究(九)竟如何? 实(十)在无用!"的神像。陈鹤琴之长期追求以"活教育"代替"死教育",未尝没有一份对这段童年教育经历的反省。

进入 20 世纪以来,特别是清王朝被推翻以后,开始了对传统教育进行自觉更新改造的时期。各地建立起许多有别于传统儒学、书院的新式学堂,引入了西学的教学内容。但是刚刚挣破传统教育外壳的中国"新教育"在精神与实质上远远没有摆脱传统教育的影响,教学方法仍很死板,学校活动的中心仍是老师,教材的内容往往远离学生生活。

从表面上看,科举制度已废除,西方的学校制度也引入进来了,学校里的课程也比较完备,外语、史地、理化博物、音乐体育,似乎是应有尽有,但实质上离近代教育的真精神尚远。"学校的绝大部分工作掌握在教师手中","是教师而不是学生构成学校活动中心。教师们教导学生学习,讲课、布置作业,命令学生做这做那"③,教师简直就是教室中这块小小领地

---

① 《我的半生》,见陈秀云、陈一飞编:《陈鹤琴全集》第六卷,江苏教育出版社 2008 年版,第 506 页。
② 《幼稚教育》,见陈秀云、陈一飞编:《陈鹤琴全集》第二卷,江苏教育出版社 2008 年版,第 38 页。
③ 《活教育》,见陈秀云、陈一飞编:《陈鹤琴全集》第六卷,江苏教育出版社 2008 年版,第 240 页。

的主宰,儿童学习的主动性得不到发挥。不管是课本,还是教师,往往都是以死的方法去传授活的内容。教材中提供的材料是"第二手的、片断的或者是表面的,甚至是虚构的"。编排次序上也远离生活,具有不合理性,"常见的情况是,正要放暑假了,却教关于下雪的课文;或者在北风呼啸的天气里讲授美丽的百合花"。教师在教学时也很少注意将学生引向活生生的生活世界,例如,"对一个儿童授以有关蜜蜂的课文,可以教他蜜蜂如何嗡嗡叫,它的外形,如何酿蜜。但是儿童实际上从没有看到过书本上所讲的蜜蜂的实物"①。这样的教学并没有形成儿童对于蜜蜂的活生生的印象。陈鹤琴认为,在这种教育中,儿童仍然和以前一样,只是机械地被动地接受课本或教师灌输给他的知识,儿童被禁锢在书本的牢笼里,没有机会去接触大自然,去把书本中的知识和客观的自然和社会生活世界进行印证。陈鹤琴写道,他们机械地、被动地被灌输以有限的所谓知识食粮,而实际上却难以消化。

与此形成鲜明对比的,是他在清华学堂所接触到的美国大学教育精神。清华学堂,这所被英国哲学家罗素称为"从美国移植来的大学校",也移植了美国大学的"自由教育"精神,它以鼓励学生参加课外活动和社会活动的方式,培养学生的活动能力和服务社会的精神。陈鹤琴正是从这里走上他的教育事业之路的。

陈鹤琴到美国后,最初进入的是享誉世界的约翰斯·霍普金斯大学,提倡研究精神和采用实验室教育方法是这所大学的显著特点。在这里,陈鹤琴真正改变了求知便是读书的观念。他是这样记述他最感兴趣的地质学和生物学课程的:

> 我的地质学先生斯沃茨在他的实验里面不知藏了多少石头。他常常带我们去采各种石头,我也采了许多石头回来,现在还保存着呢!有时想想看那研究地质学的先生、学生都是些"石头虫"呢。别人死读书的,叫做"蛀书虫"。……
>
> 是的,石头是很重要的,石头对于研究地质学的,就是一部书,一

---

① 《活教育》,见陈秀云、陈一飞编:《陈鹤琴全集》第六卷,江苏教育出版社2008年版,第240页。

部地球形成的历史书。现在的石子、砂子、结晶体、化石,就是古代历史的文字。我们的地球有万万年的历史,这些历史,都用这些文字写在石头上的。一层一层的石头,好像是一页一页的书,每一层地层写着一些地球的历史。

究竟这些石头里有什么东西呢?在山谷里面的石头,最下一层是最古的,顶高一层是最新的。在顶层我们找到种类顶复杂的生命,向下去就古一些了,生命也简单些了,愈到下层,动植物愈简单。①

就这样,陈鹤琴从石头这部自然之书里发现了一个现代的世界和一个古代的世界,发现了地球及自然界演变的历史。下面我们且再看他对生物学课的记述:

教授的教法又新颖又实际。他不是空讲的,每次讲演总有许多标本给我们看。我们有一个小植物园,园内有花房,植了各种花草。我们不仅听有趣的讲演,还做有趣的实验……

在植物学班上,我得到许多知识。各种食虫的植物,从前只在书本上看见的,现在真的看见了。含羞草的叶子怎样会挂下去,又怎样会挺起来的?梧桐的叶子为什么一到冬天就凋谢呢?树叶的种类这么多,有像针的,有像刺的,有大如蒲扇的,有细如头发的。②

对于这种直观、生动、富有启发性和研究性的教学方法,陈鹤琴不能不有所感了。他说:"我们的教授安德鲁(Andrew)教得真好。讲演是很少的,我们天天在实验室里工作。我记得他讲演总是在我们实验之后进行的。这是一种科学上的归纳法。他先教我们去实验,去研究。我们对于实验有什么不了解,当然可以去问他,但是他总是把结果严守秘密的,等到我们一起做好了,才肯告诉我们,指出我们的错误,比较我们的结果。这种教法真是好极了。现今我国学校里的教员还不是拿着书本死教?还不是把

---

① 《我的半生》,见陈秀云、陈一飞编:《陈鹤琴全集》第六卷,江苏教育出版社 2008 年版,第 534—535 页。
② 《我的半生》,见陈秀云、陈一飞编:《陈鹤琴全集》第六卷,江苏教育出版社 2008 年版,第 535 页。

活的科学用死的注入法讲死了吗?"①

陈鹤琴到哥伦比亚师范学院后,克伯屈教育哲学课上采用的自由式讨论、启发式问答的教学方法,孟禄教育史课组织的教育考察活动,都向他展示了书本文字和课堂讲授之外的教学新天地。

二、欧美新教育与实用主义教育思想的影响

陈鹤琴在从事教育研究和实验,探索科学化、中国化的教育理论,力图对中国传统教育进行改造的过程中,对欧美进步主义教育的理论与实施在理论层面做过系统的考察,其中包括以杜威为代表的实用主义教育思想。

陈鹤琴在阐述他创造的"活教育"与欧美进步主义教育之间的关系时曾这样论述:"'活教育'并不是一项新的发明。它的理论曾被世界上不同的教育界权威创导过。当作者从 1914 年到 1919 年在美国接受教育时,最知名的教育家之一杜威博士所提倡的美国进步教育,对形成中国的"活教育"运动起了相当的影响。""1934 年作者赴欧洲考察那里的教育情况。遍历了 11 个国家,与许多著名的教育家们一起讨论了教育问题;参观了许多新型的非传统的学校,这些使作者对欧洲有关进步教育的实验留下了很深刻的印象,这促使他确立了在中国实行活教育运动的方向。"②从 1934 年 7 月开始,陈鹤琴进行了长达 7 个月的欧洲教育考察,他参观了许多新型的实验学校,与各国的教育专家进行了教育问题的讨论,对各国的教育有了大致的了解和整体的把握,这使他对新教育的源头——欧洲新教育有了真实的感受,从中看到了现代世界教育发展趋势的共同特性,认为这是值得中国教育借鉴的。特别是各国教育都注重"做",注重培养儿童的动手能力和创造精神,这给了陈鹤琴很大的启发。

在一般专业研究者的眼里,19 世纪末 20 世纪初欧美国家兴起的进步主义教育运动对我国现代教育发展的影响是不言而喻的。陈鹤琴深受这一时代教育精神的陶冶。进步主义教育强调儿童的自由、个性、兴趣,强调经验、人类生活和儿童本身在学校课程和教学中的地位,这从 1920 年美国

---

① 《我的半生》,见陈秀云、陈一飞编:《陈鹤琴全集》第六卷,江苏教育出版社 2008 年版,第 536 页。

② 《活教育》,见陈秀云、陈一飞编:《陈鹤琴全集》第六卷,江苏教育出版社 2008 年版,第 239 页。

进步教育协会发表的著名的"七点原则声明"中可以清楚地看出:"(1)学生有自然发展的自由。(2)兴趣是全部活动的动机。(3)教师是一个指导者,而不是一个布置作业的监工。(4)进行有关学生发展的科学研究。(5)对儿童身体的发展给予更大的注意。(6)适应儿童生活的需要,加强学校与家庭方面的合作。(7)在教育运动中,进步学校是一个领导。"①

对于进步主义教育所倡导的这些原则精神,陈鹤琴在他回国后不久的有关著作、论文中就结合自己的实践做过很丰富的阐述,并表明了认同的态度,甚至以之作为教育理论分析的标准。如他在评价蒙台梭利的教育学说时认为,"教育是应该给儿童丰富的经验,还要照顾儿童的兴趣",指出蒙台梭利用有限的教具对儿童进行感官的训练是既没有充分利用儿童的经验,又"不顾儿童兴趣之原则"。他还说:"教育是生活。这是近来实验主义派的教育学说最胜之点,也可以说是近世教育最进步之点。从这条原则上看来,对于为成人而教育儿童,因预备成人生活而教育儿童等学说,都不攻自破。"②

欧洲新教育思潮出现于 19 世纪 90 年代的英国,到 20 世纪 10 年代,在共同的教育实验中,欧洲新教育运动的发展出现了联合的趋势。差不多就在新教育运动在欧洲兴起的时候,教育革新的思潮也开始在美国出现,陈鹤琴在美国留学期间,正是这一思潮兴起并开始形成声势之时。以后,进步教育思想在美国广泛传播,并发展成为席卷全美的教育革新运动,在 30 年代占据了美国教育的统治地位。20 年代前期,中国教育改革经历了一段以欧美新教育理论为主导的时期,以后随着形势的发展,这种影响逐渐减弱。值得注意的是,1928 年夏入主上海工部局华人教育处的陈鹤琴,由于租界内特殊的环境,不仅与欧美新教育运动保持了很好的联系与交流,甚至有条件在租界华人教育的实施中贯彻欧美新教育的精神,进行教材教法的改革。这时也正是欧美新教育运动由理论倡导进入实验实施,并达到顶峰的年代。除通过大量美国教育杂志了解欧美新教育发展的动态外,陈鹤琴还经常邀请美国进步主义教育的专家学者来沪演讲。

---

① 赵祥麟:《外国现代教育史》,华东师范大学出版社 1987 年版,第 58 页。
② 《幼稚教育》,见陈秀云、陈一飞编:《陈鹤琴全集》第二卷,江苏教育出版社 2008 年版,第 61 页。

1931 年,陈鹤琴曾以中华儿童教育社的名义邀请美国"文纳特卡制"的创造者华虚朋来沪讲演《关于儿童中心教育运动》,《儿童教育》月刊辟出《文纳特卡制》专号予以介绍,陈鹤琴并亲自撰写《文纳特卡制中的读法》一文予以倡导。据后来任工部局荆州路小学校长的胡祖荫介绍:"华虚朋来沪,提倡发展个人主义的'文纳特卡制',对工部局学校教学的趋向是有相当影响的。"①1931 年底,为了进一步让工部局学校教师和在沪的中华儿童教育社社员深入了解欧美新教育的精神,又特邀《儿童中心学校》一书的作者罗格博士与夫人来沪演讲。罗格夫人是她丈夫理论的实践者,她在她丈夫的理论指导下,在纽约亲自将一所旧式学校改变成一所新式学校。他们分别以《新教育的精神》和《儿童中心教育的一个实例》为题从理论与实施方面比较了新教育与旧教育的不同。罗格博士认为,从内容方面,新教育尊重儿童的个性,以儿童的生活和需要为转移。旧教育注重知识的灌注,不问儿童是否能够接受,强迫儿童学习。从组织方法方面,新教育通过观察调查、报告讨论、手的活动、练习和发表与表演来进行,儿童的学习过程就是研究问题的过程,完全是自动的学习,而旧教育儿童是记死书,是被动的学习。新教育不仅仅是学习知识,还要学习做人的方法——怎样在人群社会里生活。做人方法的学习需要哲学和艺术的指导,应取中西之长,既要控制自然,又要享受自然,使科学与哲学调和,使儿童获得圆满的生活、丰富的经验、做人的方法。② 罗格夫人介绍了其以儿童中心教育理论成功地把纽约一个旧式学校改造成一个新式学校的经验,并提出进行教育实验应该注重的原则并结合其实例进行讲解:(1)这种学校制度,是在什么环境下发生的;(2)要适应儿童的个性。③

1934 年 7 月至 1935 年 3 月,陈鹤琴受工部局学务委员会的委派,对包括苏联在内的欧洲 11 国的教育进行考察,得以亲自实地参观欧洲新教育

① 人民教育社辑:《活教育批判》,人民教育出版社 1955 年版,第 85 页。
② 〔美〕罗格:《新教育的精神》,陈鹤琴译,见陈秀云、陈一飞编:《陈鹤琴全集》第六卷,江苏教育出版社 2008 年版,第 271—279 页。
③ 〔美〕罗格夫人:《儿童中心教育的一个实例》,陈鹤琴译,见陈秀云、陈一飞编:《陈鹤琴全集》第六卷,江苏教育出版社 2008 年版,第 276—279 页。

实验实施的情况。回国后,陈鹤琴写了《欧洲教育考察报告》①《欧洲各国小学教育新趋势》②《参观德可乐利学校报告》③等多篇报告和文章。在这些报告与文章中,他介绍了欧洲教育革新运动的成果,其中他对比利时的德可乐利学校留下了特别良好的印象。德可乐利学校是比利时现代教育革新家德可乐利于1907年在布鲁塞尔创办的,招收4至17岁正常儿童,跨越幼儿园到中学阶段,是德可乐利进行新教育实验的基地。德可乐利在实验中确立了自己教育理论的宗旨:一是"在生活中进行为生活预备的教育"。二是"组织适宜儿童发展倾向的环境,提供适当的刺激"。④ 陈鹤琴参观后对之倍加赞赏,他说:"布鲁塞尔的德可乐利学校看来是我访问过的新的、先进的学校中最好的一所。这所学校的教学方法的基本原则是:'通过生活,为了生活'。每个儿童通过自己或在他人的合作下,经过观察、联想和表达三个连贯的活动进行学习。我发现儿童在接受这种教育方式时,对所学的东西注意力非常集中,兴趣也特别高。"⑤

德可乐利这所在欧美新教育运动中占有相当地位的学校对陈鹤琴教育实践与理论的发展是有深刻影响的。1936年,在考察欧洲教育两年后,陈鹤琴又在《儿童教育》上发表了他的《参观德可乐利学校报告》。⑥ 报告中他把德可乐利教育理论的宗旨"从生活,为生活"理解为"就是将儿童放在适当的环境里去发展他的生活,儿童必须从直接经验中,去学习,去求知识,去求技能,去做人"。对该校实施教学过程的三个步骤——直接观察、间接联想、自己发表,以及采用中心制、单元教学的课程结构都做了详细描述。他在最后的感想中说,"真正的'新教育'在这个学校里可以看得出来",可见陈鹤琴在心目中是把它作为欧美教育革新运动的一个具体成果和典型代表来看待的。从这所学校中,陈鹤琴得到了不少启迪和借鉴。

---

① 陈秀云、陈一飞编:《陈鹤琴全集》第六卷,江苏教育出版社2008年版,第178页。
② 陈秀云、陈一飞编:《陈鹤琴全集》第四卷,江苏教育出版社2008年版,第144页。
③ 陈秀云、陈一飞编:《陈鹤琴全集》第四卷,江苏教育出版社2008年版,第148页。
④ 赵祥麟:《外国现代教育史》,华东师范大学出版社1987年版,第74页。
⑤ 《欧洲教育考察报告》,见陈秀云、陈一飞编:《陈鹤琴全集》第六卷,江苏教育出版社2008年版,第187页。
⑥ 陈秀云、陈一飞编:《陈鹤琴全集》第四卷,江苏教育出版社2008年版,第148页。

1940 年,陈鹤琴在江西发表题为《什么叫做"活的教育"》的演讲,在这篇对"活教育"理论的运用进行说明的讲话中,陈鹤琴是把德可乐利学校作为"活的教育"的实例加以引证阐述的。① 在"活教育"的理论体系中,其中心制、单元制的课程结构和实验、参考、发表、检讨的教学过程步骤都含有对德可乐利学校的参考改造。②

在 20 世纪前期世界范围的教育革新运动中,美国的约翰·杜威无疑是一个处在中心地位的人物。他的实用主义教育理论和芝加哥实验学校——"杜威学校"的创办,是美国向传统学校中形式主义挑战的一面旗帜。从 1927 年到 1952 年杜威去世,他一直是美国进步教育协会的名誉主席。不管就美国的进步主义教育运动,还是就世界范围内的教育革新运动来说,杜威都曾是被作为理论权威看待的。杜威一生访问过许多国家,他的教育著作也被译成多种文字在世界各国广泛流传,中国堪称是受其影响最深的国家,以至人们在讨论中国现代的许多教育家的理论与实践时都不能脱开与杜威思想的关系。从杜威在现代教育的地位和对中国的影响来说,陈鹤琴作为一位志在向旧教育挑战、力图革新中国传统教育的教育家,他对杜威实用主义教育理论的借鉴和不时引证是理所当然的,甚至不必格外地以他在美国的求学经历或对杜威实用主义教育思想的认同程度来解释。

陈鹤琴不止一次地表明他的"活教育"与杜威实用主义教育思想的关系,他曾经说过:"我提倡的活教育是和杜威学说配合的,因为活教育和杜威学说,其出发点相同,其所走的路子相同,其所用的方法也相同。"③尽管人们对于杜威的教育理论可以有不一致的评价,陈鹤琴这里提到的几个"相同"当然不能理解为"活教育"理论是对实用主义教育理论的因循,陈鹤琴认同的是杜威实用主义教育理论对旧教育的批判,认同的是一种教育发展的方向。正如陈鹤琴自己所表明的:"我们为什么要提出儿童教育思

① 《什么是"活教育"》,见陈秀云、陈一飞编:《陈鹤琴全集》第五卷,江苏教育出版社 2008 年版,第 17 页。
② 《活教育要怎样实施的》(原载《活教育》1942 年第二卷第七、八期合刊),见陈秀云、陈一飞编:《陈鹤琴全集》第四卷,江苏教育出版社 2008 年版,第 285 页。
③ 陈鹤琴:《活教育理论与实施》,上海华华书店 1946 年版,第 4 页。

潮的趋势和杜威的学说呢？因为我们现在提倡的活教育是接受着世界新教育的思潮，并和杜威一样的在创造理论，也创造方法。"①

陈鹤琴虽每每引用杜威教育学说的概念对"活教育"理论进行说明，但同时也强调自己理论的特色之处。如他在解释"活教育"教学方法的基本原则——"做中教，做中学，做中求进步"时说："这一原则，可说是脱胎于杜威博士当年在芝加哥所主张的'寓学于做'（learning by doing）②。但比较杜氏的主张更进了一步，不但是要在'做'中学，还要在'做'中教，不但要在'做'中教与学，还要不断地在'做'中争取进步。"③

三、陶行知"生活教育"理论与实践的影响与"活教育"理论的逐渐形成

陈鹤琴和陶行知是中国现代教育史上两位经历相似、长期共事的教育家，在改革中国传统教育的历程中，两人之间一直保持着思想、实践，包括精神上的相互交流、启发和促进。

自1919年，陈鹤琴成为陶行知的南京高等师范学校教育科的同事后，两人之间在教育实践和学术上就一直保持着密切的联系。1923年，陈鹤琴创办鼓楼幼稚园，进行学前教育改革的实验，得到陶行知任总干事的"中华教育改进社"的赞助支持。陈鹤琴早年的两部重要著作《家庭教育》和《语体文应用字汇》出版时，陶行知都热情地为之作序，称赞《家庭教育》"系近今中国出版教育专著中最有价值之著作"，以《愿与天下父母共读之》的序题予以推荐，称《语体文应用字汇》在同类研究中"最有系统"。同样，陶行知教育实践活动也得到陈鹤琴的大力支持。1927年，在陶行知晓庄学校实验初期的艰难阶段，时任南京市教育局学校教育课课长的陈鹤琴不仅在经费上予以资助，并亲自担任晓庄幼稚师范学院的院长。在差不多一年的时间里，晓庄学校、南京市小学实验区、鼓楼幼稚园的实验因人员上

---

① 《活教育——中国新教育的幼苗》，见陈秀云、陈一飞编：《陈鹤琴全集》第四卷，江苏教育出版社2008年版，第270页。

② 中文一般译为"从做中学"。

③ 《活教育要怎样实施的》（原载《活教育》1942年第二卷第七、八期合刊），见陈秀云、陈一飞编：《陈鹤琴全集》第四卷，江苏教育出版社2008年版，第280页。

的联系兼管、经验上的吸取借鉴,实际上是连成一片的,其核心人物就是陶行知和陈鹤琴。

1930 年晓庄师范被南京政府关闭,陶行知遭通缉流亡日本。1931 年回国避居上海时,陈鹤琴以身为上海工部局华人教育处处长的有利条件,大力支持陶行知创办自然学园和儿童科学通讯学校,编辑儿童科学丛书,以及创办工学团和推行小先生制等活动。抗战爆发上海沦陷后,陶行知和陈鹤琴抱着要做事不要做官的心愿,分别在重庆、赣南办学,进行教育改革实验。抗战胜利后,他们又于 1946 年三月、四月间先后回沪,联系各自学校的迁址事宜,直到 7 月陶行知在沪逝世。

陈鹤琴的"活教育"理论和陶行知的"生活教育"理论产生于中国现代对旧的传统教育进行改造的同一要求,并取向于重视儿童生活经验的时代教育潮流,注定了他们在理论精神上的一致性。早在 1922 年,陶行知就撰写过《活的教育》一文,用"活的教育"来表述他对一种新的教育的理想。虽然文章停留在若干概念和命题上,没有做充分的展开和具体的阐述,但我们可以看到其由"活的教育"向"生活教育"的过渡和转折。陶行知指出"活的教育"不是"死的教育"和"不死不活的教育",而是"生活的教育""依据生活而教育""为了生活而教育"。"活"是一种有生气、富于生活气息和人生密切相关的特征。[1] 在以后的教育实践中,特别是在以晓庄师范学校为基地的乡村教育运动中,陶行知确立了"生活教育"的基本观点,其理论体系基本形成。

陶行知"生活教育"理论的创立,对陈鹤琴是一个巨大的推动因素。他在回顾"活教育"发展的过程时说:"1927 年,中国产生了'生活教育'运动,这是已故中国人民教育家陶行知博士在南京近郊晓庄办了一个师范学校而提出来的,这个学校的确是独特无比的,强调了教学做合一。这的确是教育上的一个新实验,作者对此感到极大的兴趣。"[2]陶行知在教育实践和理论创造中所表现的热情和精神对陈鹤琴等人产生巨大的感染:(晓庄

---

[1] 《活的教育》,见华中师范学院教育科学研究室主编:《陶行知全集》第一卷,湖南教育出版社 1984 年版,第 175 页。

[2] 《活教育》,见陈秀云、陈一飞编:《陈鹤琴全集》第六卷,江苏教育出版社 2008 年版,第 239 页。

学校)"开学那一天,大家在一片空旷的黄泥地上举行了开学典礼。他向大家报告了筹备经过、办学宗旨、教学方式和将来计划。我们感动得几乎流下泪来。"①当然影响并不止于热情和精神方面,"生活教育"的某些基本理论观点和实施方法也在陈鹤琴的著作中得到阐述和传播。如 1936 年由上海儿童书局出版、陈鹤琴、阴景曙合编的《新实习》②一书,其总论部分就各以一章的篇幅分别介绍了陶行知"教学做合一"的原理和以"艺友制"培养教师的方法。书中不仅成段地引述了陶行知《教学做合一》和《艺友制师范教育答客问》的相关文字,认为"教学做合一"是"近代教育上一个新的动向,也可以说是教学方法上一个很大的成功"③,并有针对性地指出,实习生"在师范学校里平时所获得的知识,几乎全部失了做的中心,几乎全部是伪知识"④。

陈鹤琴的"活教育"命题是从"活的教育"转化而来,和陶行知一样,他最初也是以"活的教育"来概括自己的教育理想的。1939 年、1940 年"活教育"理论产生的前夕和初期,在陈鹤琴的有关文章和演说中,陶行知批判传统教育的文字被频繁地征引。1939 年他在对小学教师的一次演讲中引用陶行知的话说:"宇宙的一切,都是教材,有许多教师拿一本死书,把自然的活的教材,都遮没了,我们要把书本抛在旁边,张大眼睛去看看世界。"⑤

《小学教师》发刊词⑥和《活教育》发刊词⑦是陈鹤琴 1939 年、1940 年分别写于上海和江西的两篇文字,在这两篇内容基本相同的文字中,后者加入了"活教育"理论通常表述的一些基本观点:"我们要利用大自然、大社会做我们的活教材。我们要在做中教,做中学,做中求进步。"这是"活

---

① 《陶行知先生的精神鼓舞我前进》,见陈秀云、陈一飞编:《陈鹤琴全集》第六卷,江苏教育出版社 2008 年版,第 305—306 页。
② 收于陈秀云、陈一飞编:《陈鹤琴全集》第五卷,江苏教育出版社 2008 年版,第 126—200 页。
③ 《新实习》,见陈秀云、陈一飞编:《陈鹤琴全集》第五卷,江苏教育出版社 2008 年版,第 131 页。
④ 《新实习》,见陈秀云、陈一飞编:《陈鹤琴全集》第五卷,江苏教育出版社 2008 年版,第 132 页。
⑤ 《怎样做一个理想的教师》(原载《小学教师》1939 年第一卷第四期),见陈秀云、陈一飞编:《陈鹤琴全集》第四卷,江苏教育出版社 2008 年版,第 244 页。
⑥ 陈秀云、陈一飞编:《陈鹤琴全集》第四卷,江苏教育出版社 2008 年版,第 245 页。
⑦ 陈秀云、陈一飞编:《陈鹤琴全集》第五卷,江苏教育出版社 2008 年版,第 1 页。

教育"理论形成的标志。陶行知在 20 世纪 20 年代末描写中国教育腐朽僵化的情形为"教死书,死教书,教书死;读死书,死读书,读书死",在这两篇文字的开头,陈鹤琴都同样地引证了这句批判旧教育的警言,提出"我们应当怎样使得这种腐化的教育,变为前进的,自动,有生气的教育? 怎样使教师教活书,活教书,教书活? 怎样使儿童读活书,活读书,读书活?"从这里我们不难看出"生活教育"理论对陈鹤琴的启发和影响。

"活教育"理论是陈鹤琴长期教育实践的总结和理论探索的结果。无论是对人类文化遗产的反省与继承,对世界与中国教育革新成果的择取和吸收,还是对所处环境和时代精神的把握,都与理论创造者不懈的追求,以及其中所表现的勇气、智慧和热情联系在一起。在"活教育"的名称提出之前,"活教育"的一些基本概念和观点已经在陈鹤琴的著作和论文中不断被运用与阐述,并落实在教育实践中,从中我们可以看到后来"活教育"的端倪。

陈鹤琴也是把"活教育"形成的过程和他自己教育理论与实践活动的过程联系在一起的。他说:"活教育在产生和提出来之前是有其先行的。"他提到鼓楼幼稚园的实验,中华儿童教育社的成立,其中特别提到的是在上海的十年中,他"把初等教育同中国自己的文化和精神协调起来,在环境允许的情况下,对学校的教学与学习进行了各方面的改革",这被认为是"标志着在过去租界内新教育运动的开端"。[①]

四、形势发展对"活教育"的催生作用

"活教育"的孕育经历了长期发展的历程,但"活教育"的诞生,即"活教育"理论基本观点的确定和体系的形成并进行系统的实验,则是因为抗日战争全面爆发后,国内形势的迅速发展和社会环境的变化,日本帝国主义的疯狂侵略和中华民族的全面投入抗战,客观上迫使教育不得不作出重大调整以适应战争状态的需要。南京国民政府虽在整体上坚持"战时须作平时看"的抗战教育政策,但也不能不为了适应战时环境作适当的变通。1938 年 4 月中国国民党临时全国代表大会通过了《中国国民党抗战

---

① 《活教育》,见陈秀云、陈一飞编:《陈鹤琴全集》第六卷,江苏教育出版社 2008 年版,第 241 页。

建国纲领》，提出："改订教育制度及教材，推行战时课程"，训练战争需要的各种专门技术人员。

教育政策的调整给教育的改革和理论创造提供了契机。"非常时期的儿童教育，要有急切应变的特殊设施，才能显示非常时期儿童教育的功能。""我们对于儿童教育的设施，自然不能仍循其故轨，按部就班地进行了。"①教育的特点之一是未来性，它带给社会的成效具有迟效性、发展性和持久性等特征。但是战争的应急性和民族危机的紧迫感，使教育在这一方面的特点大大地削弱了，严峻的社会现实要求教育能以更直接、更现实的方式服务社会。这种客观形势有利于取向现实生活的教育理论的孕育和产生。1937年10月16日，陈鹤琴在《大公报》上发表了《非常时期的儿童教育》一文，提出战时儿童教育改革的建议，鲜明地反映了时代的要求，贯串了他所追求的教育理想和"活教育"理论精神，他提出：

改革平时课程。平时课程不适用于非常时期，应以战事活动为全部课程的中心。如抗战意义和我国民族的地位，以及防毒避灾、救护警备等活动，均应列为主要的课程。

选择适用教材。平时教科书上的教材多不适用，应由教师随时注意选编。编选的标准：要根据儿童学习心理的兴趣，要根据当前社会的需要……

采用整个教学法。以一个非常时期的战事问题做中心，把各科打成一片，混合教学。这样，教材既能适社会的需要，教学时，亦易引起儿童学习的兴味。

注重课外工作。课内教学时间，可以酌量减少。课外实际工作，要特别注意组织与指导……②

战时状况不仅改变了教育服务社会的方式，也改变了教育赖以生存发

---

① 《非常时期的儿童教育》(原载1937年10月16日《大公报》)，见陈秀云、陈一飞编：《陈鹤琴全集》第四卷，江苏教育出版社2008年版，第152页。
② 《非常时期的儿童教育》(原载1937年10月16日《大公报》)，见陈秀云、陈一飞编：《陈鹤琴全集》第四卷，江苏教育出版社2008年版，第152—153页。

展的社会环境。1939 年,陈鹤琴因长期从事难民教育和抗日宣传活动,成为日伪特务跟踪迫害的对象,不得不于这年 10 月离开上海。1940 年初应江西省教育当局之邀赴江西办学。在战争时期的大后方,"教材教具的添置都是非常困难的","如果还是想像战前一样供给于现成书籍教具,那是不可能的"。① 这种"物质人力两困的环境"直接推动了"活教育"理论的提出与实施。最初,陈鹤琴发表了《什么叫做"活教育"》的演讲,这是"活教育"理论最早的提出。② 1940 年 10 月 1 日,江西省实验幼稚师范学校的创立,是"活教育"实验的开始。③ 1941 年《活教育》月刊的创立,确立了"活教育"理论的基本观点,是"活教育"理论诞生的标志。④

　　抗战时期是中华民族蒙受深重灾难的黑暗时代,也是中华民族显示出巨大力量和无限创造力的伟大时代。"活教育"的诞生是直接和这一伟大的时代联系在一起的。陈鹤琴说:"我提倡新教育名之曰'活教育',在抗战初起之时,是认识这时代的伟大,在这伟大的时代中,教育所负的使命是怎样的重大!"⑤"活教育"产生后,在实践中得以丰富和发展,围绕"做人,做中国人,做现代中国人""大自然、大社会,都是活教材""做中教、做中学、做中求进步"的基本观点不断地被补充和完善,陈鹤琴先后提出了 17条教学原则,13 条训育原则,教学的 4 个步骤,5 指活动,"活教育"与"死教育"的 10 大区别等具体主张。到 20 世纪 40 年代末,形成了一个相当完整的教育理论体系。

---

① 《活教育——中国新教育的幼苗》,见陈秀云、陈一飞编:《陈鹤琴全集》第四卷,江苏教育出版社2008 年版,第 269 页。
② 《什么叫做"活教育"》,见陈秀云、陈一飞编:《陈鹤琴全集》第五卷,江苏教育出版社 2008 年版,第15 页。
③ 《松林中新生的幼师》(原载《小学教师》1941 年第二卷第十期),见陈秀云、陈一飞编:《陈鹤琴全集》第五卷,江苏教育出版社 2008 年版,第 2 页。
④ 《〈活教育〉发刊词》(原载《活教育》1941 年第一卷第一期),见陈秀云、陈一飞编:《陈鹤琴全集》第五卷,江苏教育出版社 2008 年版,第 1 页。
⑤ 《活教育——中国新教育的幼苗》,见陈秀云、陈一飞编:《陈鹤琴全集》第四卷,江苏教育出版社2008 年版,第 269 页。

第二节 "活教育"的理论体系

一、"活教育"的目的论

陈鹤琴提出"活教育"的目的是"做人,做中国人,做现代中国人"[①]。教育的对象和出发点是人,教育的目的还是人,命题的本身就包含了对人的发展和完善,包含了对人生理想的设计和追求。

人的本质是建立在人的社会性上,社会性是人与其他动物的本质区别。教育是人类社会特有的活动,能否从人类社会活动的高度去研究教育,成为能否深入研究教育与社会之间规律性联系的关键。陈鹤琴的"活教育"目的论是建立在人的社会性基础上,他说:"人之所以异于其他的动物,就是因为人是一种社会的动物。自有人类历史以来,人都是过着社会生活的,人不能离开社会而独立。既然如此,人就必定在人与人之间相互发生关系,怎么使这个关系正确而完好地建立起来,以通过这个关系参与共同生活,通力合作以谋控制自然,改进社会,使个人及全人类得到幸福,便是一个做人的问题,所以活教育要讲做人,应当努力来学习如何做人,如何求得社会的进步,人类的发展。"[②]

陈鹤琴从一般到具体等三个不同的层次论述了人生的目的、意义和价值以及应具备的基本素质。"做人",是指做一个一般意义上的人,作为一般的人,"他必须热爱人类,不论国籍、种族、阶级或宗教。他必须热爱真理,真理高于一切,当真理受损时,他必须不惜一切来捍卫真理。他应该以'世界一家'的思想作为人生最终目标"[③]。"热爱人类"与"热爱真理",体

---

① 《活教育要怎样实施的》(原载《活教育》1942年第二卷第七、八期合刊),见陈秀云、陈一飞编:《陈鹤琴全集》第四卷,江苏教育出版社2008年版,第274页。

② 《活教育的目的论》(原载《活教育》1948年第五卷第二期),见陈秀云、陈一飞编:《陈鹤琴全集》第五卷,江苏教育出版社2008年版,第59页。

③ 《活教育》,见陈秀云、陈一飞编:《陈鹤琴全集》第六卷,江苏教育出版社2008年版,第243页。

现了人作为认知主体和情感主体的双重要求。从情感意义上，它表现为对人类所有个体的生命及其价值的珍视；从认知意义上，它表现为对人类共同生活准则的确认与维护，对自然的合理征服与利用。陈鹤琴将此作为个体参与社会生活，增进人类全体，也是增进个体幸福的基础。

一般存在于具体之中，人并不是一个抽象的存在物，他始终生活在特定的社会环境之中。与具体的社会历史环境相结合，陈鹤琴提出"活教育"的第二个层次的目标"做中国人"。他说："今天我们生在中国，是一个中国人，做一个中国人与一个别的国家的人不同。"①生活在这同一个国度里的人共同拥有长期光荣的历史，生长在同一块国土上，他们的命运是息息相关的。做一个中国人必须热爱自己的祖国，这就意味着要爱祖国光荣的历史，爱这片生养自己的土地，爱与自己具有同样命运的同胞。拥有这份共同情感的人们，应该团结起来，"尽力来提高中国在世界各国中的地位"，并"为同一个目标，即为自己国家的兴旺发达而努力"。②

"做中国人"体现了"活教育"目的论的民族性特征。为使"活教育"进一步体现时代的精神，陈鹤琴又提出了第三个层次的目标"做现代中国人"。"活教育"产生和发展的 20 世纪 40 年代，有着显明的时代背景。在国家主权上，中华民族经历了近一个世纪的浴血奋斗仍然没有摆脱帝国主义的侵略和强权压迫，在政治、思想和文化等领域仍然没有摆脱封建专制和封建迷信的束缚。中国人民继续肩负着争取民族独立、救国图强和进行科学民主启蒙的重大任务。正如陈鹤琴所指出的，目前的情形，"中国还处于半封建半殖民地的境遇，人民生活的艰苦，有如水深火热，但亦正因为如此，每一个人都担负了一个历史任务，那便是对外反对帝国主义的干涉，争取民族独立；对内肃清封建残余，建树科学民主，这便是中国人当前的生活内容与意向，而活教育就是要求做这样的中国人，现代的中国人"③。

中华民族有许多在长期发展中形成的优秀品质，也有许多与现代社会

① 《活教育的目的论》（原载《活教育》1948 年第五卷第二期），见陈秀云、陈一飞编：《陈鹤琴全集》第五卷，江苏教育出版社 2008 年版，第 59 页。
② 《活教育》，见陈秀云、陈一飞编：《陈鹤琴全集》第六卷，江苏教育出版社 2008 年版，第 243 页。
③ 《活教育的目的论》（原载《活教育》1948 年第五卷第二期），见陈秀云、陈一飞编：《陈鹤琴全集》第五卷，江苏教育出版社 2008 年版，第 59—60 页。

不相容的弱点。"活教育"的目的就是在继承中华民族优良传统的基础上对国民进行更新改造，以提高整个中华民族的素质。为此，陈鹤琴提出了做现代中国人必须具备的基本素质。1941年，他在《松林中新生的幼师》一文中提出做现代中国人必须"具有健全的身体、自动的能力、创造的思想、生产的技术、服务的精神"①。1944年，他在对国民素质情况和现实要求进行分析的基础上，更明确地提出了现代中国人应具有的五个条件，并做了具体阐述:②

第一，"要有健全的身体"。许多中国人卫生观念淡薄，随地吐痰，身体羸弱，精神萎靡。尊老是中华民族的优良传统，但许多国人以老为荣，到50岁便倚老卖老，丧失了青春活力和人生的追求，因此被外人讥为"东亚病夫"。陈鹤琴认为要摘掉"东亚病夫"的帽子，就必须切实地变注重心育教育为身心并重的教育，健全的身体是维持良好精神的基础，是使人生充满活力，实现道德、学问上的追求的保证。同时，也只有健全的身体，"才能应付现代中国艰巨的事业"。

第二，"要有建设的能力"。长期以来，帝国主义的侵略，国内反动势力的摧残，不同政治集团之间的较量，人民的反抗斗争，构成了近现代中国社会动荡不安的历史现实。在经历了长期的这种"破坏多于建设"的时代之后，百废待兴，急切需要的是建设。因此"活教育"应致力于培养人们的建设观念和建设能力。就学校学生来说，"应当训练他们从事于种种建设工作。大一点的开辟校园、农场，设立工厂、图书馆。小一点的，修筑道路、整理桌椅、粉刷墙壁、布置环境"，都应让学生亲自动手。这不仅在于培养学生建设的能力，更重要的在于让他们从中体会到建设的艰难，树立建设而非破坏的观念。陈鹤琴的这一思想，反映了他在经历了长期社会动乱之后，渴望和平、渴望建设的良好愿望。

第三，"要有创造的能力"。中华民族是一个富有创造能力的民族。陈鹤琴认为，只是到封建社会后期，由于受极端专制的封建制度和以科举

① 《松林中新生的幼师》(原载《小学教师》1941年第二卷第十期)，见陈秀云、陈一飞编:《陈鹤琴全集》第五卷，江苏教育出版社2008年版，第11页。
② 《活教育要怎样实施的》(原载《活教育》1942年第二卷第七、八期合刊)，见陈秀云、陈一飞编:《陈鹤琴全集》第四卷，江苏教育出版社2008年版，第273—275页。

为中心的教育制度的束缚,思想不自由,创造能力得不到发挥,养成了因循苟且的习惯。"活教育"应极注意儿童创造能力的培养,儿童本性中也潜藏着强烈的创造欲望,只要我们在教学中,注意启发诱导,并放手让儿童实践探索,就会培养成他们的创造能力。

第四,"要能够合作"。"喜欢各自为政,在团体活动中,常常缺乏合作",缺乏合作精神也是国民性在近代表现的弱点之一。正是不注意集体的力量,近代中国人在发展民族经济与外国竞争时,往往被外国资本击败。所以,做现代中国人首先应该培养合作的态度。"活教育"要训练儿童从小就具有团结合作的精神,在需要的时候能够牺牲小我以成全大我,牺牲一己之个体以成全国家民族之全体。这种团结合作不是靠专制的力量强拧在一起的,而是要靠成员内心高度的自觉,要在民主的前提下,依靠教育达到个体对全体的认同。

第五,"要服务"。"活教育"要从小树立儿童具有为人类服务、为社会造福的人生观。如果经过教育的儿童,熟知"各种知识和技能,可是不知服务,不知如何去帮助人",那这种教育可以说是完全失败的。陈鹤琴认为人和动物的区别就在于社会性的有无。动物基本上是利己的,人也有利己心,但教育的目的就在于克服利己心而培育服务社会的崇高德性。如果人只有利己心而没有大众心,也就丧失了社会性,失去了和一般动物的分界,"与禽兽也就相去不远了"。

陈鹤琴的"活教育"目的论是随着形势和认识的发展而发展的。1948年,他改变了原来对"活教育"目的论的表述,定为"做人,做中国人,做世界人"①。在具体论述中,他将"做中国人"和"做现代中国人"归并为一个层面。人是生活在现实时空中的,是从现在走向未来的。"做中国人",已将现代特征包含在内,不是做过时守旧的中国人,而是要做与现代社会结构体系、生产生活方式相适应的中国人。这样,"活教育"目的论实际上增加了面向世界的层次,其理论内涵因此得以丰富和发展。

陈鹤琴在对"活教育"目的论做重新表述的同时,对现代中国人应具

---

① 《活教育的目的论》(原载《活教育》1948 年第五卷第二期),见陈秀云、陈一飞编:《陈鹤琴全集》第五卷,江苏教育出版社 2008 年版,第 59 页。

备的条件也进行了修正。他删去了"要有建设的能力",增加了要有"世界的眼光"一条。① 不过这里的"世界"和"做世界人"的世界是两个有区别的概念,"世界的眼光"是指一种广阔的知识视野和思想视野,它着眼于对自然、社会、人类的广泛接触和了解,甚至还包括与精神世界相联系的远大的理想、宽阔的胸怀和恢宏的气度;而"世界人"则是对"中国人"的一种超越。但是,是否具有"世界的眼光",又是和能否做一个世界人相联系的,"有世界的眼光,才能做一个世界人"。② 而做世界人的主要条件是:爱国家、爱人类和爱真理。由此可见,"活教育"的目的是改造国家,改造"人",推动社会进步。

陈鹤琴对"活教育"目的论的重新表述是和形势的发展以及他认识的发展相联系的。抗战期间,世界反法西斯力量的大联合和之后联合国的成立,都给抗战胜利后的人们以世界越来越走向一个整体的感觉。陈鹤琴对国家的地位和前途充满了信心,他认为:战后的中国不同于战前了,是"以五强之一的身份,屹立于世界",他曾希望战后的中国能努力发展教育事业来适应和保持我国"新的国际地位"③,并为世界和平和人类幸福做贡献。内战的爆发虽使他的愿望破灭,但1948年,随着人民解放军在解放战争中的节节胜利,新社会降临的曙光已露熹微,陈鹤琴更将"活教育"的目标建立在一个面向世界,屹立于世界民族之林的强大中国的远景上。他认为:"中国是世界的一环,作为一个现代中国人,他不特要了解中国社会发展的特质,他还要了解世界的潮流。他不特要为中国的民主独立而努力,他还要为世界和平而奋斗。"④

"活教育"目的论随着对人的认识从一般逐渐走向具体,对人的要求也依次递进。它从要求教育对象具有普遍的人类情感和认识理性出发,逐

① 《活教育的目的论》(原载《活教育》1948年第五卷第二期),见陈秀云、陈一飞编:《陈鹤琴全集》第五卷,江苏教育出版社2008年版,第61页。
② 《活教育的目的论》(原载《活教育》1948年第五卷第二期),见陈秀云、陈一飞编:《陈鹤琴全集》第五卷,江苏教育出版社2008年版,第62页。
③ 《中国儿童之路》(原载《活教育》1947年第四卷第七、八期),见陈秀云、陈一飞编:《陈鹤琴全集》第五卷,江苏教育出版社2008年版,第310页。
④ 《活教育的目的论》(原载《活教育》1948年第五卷第二期),见陈秀云、陈一飞编:《陈鹤琴全集》第五卷,江苏教育出版社2008年版,第62页。

层赋予他以国家意识、民族观念、现代精神、直至全人类的胸怀,是一个包容了民族性、现代性、世界性等丰富内涵的教育目的论体系。

二、"活教育"的课程论

"大自然、大社会都是活教材",这是对"活教育"课程论最概括的表述。

陈鹤琴关于"活教育"课程论的论述是从对书本主义传统教育的批判开始的。他认为在传统教育中人们的观念被书本严重地束缚住了,"学生在学校肄业,称读'书'。教师授各种学科,又称为教'书'"[1]。结果是大家把"书"当成了唯一的教育材料,把"读书"和"教书"当成了学校教育的全部内容。究竟传统书本与儿童应该获取的知识之间存在怎样的差异呢? 陈鹤琴指出,世上那些不辨菽麦、不分妍媸的书呆子,并不是因为读了书才变成呆子,而是因为他们"只晓得一味读书,而不去和真正的书——大自然、大社会接触,才变成呆子的"。所以,只有抛弃"书本万能"的错误观念,去向活的直接的"知识宝库"探讨研究,才能学有所获,学有所成。陈鹤琴认为,"活教育"要把儿童培养成适应现代社会的人,它必须逐渐扩大和丰富儿童对自然、社会的了解,而这又必须以儿童现有的生活经验和儿童的兴趣做根据。但是传统的书本主义教育要么严重脱离了自然、社会和儿童的生活,是"把'学校'与'社会''自然'隔离的,社会上发生的事情,自然界发生的现象,完全漠不相关,把学校变成'知识的牢狱'"[2]。要么即使是反映自然、社会、生活内容的书本材料,也由于僵化的编写形式,与事实严重脱离的插图、文字,不仅不能给儿童准确的知识,反而给他们留下了许多错误的观念和印象。书本主义的传统教育限制了儿童的视野,束缚了儿童的思想。"把一本教科书摊开来,遮住了儿童的两只眼睛,儿童所看见的世界,不过是一本 6 寸高、8 寸阔的书本世界而已。一天到晚要儿童在这个渺小的书本世界里面去求知识,去求学问,去学做人,岂不是等于梦想吗?"[3]

---

[1] 《活教育要怎样实施的》(原载《活教育》1942 年第二卷第七、八期合刊),见陈秀云、陈一飞编:《陈鹤琴全集》第四卷,江苏教育出版社 2008 年版,第 279 页。

[2] 陈鹤琴:《传统教育与活教育》,载《福利消息》1946 年第 5 期。

[3] 《活教育的教学原则》,见陈秀云、陈一飞编:《陈鹤琴全集》第五卷,江苏教育出版社 2008 年版,第 70 页。

陈鹤琴认为,书本上的知识是间接的、形式化的,只有大自然、大社会才是知识的直接来源,是活的书,活的教材。过去的教育忽略了这无限丰富的活教材,不知采用,使儿童成了整天"只知道捧着书本子死读的书呆子"。他批评现实中的幼稚园不懂得利用周围的社会和自然环境,并将把孩子天天关在一间屋子里的教育称之为"幼稚监狱"。他在《现在幼稚教育之弊病》一文中进一步指出,现在幼稚园的弊病在于与环境接触太少。小孩子生来无知识,是在与环境社会相接触中渐渐稍有知识,稍有能力的。接触的机会越多,知识愈丰富,能力也愈充分。他认为儿童的知识是由经验得来的,一定要让孩子和环境有充分的接触机会。他说:"儿童的世界多么大,有伟大的自然亟待他去发现;有广博的大社会亟待他去探讨。什么四季鲜艳夺目的花草树木,什么光怪陆离的虫鱼禽兽,什么变化莫测的风霜雨雪,什么奇妙伟大的日月星辰,都是儿童知识的宝库。"① "活教育的课程是把大自然、大社会做出发点,让学生直接去向大自然、大社会去学习","去向活的直接的'知识宝库'探讨研究"。② 要让儿童在与自然、社会的直接接触,和对自然、社会的亲自观察中获取经验和知识。比如说讲到鱼的时候,"就要让小孩子看到真正的鱼,让他们观察鱼怎样呼吸,怎样转弯,怎样浮游,让他们自己来解剖鱼体,研究鱼的各部"。陈鹤琴认为这样获取的知识不仅真实、亲切,还可以因此"鼓励儿童自己研究的精神,即以一虫一豸之微也能很好奇地去研究"③。

陈鹤琴以大自然、大社会作为"活教育"的教材,一方面因为大自然、大社会就是知识的来源,它提供给儿童的知识是最生动直观、最形象鲜明的,它避免了任何形式化的环节和人为的扭曲,便于形成儿童对事物的正确观念。另一方面,通过自然,通过社会,切合儿童生活的教育也是最能激发儿童兴趣的教育。儿童喜欢到大自然大社会中去活动。大自然、大社会就是儿童自己的世界,是儿童自己生活的环境,直接拿儿童熟悉的事物来

---

① 陈秀云、陈一飞编:《陈鹤琴全集》第五卷,江苏教育出版社 2008 年版,第 70 页。
② 《活教育要怎样实施的》(原载《活教育》1942 年第二卷第七、八期合刊),见陈秀云、陈一飞编:《陈鹤琴全集》第四卷,江苏教育出版社 2008 年版,第 279 页。
③ 《活教育要怎样实施的》(原载《活教育》1942 年第二卷第七、八期合刊),见陈秀云、陈一飞编:《陈鹤琴全集》第四卷,江苏教育出版社 2008 年版,第 280 页。

作为教材、教具,更有利于促进儿童对生活的理解,从而提高学习的兴趣和效率。

必须表明的是陈鹤琴并没有否认书本在教学中的地位,更不存在摒除书本的意思。他说:"从书本上能吸收的知识是死的,是间接的,而从大自然与大社会获取的知识是活的和直接的。不言而喻的,在各个方面,后者大大优于前者。这样我们并不是说在学习过程中摒弃一切书本。如果恰当地用作参考资料,书本是有用的,但不应像过去那样,把书本作为学校学习的唯一材料。"①正如上文所述,他认为传统教育培养出来的一些不辨菽麦、不分妍媸的书呆子,"并不是因为读了书才变成了呆子,而是因为他们只晓得一味读书,而不去和真正的书——大自然、大社会接触,才变成呆子的"②。陈鹤琴所强调的无非是大自然、大社会作为知识的本原地位。"活教育"的课程论并不排斥书本,但是书本应是现实世界的写照,应能在自然、社会中得到印证,并能反映儿童的生活和身心发展规律。要让自然、社会、儿童生活和学校教育内容成为一个联系的整体。

"活教育"的课程既来源于自然、社会与儿童生活,课程和组织形式也必须符合儿童生活自身的形式,符合儿童与自然、社会接触、交往的形式。儿童的生活是一种活动,儿童是以活动的形式与自然社会交往的,所以"活教育"的课程采取以活动中心编制或活动单元的形式进行组织。陈鹤琴很早就认为,儿童生活是整个的,是连成一片的,在小学和学前阶段,儿童还没有形成学科概念,如果按照学科分类的形式来组织课程,"是不合教育的原理的,是四分五裂的,是违反儿童的生活的,是违反儿童心理的"③。"活教育"要寻找一种更符合儿童生活原则的课程组织形式。为此,"活教育"打破了习惯按学科安排课目的课程体系,而代之以能体现儿童生活整体性和连贯性的"五指活动",它们包括:

---

① 《活教育》,见陈秀云、陈一飞编:《陈鹤琴全集》第六卷,江苏教育出版社 2008 年版,第 243—244 页。
② 《活教育要怎样实施的》(原载《活教育》1942 年第二卷第七、八期合刊),见陈秀云、陈一飞编:《陈鹤琴全集》第四卷,江苏教育出版社 2008 年版,第 279 页。
③ 《整个教学法》(原载《儿童教育》1928 年第一卷第三期),见陈秀云、陈一飞编:《陈鹤琴全集》第二卷,江苏教育出版社 2008 年版,第 165 页。

　　儿童健康活动：通过体育活动、个人卫生、公共卫生、心理卫生等方面来培养儿童健全的身心。

　　儿童社会活动：通过公民、历史、地理、时事等项活动，使儿童明了个人与社会的关系，使儿童参加社会活动以培养其技能和兴趣，使儿童了解乡、镇、县、省和全国的关系及中国与世界的相互影响，激发起爱国、爱群及民族精神。根据时势的演变探求今后世界的新趋势。

　　儿童科学活动：以生物、物理、化学、工业及生产劳动为范围。增进儿童科学知识，培养儿童实验兴趣，启迪儿童创造能力。

　　儿童艺术活动：包括音乐、美术、工艺、戏剧等项内容。用以陶冶儿童的情操，启迪儿童的美感，发展儿童的欣赏力，培养儿童的创造力。

　　儿童文学活动：包括童话、诗歌、谜语、故事、剧本、演说、辩论、儿童应用文和书法等。其目的在于培养儿童对于文学的欣赏能力和发表能力，培养儿童对于中国文字的认识和运用，培养儿童对于文法修辞的研究兴趣，培养儿童对于文学的创造能力。①

　　从以上课程方案可以看出，"活教育"课程打破了以学科安排科目的课程体系，儿童活动代替课堂教学成为学校教育的基本形式，突出了儿童本身及儿童在活动过程中的主体地位。儿童活动是没有课内和课外之别的，所以"活教育"的活动"只分室内室外，不分课内课外"②。为了保证儿童活动的连续性，"活教育"课程没有分节的时间表，而是以儿童活动本身的需要来决定时间的长短。陈鹤琴指出："五指活动的目的是在培养儿童理想的生活。它之所以称为五指活动是因为这'五种'活动正像一只手的五个指头，各个指头相互联结构成一个整体。"③这表明这些活动既相互联系又保持相对独立。五项活动课程设计不刻意追求学科的分科知识，而是注重那些与人生密切相关的整体经验，而寓学科教学于整体活动中。"活

---

①　陈鹤琴：《活教育（理论与实践）》，上海华华书店 1950 年版，第 63 页。

②　陈鹤琴：《活教育（理论与实践）》，上海华华书店 1950 年版，第 65 页。

③　《活教育》，见陈秀云、陈一飞编：《陈鹤琴全集》第六卷，江苏教育出版社 2008 年版，第 245 页。

教育"课程论总的目标是要把学校教育的环境安排得更像生活的环境,寻求一种更符合儿童生活和心理特点的课程组织形式。

三、"活教育"的教学论

在"活教育"的教学论方面,陈鹤琴提出了"做中学,做中教,做中求进步"的命题。以"做中学,做中教,做中求进步"作为"活教育"教学论的指导性原则,既体现于知识教学过程中,也体现于儿童道德的培养上。在这两方面,陈鹤琴都有丰富的叙述,这里讨论的是第一方面。

"做"是"活教育"教学论的出发点,它明显地由杜威的"从做中学"和陶行知的"教学做合一"发展而来。在"活教育"教学论体系中,"做"的两个不可忽视的意义,其一是对儿童在学习过程中主体地位的强调,其二是对直接经验的强调。这些我们将从"活教育"关于教学过程和原则方法的具体论述中得到证明。

"活教育"把教学过程分为四个步骤,即实验观察、阅读参考、创作发表和批评检讨。①

1. 实验观察。这是教学过程的第一步骤,也是最重要的一个步骤,因为"活教育"强调直接经验在学习中的地位和作用,直接经验除平时生活的积累外,就是要通过有目的、有计划的观察与实验获得。从直接经验是学习的基础这一点出发,"活教育"理论将实验观察放在教学过程的第一步。事实上教学过程的每一个步骤,都不单纯地表现为某一方面,特别是最反映"活教育"理论特色的实验观察活动更贯穿在教学的全过程之中,所以它又常常被作为教学原则和教学方法进行论述。正是实验观察作为一种活动形式在"活教育"理论中具有多层次的意义,它的价值作用和实施要求因此得到充分的阐明。

实验与观察是一个整体的活动。陈鹤琴认为,实验观察是获得知识的基本方法,是接近科学真理的钥匙,世界上所有科学家和发明家都是运用

---

① 《活教育要怎样实施的》(原载《活教育》1942 年第二卷第七、八期合刊),见陈秀云、陈一飞编:《陈鹤琴全集》第四卷,江苏教育出版社 2008 年版,第 281 页;第六卷,第 244 页;陈鹤琴:《活教育(理论与实践)》,上海华华书店 1950 年出版,第 54 页。

观察方法的能手。为什么实验观察在教学中是这样的重要呢？

首先，实验和观察是获得知识的基本方法之一。由实验观察所获得的知识是直接的知识，经过符号和语言引导、从书本中得来的知识是间接的知识。"间接的知识是前人实践经验的总结，是人类文化的积累，对教育学生是重要的。"但是间接知识只是知识的一个方面，而直接知识相对来说是一个更重要的方面。以前的教育恰恰忽视了直接知识，甚至阻碍了学生获得直接知识的途径，所以"活教育"应特别提倡，以纠其偏颇。即使就间接知识的学习来说，因为它是"经过别人收集、分析之后所得的知识，还要经过自己的观察和探索才能加深认识和理解，才能检验这些知识的真实性以至有所发明和创造"①。

其次，实验观察丰富了儿童的经验。因为实验观察"是由儿童自己动手来做的"，由此获得的经验，是儿童"亲身阅历的经验"，它远比书本概念要深刻牢固。②

第三，实验观察可引导儿童发现探索性问题。"活教育"是要培养富有创造性的儿童，教学不仅要引导儿童解决问题，还要引导儿童发现问题，而实验和观察不仅是解决问题的手段，也是发现问题的良好途径。如儿童做空气中氧、氮含量比例的实验，当氧气因燃烧作用耗尽，玻璃罩内水面上升占据五分之一空间时，儿童可能会进一步问"为什么水面会上升？"引出一个大气压力的问题。

最后，实验观察能激发儿童的学习兴趣和培养他们求真的态度。儿童对于形式化的书本知识往往感到枯燥乏味，当儿童在实验观察时，他们面对的是活生生的世界，其学习兴趣必能更加浓厚。实验观察所依据的是客观事实，可以避免附会造作，由书本到书本，在空洞观念中打转的坏学风。儿童养成实验观察的习惯后，"一种尊重事实，求真求是的态度会很自然

---

① 《活教育的教学原则》，见陈秀云、陈一飞编：《陈鹤琴全集》第五卷，江苏教育出版社 2008 年版，第100—101 页。
② 《活教育的教学原则》，见陈秀云、陈一飞编：《陈鹤琴全集》第五卷，江苏教育出版社 2008 年版，第100—101 页。

地建立起来"①。

"活教育"对教学中的实验观察提出了严格的要求,它要求做到:一要全面观察,以概括全体。二要比较观察。不仅要比较相似事物的发生发展情况,还要比较同一事物在不同环境中的发展变化过程。三要系统地观察。在教学过程中运用观察的方法,不同于一般的随意观察。在事前应设计明确的目标和严密的计划,进行有组织的观察。四是五官俱到的观察。让各种感觉互相补充,了解事物在视、听、嗅、味、触等不同方面的特性。②

2. 阅读思考。"活教育"主张以实验观察作为学习的基础,作为教学过程的第一步,但从不排斥间接知识。陈鹤琴认为:"间接知识和直接知识是互为补充,缺一不可的。"③并不是所有事物都有可能有条件直接进行实验观察,单凭感性经验也不能彻底了解事物。还有学生在实验观察中发现了问题,不可能完全从实验观察中获得解决,可以通过阅读参考去得到启发。陈鹤琴主张在教学中要让儿童围绕活动和研究主题阅读充分的参考书,从中吸取人家的经验,把直接经验和间接经验有机结合起来。

3. 创作发表。让儿童把实验观察和阅读参考中获得的直接和间接经验、知识,认真加以整理,独立思考,融会贯通,对自己的学习成果进行总结,并以编故事、写报告、做演讲等形式发表出来。鼓励儿童尽可能加入自己新的见解。在创作发表中,儿童的主动性和创造能力就因此得以体现。

4. 批评检讨。儿童从学习中得到的结论不可能是完全正确的,教学过程的最后一步就是通过集体评论、小组讨论和共同研究等形式进行总的批评,儿童在这一过程中相互启发、相互鼓励以达到完善。

以上四个步骤是"活教育"安排教学过程的依据。它反映的是学习的一般程序,但不是割裂的、机械的。

为了通俗地说明"活教育"的教学特点,陈鹤琴曾本着"心理学具体

---

① 《活教育的教学原则》,见陈秀云、陈一飞编:《陈鹤琴全集》第五卷,江苏教育出版社 2008 年版,第 102 页。

② 《活教育的教学原则》,见陈秀云、陈一飞编:《陈鹤琴全集》第五卷,江苏教育出版社 2008 年版,第 102 页。

③ 《活教育的教学原则》,见陈秀云、陈一飞编:《陈鹤琴全集》第五卷,江苏教育出版社 2008 年版,第 101 页。

化,教学法大众化"的宗旨,根据他个人的教学经验,总结出"活教育的教学原则",共17条。这17条虽然名为"原则",但有些是对"活教育"教学特点的原则性概括,更多则是对教学方法的具体论述。17条原则是:一、凡是儿童自己能够做的,就应当教儿童自己做。二、凡是儿童自己能够想的,应当让他自己想。三、你要儿童怎样做,就应当教儿童怎样学。四、鼓励儿童去发现他自己的世界。五、积极的鼓励胜于消极的制裁。六、大自然大社会是我们的活教材。七、比较教学法。八、用比赛的方法来增进学习的效率。九、积极的暗示胜于消极的命令。十、替代教学法。十一、注意环境,利用环境。十二、分组学习,共同研究。十三、教学游戏化。十四、教学故事化。十五、教师教教师。十六、儿童教儿童。十七、精密观察。①

从陈鹤琴关于这些原则和方法的具体论述中,我们可以发现它具有鲜明的特点:

首先,强调"做"以确立学生在教学活动中的主体地位。积极、主动、自觉的心理状态是学习的最佳状态,教学中学生身心的参与程度直接影响到他对技能知识掌握和理解的熟练深刻程度。怎样调动起儿童的主体性?"活教育"十分重视的一点就是做。陈鹤琴提出的17条原则中都贯穿着"做"的精神。

"做"是身心的积极参与。儿童在做某件事的时候,他必须投入目的性注意,必须与事物发生直接的接触,促使他去了解事物发生发展的过程,认识事物的性质。"做"这个原则,"是教学的基本原则"②。"做"不仅是一种身体上的、动手的活动,它也包括了理性的心智活动。陈鹤琴指出:"我这里要声明的,就是思想照行为心理学说,原是一种动作。不过为一般人的了解起见,我们不妨把思想和动作分开来说。"③"做"实际上包含了手脑并用的内容。"一切的学习,不论是肌肉的,不论是感觉的,不论是神

---

① 《活教育的教学原则》,见陈秀云、陈一飞编:《陈鹤琴全集》第五卷,江苏教育出版社2008年版,第65—102页。

② 《活教育的教学原则》,见陈秀云、陈一飞编:《陈鹤琴全集》第五卷,江苏教育出版社2008年版,第102页。

③ 《活教育的教学原则》,见陈秀云、陈一飞编:《陈鹤琴全集》第五卷,江苏教育出版社2008年版,第68页。

经的,都要靠'做'的。"①

在教学中,鼓励儿童去做、去思想和去发现是激发学生主体性的有效手段。陈鹤琴认为:"学校里面各种的活动,各种的教学,你都不应该直接去告诉他种种的结果,应当让儿童自己去实验,去思想,去求结果。"②尽管儿童的方法不一定对,思想不一定正确,获得的结果也不一定令人满意,教师可以从旁指导,指导儿童怎样研究、怎样思想,但不能越俎代庖。

其次,重视教学中的直观性和感性经验。感觉形象在人认识活动中的地位是不言而喻的。教学中的直观性原则要求在学生对所学知识缺乏必要的感性基础的情况下,教师可以通过直观教具或组织学生对事物进行直接观察,以获得对学习对象的感知基础,从而保证教学中理性知识和感性经验之间的可靠联系。直观性教学原则的运用一般是以促进、帮助学生理解学习内容为目的。"活教育"对感性经验的强调实则超出一般教学原则的要求,具有课程论的意义。在"活教育"理论中,"实验观察"是教学过程的第一步,又是一条重要的教学原则;"大自然大社会是我们的活教材",不仅作为教学的原则方法强调,更是其课程论的核心原则。

"活教育"对感性经验的强调,其出发点是鉴于传统教育脱离儿童生活实际。像陈鹤琴所介绍的,有一天他在上海参观一所小学,很远便听见儿童齐声朗诵一篇名为《蜜蜂》的课文:"嗡嗡嗡,嗡嗡嗡。飞到西,飞到东。一天到晚忙做工。"但他走进教室,问起谁曾见过蜜蜂时,四十多个同学只有两个人举手表示见过。陈鹤琴感慨地说:"这种书本的教学,真是害人。小孩对于蜜蜂,完全没有经验,读了一课《蜜蜂》,不知道蜜蜂是什么东西。蜜蜂怎样工作?怎样生活?对于人有什么关系?这种种重要的事实,小孩子茫然不知。小孩子所知道的,只是会飞会叫的飞虫而已。我们为什么不教小孩子去研究真的蜜蜂呢?我们为什么不向大自然领教

---

① 《活教育的教学原则》,见陈秀云、陈一飞编:《陈鹤琴全集》第五卷,江苏教育出版社2008年版,第68页。
② 《活教育的教学原则》,见陈秀云、陈一飞编:《陈鹤琴全集》第五卷,江苏教育出版社2008年版,第69页。

呢?"①在当时书本主义教育充斥整个社会的情况下,"活教育"将重视儿童的直接经验和感性认识作为教学的基本原则方法,其合理性是毋庸置疑的。"活教育"把儿童的直接经验作为课程论的基本依据,认为"书本子只能当作学习的副工具",教科书只"当作参考资料加以活用",要求教育主要对大自然大社会——这一"活的直接的'知识宝库'"进行探索研究,但并不是否定间接知识、感性知识过渡到理性知识和系统知识的重要性。

第三,体现了教学的兴趣化原则。"活教育"称教学为活动,并提出依据两个原则来组织拟定儿童的活动。第一个原则是"根据儿童生活需要",第二个原则是"根据儿童的学习兴趣"。②

"活教育"的17条原则中,教学游戏化(原则十三)、教学故事化(原则十四)、积极的鼓励胜于消极的制裁(原则五)、用比赛的方法来增进学习的效率(原则八)、替代教学法(原则十)等都不同程度地体现了教育的兴趣化原则。

兴趣化也是对教学中儿童主体地位的强调。人们一般对学生主体地位进行讨论时,多侧重于表现在认识、意志、行动上的一种积极心理状态和态度,儿童的这种主动性多是在目标的推动和任务的要求等外在因素的作用下产生的。而兴趣则使儿童能从活动主题、方式和结果中获得一种情绪上的愉悦感受,由这种内偿作用激发的主动性是内在的,主要表现为心理结构中的情感因素。

能激发儿童学习兴趣的都应是符合儿童心理发展特点的。

教学中运用游戏、故事的形式,采取鼓励、竞争的方式,是为了适应儿童喜好形象具体、好奇好动、乐群好争和喜欢听到积极肯定评价的心理特点。"替代教学法"运用的则是兴趣迁移的原理。儿童的兴趣表现在各个方面,如果得不到正常途径的满足,就可能朝不正常的途径上发展,教育的责任一方面在杜绝儿童不良兴趣的产生,另一方面要善于将学生中已经出现的不良兴趣引导到积极的方向上来。如喜欢在墙壁上乱涂乱画的,应当

---

① 《活教育的教学原则》,见陈秀云、陈一飞编:《陈鹤琴全集》第五卷,江苏教育出版社2008年版,第72页。

② 《活教育——中国新教育的幼苗》,见陈秀云、陈一飞编:《陈鹤琴全集》第四卷,江苏教育出版社2008年版,第278页。

给予他绘画的机会,培养他美术的兴趣。用健康的体育活动代替恶作剧式的嬉笑打闹;用有益的文字和数学游戏代替各种类似赌博、投机和侥幸行为;用正当的组织代替三五成群和四五结队的小团体。总之,要用建设的代替破坏的,用良好的代替恶劣的,用有益的代替无益甚至有害的,用高尚的代替低级趣味的,用积极的代替消极的。

第四,集体学习,相互促进。"活教育"注重集体在教学中的积极作用,提倡教师与教师、学生与学生、学生与教师之间的相互观摩、影响和交流,以达到互相促进,教学相长的效果。

"活教育"原则中的"分组学习、共同研究"(原则十二)、"教师教教师"(原则十五)、"儿童教儿童"(原则十六)都集中地体现了这一点。"活教育"提出的分组学习法不同于以前的个别教学和班级教学的形式。个别教学和班级教学最易产生教师向学生个体或学生集体单向传授的现象,分组学习采用的是师生以小组为核心,围绕一定主题进行讨论研究的方式。教师虽起主导作用,但不是活动的核心人物,有时甚至是完全的学生自由讨论。在这种讨论式的分组学习中,学生与学生、教师与学生之间进行双向多边的交流,能起到相互启发的作用,也利于学生心理处于主动、积极的状态。

"教师教教师"是指教师之间通过各种形式的互相交流和观摩以促进教学艺术和业务水平的提高,它和"儿童教儿童"在精神上是相通的。"儿童教儿童"是陈鹤琴对陶行知的"小先生"制的发展。当初陶行知提出"小先生"制主要是为了解决普及教育中教师不足的矛盾,陈鹤琴则从一般教学原理出发论述了"儿童教儿童"的意义。他认为以儿童教儿童和以成人教儿童的区别在于:

一是"儿童了解儿童的程度比成人所能了解的更为深刻"。

成人与儿童之间,由于年龄和经历上的差异,非对儿童心理素有研究者,成人总难以设身处地地为儿童着想,成人与儿童之间在心理上就好像隔了一道鸿沟。儿童与儿童之间的情况就不然,因为年龄经验相仿,兴趣接近,特别是儿童最乐于把自己的经验和所学告诉其他儿童。这不仅便于儿童之间相互理解,也表现了儿童乐于教人的热情。陈鹤琴认为这是他"所以要提出儿童教儿童的第一个基本认识"。

二是"儿童鼓励儿童的效果比成人所能获得的更为巨大"。在儿童的心目中,成人是应该表现出出众的才能和丰富的知识的,对此不会感到稀奇。当一个与自己年龄相仿的儿童表现出出众的才能和丰富的知识时,特别是成为自己的指导者时,他就会将自己与之进行比较,从中获得巨大的激励力量。

三是"儿童与儿童教学相长"。以上是就学习的一方而言,任教的儿童也同样能从教别人的过程中获得收益。"儿童为了要教,事先就得充分准备。在教过之后,他对于所教的内容,必然更加认识清楚。"儿童在教别人的过程中对自己的能力的促进和提高已远远超出了教材以内的知识范围,实际上是一种锻炼发展儿童创造才能的途径。①

陈鹤琴将"儿童教儿童"作为儿童之间相互交流促进的一种普遍方式,提出要让"个别儿童轮班教","各校儿童轮流教","各城儿童轮流教","各国儿童轮流教"。它不仅指儿童之间的相互指导,还包括像壁报、作业、演讲和表演等各种形式的相互交流和观摩活动。这样可以让不同班级、学校、城市之间的儿童展开学习竞赛。

以儿童教儿童,这是对儿童能力和热情的信任,也是培养儿童主动性和责任心的良好手段。但是在教学过程中,儿童毕竟处在身心发展尚不成熟的受教育者地位,适当树立品、学突出的儿童作为集体的榜样,或让他们做教师的助手,是十分必要的,但如果夸大儿童在教学中作为指导者的作用,则是对老师主导地位的否定。

四、"活教育"的德育论

向学生传授文化知识和使学生形成一定的思想品德是学校教育的基本任务。陈鹤琴提出的"做人"的"活教育"的目标的实现,在很大程度上取决于训导工作。他曾说:"训导工作在整个教育工作上来说是最繁重最

---

① 《活教育的教学原则》,见陈秀云、陈一飞编:《陈鹤琴全集》第五卷,江苏教育出版社2008年版,第98—100页。

重要的。"①1946 年陈鹤琴发表的《训育的基本问题——确立训导原则》②一文对道德教育问题进行了系统的论述,是一篇阐述"活教育"的德育论的重要文字。

在这篇文章中,陈鹤琴提出了训育的 13 条原则,现概述分析如下:

1. 从小到大。"慎始"是中国德育的传统,做人的基本态度和日常行为、习惯的养成,莫不由"渐"而来,对于儿童的品行,一定要从小就加以训练。从小到大的原则主要有两层含义:(1)重视早教,从初始抓起;(2)重视渐变,从小事抓起。

2. 从人治到法治。中国历来有重人治轻法治的传统,它对学校德育的影响表现在:教师对学生的态度因人而异,不同的老师有不同的标准,学生也在不同的教师面前表现出不同的态度,往往顺从自己喜欢和敬畏的老师,反之则违拗,结果养成了儿童一种对人而不对事的习惯。陈鹤琴强调学校对学生的要求要相对稳定和统一,不能随环境、人事的变迁而主观更改。

3. 从法治到心理。根据法治的原则,学校对儿童的行为要求和处理都依据一定的客观标准。但是不同个体的心理毕竟是不同的,就以儿童的过失行为来说,导致同样结果的行为,可能出于不同的心理动机。所以教师又要了解儿童的心理,只有充分了解儿童,才能具体分析儿童的心理,进行有针对性的疏导。

4. 从对立到一体。在传统学校中,教师与学生之间沟渠分明:老师高高在上,学生低低在下。陈鹤琴认为师生之间这种对立地位容易产生种种矛盾和冲突,不利于师生之间感情的沟通,教师也就谈不上对学生进行品德行为上的诱导。要让教师和学生都共同感觉到:"老师和学生是应当站在一条战线上的,大家向学问进攻,学习为人处世的道理。老师要把学生看成自己的子弟,学生把老师当做自己的父兄。"

5. 从不觉到自觉。陈鹤琴把儿童身上潜在的力量比喻为一只狮子,

---

① 陈秀云、陈一飞编:《陈鹤琴全集》第五卷,江苏教育出版社 2008 年版,第 103 页。
② 《训育的基本问题——确立训导原则》,见陈秀云、陈一飞编:《陈鹤琴全集》第五卷,江苏教育出版社 2008 年版,第 103 页。

有的已经醒来,有的还依然睡着,这就是"自觉"和"不自觉"两种状态。"一个'不觉'的人,即使背后成天有人跟着,驱策他,督促他,也不会比一个'自觉'的人更易进步。"教师对学生的责任就是要唤醒他心中的狮子,让他意识到自己生长在一个什么样的世界里,意识到自己的地位和力量,意识到自己对于社会、人类、学校应负的责任和应有的贡献。这种力量一旦被激发出来就能产生巨大的潜能和力量,可以"克服任何困难,完成任何事业"。

6. 从被动到自动。学生在"自觉"之后,才能产生"自动"的力量。学校对学生的德育工作应在启发学生自觉的基础上,尽快从学生的被动地位过渡到学生的自动地位。他将学生在训导过程中的地位分为三个阶段:第一阶段是老师管理;第二阶段是团体管理;第三阶段是自己管理。认为学校对学生的管理应由教师的管理过渡到学生团体的自我管理和个人的自我管理。训导工作的最终目的是养成学生的独立人格以及自治的精神和习惯。

7. 从自我到互助。陈鹤琴认为,人生而有"我"这是十分自然的,但人与动物不同,"人的自私是可以用崇高的道德观念来克制,纵然不能做到牺牲一己,以利他人,至少亦应做到'互助'。训育工作的目的之一即在于克制人的一己之我,去培养'互助'的习惯,如果这一点没有做到,就可以说训育没有做好"。舍己为人是做人的最高理想,这要有大无畏的牺牲精神才能做到,自古以来的古圣先贤就是理想人格的代表。但对于普通人来说能够做到互助就已经很不错了。陈鹤琴把互助精神作为道德教育的基本内容和基础性原则,体现了其实事求是的精神和务实态度。训育的目的之一就在于使学生养成互助的习惯和精神。而达到从自我到互助的跨越的路径和方法就是:要学生不断地这么做。

8. 从知到行。习惯要在行动中养成,理论必须落实到实践之中。教师对学生讲了一大堆做人的道理,但学生只是"知道"而不去"做",德育的目标便没有达到。做人的道理不仅要在行动中学习,而且要见之于行动,这反映了"活教育""做中教,做中学,做中求进步"总的方法论原则。他曾举例说:"如果孩子的朋友生病了,让他去送花和问候,这样他们的友谊就更加密切。这就是实地教他,否则凭空教他友谊,他是不懂的。"他还曾经向学生提出"日行一善"的信条,先说明信条的好处,然后让学生自己选择是否愿意"做",并郑重宣誓,最后不仅要坚持每天都做,还要将所行善事记在"日行一善录"上面,每周交给老师考察,一直到学生养成日行一善的习惯为止。

9. 从形式到精神。陈鹤琴认为"只有表面而没有精神是不好的。训导工作并不在表面"。学校中有些训导老师只注重形式上提要求而不顾学生内心是否愿意这样做,这样的训导工作是不会有好效果的。他很欣赏中国传统教育的"诚于中而形于外",强调对学生的要求不能只满足于按照规定的形式履行一定的礼节,一定要启发学生在认识情感的内在精神上对道德目标的认同。从内在精神到外在形式的统一是道德教育追求的境界。

10. 从分家到合一。"教书育人"是教师的基本职责,也是教学的教育性原则的要求。陈鹤琴批评当时将训导与教务工作分开,导致德育与智育脱节的现象:"一般专任教师完全担任知识的传授,关于教育学生如何做人,却全然不管;训导的责任全落在训育主任以及训育员身上。"其实,不仅全校的教职员对学生都负有进行道德教育的责任,随意寓教,而且专任德育工作的老师,也应该提高自己的文化知识修养,用智慧的雨露来滋润净化学生的心灵。

11. 从隔阂到联络。从德育的有效性考虑,总希望学校、家庭和社会这三大影响学生的因素能一致起来,对学生共同产生积极的影响。其中社会性的因素可控制性较小,但学校和家庭环境都是可以计划和改良的,因此在教育儿童方面首先应做到学校与家庭的统一。事实往往是学校总希望能养成学生良好的思想、行为、习惯和态度,但由于家庭环境的不良,抽烟、喝酒、打牌等各种恶习都在家中染上了。有时相反,学生在家里是好的,但在学校里因受一两个"损友"的影响,竟变得坏了。学校与家庭建立起各种形式的联系,不仅有利于协调对儿童教育的方法和步骤,促进各自环境的改良,还有利于找到儿童行为表现的根源。

12. 从消极到积极。陈鹤琴指出,一般学生对于犯规学生或不正当行为常常作消极的防止或制裁,却不去积极地消除引起他犯规或做不正当事的动机,甚至用专制的和粗暴的管理方法,这种方法是不人道的教育,不可能从根本上改变儿童的不良行为。因为,"小孩子是喜欢鼓励的(青年也有这种倾向),一味的责罚,不一定能够制止他们坏的行为"。应该变消极的制止为积极的引导。与其将精力放在禁止和制裁发生的不良行为上,还不如积极引导儿童从事正当活动的动机。

13. 从"空口说教"到"以身作则"。陈鹤琴认为,教师要训导学生,第一要建立起学生对自己的信仰。信仰从何产生呢?信仰只有从教师的道德和学养中产生。只有教师具有优良品格,才能对学生人格形成产生潜移默化影响的力量。相反,一个德行欠缺的教师,他的说教不仅难以引起学生的共鸣,而且还会引起学生的反感。只有教师以身作则,才能使教师的言教具有权威性和严肃性,从而激发学生去积极行动。"言行可模可范者,人师也"。担任训导工作的人,只有自身保持高尚道德,处处时时以身作则,率先垂范,才能取得理想的教育成效。

"活教育"的 13 条训育原则不同程度地揭示了道德教育的基本规律。如它注重德育过程中的儿童自觉,注重学校、家庭、校内校外各种因素的协调统一和整体配合,注重采取正面引导和积极鼓励的方法,重视包括教师人格在内的各种隐性教育因素的潜在影响等,都是值得我们分析研究和汲取继承的。陈鹤琴的论述中包含着许多辩证的因素。如"从法治到心理"的原则不仅体现了道德评价中动机与效果的统一,也体现了一般要求和具体对待相结合的原则。还有"从知到行""从形式到精神"则揭示了道德的认知、情感和道德的行为表现的内外统一和相互促进的关系。

五、"活教育"与"死教育"的分歧

"活教育"是在批判传统"死教育"的过程中诞生和发展的,因此比较"活教育"与"死教育"的不同特点也是"活教育"理论的重要组成部分。陈鹤琴曾指出"活教育"与"死教育"的十大区别[①]:

---

① 《活教育与死教育》(原载《活教育》1941 年第一卷第二期及《小学教育》第三卷第一期),见陈秀云、陈一飞编:《陈鹤琴全集》第五卷,江苏教育出版社 2008 年版,第 21—22 页。

	"活教育"	"死教育"
一	一切设施、一切活动以儿童做中心的主体。学校里一切活动差不多都是儿童的活动	一切设施、一切活动,教师(包括校长)是中心是主体。学校里一切活动差不多都是教师的活动
二	教育的目的在培养做人的态度,养成优良的习惯,发现内在的兴趣,获得求知的方法,训练人生的基本技能	教育的目的在灌输许多无意义的零星知识,养成许多无关重要的零星技能
三	一切教学,集中在"做",做中学,做中教,做中求进步	一切教学,集中在"听",教师口里讲,儿童用耳听
四	分组学习,共同研讨	个人学习,班级教授
五	以爱以德来感化儿童	以威以畏来约束儿童
六	儿童自订法则来管理自己	教师以个人主见来约束儿童
七	课程是根据儿童的心理和社会的需要来编订的,教材也是根据儿童的心理和社会的需要来选定的,所以课程是有伸缩性,教材是有活动性而可随时更改的	固定的课程,呆板的教材,不问儿童能否了解,不管与时令是否适合,只是一节一节地上,一课一课地教
八	儿童天真烂漫,活泼可爱,工作时很静很忙,游戏时很起劲很高兴	儿童呆呆板板,暮气沉沉,不好动,不好问,俨然像个小老头
九	师生共同生活,教学相长	师生界限分明,隔膜横生
十	学校是社会的中心,师生集中力量,改造环境,服务社会	校墙高筑,学校与社会毫无关系

从以上"活教育"与"死教育"的比较我们可以看出,儿童中心和生活需要是确定教育内容、原则和方法的依据,是处理师生关系的出发点。

第三节 "活教育"的实验与实施

"活教育"的实验主要是在陈鹤琴创办的幼稚教育机构,特别是幼稚师范学校中进行的,所以它又和陈鹤琴的学前教育思想和实践探索的主题结合在一起。

一、江西实验幼师

从"活教育"主张提出的时候,陈鹤琴就致力于办一所学校,实验"活教育"的理想。江西实验幼师的创办,"目的就在于实验活教育的理论,使她能成为全国广泛的教育运动"①。"活教育"的理论也是在这一实验的过程中逐步得到丰富和完善的;同时,这也是陈鹤琴长期探索建立完整中国化学前教育体系的结果。20世纪20年代鼓楼幼稚园的创建,就立意在建立中国化的幼稚园。在创办鼓楼幼稚园的过程中,陈鹤琴就深刻地体会到,中国化的幼稚园需要中国化的师资,因为鼓楼幼稚园的师资大多"来自教会办的幼稚师范学校与幼稚师范科,她们因为所受的是外国化的训练,在教、学、做方面,未免缺乏中国气味,结果很难发生广泛的影响以配合全国的要求"。陈鹤琴认识到"要建立真正的中国化的幼稚园,必须要同时建立中国化的幼教师资训练机构"②。所以陈鹤琴又把创办江西实验幼师作为实现他学前教育理想的一个很好机会。

1940年,抗日战争进入中期,江西省省会从南昌迁往泰和,省教育厅暂设在泰和县城郊外的文江村,幼师的校址便选择在文江村的大岭山上,离战时江西省政府驻地上田村约五公里。划作建设校舍的三百四十亩用地是一片密布松林、无人居住的荒山。省政府批拨的二万五千元建校经费与预算的六万五千元相去甚远,但陈鹤琴抱着誓将"荒山辟乐园"的愿望,决心"以最少的钱来办最好的学校"。他自己规划设计、选购建材,并组织力量开山筑路,建造校舍。从各地陆续聘请了一批热心教育事业、有实干精神和教学专长的教师。在战时环境,一切只能因陋就简,1940年10月1日,江西幼师在仅建成几幢泥壁草顶的宿舍和教室的基础上,正式开学了。

学生是江西省各县保送来的成绩优良的初中毕业生,当年录取新生

---

① 《创办幼师的动机和经过》(原载《活教育》1947年第四卷第九、十期),见陈秀云、陈一飞编:《陈鹤琴全集》第五卷,江苏教育出版社2008年版,第36页。
② 《创办幼师的动机和经过》(原载《活教育》1947年第四卷第九、十期),见陈秀云、陈一飞编:《陈鹤琴全集》第五卷,江苏教育出版社2008年版,第36页。

138 名,分三个班级。① 因为校舍的建筑、设备都没有完成,开学实际上等于全校师生集体劳动生活的开始,师生一起筑路、拓荒、编草、移植树木,一面读书,一面劳动。在以后的两三年时间里,陆续建成了教学、办公、生活等用房,还建成一批实验园地和其他活动设施,如婴儿园、幼稚园、小学、农场、工艺室、练琴室等,计有二十多幢简陋的房屋。陈鹤琴亲自参加劳动。如学校缺乏生活用水,陈鹤琴就带领职工在大岭山顶找到了泉水水源,用毛竹制成水管引水下山。

江西实验幼师开办一年后,引起各界的重视,社会各方面和陈鹤琴自己都有进一步扩充规模的愿望。为了解决教育经费不足的问题,陈鹤琴即开始争取改学校省立为国立,终于在 1943 年冬得到教育部的同意,并于 1944 年春天付诸实行,学生来源也由江西扩大到江苏、浙江、安徽、福建、广东、湖南、湖北、河北、山东、南京等省市。在学校改成国立的同时,又设立了一个幼稚师范专修科,其目的在于培养幼稚师范学校的师资,并训练幼稚教育运动的干部。至此,国立幼稚师范学校发展成为包括专科、师范、小学、幼稚园和婴儿园等五部,并附设国民教育辅导委员会的较大规模的教育实验机构。陈鹤琴认为,在此以前虽有教会办的幼稚师范学校,国内一些大学也设立了培养幼教师资的科或班,但真正由政府办的公立幼稚师范学校,则是以江西省立实验幼稚师范学校的创立开始的。② 国立幼稚师范学校更是首开其端,仅此一所。幼师初创时为二年制,1945 年改为三年制。"不论课程、教学、训导和教材各方面也都依据活教育的原理来实施。"为了扩大影响,还联合国立中正大学附小、南昌实验小学等学校,共同进行"活教育"的实验与研究。根据从生活出发,从"做"出发的"活教育"原则,学校建设和日常生活中凡是学生自己能做的,都让学生自己做。如烧饭、洗衣、筑路、编草(盖房用)、种菜、养猪养鸭、种花、工艺以及各种勤务,都由学生轮流做。

幼师的课程是参照南京政府教育部 1935 年颁布的幼师二年制及三年

---

① 《松林中新生的幼师》(原载《小学教师》1941 年第二卷第十期),见陈秀云、陈一飞编:《陈鹤琴全集》第五卷,江苏教育出版社 2008 年版,第 14 页。

② 《创办幼师的动机和经过》(原载《活教育》1947 年第四卷第九、十期),见陈秀云、陈一飞编:《陈鹤琴全集》第五卷,江苏教育出版社 2008 年版,第 34 页。

制课程重新拟定的。科目有公民、体育及游戏、卫生、国语、自然、社会、美术、家事、音乐、教育概论、儿童心理、保育法、幼稚教育、时事研究、农艺、工艺、实习等。课程内容和教法面向实际适用,面向"做",如公民课,不是像过去那样由教师讲授给学生一番做人的道理,而是选定一二十种优秀人物的传记,给学生树立一种做人的模范。教学方法是采用小组讨论等方式,研究人生的重要问题,并在实际活动中养成学生的习惯,磨炼学生的人格。①

幼师课程目标一般分为精神训练、基本训练与专业训练三个方面,以培养学生从事幼教工作的思想和业务素质。幼师课程实验的目的是要按"活教育"的理想总结出从幼稚园到幼师的学前教育系列的系统课程方案。根据当年任幼师教师的钟昭华回忆,其实验过程是分四期进行的,每期以一年为度。第一,开创期:试用活教材活教法;第二,实验开始期:整理已用活教材及教法,拟定实验方案;第三,实验修订期:修订上期结果,做精密的实验;第四,实验完成期:继续修订,完成实验课程。在执行过程中,其实并没有做严格的阶段划分,一边实验一边总结,在教材教法上表现出这样一些特点:

1. 不纯用课本。因为当时国内原来就没有为幼师编过教科书,所以幼师的各种教材不限于一两本固定的教科书,在大自然大社会中找活的教学材料。如自然科,即以某一自然现象为教材,开展对它的研究。社会科则以某地区发生的某种现象,研究它的地理环境、历史背景。又如儿童心理与幼稚教育等学科,便以婴儿园幼儿园的教室,直接对天真活泼的儿童进行研究。这些研究结果,进行整理后就成为幼师学生的活的书本和教材。

2. 活用书本。书本是作为参考研究的资料使用的,教学主要以实验观察为基础。如在幼稚教育、儿童心理等科目的教学中,先去婴儿园或幼稚园观察儿童的表现,然后整理观察记录,参考有关的图书资料。教学的过程本身也是一个研究的过程,学生不仅运用已有的图书资料,而且他的

---

① 《松林中新生的幼师》(原载《小学教师》1941年第二卷第十期),见陈秀云、陈一飞编:《陈鹤琴全集》第五卷,江苏教育出版社2008年版,第11—14页。

观察记录、研究成果整理后,又成为大家的参考资料。[①]

1942 年,总结出"活教育"教学过程四个步骤。1944 年前后,陈鹤琴又提出了代替全部课程的"五指活动"——健康活动、社会活动、科学活动、艺术活动和文学活动,这可被视为"活教育"课程实验的完成期。以后"活教育"虽然还处在不断地丰富发展过程中,但在各方面已相当具体规范,随之"活教育"也由实验阶段走向实施阶段。

"活教育"的实验还包括训导方面,陈鹤琴的十三条训育原则就是在这一实验过程中提出的。幼师成立了对学生进行道德教育的组织——醒狮团,并实行没有教师监督的"荣誉考试制",以培养学生的道德自觉性。

1944 年夏,由于日军进犯,幼师师生开始过搬迁流亡的生活,先后居留赣州、宁都和广昌等地。

二、上海市立幼稚师范学校

抗日战争胜利后,1945 年 9 月,陈鹤琴回上海担任市教育局督导处主任督学。同时,他希望能将在江西的国立幼师迁往上海,并为此奔走。但是,由于国民党政府的复员计划规定有"原来在哪里的学校归哪里办",迁校计划没有实现。之后,上海市政府决定创办市立幼稚师范学校,委任陈鹤琴为上海幼师校长。1945 年 12 月 24 日,幼师正式开学,26 日上课,并设附小和幼稚园。1946 年 6 月,在江西的国立幼师专科部奉准迁到上海,在上海成立了独立的国立幼稚师范专科学校。1947 年 2 月,上海幼师更名为上海市立女子师范,加设普师班。这些教育机构,以上海幼师(女师)为核心,是陈鹤琴在上海实验实施"活教育"的新的基地。

陈鹤琴为上海幼师(女师)确定的总的教育宗旨为:"培养优良师资实验及进行'活教育'"。从《师范学校规程》所要求的七个具体方面对师范生进行训练:"(1)锻炼强健身体;(2)陶冶道德品格;(3)培养民族文化;(4)充实科学知能;(5)养成勤劳习惯;(6)启发研究儿童教育之兴趣;(7)培养终身服务教育之精神。"

---

① 钟昭华:《陈鹤琴教育思想与江西实验幼师》,载《南京师范大学学报》1981 年第二期。

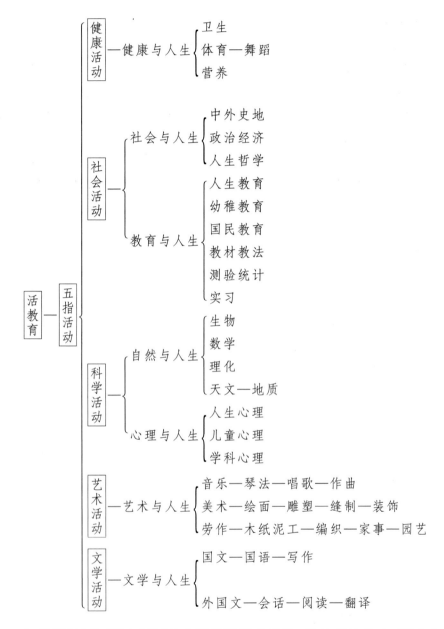

如果说"活教育"在江西的实践是以探索实验、总结理论为主,那么在上海的实践则是以实施推广、完善发展为主。到上海后,"活教育"的"五指活动"课程方案,教育过程的四个步骤,以及教学、训育的原则业已形

成。上海幼师（女师）的教学活动也基本上是按照"五指活动"、四个步骤的框架进行的。女师校刊上曾刊载"活教育"的课程编制——"五指活动"图如上。①

　　幼师（女师）附小和幼稚园，都是作为师范生实验及研究"活教育"的场所。在小学部实行"活教育"的"五指教育"教学时，教学的过程则分文学、社会、科学、艺术和健康五个部分，学生上课分别在不同的活动场所。儿童的品德教育和课外活动也以"五指活动"的方式进行。女师附小成立了全体儿童均需参加的"儿童互助会"，它的活动宗旨是"增进儿童集体生活训练，养成儿童适应群体生活能力，指导儿童获得各种现实知识，促进儿童经验的发展，增强儿童办事才能，推进儿童福利事业，发动儿童互助美德，并以互谅、互信、互尊、互信之精神建立永久和平"。该组织的活动分高（四、五、六年级）、低（一、二、三年级）两组。

　　高年级组的五指活动为：

　　1. 健康活动——球类比赛、修学旅行、技艺练习（自行车、舞蹈、救护）；

　　2. 社会活动——通信、交换物资（各地特产、书籍、画片等）、时事座谈、社会调查、推行国民识字运动；

　　3. 科学活动——采集标本、科学实验、畜养动物、园艺、小发明；

　　4. 艺术活动——话剧、歌咏、音乐演奏、写生、木刻、摄影、自由制作；

　　5. 文学活动——书报阅读、写作、朗诵。

　　低年级组为：

　　1. 健康活动——远足、游戏；

　　2. 社会活动——通信、交换物资、交谊会；

　　3. 科学活动——采集标本、科学实验、畜养动物、园艺；

　　4. 艺术活动——歌咏、故事、表演、音乐演奏、绘画；

　　5. 文学活动——朗诵、编辑周报、阅读。

　　"活教育"实施常常又是围绕一个选定的主题以大单元教学的方式进行的。其中比较著名的例子有 1946 年 11 月进行的题为"上海研究"的大

---

① 转引自《"活教育"批判》，人民教育出版社 1955 年版，第 111 页。

单元教学活动。自幼专、幼师到附小进行同一主题的研究,幼师部研究"过去之上海",小学部研究"现在之上海",专科部研究"将来之上海"。学生先对有关行政机关、文化教育娱乐设施、公用企事业单位和重要建筑,如市政府、教育局、报馆、盲童学校、自来水公司、电车公司、火车站、轮渡、小菜场、造船厂、百老汇大厦、百乐门跳舞厅、国际饭店等进行广泛的参观访问。在参观访问的基础上,学生对所获得的材料进行整理,阅读参考,进行讨论,然后由学生以各种形式发表自己参观研究的成果。如写参观记、报告、绘画和设计模型等,展示过去、现在和将来不同时期的上海。12 月 25 日,上海幼师一周年校庆纪念之际,举行了大规模的成果展览会。①

"活教育"实施中比较著名的实例还有 1947 年 12 月举行的"对日和约问题"的时事座谈会。它是围绕当时人们普遍关心的"对日和约问题"展开的,参加讨论的是女师附小五、六年级的全体同学。其教学过程是这样的:将对日和约问题分成四个小题目:(一)日本为什么要侵略中国?(二)八年抗战中,我国所受的损失怎样?(三)美国对于日本的管制怎样?我们完全赞同吗?(四)对日和约应当怎样签订? 64 位同学分成 4 组,每组认定一个小问题,通过剪贴报纸、收集杂志、访问大公报资料室、请专家讲演等方式搜集有关参考资料。之后分组讨论研究,并对结果加以整理。分组讨论研究完成之后,4 组全体同学集中举行座谈会。各小组由主席主持,依次以报告、讨论发言的形式发表对问题的看法,最后将各组意见归纳为一个总的结论。②

这两个活动事例都是在幼师(女师)校庆之际作为"活教育"实施成果向社会汇报并公开演示的,代表了"活教育"课程教学的基本组织模式。除此之外,比较有影响的还有在附小开展的"世界伟人"的系列主题活动,它在一定时期里选定一个中外杰出人物为活动中心,围绕每一个人物的业绩内容,虽然不一定包含五指活动的各个方面,但突出该人物的生平事迹特点。如在贝尔的主题下,便进行有关电话问题的研究,参观电话公司,指

① 人民教育社辑:《"活教育"批判》,人民教育出版社 1955 年版,第 91—122 页。
② 《时事座谈会的教学过程》(原载《活教育》1948 年第五卷第一期),见陈秀云、陈一飞编:《陈鹤琴全集》第四卷,江苏教育出版社 2008 年版,第 298 页。

导打电话的方法,调查各种处置紧急情况的电话号码等。显然,它突出了"五指活动"中的科学活动。从以上各例中我们可以看到"活教育"有关步骤、原则方法的具体运用。

第四节 "活教育"理论的特色

"活教育"包含了丰富的理论和实践内容,但最能反映其特点的是它的课程论和教学论部分。它们都着重阐述了认识起源于感知的观点,强调了儿童获得直接经验的重要性。"活教育"理论明确指出,在教学中儿童认识事物有直接和间接两种途径,但在其理论结构和实践中,则明显更强调直接经验以及儿童获取直接经验的可靠途径——"做"的地位。如陈鹤琴说:"活教育的教学也不注重过去班级教学的课程,而着重于室外的活动,着重于生活的体验,以实物作研究的对象,以书籍作辅佐的参考。换一句话说,就是注重直接的经验。这种直接的经验就是使人进步的最大动力。直接的经验也就是活教育教学方法的第一个原则。"[①]

教学过程也是学生认识世界的过程,它必然反映认识活动的一般规律。在教学过程中,儿童对世界的认识必然要经历由感性到理性并不断深化的不同阶段,较深刻的科学知识是在不够深刻的科学认识的基础上产生的,初步的科学知识是在儿童关于周围世界的直观认识和生活经验的基础上产生的。这就要求教师在教学过程中善于组织儿童的全部感性认识,要在儿童现有的知识和生活经验的基础上传授新知识。现在的学习理论研究已经明确了直接经验的教育价值。20 世纪上半叶,戴尔等提出了关于视听教育的"经验之塔"理论。他认为经验就是学习的途径,一切学习应"从经验中学习",最好是从直接参与的动作性经验学习开始,以获得直接经验。当直接经验无法获得时,应该寻求观察的经验作为"替代性经验"

---

① 《活教育要怎样实施的》(原载《活教育》1942 年第二卷第七、八期合刊),见陈秀云、陈一飞编:《陈鹤琴全集》第四卷,江苏教育出版社 2008 年版,第 280—281 页。

以弥补、替代直接经验的不足。学习应当尽可能始于具体经验,但不能止于具体经验,教师应当启发和引导学生把具体经验向抽象的、概念性的经验转化,使其获得和发展抽象经验。著名心理学家布鲁纳(Jerome Seymour Bruner)十分肯定戴尔关于有效的学习应该尽可能从直接经验的学习开始但又应向抽象的、概念性的经验提升的观点,他进一步认为学生接触各种学习材料的顺序对达成学习目标有直接的影响,并坚持"教学的过程首先应从直接经验入手"。20 世纪 80 年代初期,美国组织行为学教授科尔比在总结杜威、勒温和皮亚杰关于经验学习研究理论的基础上,提出了在学习领域中有着广泛应用的著名的经验学习理论。它的基本观点是:知识是经验的构成与再构成,学习是"始于经验、然后回归于经验""改造或者转化经验、创造知识"的过程。在这个意义上,"活教育"强调让儿童多同大自然大社会接触以获得一定的直接经验,并提出"凡教材须以儿童的经验为根据",这无疑是正确的。在教学过程中,教师安排多种形式的练习、实验和实习,让儿童参加必要的课外活动和社会实践,使儿童在"做"中学习某些事物,获得一定的知识和技能,体会做事的艰难,或弥补感觉经验的不足,对发展学生的品德和智力也是十分必要的。

当然,人们也有理由对"活教育"提出一定的质疑。"活教育"是否过于强调了直接认识和生活经验的重要性?它对有关教材、课程组织和教学原则的论述是否也存在一定的局限性?

首先,"活教育"对教学中感性经验的强调是否相对地忽视了系统的理性认识的重要性?小学阶段儿童的思维就已经面临着由具体形象形式向概念抽象形式过渡的复杂问题,学生意识中概念的形成为以后进一步学习理论知识,形成对周围世界的系统的、真实的理性认识打下坚实的基础。这时如果像"活教育"所指出的那样,"着重于室外活动,着重于生活的体验,以实物作研究对象",忽视系统的、有充分根据的课堂讲授,可能不利于儿童抽象思维水平的提高和一定思维结构和逻辑推理能力的形成。

其次,"活教育"对待以书本形式存在的间接知识的认识是否存在一定的偏颇?"活教育"理论并不否定书本知识,但认为"书本上的知识是间接的死的,大自然大社会才是我们活的书直接的书,活的当然比死的来得好,直接当然比间接来得好"。教学过程不同于人类认识发展的历史过程。虽然教育有引导儿童通过对自然、社会的观察、接触以获取直接经验的任务,但更重要的任务是教导儿童以平时生活中已经积累的感性经验做基础,去接受系统的科学知识。即使引导儿童去观察、去经验、去"做",也着重在对系统知识的更有效的掌握上。教育不仅要逐渐扩大儿童对世界认识的范围,还要不断加深对世界认识的深度。认识反映现实的深度是可以大不相同的,如儿童认识到人在呼吸过程中吸入新鲜氧气和呼出二氧化碳,就比仅仅认识到人呼吸空气在反映现实的程度上要深刻得多。仅凭儿童自己的实践观察,一般只能获得对客观现实的浅层认识,而作为人类长期探索改造世界、进行社会实践的成果,较深刻地反映了客观现实的系统科学知识,本身就是一种观念化的存在,儿童只能在达到一定的理解水平时主要通过间接的方式获得。

"活教育"特殊的实验基础和实施对象,也是我们对其进行评析时一个不能忽视的问题。陈鹤琴是我国现代杰出的学前教育专家,他的学前教育的理论和实践活动,是我国学前教育从模仿、抄袭外国中摆脱出来,走向建立民族化学前教育模式的标志。因此学前教育思想也是陈鹤琴教育理论中最丰富和表现出创新性和科学性的部分。"活教育"理论不仅从他的学前教育理论中汲取了丰富的营养,有些原则方法甚至是对其学前教育实验成果的直接吸收。从提倡幼稚园课程"用自然、社会为中心",采用各科打成一片的"整个教学法",到"大自然、大社会都是活教材"和相互联系的"五指活动";从以主题活动方式实施的幼稚园教学模式到"做中教、做中学、做中求进步"的方法论,其中呈现出明显的前后相承的关系。

"活教育"理论是作为一种普遍的教育理论建设的,陈鹤琴认为"活教育"的实施也当然地应包括一切教育在内,"不论是社会教育也好,学校教育也好,都应当施行活教育"①。但事实上"活教育"的实验实施对象也仅限于幼稚园至小学六年级的儿童以及幼儿师范的学生。当陈鹤琴以这一特定的实验实施对象为基础概括一般的教育理论的时候,必然面临着理论的特殊性和普遍性的关系。"活教育"理论的一些原则和方法对于初等教

① 《活教育要怎样实施的》(原载《活教育》1942 年第二卷第七、八期合刊),见陈秀云、陈一飞编:《陈鹤琴全集》第四卷,江苏教育出版社 2008 年版,第 276 页。

育,尤其是幼稚教育,以及在知识结构上要求吻合学前儿童认知模式的幼稚师范生来说,有高度的合理性。但被作为一般的教育原理予以倡导时,也难免有局限性。

"活教育"是我国现代教育史上影响深远的教育理论,它是自近代以来教育新旧变革中几代教育理论和实践工作者进行艰苦探索的代表性成果。"活教育"理论的许多原则和方法在不同条件和程度上符合教育的客观规律,从不同角度启迪着我们今天的教育实践。它在向传统教育挑战中所提倡的理论与实践结合、调动儿童学习的自觉性和兴趣、发展儿童的自动研究和创造精神,无疑符合了现代教育发展的时代潮流。

附　录　陈鹤琴生平大事年表

1892 年　（清光绪十八年）　1 岁

　　3 月 5 日（农历壬辰年二月初七）生于浙江省上虞县百官镇茅家弄。父亲陈松年，经营祖传京广杂货店。母亲张氏。陈鹤琴为排行最小的第六个孩子，上有四兄一姊。

1897 年　（清光绪二十三年）　6 岁

　　丧父，家境窘迫，帮母亲替人洗衣补助生活。

1899 年　（清光绪二十五年）　8 岁

　　农历正月十六日进私塾读书，"开笔先生"为王星泉，8 月回二哥鹤闻开办的家塾读书。前后六年共换了三个私塾。

1902 年　（清光绪二十八年）　11 岁

　　农历八月初十，二哥鹤闻病故，时年 19 岁。陈鹤琴从小钦佩二哥，深受其教益，对二哥的病故悲痛不已。

---

① 本大事年表根据蔡怡曾、陈一鸣、陈一飞编写的《陈鹤琴生平年表》摘要节编。该《年表》载于《陈鹤琴全集》第六卷，江苏教育出版社 2008 年版。年龄按原《年表》以虚岁计。

1906 年　（清光绪三十二年）　15 岁

9 月,由姊夫陆锦川资助入杭州惠兰中学,插入一年级下学期学习。在惠兰的四年半时间里,学习刻苦,成绩优异。接受基督教洗礼。

1910 年　（清宣统二年）　19 岁

冬,以优异成绩毕业于惠兰中学。

1911 年　（清宣统三年）　20 岁

春,考入上海圣约翰大学;秋,转考入清华。武昌起义后,学校遣散同学,又回到圣约翰大学。

1912 年　（民国元年）　21 岁

重回清华求学。由清华经费是美国退还的"庚子赔款",认识到读书乃是民脂民膏的栽培,萌发了救国爱民的思想。

1913 年　（民国二年）　22 岁

热心课外活动,与同学一起发起学校青年会,任干事,以提倡教育、服务社会等为宗旨。办校役补习夜校、城府村义务小学,自任校长。

1914 年　（民国三年）　23 岁

夏,毕业于清华学堂,获庚款留美资格。

8 月 15 日,由上海起航赴美。在轮船上,就选择学医还是学教育问题,进行反复思考,终于确定了献身教育的志向。

10 月,入霍普金斯大学,插入二年级。在霍普金斯大学的三年里,除修习本科课程外,还利用暑假到康奈尔大学、阿默斯特大学暑期学校选读园艺、养蜂、鸟学等课程,对霍普金斯大学的实验室教学方法深表称赞。

1917 年　（民国六年）　26 岁

夏,霍普金斯大学毕业,获文学士学位。

秋,入哥伦比亚大学师范学院,研究教育与心理学。教师有克伯屈、孟禄、桑代克、罗格等。称赞克伯屈的讨论启发式教学方法。

参观南方黑人学校。

被选为北美基督教中国学生会会长。

1918 年　（民国七年）　27 岁

获哥伦比亚大学教育硕士学位。拟攻读桑代克的教育心理学博士学位,未果。转入心理系,攻读系主任伍德沃思的博士学位。选定博士论文题目《各民族智力之比较》。

1919 年　（民国八年）　28 岁

6 月,原定五年留美的期限届满,但申请延期的回函未达,遂决定放弃攻读博士学位,应南京高师郭秉文校长之聘回国。

8 月 15 日抵上海。

9 月,任南京高等师范学校教育科教授。与陶行知等共倡新教育,改革旧教育。

11 月,在《新教育》上发表《学生自治之结果种种》一文。

1920 年　（民国九年）　29 岁

2 月,在杭州与俞雅琴结婚。

春,任新教育共进社英文书记。

12 月 26 日,长子陈一鸣出生,遂以其作为实验与研究儿童心理的对象,进行了长达 808 天的观察和文字、摄影记录,并作系统的研究。

1921 年　（民国十年）　30 岁

春,《学生婚姻问题之研究》开始连载于《东方杂志》,提出普及女子教育和改革旧婚姻制度的主张。

在《新教育》等杂志上发表《儿童心理及教育儿童之方法》《儿童之好问心》等文。

7 月,与廖世承合著《智力测验法》出版。

8 月,中华心理学会在南京成立,任学会总务股主任。

9 月,孟禄来华,陪同往北方参观、讲学并做翻译。

是年,南京高等师范学校教育、农、工、商诸科改为东南大学,任学校行政委员会委员、教务部主任。

1922 年　（民国十一年）　31 岁

春,赴上海及江浙各地公私立学校作教育测验。

9 月,与廖世承、陆志韦等会同美国教育心理学家麦柯尔一起,在东南大学共同促进我国测验运动的开展。

12月,南京高师全部并入东南大学,继续任教务部主任。

是年,经两年多研究编成的我国第一本汉字查频资料《语体文应用字汇》发表于《新教育》杂志。

与廖世承合编的《比奈—西蒙智力测验法》及有关的测验材料陆续发表。在《教育汇刊》等杂志上发表《我对儿童惧怕心之研究》《研究儿童的知识之方法》《理解性之学习法》等文。

1923 年 （民国十二年）　32 岁

春,倡议设立幼稚园,得到东南大学教育科支持。

秋,在鼓楼自己住宅的客厅和院子里创办南京鼓楼幼稚园,自任园长。首次招收 12 名儿童,进行中国化的幼稚教育的实验。

1924 年 （民国十三年）　33 岁

根据对一鸣成长的观察和研究,编成《儿童研究纲要》,作为在东南大学及江苏省立第一女子师范讲授儿童心理课之讲稿;经常抱一鸣到课堂作示范和研究对象。

在《教育杂志》等刊物上发表《现今幼稚教育之弊病》,在《中华教育界》杂志发表《调查小学之方法》等文。

1925 年 （民国十四年）　34 岁

秋,鼓楼幼稚园新建园舍落成,定为东南大学教育科实验幼稚园,请助教张宗麟协助工作,开始进行以课程为主导的全面实验。

《儿童心理之研究》《家庭教育》两书由商务印书馆出版,列为大学丛书。与廖世承合著《测验概要》由商务印书馆出版,列为高等师范学校丛书。

1926 年 （民国十五年）　35 岁

编写《幼稚教育》讲稿;与张宗麟合写的《一年来南京鼓楼幼稚园试验概况》发表。

在《教育杂志》发表《未达学龄的儿童之研究》《一个儿童的人形画之研究》等文。

1927 年　（民国十六年）　36 岁

2 月,与陶行知、张宗麟等一同发起组织南京幼稚教育研究会。创办我国最早的幼稚教育研究刊物《幼稚教育》,任主编,发表《我们的主张》一文。

3 月 15 日,参加陶行知创办的晓庄师范学校的开学典礼。

6 月,应南京特别市教育局局长陈剑修之请,任教育局学校教育课课长,在任职的一年多时间里,着力整顿中小学,发展幼稚教育,创办实验学区制。

9 月,任晓庄师范第二院(幼稚师范院)院长。

是年,在《教育杂志》发表《幼稚教育之新趋势》一文。

1928 年　（民国十七年）　37 岁

5 月,在蔡元培主持召开的第一次全国教育会议上,与陶行知共同提出《注重幼稚教育案》等。

受大学院(后改为教育部)之聘,任全国中小学课程暂行标准起草委员会委员,与张宗麟等根据鼓楼幼稚园的课程实验成果起草成全国《幼稚园课程暂行标准》。

6 月,《语体文应用字汇》作为中华教育改进社丛刊,由商务印书馆出版发行。

夏,应聘赴上海任公共租界工部局华人教育董事。在任职十一年中,办小学七所(并附设幼稚园),一所女中,四所工人夜校。组织各种教育实验与师资培训等活动。

1929 年　（民国十八年）　38 岁

7 月,发起创建的中华儿童教育社在杭州正式成立,任主席。

发起成立中华儿童教育社上海社员读书会。

1930 年　（民国十九年）　39 岁

7 月,中华儿童教育社在无锡举行第一届年会,参加主席团。本届年会主要讨论小学问题。

晓庄师范被封闭后,支持孙铭勋去淮安办新安幼稚园,捐款一百元作开办费。

在《儿童教育》上发表《小学教育问题》等多篇关于小学教育的文章。

1931 年 （民国二十年） 40 岁

4 月,中华儿童教育社在上海举行第二届年会,主持讨论儿童中心教育问题。

秋,请哥伦比亚师范学院罗格教授和夫人向中华儿童教育社社员及工部局中小学教职员作题为《新教育的精神》和《儿童中心教育的一个实例》的演讲。

在《儿童教育》上发表《四年来之中国幼稚教育》等文。主编《好朋友》丛书(14 册)及《少年儿童图画诗歌》(12 册)。

1932 年 （民国二十一年） 41 岁

与陶行知、张宗麟合编《幼稚教育论文集》;编写的《幼稚园课本》16 册出版。

1933 年 （民国二十二年） 42 岁

1 月,参加发起成立中国教育学会,出席在上海举行的成立大会,被推选为理事。

在《儿童教育》上发表《谈谈做父母的条件》等文章。

1934 年 （民国二十三年） 43 岁

7 月起,赴英国、法国、比利时、苏联等 11 国进行教育考察。

主编的初级小学用最新国语教科书出版,全书分南、中、北三部,各 8 册。

1935 年 （民国二十四年） 44 岁

8 月 1 日,发表《对于儿童年实施后的宏愿》,要求全民族全社会关心和教育儿童,维护、保障儿童权利。

1936 年 （民国二十五年） 45 岁

响应陶行知与国难教育社提出的抗日救国教育号召,发起募捐办学,支持钟民主持的沈家滩工人识字学校扩建为余日章小学,而后又开办余日章二小、三小。

7 月,中华儿童教育社在江西庐山举行第六届年会,讨论非常时期中国儿童教育之改进。

在《儿童教育》上发表《参观德可乐利学校报告》,主编《儿童国语读本》(3 套)和《儿童作文课本》(12 册)出版。

1937 年 （民国二十六年） 46 岁

春,代表中华慈幼协会出席在爪哇举行的国际联盟远东禁贩妇孺会议,起草发言专文。回国后,在上海组织妇孺问题研究会和儿童保护会。

抗战爆发,被推为上海国际救济会、上海国际红十字会及各慈善团体难民委员会的教育委员会的负责人。组织数以万计难童的教育。创办儿童保育会,任理事长。

10 月,在《大公报》上发表《非常时期的儿童教育》一文。

1938 年 （民国二十七年） 47 岁

在难民所中实验和推广拉丁化新文字的教育活动,编写拉丁化新文字的《民众课本》和通俗读物。

7 月,和陈望道、方光焘等发起成立上海语文学会,被推举为理事长。

和陈选善共同主编《小学自然故事》丛书 40 册,《中国历史故事》丛书 40 册。由上海民众书店陆续出版。

1939 年 （民国二十八年） 48 岁

主编工部局小学教师进修会出版的《小学教师》,在发刊词中提出批判传统死教育的主张。

6 月,和陈选善等发起组织上海市成人义务教育促进会,任理事长,该会共办有 11 所工人学校。

由于长期从事抗日活动,被汪伪列入暗杀名单,经中共地下组织和工部局警务处通知,于 10 月 26 日转移离沪,11 月 13 日汪伪特务持枪闯入上海寓所行刺未果。

年底,在宁波着手写自传《我的半生》。

1940 年 （民国二十九年） 49 岁

年初,应江西省教育厅厅长程柏庐之邀去江西办学。

3 月,赴重庆参加国民教育会议,在重庆与陶行知相见,参观育才学校。

4 月,谢绝担任教育部国民教育司司长之职,表示"要做事,不做官"。回江西,介绍"活教育"和创办幼师的目的。

5月,在泰和文江村附近筹办南昌实验小学新池分校,后正式定名为幼稚师范附小。

夏,筹办幼稚师范。主持由江西教育厅在泰和上田举办的师范教育讲习会。

10月1日,幼师正式开学,定名为"江西省立实验幼稚师范学校",任校长。确定实施"活教育"的三大目标:"做人,做中国人,做现代中国人";"大自然,大社会,都是活教材";"做中教,做中学,做中求进步"。

1941年 （民国三十年）　50岁

1月,主编的《活教育》月刊创刊,发表《发刊词》,发表《活教育与死教育》一文。

4月,提出"活教育"教学原则10条(后扩展为17条)。

12月,陕甘宁边区新文字协会召开第一届年会,被推举为名誉主席团成员。

1942年 （民国三十一年）　51岁

年初,在《活教育》上发表《活教育要怎样实施的》一文,总结两年来"活教育"实施的经验,提出教学的四个步骤。

10月,去重庆为争取幼师改国立奔走。在桂林、重庆和福建等地应邀作学术讲演,介绍"活教育"。

1943年 （民国三十二年）　52岁

2月,江西省立实验幼稚师范学校被批准改为国立幼稚师范学校,增设幼稚师范专修科。

春,聘张文郁来幼专任教,兼任校长秘书。

在《活教育》"训导问题专刊"上发表《训育的基本问题》,确立13条训导原则。

1944年 （民国三十三年）　53岁

2月,召开实验"活教育"筹划会议,主要议题为"活教育"的课程及教学实施问题。会议组织了"活教育"课程起草委员会,制定"五指活动"实施大纲草案。

3月,日寇向赣江两岸窜扰。

5 月,泰和危急,幼师南迁至赣州。

1945 年　（民国三十四年）　54 岁

年初,日寇向赣南推进,在极其艰难困苦的情况下,带领幼师师生长途跋涉,多次南迁。

9 月,抗战胜利后,任上海市教育局督导处主任督学。

筹办上海市立幼稚师范,12 月 24 日开学,任校长,继续"活教育"实验与实施。

重建南京鼓楼幼稚园。

1946 年　（民国三十五年）　55 岁

5 月,陶行知主持的生活教育社上海分社成立,被推为理事长。

7 月 25 日,陶行知患脑溢血逝世,闻讯悲痛万分。10 月 27 日,任陶行知追悼会执行主席。12 月 1 日,护送陶行知灵柩去南京安葬,代表 15 个人民团体宣读公祭祭文。

陶行知逝世后,育才学校由方与严、陶晓光等续办。被推选为育才学校顾问委员会主席。

9 月,兼任上海省吾中学校长。

与钟昭华合编《儿童故事》一书,由华华书店出版。

1947 年　（民国三十六年）　56 岁

1 月,《活教育》杂志在上海复刊。

2 月,上海市立幼稚师范学校改为市立女子师范学校,继任校长。创办上海儿童福利促进会,以解决难童教养问题,任理事长。在《教育杂志》上发表《战后中国的幼稚教育》一文。

秋,选派幼专和幼师毕业生喻品娟等赴沈阳办小学,推广"活教育"。

主编的《活教育的理论与实施》一书出版。

1948 年　（民国三十七年）　57 岁

3 月,创办上海市报童学校,兼任校长。

5 月,在菲律宾讲学,向马尼拉暑期小学教师讲习会讲《活教育的理论与实施》。

7 月,应联合国文教委员会邀请,代表中国参加在捷克召开的世界儿童会议。之后考察欧美教育。

12月,上海特殊儿童辅导院正式开办,先后设聋哑儿童班、伤残
儿童班。

1949年　(10月1日,中华人民共和国成立)　58岁

5月4日与10日,两次被国民党政府警察当局逮捕,经友人营救
获释。27日上海解放,被任命为国立幼专校务委员会主任委员。

8月,接受南京市军管会文教委员会徐平羽之请,任中央大学师
范学院院长。之后国立幼专并入中央大学师范学院。

9月,作为教育界代表出席中国人民政治协商会议第一届全体会
议,任全国政协委员。

10月,出席10月1日开国大典。在南京主持新中国成立后首次召
开的《活教育》杂志编辑会,讨论办刊方针,恢复出版《活教育》。

1950年　59岁

3月15日,参加晓庄学校创办23周年校庆纪念典礼。

4月,在南京主持召开中国幼稚教育社会议。被任命为华东军政
委员会文化教育委员会委员。

6月,赴京参加全国第一次高等教育会议。

12月,《活教育》杂志自6卷7期起更名为《新儿童教育》,发表
《我们今后的工作方向》一文。

1951年　60岁

春,《人民教育》杂志开展对"活教育"的批判,延续至1953年。

8月,作为特邀代表出席全国第一次初等教育及师范教育会议。

9月,出席全国政协一届三次会议,受到毛泽东主席接见。

写作《我对"活教育"的初步检讨》一文(载《人民教育》3卷6
期)。

10月,加入九三学社。

1952年　61岁

1月,在南京大学师范学院主持托儿所干部训练班。

秋,经院系调整,建成南京师范学院,任主任委员;讲授儿童心理
学课。

12 月,被任命为南京师范学院院长。

1953 年　62 岁

1 月,被推选为江苏省政治协商委员会副主席,任江苏省教育委员会副主席。

9 月,与高觉敷等代表南京师院赴京出席全国高等师范教育会议。

1954 年　63 岁

1 月,正式设立南京师范学院教具、玩具研究室,附设玩具工场。

8 月,出席江苏省第一届人民代表大会。

中国盲人福利会成立,被聘请为该会委员。

1955 年　64 岁

4 月,参加江苏省政协一届一次会议,发言指出:为了保证儿童、青年的全面、健康发展,一定要禁止和取缔反动、淫秽、荒诞、色情书刊。

10 月,参加第一届全国文字改革会议,为主席团成员。

12 月,在江苏省一届人大三次会议上作《对于幼儿教育工作也必须全面规划,加强领导》的发言。

1956 年　65 岁

1 月,出席全国政协二届二次会议。

7 月,南京师范学院成立教育研究室,确立以幼儿教育研究为重点。

12 月,在南京师范学院第一次科学讨论会上作《从一个儿童的图画发展过程看儿童心理之发展》的学术报告。

1957 年　66 岁

3 月,出席全国政协二届三次会议。与陆秀等联名提出《建议创办幼儿教师刊物——〈学前教育〉案》。与郑晓沧等作《关于普及小学义务教育和提高小学教育质量的关键性问题》的联合发言。

拟定编写《中国学前儿童教育史》计划,因反右运动开始未能实现。

1958 年　67 岁

5 月,在南京师范学院开展的"批判资产阶级个人主义运动"中受到批判。

9 月,列席江苏省人民代表大会。

12 月,调离南京师范学院,免去院长职务。

1959 年　68 岁

5 月,去北京,进社会主义学院学习。

1960 年　69 岁

3 月,参加全国政协三届二次会议,列席二届全国人大二次会议。

7 月,在社会主义学院学习结束。回南京,任江苏省政协副主席。

1962 年　71 岁

3 月,在全国政协三届三次会议上与陆秀联名提出《建议普遍开展先学前期教育,推广"婴儿之家"办法,充实教育内涵,提高教育效率案》。

1963 年　72 岁

11 月,在全国政协三届四次会议上与陆秀联名提出《建议根据专业学习让幼教干部归队;加强科学技术研究,提高工作效率案》。

撰文:《我的幸福晚年——致台湾教育界老朋友》。

1964 年　73 岁

8 月,在《文字改革》上发表文章:《幼儿园进行汉语拼音和注音识字教学问题》。

当选为九三学社中央委员兼南京分社主任委员。

1965 年　74 岁

5 月,赴南通参观社会主义教育运动。

8 月,为撰写文史资料,在上海查阅工部局档案,写成《上海工部局华人教育处成立经过》等文。

1966 年　75 岁

"文化大革命"开始,遭受多次冲击。

1968 年　77 岁

5 月起,参加江苏统战学习班学习。

1969 年　78 岁

参加干部下放劳动,到金坛朱林公社放牛。

1970 年　79 岁

1 月起,与夫人迁居江苏句容石头山。在农村参加食堂劳动
80 天。

1971 年　80 岁

9 月,接组织通知:遵照中央和省委关于落实政策的指示,折价归
还抄家物资,补发工资,并恢复政治待遇。

10 月,开始与"文革"以来音讯隔绝的子女通信。

患脑血栓,右腿轻度瘫痪。

1972 年　81 岁

10 月,写广播稿《新南京教育的巨大变化》。

1973 年　82 岁

10 月,病危住院,经抢救,至 12 月病情好转。

1974 年　83 岁

3 月,病愈出院。

8 月,写信给长子一鸣,决心续写《我的半生》(回国以来五十五
年的教育实践),并希望能再版或出版《儿童心理之研究》《家庭
教育》《从一个儿童的图画发展过程看儿童心理之发展》等著作。

1976 年　85 岁

右腿偏瘫,行动不便,但仍顽强坚持锻炼。

参观访问中华路慧园街"向阳院",了解儿童的校外生活。

9 月,听到毛泽东主席逝世的消息,悲痛万分,撰写纪念文章《毛
泽东思想永远是我继续前进的指路明灯》。

1977 年　86 岁

6 月 1 日,去鼓楼幼儿园与孩子们共庆国际儿童节。

12 月,出席江苏省政协四届一次会议。

1978 年　87 岁

2 月至 3 月,出席全国政协五届一次会议,会议期间患病住院,病
中阅改关于促进儿童玩具研究的提案。

6月1日,与鼓楼幼儿园儿童一起欢庆儿童节。

10月,出席在南京召开的全国心理学会议并发言。

1979年　88岁

3月,抱病给全国教育科学规划会议作书面发言,并提出关于幼教、小教工作的建议。被推选为中国教育学会名誉会长。

6月,与鼓楼幼儿园儿童一起欢度"六一"。出席全国政协五届二次会议,在会上提出发展幼教的建议。

7月,应陶行知夫人吴树琴之请为上海行知中学题词。

11月,出席在南京召开的中国教育学会幼儿教育研究会成立大会暨第一届年会,在开幕式上讲话。会间作学术报告。被推选为全国幼儿教育研究会名誉理事长。

12月,在江苏省心理学会第二届学术年会上讲话。被选为江苏省心理学会名誉理事长。

1980年　89岁

5月,再次写入党申请报告。用脑过度,突发脑血栓,双腿瘫痪。

1981年　90岁

5月,为"六一"国际儿童节题词:"一切为儿童,一切为教育,一切为四化"。题词载于28日《光明日报》。

6月,为《家庭教育》一书重版写序。

9月25日,坐轮椅去鼓楼幼儿园看小朋友迎接国庆的节目表演。

10月,在《光明日报》《行知研究》上发表纪念陶行知诞辰九十周年的文章。

11月,为浙江《幼儿教育》创刊号题词:"热爱、了解和研究儿童,教育他们使之胜过前人"。

1982年　91岁

6月1日,坐轮椅去鼓楼幼儿园和小朋友一起欢度儿童节。

9月3日,被选为九三学社中央常委。

12月30日,逝世。

参考文献

[1] 陈秀云、陈一飞编:《陈鹤琴全集》,江苏教育出版社 2008
年版。

[2] 陈鹤琴等编:《幼稚教育论文集》,儿童书局 1933 年版。

[3] 陈鹤琴等编:《一年中幼稚园教学单元》,商务印刷馆 1939
年版。

[4] 陈鹤琴:《我的半生》,桂林华华书店 1946 年版。

[5] 陈鹤琴:《活教育(理论与实践)》,上海华华书店 1950
年版。

[6] 舒新城:《中国近代教育史资料》(上、中、下册),人民教育
出版社 1961 年版。

[7] 华中师范学院教育科学研究室主编:《陶行知全集》,湖南
教育出版社 1984 年版。

[8] 陈学恂主编:《中国近代教育史教学参考资料》,人民教育
出版社 1987 年版。

[9] 李清悚、顾岳中编:《帝国主义在上海的教育侵略活动资料
简编》,上海教育出版社 1982 年版。

[10] 张沪编:《张宗麟幼儿教育论集》,湖南教育出版社 1985

年版。

[11] 中国学前教育史编写组编:《中国学前教育史资料选》,人民教育出版社 1989 年版。

[12] 中华民国大学院编纂:《全国教育会议报告》,商务印书馆 1928 年版。

[13] 舒新城编:《中国新教育概况》,中华书局 1929 年版。

[14] 罗廷光:《教育科学研究大纲》,中华书局 1932 年版。

[15] 教育部中小学课程标准编订委员会:《幼稚园小学课程标准》,中华书局 1936 年版。

[16] 弗里曼:《小学各科心理学》,陈鹤琴译,商务印书馆 1948 年版。

[17] 梁启超:《清代学术概论》,中华书局 1954 年版。

[18] 人民教育社辑:《活教育批判》人民教育出版社 1955 年版。

[19] 康有为:《大同书》,古籍出版社 1956 年版。

[20] 朱智贤:《儿童心理学》,人民教育出版社 1980 年版。

[21] 蒯世勋等:《上海公共租界史稿》,上海人民出版社 1980 年版。

[22] 清华大学校史编写组编著:《清华大学校史稿》,中华书局 1981 年版。

[23] 钟叔河、朱纯编:《过去的学校》,湖南教育出版社 1982 年版。

[24] 北京市教育科学研究所编:《怀念老教育家陈鹤琴》,四川教育出版社 1986 版。

[25] 孙铭勋、戴自俺:《晓庄幼稚教育》,见戴自俺,龚思雪主编:《陶行知幼儿教育的理论与实践》,四川教育出版社 1987 年版。

[26] 高庆丰:《欧美统计学史》,中国统计出版社 1987 年版。

[27] 赵祥麟主编:《外国现代教育史》,华东师范大学出版社 1987 年版。

[28] 〔美〕简·杜威等:《杜威传》,单中惠编译,安徽教育出版社 1987 年版。

[29] 张仲礼主编:《近代上海城市研究》,上海人民出版社 1990 年版。

[30] 〔加〕许美德等:《中外比较教育史》,朱维铮等译,上海人民出版社 1990 年版。

[31] 叶澜:《教育研究及其方法》,中国科学技术出版社 1990 年版。

[32] 何晓夏编:《简明中国学前教育史》,北京师范大学出版社 1990 年版。

[33] 宋岭梅主编:《教育测量学》,华中师范大学出版社 1991 年版。

[34] 周洪宇编:《陶行知研究在海外》,人民教育出版社 1991 年版。

［35］北京市陈鹤琴教育思想研究会编:《为中华儿童尽瘁的教育家——陈鹤琴》,浙江教育出版社 1992 年版。

［36］王天一、单中惠编:《外国教育家评传》第二卷,上海教育出版社 1992 年版。

［37］刘问岫:《教育科学研究方法与应用》,北京大学出版社 1993 年版。

［38］腾大春:《美国教育史》,人民教育出版 1994 年版。

［39］裴娣娜编著:《教育研究方法导论》,安徽教育出版社 1995 年版。

［40］刘电芝:《教育与心理研究方法》,西南师范大学出版社 1997 年版。

［41］董宝良,周洪宇主编:《中国近现代教育思潮与流派》,人民教育出版社 1997 年版。

［42］〔美〕W．维尔斯曼:《教育研究方法导论》第六版,袁振国主译,教育科学出版社 1997 年版。

［43］吴式颖主编:《外国教育史教程》,人民教育出版社 1999 年版。

［44］唐淑:《童心拓荒——现代儿童教育家陈鹤琴》,南京大学出版社 2001 年版。

［45］安徽省陈鹤琴教育思想研究会编:《爱国老教育家陈鹤琴——陈鹤琴教育思想与实践》,安徽文艺出版社 2002 年版。

［46］徐桃坤:《陈鹤琴特殊教育文选及研究》,华夏出版社 2005 年。

［47］郑日昌主编:《心理测验与评估》,高等教育出版社 2005 年版。

［48］滕大春主编:《外国教育通史》第五卷,山东教育出版社 2005 年版。

［49］杨汉麟主编:《外国教育实验史》,人民教育出版社 2005 年版。

［50］王春燕、王秀萍、秦元东:《幼儿园课程论》,新时代出版社 2005 年版。

［51］陈一鸣:《我的绘画世界——在父亲陈鹤琴的培育中成长》,上海人民美术出版社 2006 年版。

［52］沈有乾:《教育统计学》,福建教育出版社 2007 年版。

［53］张燕:《幼儿园管理》,人民教育出版社 2008 年版。

［54］柯小卫:《陈鹤琴传》,江苏教育出版社 2008 年版。

［55］郭法奇等:《欧美儿童研究运动:历史、比较及影响》,北京师范大学出版社 2012 年版。

后 记

本书是在本人 20 年前所著"中国近现代教育家思想系列研究丛书"《陈鹤琴教育思想研究》的基础上修订改写而成,有些章节进行了调整,增添和修改了部分内容。

在修订与编撰过程中,我的几位 2013 级研究生给予了协助。其中孟鑫在原书基础上完成了本书第二章内容的初稿,张敏参与了第三和第六章、马利红参与了第四和第五章的修订工作。

王伦信

2015 年 7 月